Julius Posener

Heimliche Erinnerungen

Julius Posener

Heimliche Erinnerungen

In Deutschland 1904 bis 1933

Mit einem Anhang: In Germany Again (1948)

Aus dem Englischen von Ruth Keen
Herausgegeben von Alan Posener

Siedler

Inhalt

KAPITEL 1

Ankunft, Abkunft

Meine frühesten Erinnerungen sind traurig und beängstigend. Nach den ersten, flüchtigen und in meinem Gedächtnis nur schemenhaft erhaltenen Momenten bewußter Wahrnehmung, die nur Bewegung enthüllen – ich werde in schwindelerregende Höhen gehoben, im Gleitflug eine Treppe hinuntergetragen, zwischen die Kissen eines übergroßen Kinderwagens gestopft oder auf einen turmhohen Kinderstuhl gesetzt –, ist meine früheste, halbwegs deutliche Erinnerung diese: Jemand hält mich im Arm, ich glaube, es ist mein Vater, doch dann werde ich in andere Arme weitergereicht. Die Szene spielt sich im Eßzimmer ab, und auf dem Tisch steht eine längliche Schale mit Operationsbesteck. Ich werde getröstet: Man hat mir die Mandeln herausgenommen. Es gibt keine Erinnerung an Schmerzen, nur an etwas Unverstandenes und Trauriges.

Die nächste Erinnerung ist deutlicher. Ich stehe in einem Zimmer mit hoher Decke und einem Fußboden aus breiten, unregelmäßigen Dielen, und dieser ist direkt unter mir besudelt. Mein Hinterteil fühlt sich klebrig an, nach warmem, weichem Kot. Ich weine. Jemand, ich glaube, es ist das Mädchen – aber meine Mutter muß kurz darauf dazugekommen sein –, eilt zu mir und sagt, ich müsse mich nicht schämen, es sei nicht meine Schuld.

Die dritte Erinnerung stammt von meinem vierten Geburtstag. Einige Zeit zuvor hatten meine beiden Brüder, die drei und sechs Jahre älter waren als ich, heimlich an einer Überraschung für mich gearbeitet. An meinem großen Tag warte ich im dunklen

Korridor vor dem Geburtstagszimmer, wo ich durch einen Spalt in der Tür das Flackern des Lebenslichts sehen kann. Bald darauf werde ich in den Raum geführt und schaue erwartungsvoll zum Gabentisch hinauf. Mein ältester Bruder will mir das Modell eines Zeppelins zeigen, das er für mich gebastelt hat, aber er gerät damit an die Kerzenflamme, und das Ding fängt sofort Feuer. Schreiend renne ich aus dem Zimmer und in die Küche, wo sich alles um mich schart, um mich zu trösten.

Trotz meines unvergessenen Entsetzens taten mir meine Brüder, deren Werk und die Freude, die sie mir machen wollten, zerstört worden waren, leid. Der Hangar aus Pappe, den sie für den Zeppelin gebaut hatten, blieb für viele Jahre Bestandteil unseres Spielzeugs, aber ich konnte ihn nie ansehen oder berühren, ohne einen leichten, ehrfürchtigen Schauer angesichts der damit verbundenen Tragödie zu verspüren. Jahre später, als ich über die Katastrophe von Graf Zeppelins Luftschiff in Echterdingen las, verknüpfte ich das Ereignis eng mit dem, was am Gabentisch meines vierten Geburtstags geschehen war.

Danach stellen sich friedlichere Erinnerungen ein: Sie handeln von Spaziergängen an der Hand eines Dienstmädchens, zusammen mit meinem Bruder Ludwig, Karl war zu alt dafür. Wir gehen durch die Straßen der Gartenvorstadt von Berlin, in der wir lebten. Ich sehe – und rieche – noch ganz deutlich braunes Laub, das ich durch die Lücken am Fuße der gußeisernen Zäune erkennen konnte. Ich weiß nicht, warum mir gerade diese Erinnerung so viel bedeutet, aber ich gebe mich ihr noch heute gerne hin.

Wir wohnten damals in der Holbeinstraße in Lichterfelde in einem düsteren und weitläufigen Haus mit riesigen Kachelöfen. In der Abenddämmerung, besonders im Winter, wurde das Gaslicht oder eine Petroleumlampe angezündet, und ich weiß noch, daß ich mich vor dem Geruch des ausströmenden Petroleums in dem Augenblick, bevor die Flamme hell wurde, und auch vor dem gelegentlichen Zischen des Gases fürchtete.

Das Haus stand in einem großen moderigen Garten mit einem Springbrunnen davor. Einmal trank ich Wasser aus diesem Brunnen, indem ich es mit meiner Spielzeugtrompete ansaugte, und wurde streng gerügt, als ich später Bauchschmerzen bekam und meine Sünde beichtete. Immerhin gab man mir daraufhin ein alkoholisches Tonikum, das mir sehr gut schmeckte. Richtigen Ärger bekam ich, als Willi, der Sohn des Gärtners, ein seltsames Spiel mit mir spielte. Ich mußte mich auf einen Gartentisch legen und ein »krankes Häschen« sein, während er der Doktor war und meinen Penis hielt, um mich zu heilen. Als wir ertappt wurden, endete diese »Freundschaft« mit dem »schmutzigen Jungen«. Mir war damals vollkommen bewußt, daß man so etwas nicht tut, und aus diesem Grund – und anderen Gründen – war das Gefühl, das ich während unserer Treffen hatte, das einer süßen und schamvollen Hingabe. Kurz darauf machte ich eine neue Entdeckung, als ich im Garten an einem Seil hinaufkletterte, aber diesmal fühlte ich mich vollkommen unschuldig und nannte die Erfahrung, die ich oft wiederholte, »meine Lieblingsübung«. In unserem neuen Haus brachte ich sie sogar der Gärtnerstochter bei, während ich sie meinem älteren Bruder irgendwie nicht zeigen wollte.

Ich entwickelte bereits sehr früh ein Ichbewußtsein und liebte die Geschichten über mich, die mir meine Eltern aus den Jahren erzählten, an die ich mich nicht erinnerte, zum Beispiel, wie ich innerhalb von drei Tagen mein Lispeln überwunden hatte, ebenso wie meinen »Hackbiß«, bei dem ich meine Zähne aufeinander setzte, wenn ich den Mund schloß, anstatt den Unterkiefer unter den Oberkiefer rutschen zu lassen. Ich entsinne mich tatsächlich, wie ich mit unermüdlicher Energie die korrekte Haltung übte und dafür oft gelobt wurde. Meine erste Bekanntschaft mit meinem Spiegelbild war schmerzlich; doch es gelang mir, mich davon zu überzeugen, daß ich ein außergewöhnliches Gesicht haben mußte, denn die alten Tanten oder anderen alten Damen, die uns besuchten oder die wir auf der Straße trafen, unterließen es nie,

Die Brüder Julius, Karl und Ludwig im Garten der Holbeinstraße, auf einem Tisch sitzend. Mit dabei (v.l.n.r.) Gertrud Tschitschke (Kinderfräulein), Martha Menzel (Hausmädchen), Luise Rose (Köchin), Frau Gerling (Plätterin) (1907)

meinen ernsten Gesichtsausdruck zu erwähnen, und eine sagte einmal: »Da kommt ja der junge Moltke.« Wie stolz mich diese Bemerkung machte, kann man daran erkennen, daß ich mich noch heute daran erinnere. Ich habe nie daran gezweifelt, daß ich zu Höherem berufen war.

Dennoch sind meine Erinnerungen an diese frühesten Kindheitsjahre nicht angenehm. Wenn ich ernst aussah, dann lag es nicht daran, daß ich tiefen Gedanken nachhing, wie manche Leute offenbar glaubten. In Wirklichkeit war ich meistens verträumt, voller Furcht, traurig und gelangweilt, und das Haus, in dem wir lebten, mit seinen vielen dunklen Ecken, den hohen Fenstern, den nackten Fußböden und den verschnörkelten Möbeln von erdrückender Größe habe ich nie gemocht. Insbesondere die Standuhr versetzte mich in panische Angst. Sie hatte gedrehte Säulen, die das Uhrwerk stützten, und sehr schwere Messinggewichte. Bevor sie mit einem besonders lauten und harten

Ton die volle Stunde anschlug, schien sie erst einmal Luft zu holen, wobei sie ein Geräusch machte, das wie »Tiffteliff« klang. Das hörte sich dann so an: Tiffteliff, gong, gong, gong, gong. Ich nannte sie, warum weiß ich nicht, die »Ofenuhr«, und diese Ofenuhr verwandelte sich in die mörderische Lokomotive oder (mit den gedrehten Säulen als Stoßzähnen) in den wütenden Elefanten meiner Alpträume, in denen sie mich langsam aber mit tödlicher Sicherheit in eine geheimnisvolle Finsternis hinein verfolgten. Ich hielt mich nicht einmal bei Tag gern in der Nähe der »Ofenuhr« auf und war froh, daß sich mein Platz am Eßtisch auf der gegenüberliegenden Seite befand, wo ich sie im Auge behalten konnte und ihre Gegenwart nicht im Rücken spüren mußte.

Eine große Veränderung trat in meinem sechsten Lebensjahr ein, 1910, als meine Eltern nicht weit von der Holbeinstraße inmitten herrlicher Kastanien ein neues Haus auf einem großen Eckgrundstück bauen ließen. Kastanienbäume bedeuten für mich noch heute das neue, das geliebte Heim (das erste Haus war trostlos gewesen), die erste Liebe, erste Musik, meine ersten eigenen Gedichte. Ich habe dieselben Bäume fünfzehn Jahre lang vor Augen gehabt, meine gesamte bewußte Kindheit und Jugend hindurch.

Anfangs war das neue Grundstück in der Karlstraße nichts als ein herrlicher Spielplatz, wo wir auf Leitern klettern, über Schubkarren stolpern und uns im hohen Gras verkriechen konnten. Der Bauplatz war sonnig und verwildert, ein Jungenparadies. Natürlich begannen wir beide, Ludwig und ich, sobald wir eingezogen waren, nach der »Holbeinstraße« zu quengeln. »Es war so gemütlich da«, jammerten wir. Trotzdem: Im neuen Haus gab es elektrisches, gelbliches Licht, was nun wirklich anheimelnder war als das kalte weiße Gaslicht im alten Heim. Es war zentralgeheizt, und in jedem Zimmer standen Heizkörper, die noch nach frischer Farbe rochen. Die in den Empfangsräumen hatten eine Holzverkleidung, die oben mit einem Bronzegitter abgedeckt war, auf dem man im Winter sitzen und sich den Hintern wärmen konnte. Wir hatten Einbauschränke in den Schlafzimmern, und die schwerfälligen Schränke aus dem alten Haus hatte mein Vater alle blau gestrichen und wie die blauen und cremefarbenen Türen im Haus mit Blumen und Vögeln im »Bauernstil« verziert. In dem riesigen Dachgeschoß befand sich das Atelier meines Vaters, und darüber war sogar noch Platz für einen hohen Dachboden. Dieses Dachgeschoß war außen in einem dunkelbraunen Farbton rauhverputzt, weshalb unser Haus von den Jungen in unserer Straße »Schokoladenvilla« genannt wurde. Es war ein modernes Haus, genauer gesagt, ein Haus im »englischen Landhausstil« – geräumig, sonnig und bequem –, und stand in einem formstreng angelegten Garten mit weißen Gartenbänken, breiten Blumenbeeten und einer Vogeltränke.

Auf den Rasenflächen zu beiden Seiten des Gartenpfades in der Mitte wuchsen Apfelbäume, Quitten-, Birn- und Kirschbäume. Am Zaun zum Nachbargrundstück verlief ein langes Beet, in dem Erdbeeren und Stachelbeeren angepflanzt waren, während ein Spalier aus Pfirsich- und Aprikosenbäumen den Zaun verdeckte. Die Obstbäume waren bei unserem Einzug gesetzt worden, und wir konnten zusehen, wie sie zu kräftigen, prächtigen Bäumen heranwuchsen, die mit jedem Jahr eine bessere Ernte erbrachten. Hinter dem Haus und entlang der langen Straßenfront standen blühende Büsche, ideal zum Versteckspielen. Es dauerte nicht einmal einen Monat, bis wir unseren täglichen sehnsüchtigen Spaziergang zur Holbeinstraße aufgegeben und uns in unserem neuen Heim glücklich eingelebt hatten.

Unser Kinderzimmer, ein riesengroßer Raum mit einem Bodenbelag aus Linoleum, hatte eine Loggia, eine Ecke, in der wir Schularbeiten machen konnten, und einen Kaufmannsladen. Ludwig und ich schliefen noch in weißgestrichenen Kinderbetten aus Eisen. Außerdem war unser Zimmer mit einem ebenfalls eisernen Wäscheständer und zwei großen blauen Kleiderschränken möbliert. In der Mitte stand ein Tisch mit Stühlen, es blieb aber noch genügend Platz auf dem Fußboden, damit wir mit Zinnsoldaten oder unserer Eisenbahn spielen konnten.

Zwei Personen beeindruckten mich sehr stark während der Bauzeit und der ersten Wochen im neuen Haus. In erster Linie der Architekt. Fritz Crzellitzer war ein kleiner Mann mit dunklem Haar, einer kurzen, leicht gebogenen Nase und lustigen, braunen Augen. Wenn er auf der Baustelle erschien, seine Entwürfe ausrollte und dem Polier Anweisungen erteilte, sah ich einen Meister in Aktion. Dies, fand ich, war ein Beruf für einen Mann, der alles überschaute, ein sehr männlicher Beruf. Crzellitzer spielte Klavier, und er spielte wie ein Architekt: kräftig, strukturiert, gesetzt. Er malte auch, und auch dies tat er wie ein Architekt. Für mich wurde er zu »*dem* Architekten« schlechthin, und dieser Beruf, verkörpert in seiner Person und seinem Werk, unserem neuen Haus, hat mir seitdem stets Hochachtung eingeflößt. Crzellitzer gehörte zu den treibenden Kräften jener großen Befreiungsbewegung, der modernen Architektur, von deren Ergebnissen ich mich plötzlich umgeben sah und die mich die muffigen, düsteren Häuser wie das, in dem wir vorher gewohnt hatten, verachten ließ.

Die andere Person, die sich ebenso aktiv an dem großen Unternehmen beteiligt hatte, war mein Vater. Er hatte dem Architekten die ganze Zeit über die Schulter geschaut und sogar das eine oder andere Detail im Entwurf verändert und, wie er behauptete, verbessert. All die aufgemalten Vögel und Blumen an den Türen waren, wie erwähnt, sein Werk, auch der kleine Vogel, der gerade einen Klecks fallen ließ und auf die Gästetoilette verwies. Er betrachtete das Haus als seine eigene Schöpfung und war mit dem Resultat äußerst zufrieden.

Mein Vater Moritz Posener war ein moderner Maler. Seine Lebensgeschichte – er erzählte uns furchtbar gern von seinen frühen Jahren – scheint mir exemplarisch zu sein für die Abkehr von der Dunkelheit des vorangegangenen Jahrhunderts und die Hinwendung zum strahlenden Licht des zwanzigsten. Vater hatte keine leichte Kindheit gehabt. Mein Großvater Josef muß ein außergewöhnlicher Mann gewesen sein. Er stammte aus Wirsitz in der Provinz Posen, wo er eine Schneiderlehre absolviert hatte, bevor er sich zu Fuß oder mit dem Pferdewagen, wenn einer anhielt und ihn mitnahm, nach Berlin aufmachte, um dort als Schneidergeselle zu arbeiten. Von Berlin zog er zunächst weiter nach Paris und einige Jahre später nach London, wo die besten Herrenschneider saßen, bei denen man damals lernen konnte. Dort wurde er Kompagnon eines anderen jüdischen Schneiders, der dann nach New York auswanderte und ihn aufforderte, ihm zu folgen. Als mein Großvater dort auf einem Segelschiff ankam, erfuhr er, daß sein Partner nach Rio de Janeiro weitergereist war und ihn nun dort treffen wollte. Wieder schiffte er sich ein. Als sein Schoner im Golf von Mexiko in eine wochenlange Flaute geriet, wäre er vor Hunger und Durst fast gestorben, schließlich gelang es ihm aber, Rio zu erreichen. Die beiden gaben die Schneiderei bald auf und fingen an, mit Edelsteinen zu handeln, die sie auf langen Reisen durch den Dschungel mit Maultieren zu den Haziendas beförderten. Mein Großvater machte ein kleines Vermögen und beschloß, in seine deutsche Heimat zurückzukehren. Er war auf dem Weg durch die dunklen engen Gassen, die zum Hafen hinunterführten, als er von Räubern überfallen wurde, die ihm den größten Teil seiner Habe abnahmen. Danach mußte er weitere fünf Jahre durchs Land ziehen und Edelsteine verkaufen, bis er sich wieder saniert hatte. Diesmal gelangte er ohne Zwischenfall nach Europa. In Den Haag heiratete er Cato van Meerloo und ließ sich mit ihr in Berlin nieder, ein Mann mit bescheidenen Mitteln, die im wesentlichen aus den Einnahmen eines in Rio zurückgelassenen Juwelierladens stammten.

Mein Großvater starb Jahre vor meiner Geburt, aber ich habe sein brasilianisches Tagebuch gelesen und eine Reihe von Porträts gesehen, die mein Vater von ihm gemalt hat, speziell eines im Stil eines Meisters der Holbein-Schule mit dem Titel »Anno Aetatis Suae ...« Es zeigt das Gesicht eines Juden, der hart gearbeitet hat,

Josef Posener im Alter von 83 Jahren, Porträt von Moritz Posener

eines Selfmademans, der aber selbst in seinen jungen Jahren, als er sich noch nach oben kämpfte, eine natürliche Würde besessen haben muß. Seine hellblauen Augen waren das jüdischste an seinem Gesicht. Sie hatten Leid gesehen und erfahren, sie drückten Verständnis und Mitgefühl aus, sie hatten alles überwunden.

Meine Großmutter ist sogar noch früher gestorben. Auch sie nimmt für mich nur durch die Geschichten meines Vaters Gestalt an und in einem Bild, das er einige Tage nach ihrem Tod gemalt hat: Man sieht sie an einem Vorfrühlingstag an einem geöffneten Fenster im Sterben liegen. Der Hintergrund mit dem Rasen und den kahlen Bäumen ist dunkel, und davor zeichnet sich im Halbprofil das blaß schimmernde Gesicht der Sterbenden ab. Ihre Augen sind unter den schweren, faltigen Lidern fast geschlossen; ihr Profil ist rein und klar.

Der alte José Posener war ein gütiger, liebevoller, strenger Vater, der mit seinen eigensinnigen, begabten, aber mit ihren überspannten Erwartungen ans Leben überforderten Kindern sicherlich seine liebe Not hatte. Das Phänomen ist möglicherweise typisch für eine jüdische Familie jener Zeit. Der alte Herr hatte die Grundlage gelegt, seine Kinder auf die höhere Schule geschickt, doch er selbst war kein gebildeter Mann. Die Kinder, die ihr Leben auf so viel höherem Niveau begannen, waren ehrgeizig. Julio, der jüngere Bruder meines Vaters, spielte virtuos, doch vollkommen gefühllos Klavier und konnte auch ziemlich gut zeichnen, mußte aber nach Brasilien gehen, um sich um das Juwelengeschäft zu kümmern. Louis, der Lieblingsbruder meines Vaters, starb als junger Mann an Tuberkulose. Der jüngste Sohn George versuchte sich im Malen und in der Bildhauerei und beschloß dann, Schauspieler zu werden, wobei er sich als einmalig erfolglos erwies. Niedergeschlagen und eifersüchtig auf das einzig wahre Talent in der Familie, meinen Vater Moritz, mußte er sich schließlich mit dem drögen Beruf eines Zahnarztes begnügen. Mathilde, das einzige Mädchen unter den Geschwistern, heiratete zu früh; die Ehe wurde wieder geschieden. Und als mein Vater am Ende auch noch reich einheiratete, bekam der Groll, den seine Brüder gegen den einen hegten, der es im Leben zu etwas gebracht hatte, neue Nahrung.

Das Selbstmitleid der Poseners zeigt sich am deutlichsten bei George. Er sprach sehr leise, und selbst seine Witze – er konnte sehr witzig sein – hatten einen melancholischen Unterton. Als er Zahnmedizin studieren mußte, sorgte mein Vater dafür, daß er dies zumindest in Heidelberg tun konnte, der heitersten deutschen Universitätsstadt. George mietete also ein Zimmer jenseits des Flusses mit Blick auf die Altstadt, die berühmte Brücke und

Cato Posener auf dem Totenbett, Porträt von Moritz Posener

die großartige Schloßruine. Als mein Vater ihn dort einmal besuchte, trat er ans Fenster und rief: »Oh, George, wie hübsch du es hier hast!« – »Ja«, antwortete George, »ja, sehr hübsch. Siehst du das da?« – »Das Bahndepot?« – »Genau, das Bahndepot. Die ganze Nacht rangieren die Züge, die Lokomotiven pfeifen, und ich kann kein Auge zutun.«

Noch vor dem Tode meines Großvaters hatte Moritz die Rolle des Familienoberhauptes übernommen, und er übte sie auch weiter aus, nachdem er geheiratet hatte. Wenn sich mein Vater zum Schlafen hinlegte, murmelte er noch einmal: »Julumageo«, was Julio, Louis, Mathilde, George bedeutete, da sein letzter Gedanke des Tages der Sorge um ihr Wohlergehen galt. Es gehörte zu seinem Naturell, Verantwortung zu übernehmen. Er war einer jener Menschen, denen ständig daran gelegen ist, daß es den anderen gutgeht. Schien die Sonne, erfreute er sich daran, doch dann seufzte er und sagte: »Aber wißt ihr, das ist ganz falsch: Das Land braucht Regen.« Regnete es, sagte er: »Denkt doch nur an all die armen Urlauber, deren Ferien jetzt ins Wasser fallen.« Das Wort selbstlos hat einen selbstgefälligen Beigeschmack, weil die meisten selbstlosen Menschen so undiszipliniert sind. Aber mein Vater war eine anima naturaliter christiana, und für ihn war es eine Notwendigkeit, ja Teil seines Wesens, des anderen Last zu tragen. Das ist eine sehr jüdische Eigenschaft, und die natürlichen Christen, die ich in meinem Leben kennengelernt habe, waren zumeist Juden. So war selbstverständlich auch er es, der an der Seite seiner Mutter war, als sie starb, ebenso wie er bei seinem Vater saß, als dieser die Augen schloß. Er hat uns oft von der traurigen Nachtwache und dem Morgengrauen jenes vielversprechenden Sommertages erzählt, der sich mit viel Vogelgezwitscher ankündigte. Um sieben Uhr kam Mathilde, die mein Vater zuvor zu Bett geschickt hatte, ins Zimmer geschlichen und erhielt die traurige Nachricht. Schluchzend ging sie hinaus und kehrte eine halbe Stunde später mit einem Gedicht über das heroische Leben ihres Vaters zurück. Wenn es eines gab, was mein Vater nicht ausstehen konnte, dann war es Gefühlsduselei; vielleicht fand er dies deshalb so abstoßend, weil er schon seine Jugend in Gesellschaft dieser larmoyant-melodramatischen Geschwister verbracht hatte. Er pflegte uns eine amüsante Geschichte über einen meiner Vettern zu erzählen, der als junger Bursche ein Dienstmädchen geschwängert hatte. Die Familie ergriff gewisse Maßnahmen, und das liebe Mädchen wurde nicht Mutter. Jahre später – das Dienstmädchen lebte immer noch im Hause seiner Mutter – kehrte er von einem längeren Auslandsaufenthalt zurück und nahm sich ein Zimmer in der Stadt. Ahnungslos fragte ihn mein Vater: »Warum wohnst du nicht bei deiner Mutter?« »Was«, rief mein Vetter aus, »unter einem Dach mit dem Geist meines ermordeten Kindes?« »Der gute Junge«, schloß mein Vater, »hätte doch genausogut sagen können, Onkel, ich möchte Clara nicht begegnen.«

Mein Vater war aufs Gymnasium geschickt worden, und er haßte die Schule. Die Schulen in den siebziger und frühen achtziger Jahren des neunzehnten Jahrhunderts müssen ziemlich finstere

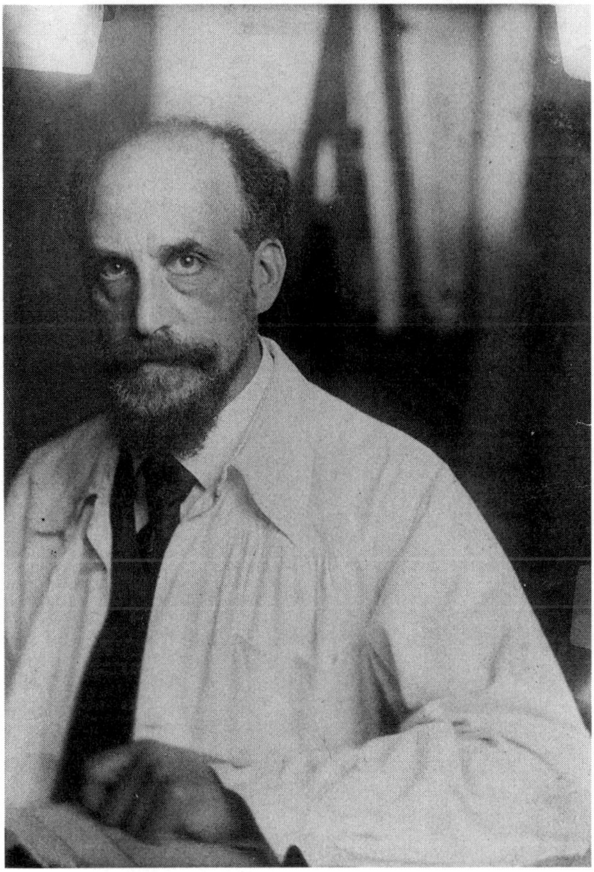

Moritz Posener im Atelier

Anstalten gewesen sein; die Lehrer waren Sadisten, und die Klassenkameraden schwammen fröhlich auf der neuen antisemitischen Welle der Stoecker-Bewegung. Ein Junge, der nicht besonders gut in Mathematik war, dafür sehr gut im Zeichnen, und außerdem Geige spielte, ein blasser, dünner Judenjunge noch dazu, galt sofort als suspekt. Mit fünfzehn beschloß mein Vater, von zu Hause fortzulaufen und es mit einem anderen Gymnasium in Wismar zu versuchen, einer berühmten alten Schule, aber anscheinend kam er dort vom Regen in die Traufe. Bei seiner Rückkehr an die alte Berliner Schule wurde er von seinen Lehrern mit beißender Ironie begrüßt. »Nun, Pooosener ... da sind Sie ja endlich wieder ... So, so ... Der verlorene Sohn! Sie erwarten doch hoffentlich nicht, daß wir jetzt das gemästete Kalb für Sie schlachten, Pooosener, oder?«

Über das Leben meines Vaters als junger Maler weiß ich nur sehr wenig, außer daß er viele Sommer zusammen mit einigen befreundeten Malern in einem Dorf in der Nähe von Berlin verbrachte und Landschaften malte. Nach dem Tod seiner Mutter, er war damals Anfang dreißig, schickte ihn eine reiche jüdische Dame, die junge Künstler förderte, nach Paris, ins Mekka der modernen Kunst. Merkwürdigerweise war es jedoch nicht der Impressionismus, der meinen Vater im Paris der neunziger Jahre prägte, die Kunstbücher, die er mit nach Hause brachte, enthielten keine Reproduktionen von Manet und Renoir, sondern von Leuten wie Etcheverry und Detaille. Moritz Posener blieb ein »Pleinair«-Maler. Er verbrachte ein Jahr in Paris, malte, studierte und führte ein sehr munteres Leben. Er verliebte sich sogar so heftig in ein französisches Mädchen, daß er ihr einen Heiratsantrag machte, worauf sie erwiderte: »Quoi, vivre dans le pays des barbares? Jamais!« Doch als er zurückkehrte, lernte er seine zukünftige Frau kennen.

Der Hintergrund meiner Mutter ist ein völlig anderer als der meines Vaters. Gertrud Oppenheim stammte aus einer alten jüdischen Berliner Familie, und ihre Redeweise entsprach dem Berliner »Platt« Fontanes, das in jenen Kreisen en vogue war. Ihr Vater Julius Oppenheim war ein äußerst erfolgreicher Mann, der in den Gründerjahren nach 1871 mit Immobiliengeschäften ein Vermögen gemacht hatte und seither über all jene Sicherheit verfügte, die stabiler Reichtum gewährt. Er hatte zwar innerhalb seiner eigenen Klasse geheiratet, aber meine Großmutter war impulsiv, und ihre Ansichten müssen für die damalige Zeit schokkierend fortschrittlich gewesen sein, besonders in Fragen der

Gertrud Posener geb. Oppenheim als junges Mädchen

Hygiene. Einmal erhielt mein Großvater ein Telegramm von seinen besorgten Schwestern: »Komm sofort zurück: Deine Frau tötet deine Kinder.« Tatsächlich hatte sie sie mit kaltem Wasser gewaschen.

Ich glaube, mein Vater ist in die Oppenheim-Familie von seinem Freund Franz Oppenheimer eingeführt worden, der einer der Oppenheim-Töchter den Hof machte. Mein Vater besaß gewaltigen Charme und sah sehr gut aus. Er spielte zart und gefühlvoll Geige, er war gerade aus Paris zurückgekehrt, ein junger Künstler voller französischer Chansons und amüsanter Anekdoten, und es fiel ihm leicht, selbst von der ziemlich muffigen Familie meines Großvaters akzeptiert zu werden. Meine Mutter erzählte uns Kindern von zweien ihrer Tanten, die dem Posener-Charme komplett erlegen waren: »So ein charmanter junger Mann! So begabt!« sagte die eine, »oh, ich hoffe nur, daß er ein recht nettes Mädchen zum Heiraten findet.« Und dann, mit einem Blick in Trudchens Richtung: »Aber nicht in *unserer* Familie!« So kam es, daß meine Eltern ihre Verlobung geheimhielten und es sogar für notwendig erachteten, sich nach einem halben Jahr ihr Verlöbnis gegenseitig zu bestätigen, und selbst dann dauerte es noch einige Zeit, bevor sie die Sache bekanntgaben. Meine Mutter hat mir einmal erzählt, wie sie vom alten José Posener mit iberischer Grandezza empfangen wurde und daß er zu meinem Vater, nachdem sie wieder gegangen war, gesagt habe: »Maurice, deine Braut: fluido eléctrico.« Es war offensichtlich, daß er dessen Wahl guthieß. Im Haus von Julius Oppenheim hielt sich die Zustimmung eher in Grenzen. Moritz Posener wird nicht gerade der Schwiegersohn gewesen sein, den der alte Julius sich gewünscht hatte. Eine Tochter hatte er bereits dem sich recht und schlecht durchboxenden jungen Arzt Franz Oppenheimer gegeben, dessen späteren Ruhm als Wirtschaftswissenschaftler er nicht vorhersehen konnte, und nun kam da ein Künstler an, der nicht gerade mittellos, aber keineswegs wohlhabend war, so daß ein wenig vom Argwohn der Posener-Brüder, Moritz habe »Geld geheiratet«, auch in seiner Millionärsseele aufgekeimt sein muß. Nachdem er seinen Schwiegersohn jedoch einmal akzeptiert hatte, sorgte er dafür, daß die Hochzeit so prunkvoll ausgerichtet wurde, wie es dem Anlaß entsprach. Ich habe die Karte mit der Speisenfolge gesehen und nie verstanden, wie die Menschen dieser Generation in der Lage waren, derartige Mengen an Essen und Trinken zu bewältigen.

Mein Vater war fünfunddreißig, meine Mutter zehn Jahre jünger. Sie hatte die Erziehung eines reichen Mädchens jener Zeit erhalten, eine Schule für höhere Töchter besucht, jährlich Reisen in die Schweiz unternommen und seit dem Alter von vier Jahren Klavierunterricht bekommen. Als ihr Sohn bin ich vermutlich voreingenommen; doch ich bin überzeugt, daß meine Mutter, die ein »Wunderkind« gewesen ist, Karriere, und zwar eine sehr erfolgreiche Karriere als Pianistin hätte machen können; und das wäre vielleicht auch geschehen, wenn sie nicht geheiratet hätte. Ich höre mir immer wieder einmal Aufführungen ihrer Lieblingsstücke an, dargebracht von großen Virtuosen, und im Vergleich zu ihrem Vortrag, der unauslöschlich in meinem Ohr klingt, kann ich nur den Kopf schütteln. Sie machte es besser, flüssiger, strukturierter, mit einem Wort: musikalischer. Ich habe Beethovens Opus 109, Schumanns »Karneval«, die Intermezzi von Brahms nie wieder so gehört, wie sie sie gespielt hat. Ihr Geschmack entsprach natürlich der Romantik, und es war mein Bruder Ludwig, der ihr sehr viel später die Ohren für Bach und Mozart öffnete. Beethoven galt als Vollendung, Schumann war ihrem Herzen am nächsten, Brahms eine Entdeckung, die sie im Laufe ihres Lebens machte und dessen Tiefe sich ihr zunehmend offenbarte. Sie sagte jedoch und bestand bis zuletzt darauf, daß Brahms ein Klavier- und Liederkomponist gewesen sei und sich beim Schreiben von Sinfonien auf eine Höhe hinaufgemüht habe, die ihm natürlicherweise nicht gegeben gewesen sei. Als junges Mädchen war sie der Begeisterung ihrer Generation für Wagner verfallen, aber in späteren Jahren reihte sie ihn nicht unter ihre Meister ein. Sie fand seine Musik wie auch seine Persönlichkeit »bezaubernd und abstoßend, sinnlich, eindringlich, aber ohne Form und Struktur«. Auch mit diesem Urteil folgte sie dem Trend ihrer Generation. Strauss erkannte sie an, als einen Musiker voller Esprit, und sie liebte »Eulenspiegel« und den »Rosenkavalier«. Für Musik, die über Strauss hinausging, blieb ihr Ohr verschlossen.

Das Klavierspiel meiner Mutter war der erhabene Ausdruck ihrer Persönlichkeit. Von meiner Großmutter hatte sie das ungestüme Temperament geerbt, sie konnte unvermittelt wütend aufbrausen, und ihr »Nein« war endgültig. »Ich denke nicht im *Traum* daran, das zu erlauben«, war einer ihrer typischen Sätze. Wenn sie haßte, war sie störrisch und unversöhnlich. Wenn sie liebte, liebte sie rückhaltlos. Sie war und blieb großbürgerlich, die Millionärstochter, die sich den Respekt ausbat, der ihrer gesellschaftlichen Stellung entsprach. Sie war großzügig, erwartete aber auch Anerkennung. Mein Vater konnte eine Flasche Bier mit einem Kutscher trinken. Sie bewunderte das, hätte sich jedoch geweigert, es selbst zu tun. Sie erzählte uns einmal, wie sie nach dem Ersten Weltkrieg eine russische Baronin kennengelernt hatte, die in einem einzigen Zimmer hauste, sich aber ihre Würde bewahrt hatte: »Ich bin immer noch die Baronin Kirsinger«, habe die alte Dame gesagt. Meine Mutter lebte während ihrer letzten Lebensjahre ebenfalls in nur einem Zimmer und blieb Trudchen Oppenheim. Dennoch war sie das Gegenteil von voreingenommen. Sie war bewußt »modern«, und ihr Geist blieb offen gegenüber den neuesten und erstaunlichsten Strömungen innerhalb eines Lebens, das die Jahrzehnte vom Deutsch-Französischen Krieg bis zum Zweiten Weltkrieg umspannte. Seltsamerweise war mein Vater der Konservativere von den beiden. Als der einmal während des Ersten Weltkriegs England verfluchte, gestand sie: »Wo bei euch allen der Patriotismus sitzt, da ist bei mir ein Loch.« »Trudchen«, entgegnete Moritz, »ich verzeihe dir. Aber sag so etwas nie einem anderen.« Man kann sich vorstellen, was in ihr vorging, als sie 1915 ihrem ältesten Sohn erlauben mußte, sich als Freiwilliger der Armee des Vaterlandes zur Verfügung zu stellen. Er war noch keine siebzehn.

Moritz Posener paßte also bestimmt nicht so richtig in den Oppenheim-Haushalt, und obwohl er seinem Schwiegervater den gebührenden Respekt erwies, machte er keine großen Anstrengungen, sich einzufügen. Er pflegte mit angewinkeltem Ellenbogen durch die spießige und übermöblierte Oppenheim-Wohnung zu gehen und »versehentlich« irgendeine heißgeliebte Monstrosität aus Porzellan herunterzufegen, um sich dann mit einem »Oh, Papa, wie ungeschickt von mir. *Das* tut mir aber leid« zu entschuldigen. In der Villa meines Onkels Paul in Lichterfelde tauchten der Nippes, die Drucke von Ölgemälden, die Fülle von Photos auf dem Flügel – der kaum je geöffnet wurde – wieder auf, und als Paul unser neues Haus besuchen kam, stolzierte er darin herum, klopfte mit seinem Stock mit dem Silberknauf auf den Boden und geizte durchaus mit dem Lob; mit unverhülltem Abscheu betrachtete er die moderne Deckenlampe in Vaters Atelier, eine flache Mattglasschale, die in einen breiten geschmiedeten Bronzering eingefaßt war und an bronzenen Ketten herabhing: »Moderne Kunst«, brummte er. »Nicht meine Sache.«

KAPITEL 2
Das Haus in der Sonne

Ich war ein blasses, schwächliches und zu kurz geratenes Kind. Der Kommentar des Arztes bei meiner Geburt lautete: »Von einem Riesen hat er nichts an sich.« Jedes Jahr im Mai fuhr meine Mutter zur Kur nach Bad Pyrmont und nahm mich mit. Doch wenn wir zwei Wochen später wieder abreisten, war mein Gesicht noch genauso bleich wie bei unserer Ankunft, und sobald der Zug in Berlin einfuhr, kniff mich meine Mutter in die Wangen, »damit sie ein bißchen röter aussehen«.

Ich mochte Pyrmont sehr. Die »Wasserheilanstalt Schücking«, wo wir logierten, war ein großes weißes Haus mit einer Auffahrt und einem von Säulen getragenen Baldachin, sehr großen Zimmern, die köstlich nach Brot rochen, und einem Garten, der mit seinen großen Rasenflächen und prächtigen alten Bäumen eher einem Park glich. Das Bad hatte Tradition. Friedrich der Große und Goethe hatten hier gekurt, und die Promenade war von niedrigen weißen Häusern gesäumt, die größtenteils um 1800 gebaut worden waren. Sie führte zu einem Wasserschloß, das von einem nach Süßwasser duftenden Graben und majestätischen Kastanienbäumen umgeben war. Der Ort lag inmitten buchenbewachsener Hügel, und auf dem höchsten dieser Hügel stand ein Aussichtsturm, unser tägliches Ausflugsziel. Wir fuhren mit der Straßenbahn dorthin, die mit Seilen von einer Dampfmaschine gezogen wurde, welche am Ende der Zugangsstraße in einem Schuppen untergebracht war. Ich sah begeistert zu, wie das große Rad seine Umdrehungen machte, und lauschte fasziniert dem

Geräusch des Motors. Noch besser war, daß wir auf einem Esel auf den Hügel reiten konnten, genauer gesagt, ich saß auf dem Esel, während meine Mutter nebenherging. Ein Tag ohne Ritt auf dem Esel kam mir vor wie ein verlorener Tag, und ich lag deswegen meiner Mutter jeden Morgen stundenlang damit in den Ohren. Das zweitschönste in Pyrmont waren unsere Ausflüge im Landauer. Ich durfte neben dem Kutscher sitzen und konnte das Auf und Ab der Pferderücken beobachten, und manchmal durfte ich sogar die Zügel des linken Pferdes halten. Die Räder knirschten auf den sandigen Straßen, die Pferde rochen herrlich, sie hoben die Schwänze und ließen ihre Äpfel fallen – die ebenfalls herrlich stanken –, und so schwebten wir durch die Buchenwälder, die Alleenbäume, über Felder und Wiesen der weiten Landschaft zu den alten Bauernhäusern des Forellenhofs Hamborn, mit seinen Teichen, Kuh- und Pferdeställen und, was das Beste war, den Schweineställen mit den dicken Sauen und ihren saugenden Ferkeln.

Ein weiteres großes Vergnügen war das morgendliche Konzert der Kurkapelle im Musikpavillon. Es begann jeden Morgen um sieben mit einem Kirchenlied und ging dann noch mindestens eine Stunde mit dem üblichen Potpourri aus klassischer und Unterhaltungsmusik weiter, mit Ouvertüren, Stücken aus der Fledermaus oder dem Zigeunerbaron. Das Kirchenlied hörte ich mir noch von meinem Schlafzimmer aus an, aber sobald die feierlichen Töne der Blechbläser in der klaren Morgenluft ertönten, lief ich hinaus, stellte mich so nahe ans Orchester, wie ich nur konnte, und tat so, als würde ich dirigieren. Der Dirigent der kleinen Kapelle war ein Mann namens Fritz Busch, von dem meine Mutter sagte, er dirigiere sehr gut. Eines Morgens vernahm sie überrascht ein wunderschönes Violinsolo und fragte, wer da spiele. Es war der Bruder des Herrn Kapellmeisters, Adolf. Meine Mutter behauptete, Adolf Busch habe später nie wieder so schön gespielt wie an jenem Tag.

Professor Schücking sah aus wie ein alter Papagei. Er war der geborene Arzt und ein hochkultivierter Mann, der aus einer der großen Familien des deutschen Bildungsbürgertums stammte. Gleichzeitig war er zerstreut und unordentlich wie ein Künstler, und tatsächlich steckte einiges von einem Künstler in ihm. Sein Tagebuch aus dem Russisch-Türkischen Krieg ist sehr gut geschrieben. Er besaß ein Stück Radium, das er stets in der Hosentasche bei sich trug und eines Tages verlegte, was ihn aber nicht weiter kümmerte. Meine Mutter betrachtete ihn bald als einen Freund, als einen jener Menschen, die sie stark beeinflußten. »Wie kann man von mir erwarten, eine Patriotin zu sein«, sagte sie später einmal, »wo ich doch geprägt worden bin von Menschen wie meiner Italienischlehrerin Signora Luraschi, meiner Klavierlehrerin Frau Fitbogen, deren Vorfahren aus Polen stammten, und diesem teutonischsten aller Teutonen, Professor Schücking?« Ich mochte den Professor sehr gern, obwohl ich ein wenig Angst vor ihm hatte, weshalb ich mich bei Tisch immer vorbildlich betrug. Denn die Mahlzeiten im Sanatorium waren formvollendet, den Gästen wurde das Essen von der richtigen Seite her serviert und eine strenge Speisenfolge eingehalten.

Natürlich gab es auch andere Kinder im Sanatorium, und wir spielten am Nachmittag auf der Wiese und flochten uns kleine Gänseblümchenkränze. Eines Nachmittags streifte ich allein durch den Park und schaute in die Kellerfenster, als mir plötzlich der Atem stockte: Dort, in einem der Kellerräume, stand ein hoher Metalltisch mit zwei Metallringen, die offensichtlich für die Beine der Patienten bestimmt waren; er war von einem weißen Laken bedeckt. Dieses Laken war mit großen Blutflecken getränkt. Ich stahl mich voller Entsetzen davon und vermied es zukünftig, mich diesem Fenster zu nähern.

Weil ich so schwächlich war, beschlossen meine Eltern, mich nicht mit sechs Jahren einzuschulen, sondern mir zusammen mit Franz und Robert, den Söhnen des Architekten Crzellitzer, Privatunterricht erteilen zu lassen. Ich kann mich nicht daran erinnern, was ich dort gelernt habe, um so mehr aber an das Zimmer,

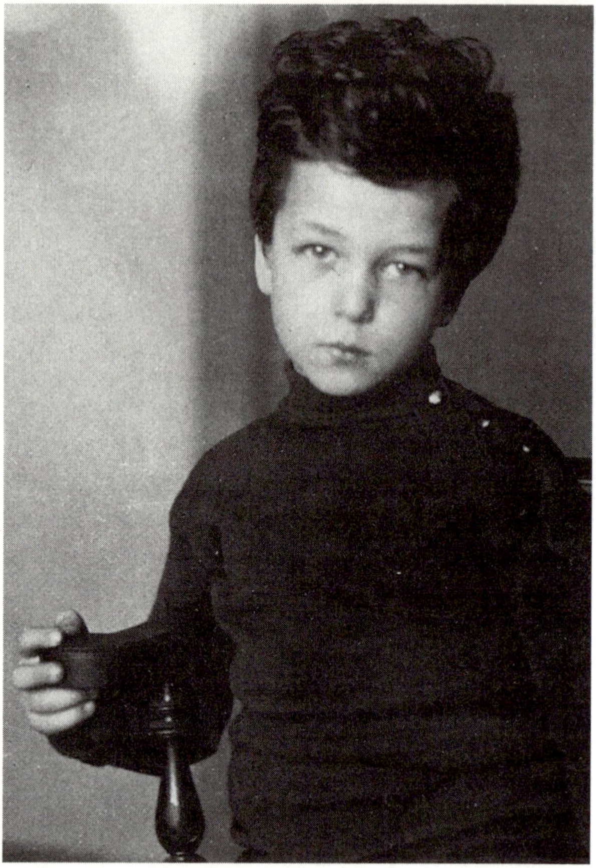

Julius im Atelier (1910)

das Haus und die beiden Jungen. Czrellitzer hatte sich selbst auch eine Schokoladenvilla gebaut, und dieses Haus war es, das meine Eltern seinerzeit bewogen hatte, ihn mit dem Entwurf ihres eigenen Hauses zu beauftragen. Da er bei seiner eigenen Villa ohne Einmischung von Kunden frei schalten und walten konnte, war das Haus ungewöhnlich schön geworden, im Stil noch englischer als das unsere.

Seine Söhne in ihren kurzen Lederhosen waren noch mehr als

wir Teil des modernen Lebens. Unsere Kleidung entsprach streng dem damaligen Zeitgeist, das heißt, ich trug einen Matrosenanzug mit blauem Kragen und einen Strohhut mit breiter Krempe. Die beiden Jungen waren Wunderkinder, Franz am Klavier und Robert mit dem Cello. Franz komponierte bereits und spielte klar, flüssig und fehlerfrei. Leider behandelten die Eltern, vor allem die Mutter, ihre Söhne wie wiedergeborene kleine Mozarts – was für Franz und seinen späteren Lebensweg unglückselig war. Beide Jungen waren zweifellos sehr begabt; aber es besteht ein feiner Unterschied zwischen einem guten, sogar herausragenden Talent und einem Genie, und die Crzellitzer-Eltern waren nicht in der Lage, ihn zu erkennen.

Ich sehnte mich leidenschaftlich danach, in die Schule zu gehen. Ludwig besuchte sie bereits und war sehr stolz darauf, und wenn ich die Jungen aus dem großen neuen Schulgebäude kommen sah, das dem Stil unseres Hauses sehr ähnelte und genaugenommen ein übergroßes Landhaus war, fing ich an zu quengeln: »Wenn ich das Haus nur sehe, wird mir ganz elend vor lauter Lust, auch dorthin zu gehen.« Ich war siebeneinhalb, als meine Eltern mir endlich erlaubten, die Schule zu besuchen. Sie begleiteten mich, und ich wurde in einem leeren Klassenzimmer Herrn Haase vorgestellt, dem Lehrer der Vorklasse, einem hünenhaften Mann, der meine beiden Hände in seine großen Pranken nahm und mich fragte, ob ich das Märchen vom Wolf und den sieben Geißlein kenne. Ich kannte es nicht, und er schüttelte traurig den Kopf, beschloß aber trotzdem, mich auf Probe in seine Klasse aufzunehmen. Ludwig, der das Leben seines kleinen Bruders gern in die Hand nahm, hatte mir schon einen Gefährten ausgesucht, einen griesgrämigen Jungen namens Uwe Ewers, und ich akzeptierte ihn ganz selbstverständlich als meinen besten Freund. Nach drei Tagen entdeckte ich allerdings einen anderen Jungen, Fritz Kubierschky, der mir besser gefiel und der bei uns ganz in der Nähe wohnte, in einer weiteren Schokoladenvilla, die durch die unsere inspiriert worden war. Fritz hatte noch einen etwa zwei

Jahre jüngeren Bruder namens Hans, den er in der Art älterer Brüder zu hänseln und fortzuscheuchen pflegte, wenn wir spielten, und das mißfiel mir. Ich bestand darauf, Hans mitspielen zu lassen, und dabei zankten wir uns so heftig, daß die Fäuste flogen, und als ich das nächste Mal zum Haus der Kubierschkys kam, fragte Fritz ein wenig spitz: »Willst du zu mir oder zu Hans?« Dennoch spielten wir eine Zeitlang zu dritt, und unser Lieblingsspiel war es jahrelang, auf Stelzen zu laufen und uns darauf gegenseitig zu bekämpfen. Im Laufe der Zeit entwickelten wir darin eine große Geschicklichkeit, wir konnten Treppen hinauf- und herabsteigen, auf einer Stelze tanzen, uns gegenseitig von den Stelzen stoßen. Was wir auch sehr gern machten, war radfahren. Ich lernte es mit sieben Jahren, und damals war es vollkommen ungefährlich, auf unserer Straße auf und ab zu radeln, es fuhren dort allenfalls Pferdekutschen, und diese nur höchst selten. Wir konnten sogar stundenlang freihändig auf der Kreuzung im Kreis herumfahren, ohne daß ein einziger Wagen vorbeikam. Unsere Fahrräder, meines besonders, waren so klein und die Gartenwege so breit, daß wir auf unseren Rädern im Garten Eisenbahn spielen konnten, wobei die Gärtnerstochter, die arme gehorsame Trude Böttcher, als Stationsvorsteher herhalten mußte und uns an unserem Spielplatz mit der Schaukel, dem Klettergerüst und der Sandkiste durchwinkte oder per Handzeichen anhalten ließ.

Die Schule interessierte mich nicht, mit Ausnahme des Lesens. Rechnen war mir ziemlich unsympathisch und ist es bis heute geblieben; das Schreiben bereitete mir große Mühe – und tut es immer noch. Ich bin außerordentlich ungeschickt mit den Händen, und es gelang mir nie, die Buchstaben in eine einheitliche Form und sauber zwischen die Linien zu bringen. Darüber hinaus konnte ich mich nicht konzentrieren. Meine Zeugnisse schlossen stets mit der Bemerkung: Julius muß versuchen, aufmerksamer zu sein. Der besagte Riese von einem Lehrer, den ich heiß verehrte, schüttelte oft traurig den Kopf und sagte: »Julius, du hast immer noch nicht begriffen, daß du in der Schule bist.«

Ich lernte nur sehr langsam lesen, und auch darin bin ich mir treu geblieben und immer noch der langsamste Leser, den ich kenne, aber an mein erstes Buch erinnere ich mich genau. Es war das Buch über die Schildbürger, die einmal so klug gewesen waren, daß alle Höfe Deutschlands sie baten, ihnen als Berater zu dienen, bis sie dann beschlossen, sich dumm zu stellen, damit sie ihre Bürger für sich behalten könnten. Das gelang ihnen so gut, daß sie tatsächlich dumm wurden. Der Höhepunkt der Geschichte ist der Besuch Till Eulenspiegels, der sie zu ihren absurdesten Taten anstiftete: Sie bauten sich ein Rathaus ohne Fenster und saßen mit brennenden Kienspänen, die sie sich an die Kappen gesteckt hatten, in ihrem dunklen Ratszimmer, bis Eulenspiegel ihnen riet, mit Töpfen und Pfannen hinauszugehen und das Licht einzufangen, damit sie es ins Rathaus tragen könnten. Am Ende brennt die ganze Stadt ab, und ihre Bewohner sind über ganz Deutschland verstreut, wo man sie noch heute leicht finden kann ... Die Geschichte ist natürlich komisch gemeint, und die Kinder sollen herzlich über die »lustigen Schildbürgerstreiche« lachen, wie der Titel meines Buches lautete. Mir aber kamen sie gar nicht komisch vor. Ich bedauerte diese klugen Leute sehr, die der Dummheit erlegen waren, war enttäuscht über ihre Unfähigkeit, ihr Rathaus zu beleuchten, und das große Feuer am Ende weckte in mir tiefstes Mitleid und Entsetzen. Während ich dieses traurige Buch las, übte mein ältester Bruder am Klavier den langsamen Satz einer Beethoven-Sonate, und bis zum heutigen Tag verbindet er sich für mich mit der traurigen Geschichte der Männer von Schilda.

Kurz nachdem wir das neue Haus bezogen hatten, bekam ich Scharlach, und unser Doktor, ein entfernter Verwandter und überaus vorsichtiger Mann, folgte der orthodoxen Behandlungsmethode aufs i-Tüpfelchen. Er war ein langer, leicht gebeugter Mann, dessen Hände sehr gut und nach Arzt rochen, und sobald einer von uns krank wurde, lautete sein Rat: »Ich würde ihn ins Bett stecken.« Auch ich mit meinem Scharlach wurde selbstverständlich ins Bett gesteckt, und obwohl ich mich nach etwa einer Woche wieder vollkommen wohlauf fühlte, bekam ich vier Wochen lang nichts anderes als Milch, die ich verabscheute. Ich werde nie den Geschmack des ersten Fleisches vergessen, das man mir zu essen gab; es war Hirn und schmeckte einfach köstlich. Ich war gerne krank. Die Fürsorge, die man mir angedeihen ließ, die besondere Zuwendung, die Rücksicht; auch das schöne weiche Bett, in dem man mir die Mahlzeiten servierte und wohin man mir das Spielzeug brachte; das Wissen, daß ich nichts weiter zu tun hatte, als wieder gesund zu werden: All das erfüllte mich mit einer heimlichen Befriedigung. Man betrachtete Krankheiten bei den Poseners als große Ereignisse, und die Jahre, in denen wir Scharlach und Diphtherie hatten, wurden noch viele Jahre später die »Scharlachzeit« und die »Diphtheriezeit« genannt.

Die Diphtherie war insgesamt eine vergnüglichere Sache, denn Ludwig bekam sie auch, kurz nachdem ich daran erkrankt war. Tatsächlich hatte er noch vor mir über Halsschmerzen geklagt, und weil unser guter Dr. Philip gerade im Urlaub war, wurde ein anderer Arzt gerufen, der im Hals des Jungen erst mit einem »stumpfen« und dann mit einem scharfen Instrument herumfuhrwerkte, um die toten Hautfetzen zu entfernen. Als Dr. Philip zurückkehrte, ließ er ausnahmsweise einmal die übliche Diskretion der Mediziner beiseite und sagte, er staune, daß es dem anderen Arzt nicht gelungen sei, Ludwig vollends umzubringen; diese Erfahrung trug noch mehr zum Ansehen unseres behutsamen Hausarztes bei.

Wir hatten also einen Hausarzt für die Kinder, und Mutter suchte fast ihr ganzes Leben denselben Gynäkologen auf, einen ihrer Vettern (Vater wurde nie krank). Wir hielten uns ein Kindermädchen und eine Art Oberkindermädchen, ein altes Faktotum aus der Familie meiner Mutter, die uns ein- bis zweimal die Woche besuchte. Wir hatten unseren Schuhmacher, der schon meinem Vater die Schuhe angepaßt hatte, als dieser noch ein Junge war. Am Waschtag kamen Frau Pfeiffer, unsere Waschfrau,

Familie Posener mit dem Personal vor der Schokoladenvilla. V.l.n.r.: Gottlieb Böttcher (Hausmeister), Luise Rose (Köchin), Martha Menzel (Hausmädchen), Marie Böttcher (Gottliebs Frau), Trude Böttcher (Tochter), Gertrud, Moritz, Julius, Ludwig und Karl Posener, Kinderfräulein

und Frau Gerling, die Bügelhilfe. Gelegentlich half auch eine Näherin beim Stopfen und Ausbessern der Kleidung. Das waren die Aushilfskräfte. Das feste Personal bildeten die Köchin, das Dienstmädchen und das Kindermädchen, ferner der Gärtner mit seiner Frau und seiner Tochter. Sie alle wohnten bei uns im Haus.

Über die Finanzen meiner Eltern weiß ich nur wenig, aber ich habe den Verdacht, daß selbst in Friedenszeiten ein solcher Hofstaat im Grunde über ihre Verhältnisse hinausgegangen sein muß. Jedenfalls war dies der einzige Luxus, den sie sich leisten konnten und der andere Extravaganzen wie ausgedehnte Reisen ausschloß. Ihre Hochzeitsreise hatte sie nach Italien geführt, fernere Länder haben sie nie besucht. Sie führten auch kein gesellschaftliches Leben. Sie bevorzugten das schlichte Leben im trauten Heim, obwohl dieses spezielle Heim eher einem Palast glich; ihr Geschmack war einfach, aber teuer. Mein Vater sagte oft, wie gern er einmal den Orient sehen würde, was jedoch nie geschah, statt dessen schien es ihn vollkommen zufriedenzustellen, jahraus, jahrein mit uns in die bayerischen Alpen oder an den Bodensee zu fahren. Von uns Kindern erwartete man dieselben einfachen Vorlieben, und Dinge wie Reitstunden oder Tennis kamen einfach nicht in Frage. Inmitten dieses Wohlstands waren meine Eltern sogar von einer seltsamen haushälterischen Besessenheit beherrscht; mein Vater notierte peinlich genau alle kleinen Ausgaben des Tages in einem Heft, die Kinderkleidung wurde vom ältesten bis zum jüngsten Bruder aufgetragen – und daheim von der Nähfrau oder meiner Mutter eigenhändig umgenäht. Meine Mutter ging einkaufen und beteiligte sich aktiv an der Hausarbeit, besonders am Frühjahrsputz, während Vater und wir Jungen die Teppiche im Garten ausklopften. Meine Eltern empfingen auch so gut wie nie Gäste. Ich entsinne mich an zwei Gesellschaften, die sie für meinen ältesten Bruder gaben, als er anfing zu studieren und später, als er Arzt wurde; es waren große Ereignisse. Es ist ein merkwürdiger Umstand, daß wir im Schoße dieses Luxus wie die Einsiedler aufwuchsen und unsere Umgangsformen, die nie einen gesellschaftlichen Schliff erfuhren, unbeholfen, ja ungehobelt blieben. Das war ein Ausdruck der Lebensreform um 1900 wie auch die Häuser im Landhausstil und Bücher wie »Das Haus in der Sonne« des schwedischen Malers Carl Larsson, das im Bücherregal meines Vaters einen Ehrenplatz einnahm und sogleich ins Auge fiel. Reiten, Tennis und Einladungen galten als snobistisch. Aber ich glaube, meine Eltern haben es mit dem schlichten Leben übertrieben, und in einem Haushalt so großen Stils wirkte dies ein bißchen unangebracht. Doch ich will gerecht sein. Ich weiß nicht, was geschehen wäre und wie sehr sich das Leben der Poseners vielleicht noch verändert hätte, wenn ihr bürgerliches Paradies nicht durch den Krieg zerstört worden wäre. Im Jahre 1914 war mein ältester Bruder fünfzehn und ich noch keine zehn.

Jedenfalls kann man gut verstehen, wenn mein Vater meinte, es blieben, was sein materielles Wohl betraf, keine Wünsche offen. An Frühlingsabenden pflegte er durch den Garten zu gehen und zu sagen: »Guckt euch bloß den Posener an, diesen Glückspilz. Der ist ein gemachter Mann. Da spaziert er in diesem wunderschönen Garten herum, der sein eigener ist, und schaut auf sein herrliches Haus.« Er war dankbar, froh und ein wenig beschämt, daß ausgerechnet er vom Schicksal so begünstigt wurde. Mir ging es genauso, und ich fand, daß ich es von allen kleinen Jungen fraglos am besten getroffen hatte. Ich lebte in Deutschland, dem besten Land, das es gab, in Lichterfelde, dem besten Villenvorort seiner Hauptstadt, im besten Haus mit dem schönsten Garten weit und breit, und hatte die besten Eltern, die man sich denken konnte, und die nettesten Brüder noch dazu. Wenn ich mir das abends vor dem Schlafengehen vorsagte, war ich zufrieden mit der Welt und dem lieben Gott sehr dankbar.

Denn wir wurden im Glauben an Gott erzogen. Wir erhielten sogar – sporadisch – jüdischen Religionsunterricht, nachdem meine Eltern eine etwas verstörende Erfahrung mit meinem Bruder Ludwig gemacht hatten. Der war in seinem ersten Schuljahr in eine sehr fortschrittliche Mädchenschule geschickt worden. Er und ein anderer Junge waren die ersten, die diese Schule besuchten, die unter anderen gewagten Neuerungen die Koedukation anstrebte. Meine Eltern stellten nur die eine Bedingung, daß Ludwig vom Religionsunterricht befreit werden solle, aber die Direktorin versicherte ihnen, dies sei völlig unnötig, da während der ersten Schuljahre ohnehin nur das Alte Testament unterrichtet würde. Eines Tages bekamen meine Eltern Besuch vom Rabbiner der Gemeinde: »Wie ich höre, lieber Herr Posener, geht einer Ihrer Söhne in die Lemp'sche Schule.« – »So ist es.« – »Und daß er dort Religionsunterricht erhält.« – »Das ist wahr; doch Sie brauchen sich deswegen nicht zu sorgen, bisher wurde nur das Alte Testament gelehrt.« – »Dürfte ich den Jungen einmal sehen?« – »Selbstverständlich!« Ludwig wurde gerufen, und der Rabbi fragte: »Sag mal, mein Junge, was lernst du in Religion?« – »Wie unser Herr Jesus«, antwortete Ludwig mit glühender Begeisterung, »den toten Mann zum Leben erweckt hat.« – »Und wie hat er das getan?« – »Er hat gesagt: Stehe auf und wandele, und siehe da, der Mann stand auf und wandelte.«

Das genügte. Ludwig wurde von der Schule genommen, womit auch die Koedukation vorbei war: Die beiden Jungen hatten viel Spaß daran gehabt, den vor ihnen sitzenden Mädchen die Zöpfe zu lösen. Jetzt wurde ein Herr Silberberg gebeten, uns Religionsunterricht zu erteilen. Er las uns brav die ersten fünf Kapitel aus dem Ersten Buch Mose vor und bemerkte: »Dies, meine lieben Freunde, ist nichts weiter als eine schöne Legende. In Wirklichkeit haben sich die Dinge so nicht ereignet.« Als ihm dann selbst diese Pflicht der Desillusionierung zuviel wurde, brachte er uns das Schachspielen bei, was den einzigen Gewinn darstellte, den wir aus unserer religiösen Erziehung zogen. Doch kurz darauf teilte man Herrn Silberberg mit, daß seine Dienste nicht mehr benötigt würden, und niemand trat an seinen Platz.

Der alte José Posener war ein einigermaßen strenggläubiger Jude gewesen, zumindest hielt er die wichtigsten religiösen Festtage ein, ging am Jom Kippur in die »Schul« und betete und fastete die ganze Nacht. Mein Vater folgte ihm nicht in dieser Tradition, und in der Familie meiner Mutter hatte man das Jüdischsein schon in der Generation meines Großvaters nicht mehr besonders ernst genommen. Meine Eltern glaubten an Gott und nannten sich Juden, aber im Grunde war es nicht mehr als ein aufrichtiges Zugehörigkeitsbekenntnis zu einer Gemeinschaft, der man in Deutschland feindselig gegenüberstand und die in Osteuropa verfolgt wurde. Sie waren, was man »Trotzjuden« nannte, Juden aus Stolz und Protest. Und sie waren Juden, weil sie keine Christen waren. Schließlich verlangte die jüdische Religion nicht mehr als den Glauben an einen einzigen Gott, und diesen Glauben teilten sie. Doch ein Credo in filium ex virgine natum hätten sie als blasphemische Lüge empfunden und nicht über die Lippen gebracht. Sie waren der Meinung, daß Juden, die sich oder ihre Kinder taufen ließen, dies nur um des gesellschaftlichen Vorteils willen taten, was auch meist der Fall war. Von ihrem Glauben her waren meine Eltern Agnostiker, aber sie empfanden ihre Verpflichtung gegenüber der Gemeinschaft als zu stark, um es dabei bewenden zu lassen. Sie feierten Weihnachten »für die Dienstmädchen« und weil es »ein deutsches Fest« war. Wenn alle anderen glücklich sind, fanden sie, solle man nicht herumsitzen und Trübsal blasen. Sie begingen auch Ostern, Pfingsten und Neujahr und aßen sogar am Karfreitag Fisch. Die jüdischen Feste erwähnte man en passant, und besonders absurd war die Art, wie man bei uns den Jom Kippur feierte. In der jüdischen Tradition setzt man sich nach einer vierundzwanzigstündigen Fastenzeit, wenn die Familie um sechs Uhr abends aus der »Schul« zurückkehrt, zum sogenannten »Anbeißen« zusammen, mit dem das Ende des Fastens begangen wird. Die Poseners fasteten nicht; gleichwohl schlugen sie sich am Abend bei einem üppigen Mahl die Bäuche voll. Schließlich mußte man die Feste feiern, wie sie fallen.

Weihnachten bei den Poseners war ein großes Ereignis. Am Morgen des 24. Dezember breitete mein Vater ein Laken über den Fußboden des Speisezimmers, stellte den Baum auf, der bis an die Decke des hohen Raumes reichte, und schmückte ihn sodann, wofür er seinen eigenen, spätgotischen Stil entwickelt hatte. Er drapierte ihn schwungvoll mit Lametta, das sich in üppigen Kaskaden über die Zweige ergoß. Wir verwendeten selbstverständlich Kerzen aus echtem Bienenwachs, die einen Geruch nach Honig verströmten. Elektrische Kerzen waren bei uns verpönt. Wenn mein Vater fertig war, nicht ohne sich mit irgendeinem Kerzenhalter ins Gesicht gestochen oder mit dem Hammer auf den Daumen gehauen zu haben, hatte er mit dem Baum tatsächlich ein Kunstwerk vollbracht. Am Nachmittag machten wir Kinder einen langen Spaziergang, schauten in die Fenster unserer Nachbarn und beobachteten sie bei ihren Festvorbereitungen, und um fünf, wenn es dunkel geworden war, kam der große Augenblick. Das Zimmer wurde nur von den brennenden Kerzen am Baum erhellt, und meine Mutter saß am Klavier und spielte

Weihnachtslieder. Wir sangen alle mit, die Dienstmädchen mit lauten, sangeserprobten Stimmen, wir Jungen waren leicht verlegen und summten mehr als wir sangen. Unsere Aufmerksamkeit galt ohnehin nur dem riesigen Tisch, der sich unter der Last von Geschenken und Pfefferkuchen bog, und jeder versuchte, seine Ecke auszumachen und zu entdecken, was ihm zugedacht war. Wenn das Licht anging, führte mein Vater zuerst die Gärtnersfamilie und die Mädchen an den Tisch, sagte etwas zu den Geschenken und machte ein paar anerkennende Bemerkungen über ihre während des Jahres geleisteten Dienste; dann kam ich an die Reihe, weil ich der Jüngste war, danach Ludwig, anschließend Karl und am Ende auch die Eltern. Für die hatten wir natürlich auch Geschenke mitgebracht und verstohlen auf ihre Ecke des Gabentisches geschoben, während die Dienstmädchen beschert wurden. Vor jedem Platz standen ein großer Teller mit Pfefferkuchen und ein kleinerer mit Schokolade, Marzipanschweinchen und anderen Süßigkeiten. Ludwig fing sofort an zu essen, ich dagegen hielt mich sehr zurück, so daß ich sogar manchmal noch an Neujahr einen kleinen Vorrat übrig hatte, obwohl Ludwig dem meistens kurz zuvor ein Ende bereitete, indem er mich einen schäbigen und widerlichen Geizhals nannte. Wenn die Bescherung vorbei war, wurde das Abendessen aufgetragen, das im wesentlichen aus Karpfen bestand, auf polnische Weise zubereitet, ein vorzügliches Gericht, dessen schweres Aroma zu den kennzeichnenden Sinnesreizen dieser deutschen Weihnacht gehörte wie der Honigduft der schmelzenden Wachskerzen, der Geruch eines Zweiges vom Weihnachtsbaum, den mein Vater in die Flamme gehalten hatte, die scharfe, herzhafte Würze der Pfefferkuchen und der Mandelgeschmack des Marzipans. Die Gesichter meiner Eltern leuchteten vor Zufriedenheit, und mein Vater genehmigte sich nach dem Essen einen steifen Grog. Manchmal gingen wir am Abend noch einmal hinaus und schauten in die erleuchteten Fenster anderer Leute.

Ostern war eine andere Sache, da dieses Fest von einer ganz

speziellen Posener-Zeremonie begleitet war, die darin bestand, daß mein Vater uns den »Osterspaziergang« aus dem »Faust« vorlas und anschließend mit uns Jungen einen Ostermorgenspaziergang machte. Mein Vater war ein sehr guter Vorleser, und er schüttelte stets voller Bewunderung den Kopf, wenn er die Höhepunkte dieser Szene erreichte. Dann machte er uns auf die besonderen Schönheiten oder bedeutsamen Stellen aufmerksam und wiederholte sie. Weil wir »an diesen Klang von Jugend auf gewöhnt« wurden, prägte es unseren Sinn für die Musikalität der Goetheschen Dichtung und öffnete uns die Ohren und die Seele. Man kann es nicht anders sagen: Mein Vater war ein Mann mit religiösen Gefühlen, er war sogar so dankbar für diese schöne Welt – und auch für diese erbärmliche Welt – und als Künstler so unermüdlich damit beschäftigt, seine Dankbarkeit zu bezeugen und den Herrn zu loben, daß man ihn einen gläubigen Mann nennen mußte. Wenn es jedoch um das Bekenntnis zu einer Religion ging, um eine Konfession gleich welcher Glaubensrichtung, hielt er es mit Goethe:

Wer Wissenschaft und Kunst besitzt,
Hat auch Religion;
Wer jene beiden nicht besitzt,
Der habe Religion.

Mit anderen Worten: Der religiöse Glaube ist fürs einfache Volk. Ein kultivierter Mensch besitzt seine eigene Religion, und das ist die Religion der Kultivierten, deren Heilige und Engel die großen Künstler sind. Gott ist in der Musik, und Beethoven ist Sein Prophet, Sankt Mozart ein Heiliger oder ein Engel. Gott ist in der Malerei, und Rembrandt erkannte Ihn. Gott hat den Menschen geschaffen, und Shakespeare schuf ihn nach Seinem Bilde. Vor allem Goethe hat dieses Universum des kultivierten Menschen geformt, mit seinem Pantheismus und der gegenüber Eckermann getroffenen Feststellung, Gott habe nie aufgehört, die

Welt zu schaffen, und offenbare sich auf Erden nicht in Jesus Christus allein – wiewohl an oberster Stelle –, sondern auch in Raffael, Shakespeare und Mozart. Als Kinder wurden wir angehalten zu beten, doch ohne daß uns vorgegeben worden wäre, wie, und als mein Bruder Ludwig, ich glaube mit zehn Jahren, beschloß, das Beten aufzugeben, und ich bald darauf seinem Beispiel folgte, bedeutete dies nicht, daß wir aufhörten, an Gott zu glauben, sondern nur an seine Erreichbarkeit durch das Gebet. Den Glauben an Goethe jedoch bewahrten wir uns.

KAPITEL 3

Sommer 1914

Im Juli 1914 verbrachten wir die Sommerferien an der holländischen Küste. Wir mieteten eine Villa in den Dünen von Nordwijk und unternahmen Ausflüge nach Leiden, Haarlem und Den Haag, wo mein Vater geboren war. Mir machten diese Ausflüge großen Spaß, und ich erinnere mich vor allem an Haarlem, mit der großen Orgel in der Kirche St. Bavo und der aufregenden Vox Humana, und an das Altenheim, in dem Frans Hals gestorben ist und in dem heute überall Gemälde von ihm hängen. Besonders die Hille Bobbe, die alte Hexe mit der Eule auf der Schulter, machte großen Eindruck auf mich. Trotzdem mochten wir Jungen Holland nicht sehr. Frühere Ferien hatten wir in Gastein, Aussee oder an der Ostsee verbracht, die soviel blauer ist als die Nordsee und wo es Buchenwälder gab statt der öden holländischen Sanddünen. Nordwijk kam uns kahl und unwirtlich vor, es war ein Ort, der kaum mehr vorzuweisen hatte als eine Handvoll über die Dünen verstreuter häßlicher kleiner Villen und ein riesiges graues Hotel, das alles rundherum beherrschte. Auch kann ich mich nicht entsinnen, oft gebadet zu haben. Um ehrlich zu sein, ich mochte kaltes Wasser nicht sonderlich und lernte erst im Alter von dreizehn Jahren schwimmen.

Um so lieber betätigte ich mich als Strandläufer. Ich hatte während der vergangenen ein, zwei Jahre eine erste Sammelleidenschaft entdeckt, und zwar für Muscheln und Fossilien. Mein Onkel Paul war Professor der Paläontologie. Anfangs, als ich kleiner war, hatten mir die Begegnungen mit ihm eine ziemliche

Angst eingejagt, denn Paul Oppenheim war ein gedrungener, stämmiger Mann mit einem gewaltigen Bart, buschigen Augenbrauen und einer gedehnten, herrischen und lauten Sprechweise. Sein Wesen entsprach ganz seinem Aussehen, er war Patriarch und Haustyrann. Wenn wir sein Haus betraten, um mit unserem Vetter zu spielen, der auch Julius hieß, musterte er uns zunächst von oben bis unten und inspizierte unsere Kleidung, dann forderte er uns auf, ihm unsere Fingernägel zu zeigen. War sein Sohn anwesend, wurde auch er überprüft, und kam zufällig seine Frau vorbei, rief er ihr ohne jede Scham zu: »Änny, laß mich deine Fingernägel sehen!«, was sie dann auch tat, wenngleich sie dagegen mit einem etwas gezierten »Paul!« protestierte und das Gesicht abwandte. Sie sprach den Namen »Poul« aus, da sie aus dem Rheinland stammte, und »Poul« wurde für uns zum Synonym für: »Ich muß mich fügen, was soll ich machen, aber trotzdem! ...« »Poul ist *so* gut«, pflegte sie uns zu sagen, wenn wir heftig von ihm gescholten worden waren, weil wir ein Blumenbeet beschädigt oder einen Fleck an der Wand des Spielzimmers hinterlassen hatten. »Poul ist *so* gut.« Tatsächlich war in seiner knurrigen häuslichen Tyrannei auch eine sanfte Ader. Er verdrosch seinen Sohn Julius wegen des kleinsten Vergehens regelmäßig mit dem Rohrstock, aber sobald der Junge schrie, kramte er in seiner Hosentasche, gab ihm einen Groschen und brummte: »Da. Nimm!«

Onkel Paul thronte in der Regel hinter einem riesigen Schreibtisch in seinem Arbeitszimmer, auf dem ein Telefon und sogar ein für die damalige Zeit sehr modernes Diktiergerät standen; außerdem waren überall reagenzglasähnliche kleine Glasbehälter mit Fossilien zu sehen, welche mit einer Substanz, die wie weißer Speck aussah, von Unreinheiten gesäubert wurden. Ein starker Geruch von kaltem Zigarrenrauch hing in diesem Zimmer, einem ziemlich großen Raum mit einem eindrucksvollen Bücherregal, das den größten Teil der Wand hinter Onkel Pauls Schreibtischstuhl in Anspruch nahm, und anderen Regalen an der gegenüberliegenden Wand, in denen sich dicht an dicht gebundene Jahrgänge von Fachzeitschriften diverser geologischer, paläontologischer und botanischer Institute reihten, sehr viele davon in französischer Sprache. Durch eine Fenstertür konnte man auf einen großen Balkon hinausgehen, der mit Blumenkästen voller prächtiger Petunien eingefaßt war. Der Geruch von Petunien, kaltem Zigarrenrauch und dieser speckartigen, ein leicht säuerliches Aroma verbreitenden Substanz gehörte zu Onkel Paul.

Wir Jungen besuchten ihn nicht sehr gern in seinem Arbeitszimmer. Viel lieber gingen wir direkt zum Zimmer unseres Vetters Julius, um mit seiner außerordentlich gut bestückten Modelleisenbahn zu spielen oder in dem riesigen Garten herumzuklettern. Onkel Paul hatte dort zwei Gewächshäuser, von denen das eine ausschließlich für Orchideen bestimmt war, ferner eine Art Geräteschuppen, in dessen Dachboden er einen Taubenschlag untergebracht hatte; außerdem hielt er Hühner und in einem Aquarium am Eingang zum Orchideenhaus tropische Fische, und schließlich besaß er auf der gegenüberliegenden Straßenseite noch einen Gemüsegarten, wo er unter anderem Mais anbaute und in dessen Mitte er einen Pfuhl in einen kunstvollen Steingarten verwandelt hatte, den er das »Alpinum« nannte. Wir saßen oft auf den Stufen, die zum Teich im Alpinum hinunterführten, und mampften Maiskolben, die Tante Änny uns dick mit Butter bestrichen hatte. Der Garten war zweifellos ein Jungenparadies, mit seinen Teichen, seinen Leitern, die zu den Taubenschlägen hinaufführten, den exotischen Pflanzen und Fischen, gleichzeitig war er nie ganz frei vom Schrecken des Tyrannen, der jederzeit auf seinem Petunienbalkon oder sogar unten im Garten selbst auftauchen und uns zu sich zitieren konnte, um uns einer strengen Prüfung unserer Person zu unterziehen oder wegen irgendeines Streichs auszuschimpfen.

Das könnte erklären, warum Julius lieber zu uns kam. Wir besaßen nicht soviel Spielzeug, unser Garten war vergleichsweise klein und übersichtlich und lange nicht so gut als Ort für Abenteuerspiele geeignet; doch er besaß den Vorteil, daß mein Vater das Leben leichtnahm, und wenn man ihn nicht gerade zwischen drei und fünf Uhr in seiner Nachmittagsruhe störte, waren wir uns selbst überlassen. Julius kam auch deshalb meistens zu uns, weil er allein war und wir zu zweit. Er hatte zwar einen Bruder und eine Schwester, doch die waren acht und sechs Jahre älter als er. Der Bruder, Hans, trat Julius gegenüber auf wie eine Art Double seines Vaters; Helene, seine Schwester, war in Julius' Augen von einem anderen Stern, gefürchtet und gehaßt zugleich, und wurde von ihm – da war er noch keine zehn – als »dieses Weib« bezeichnet. Die Nachmittage verliefen stets nach dem folgenden Muster: Er kam zu uns, dann holten wir die Zinnsoldaten heraus oder unsere Flotte und lieferten uns Schlachten. Dann, nach etwa einer Stunde, gab es Streit darüber, wer mit dem Angreifen an der Reihe war oder wie viele Gefangene Julius' Armee genommen hatte; wir Poseners hielten zusammen, und unser Vetter verließ uns, noch in der Tür verkündend, er habe nicht die Absicht, je wieder über unsere Schwelle zu treten. Aber bald begann er sich zu langweilen, und nachdem er einen aussichtslosen Kampf gegen seinen Stolz geführt hatte, der sehr ausgeprägt, aber nicht ausgeprägt genug war, tauchte er irgendwann wieder auf und gab uns mit abgewandtem Blick die Hand. Wofür ich mich heute noch schäme: Wir wußten genau, daß er wiederkommen würde, und nutzten es aus.

Ein Bezirk im Haus von Onkel Paul war noch heiliger als der Rest. Tatsächlich gab es klar unterscheidbare Abstufungen von Heiligkeit in seinem viktorianischen Bollwerk: Die Eingangshalle mit den Südseetrommeln und Pfeilen und Bögen war für alle da, und Julius' Kinderzimmer gehörte uns. Die Küche im Souterrain, wo man Tante Änny stets beim Einmachen von Obst antraf, stand uns offen. Die Zimmer der älteren Kinder und das Schlafzimmer der Eltern habe ich nie gesehen. Im Garten durfte man sich, wie erwähnt, nur vorsichtig bewegen, mit Ausnahme des alten Wagenschuppens und des Dachbodens. Im kleineren Gewächshaus

Ludwig, Karl, Hund »Wolf« und Julius (1912)

durften wir spielen, während das Orchideenhaus tabu war, es sei denn, Onkel Paul begleitete uns. Das Eßzimmer war ein Raum, in dem man auf Zehenspitzen gehen mußte, und eigentlich habe ich es nie in Gebrauch gesehen, außer, wenn Onkel Paul Besuch hatte. Normalerweise speiste die Familie im zentralbeheizten Wintergarten unter dem Petunienbalkon. Der heiligste Ort im Hause aber war Onkel Pauls Fossiliensammlung, die ein großes Zimmer im ersten Stock in Beschlag nahm.

Manchmal durften wir Posener-Kinder am Mittagessen der Familie Oppenheim auf der Veranda teilhaben. Es war ein gefürchtetes Mahl. Onkel Paul nahm am Kopfende des Tisches Platz, befestigte eine weiße Serviette unter seinem majestätischen Bart, ließ sich mit seinem massigen Leib ächzend auf den Stuhl fallen und hielt Vorträge über das Wetter, untermalt von einer Reihe leise gestöhnter »Pouls« seitens seiner Gattin. Daraufhin wurde die Suppe aufgetragen. Paul kostete sie, schüttelte leicht mißbilligend den Kopf, leerte den Teller aber. Dann sprach er uns an und erkundigte sich nach unserem Vater, wobei er einige der Ansichten und Gewohnheiten seines Schwagers ins Lächerliche zog. Wenn es Abend war, begrüßte er uns unweigerlich mit der Frage: »Na, sitzt euer Vater schon beim Grog?«, da er ihn ein- oder zweimal in einer kalten Nacht ein heißes Gebräu hatte trinken sehen, und seitdem stand für ihn fest, daß Moritz sich nie ohne »seinen Grog« zur Nacht zurückziehen würde. Unter derlei »Gesprächen« wurde der Braten serviert. Paul führte den ersten Bissen zum Mund, schnitt eine angewiderte Grimasse, rief: »Ungenießbar!« und erhob sich von der Tafel, begleitet von entrüsteten und kummervollen »Pouls« und Beteuerungen wie: »Ich habe es doch eigenhändig zubereitet und mir *solche* Mühe gegeben.« Bei solchen Gelegenheiten teilte sie uns Kindern mit, daß Paul *so* gut sei (wirklich), und damit endete dann eine peinliche und, was Änny betraf, tränenreiche Mahlzeit, nicht jedoch, ohne daß sie uns noch ermahnt hätte, den besonders köstlichen Apfel, der uns als Nachtisch gereicht wurde, »mit Verstand« zu essen.

Ich weiß nicht mehr, welchem glücklichen Zufall ich es verdanke – oder geschah es zur Belohnung für etwas Nettes, was ich getan hatte? –, daß mir eines Tages Zutritt zum Sanctum gewährt wurde. Das Zimmer war ein wenig einschüchternd. Ringsum an den Wänden standen hohe, schmale Schränke mit flachen Schubladen, die alle beschriftet waren und in ordentlichen, ebenfalls beschrifteten offenen Pappkartons verschiedene Fossilien hauptsächlich aus dem Tertiär enthielten. Ein paar von diesen Schränken befanden sich sogar in der Mitte des Raums, wo sie im Halbdunkel von einem Elefantenschädel mit großen Stoßzähnen überragt wurden. Dort stand auch eine Vitrine, in der ein Mammutzahn bemerkenswerten Umfangs, sehr große Seeigel, Schwämme, ein Perlboot und mehrere andere Skelettschädel zu sehen waren. Nachdem mein Onkel mir in einer seiner leutseligen Stimmungen Einlaß in sein Heiligstes gewährt hatte, nahm er den Mammutzahn heraus und begann, ihn mir zu erklären, dann eine Koralle, dann einen der Tierschädel, ich glaube, den eines Tigers mit mächtigen Eckzähnen, und schließlich öffnete er ein oder zwei

Schubladen und zeigte mir einige Muscheln und Schnecken aus dem Pariser Becken und der Gosau-Formation in Österreich, seinen speziellen Forschungsgebieten.

Onkel Paul war in seiner Wissenschaft wie im Leben ein engstirniger und arbeitsamer Mann. Seit seiner Doktorarbeit zu eben diesen Gebieten hatte er immer nur das Pariser Becken und die Gosau-Schichten nach Fossilien durchkämmt und eine Reihe von Spezies entdeckt, die nach ihm benannt worden waren. Er besaß fraglos ein beträchtliches Fachwissen in Geologie und Paläontologie, in Gartenbau und Botanik; er war auch belesen und hatte eine Vorliebe für Theodor Fontane, was nicht verwunderte, da er selbst in Ausdrucksweise und Weltanschauung eine fontanesche Figur war. Doch sein Arbeitsgebiet und seine Vorlieben blieben in einem sehr engen Rahmen, und ihm war es ohnehin viel wichtiger, sich in den Fakten genau auszukennen als mit Theorien umzugehen. Mit seiner Liebe zu seinem Sachgebiet und seinem enormen Lese- und Arbeitsfleiß hätte er leicht einer jener professoralen Spezialisten an der Berliner Universität werden können, von denen viele über ein weniger fundiertes Wissen und weniger Liebe zu ihrer Arbeit verfügten. Er hatte sich auch, ich glaube sogar zweimal, um den Lehrstuhl für Paläontologie beworben, war aber mit der Begründung abgelehnt worden, er habe sich »mit dem für seine Rasse charakteristischen Mangel an Bescheidenheit vorgedrängt«. Diese Abfuhr bewegte ihn jedoch seltsamerweise nicht dazu, all die hohen preußischen Offiziere und Beamten zu verabscheuen, die in Lichterfelde unsere Nachbarn waren, und später war ich entsetzt, als ich ihn noch zu Zeiten der Weimarer Republik die schwarzweißrote Fahne hissen sah. Wenn ihn Preußen nur gelassen hätte – hier war ein preußischer Patriot und Konservativer, wie er im Buche stand.

Mein Vater, der seinen Schwager so wenig verstand wie dieser ihn, hielt Paul für einen Spießer. Er fand ihn geizig – was auch stimmte –, engstirnig und beschränkt; und dabei noch selbstgefällig, unhöflich und tyrannisch. Offenbar erkannte er nicht, daß es keine gewöhnliche Sammlermanie war, wenn Paul so mit Leib und Seele seine Forschungen betrieb, wenn er seltene Exemplare hochschätzte und stolz auf seine Fähigkeit war, zwischen ähnlichen, aber nicht identischen Stücken zu unterscheiden. Paul besaß diese Kompetenz in hohem Maße, und zwischen dem Sammeln von Fossilien und, sagen wir einmal, Briefmarken besteht ein gewaltiger Unterschied. Und auch Pauls eigentliches Hobby, nämlich seine Orchideensammlung, war ein durchaus edles und raffiniertes Hobby, auch wenn mein Vater behauptete, es handele sich dabei nicht um Blumen, sondern um »absurde Insekten«, denen eine einfache deutsche Tulpe allemal vorzuziehen sei.

Mich ergriff jedenfalls beides, die Sammelleidenschaft und Onkel Pauls Begeisterung. In seinem Studierzimmer kannte ich mich bald so gut aus, daß er mir erlaubte, mich nachmittags dort allein aufzuhalten und den einen oder anderen seiner Kartons mit Kreideablagerungen aus dem Pariser Becken zu sortieren. Er ließ sich von bestimmten Grabungsstätten Lehmklumpen schicken, wie zum Beispiel aus dem Bois Gouët, und da mußte man dann als erstes den Lehm waschen und sieben, bis nur noch ein Rückstand von Muschelschalen und -fragmenten übrigblieb. Diese Überreste aus dem Tertiär waren eigentlich keine echten Fossilien, sondern richtige Muscheln, die manchmal sogar noch ihre Farbe bewahrt hatten. Die meisten waren sehr klein und konnten nur durch die Lupe wahrgenommen werden. Man legte eine bestimmte Anzahl von Muscheln und Fragmenten in eine Zigarrenschachtel und begann, die eigentlichen Muscheln mit einer feinen Pinzette herauszusuchen und diejenigen Fragmente auszusortieren, die zum Aufbewahren zu klein waren. Mein Onkel hielt mich für begabt, was wahrscheinlich nicht der Fall war. Mich hatte nur die Sammelleidenschaft gepackt, die jeden Jungen irgendwann einmal erwischt, aber auch die Eitelkeit, den jungen Paläontologen zu spielen und hochspezialisiertes Wissen zu erwerben, über das meine Kameraden nicht verfügten. Und, ehrlich gesagt, hatte mich auch sein Interesse an diesen wunderbaren Dingen angesteckt. Bald begann ich mir eine eigene Sammlung zuzulegen, die später auf zwei Schränke voller Fossilien und Muscheln anwuchs, mit einigen schönen Tierschädeln, die ich zu beiden Seiten eines sehr großen fossilen Seeigels oben auf den Schrank stellte. Und mein Glück war vollkommen, als mir Onkel Paul tatsächlich eine Zigarrenkiste voller Fragmente und Muscheln aus dem Bois Gouët schenkte. Jeden Morgen saß ich vor der Schule eine halbe Stunde davor und bearbeitete und durchsuchte mit meinen Pinzetten diese Masse gräulicher Muschelschalen, die so viele Schätze barg. Die bunten Perlboote waren besonders leicht zu finden; aber eines Morgens entdeckte ich ein kleines, flach wie ein Ammonit zusammengerolltes Schneckenhaus, und wie ein Ammonit hatte es auch Rippen, nur verliefen sie bei diesem kleinen Schneckenhaus in beiden Richtungen, so daß sich die ganze Oberfläche in immer kleinere, nahezu rechteckige Zellen teilte. Ich zeigte das Ding meinem Onkel, der mir sagte, es handele sich um eine Delphinula Gervillei. Fortan trug ich meine Delphinula auf Schritt und Tritt bei mir, in einer winzigen Schachtel mit einem ordentlich beschrifteten Etikett im Inneren. Mitten in einer langweiligen Schulstunde holte ich dann die Schachtel heimlich hervor, öffnete den Deckel und betrachtete liebevoll das kleine Wunder. Ein ebenso schönes, etwas größeres Haus einer Meeresschnecke steht, während ich dies schreibe, vor mir auf meinem Schreibtisch. Ich habe es vor ein paar Tagen an einem Strand in Malaya gefunden. Das Interesse, das in meinem neunten Lebensjahr erwachte, begleitet mich noch heute.

Interesse war es durchaus, zumindest bis zu einem gewissen Grad, obwohl ich es im großen und ganzen eher eine Spielerei nennen sollte. Ich bekam auch Bücher, anfangs von meinem Onkel, später von meinem Vetter Heinz, der Botaniker werden wollte. Schließlich kaufte ich mir von meinem Taschengeld billige populärwissenschaftliche Bücher und ließ mir die teuren zum Geburtstag oder zu Weihnachten schenken. Es gab damals eine preiswerte und sehr gut geschriebene Wissenschaftsreihe, die »Kosmos-Bücher«, und ich erinnere mich noch genau an die Bände über die Entwicklung der Arten und an eine besonders faszinierende Ausgabe, die den Formwandel der Kontinente und Ozeane im Lauf der Zeitalter der Erdgeschichte behandelte. Das meiste, was ich über Naturwissenschaft weiß – und das ist wenig –, habe ich zwischen meinem achten und dreizehnten Lebensjahr gelernt.

Meine Sammlung stagnierte, und mein Interesse erlahmte, als ich ernsthaft begann, all meine Muscheln und Fossilien zu bestimmen und zu verzeichnen. Es war auch zugegebenermaßen eine zu anspruchsvolle Aufgabe für mein Alter; aber ich versuchte es, scheiterte, versuchte es noch einmal, und am Ende wurde das positive Interesse an meiner Sammlung von dem schlechten Gewissen überschattet und schließlich vollkommen getrübt, daß ich nicht tat, was ich eigentlich hätte tun sollen: Ordnung in die Sache zu bringen. Anstatt mich also am Anblick meiner Delphinula und ihrer Schwestern zu erfreuen, wie auf dem Gipfel meiner Sammelleidenschaft, drückte ich mich immer wieder davor, sie mir anzusehen, da dies der unangenehmen Arbeit, sie zu bestimmen und zu kennzeichnen, gefährlich nahekam; und so bleibt von meiner Sammlung, selbst in der Erinnerung, nur der schlechte Nachgeschmack einer begonnenen und nicht zu Ende gebrachten Aufgabe. Es war die erste Erfahrung mit einer Verhaltensweise, die mich seitdem beständig begleitet hat. Bald begannen mir meine Eltern vorzuhalten, daß ich anfangs immer so schön bei einer Sache sei, sie aber nie durchhielte, und daß etwas, das nicht innerhalb weniger Tage getan werden könne, von mir gar nicht getan werde. Die verhängnisvolle Wirkung dieser Kritik auf mich, der ich immer alles wörtlich nahm, war, daß ich sie als endgültiges Urteil akzeptierte und mehr und mehr glaubte, angesichts meiner Veranlagung sei es für mich ganz zwecklos, irgend etwas anzufangen, denn ich würde es ja ohnehin nicht zu Ende führen.

Nordwijk bescherte mir jedenfalls viele neue Stücke für meine Sammlung. Ich fand Strandschnecken, die ich vorher noch nie gesehen hatte. Neun davon bewahrte ich in einer großen Ka-

kaoblechdose auf, was ihrem natürlichen Meeresgeruch eine zusätzliche Schokoladennote verlieh. Ich fand auch einige Seesterne, die ich auf dem Dachboden unserer Ferienvilla trocknen ließ, wodurch es im ganzen Haus fürchterlich stank. Eines Morgens sah ich sogar einen toten Tümmler, vielleicht war es auch ein Delphin, der während einer Flut an den Strand gespült worden war und auf dem zu meinem Abscheu die Jungen von Nordwijk herumsprangen. Wir trugen Eimer mit Meerwasser ins Haus, das wir in einem dunklen Raum umrührten, um das Phänomen des Meeresleuchtens zu beobachten. Mein Vater malte eine alte Frau, die im Hause half, mit einer weißen, holländischen Haube à la Israëls oder Liebermann, und porträtierte auch den Bademeister, der jeden Morgen die Zahlen der Umkleidekabinen ausrief und mit seinen sehr dicken Zehen wackelte, während er »negenennegentig« schrie. Vater versuchte, uns die Augen für das besondere Licht und die besondere Farbe Hollands zu öffnen, aber von den Städten abgesehen wirkte es langweilig auf mich und ziemlich düster.

Das ist bestimmt keine unbewußte Rationalisierung im nachhinein, ich meine insofern, als diese spezielle Reise am 1. August 1914 endete. Wir waren ganz unbekümmert nach Holland gefahren. Wohl hatte es, kurz bevor wir in die Ferien abgereist waren, das schockierende Attentat in Sarajevo gegeben; dies könne »schwerwiegende Folgen« haben, hatte mein Vater gesagt, aber selbst er war weit davon entfernt, sich die Ereignisse vorzustellen, die es tatsächlich auslöste. Auch hatten wir die Hochöfen auf vollen Touren arbeiten sehen, als wir nachts auf dem Weg zur holländischen Grenze durch das Ruhrgebiet gefahren waren, und mein Vater, glaube ich (oder war es Karl?), hatte bemerkt: »Hier schmiedet Deutschland seine Waffen«, aber keiner von uns hätte diesem Waffenschmieden eine spezielle Dringlichkeit beigemessen, denn jede stolze, starke und deshalb auch beneidete Nation schmiedet Waffen. Zuvor hatte es die Balkankriege gegeben, das italienische Abenteuer in Tripolis, und aufgrund der Gespräche beim Frühstück war ich mir vage bewußt, daß gewisse Dinge vor sich gingen, die irgendwie beunruhigend waren. In Holland selbst sahen wir mehrmals in einiger Entfernung von der Küste britische Zerstörer, schemenhaft, entschlossen, unheimlich. Aber die tatsächlich stattfindende Entwicklung auf einen Krieg hin war das letzte, was meine Eltern ernsthaft wahrnehmen wollten. Während der ersten vierzehn Tage schien sich die Lage wieder zu beruhigen. Als dann in der letzten Juliwoche die Ereignisse eine rasche, jähe Wende zum Ungewissen und Bedrohlichen nahmen, wurden wir uns erstmals bewußt, wie außergewöhnlich die Situation war. Die Feriengäste, überwiegend Deutsche, strömten in den Aufenthaltsraum des Huis ter Duyn, des erwähnten großen Hotels, um die Morgennachrichten zu lesen, die am Schwarzen Brett aushingen, und von dieser Lektüre kehrten meine Eltern zwar immer nachdenklich zurück, doch mehr war es nicht. Ich schnappte Wendungen auf, wie »Rußland gießt Öl in die Flammen des Krieges«, die einen starken und beängstigenden Eindruck auf mich machten. Bestimmte Worte konnten so etwas bei mir immer leicht bewirken. Was uns in dieser letzten Juliwoche stärker bewegte, war ein Meinungsunterschied zwischen meinen Eltern, der unsere Heimreise betraf. Für meinen Vater war ein Krieg undenkbar. Derlei Dinge geschähen einfach nicht im zwanzigsten Jahrhundert, meinte er. Die Wolken würden sich unweigerlich verziehen, weil keine Seite es sich leisten könne, daß sie sich, nach einigen harten diplomatischen Verhandlungen, nicht verzögen. Einen Krieg, der die Zivilisation dieses technischen Jahrhunderts tief verletzen würde, könne einfach niemand zulassen. Meine weniger optimistische Mutter drängte ihn, unseren Abreisetermin, der für den 1. August bestimmt war, vorzuverlegen. Aber mein Vater fand diese Ängstlichkeit weibisch, unklug und schwach, und so blieb es beim 1. August. Der einzige Kompromiß, auf den er sich einließ, bestand darin, ein ganzes Abteil im Zug nach Berlin für uns zu reservieren; als wir dann aber in einem nahezu leeren Zug durch die flache holländische Landschaft fuhren, brummte er etwas von Hysterie und unnötiger Geldverschwendung.

Auf dem Bahnhof hatten wir allerdings etwas beobachtet, das wie eine Parodie auf Kriegsvorbereitungen ausgesehen hatte. Die holländische Armee – sie wird wohl gewußt haben, warum – hatte nämlich sogar vor der deutschen und der französischen Armee mobil gemacht, und auf dem Bahnhof von Nordwijk wurden wir Zeuge von Abschiedsszenen, über die wir lachen mußten. Ich vermute, in den Augen meines Vaters hatte die holländische Regierung etwas von derselben hysterischen Mentalität wie seine Frau.

In Oldenzaal hieß es auf einmal: »Alles umsteigen!« Wir landeten auf einem Bahnsteig, wo wir auf einen Zug warteten, der nicht kam. Schließlich wurde ein Sonderzug eingesetzt, der die Deutschen über die Grenze nach Bentheim bringen sollte, wo wir wieder warten mußten. Am Nachmittag endete unsere Reise in Löhne, einem Knotenpunkt in Westfalen, und plötzlich befanden wir uns mitten in einer großangelegten Mobilmachung. Natürlich hatte mein Vater nicht auf die Idee kommen können, daß eine Mobilmachung gegen Frankreich durch das nördliche Westfalen führen würde, aber genau das geschah aus Gründen, die bald offensichtlich wurden. Bis tief in die Nacht hinein sahen wir, wie ein Zug nach dem anderen durch den Bahnhof rollte, mit singenden und grölenden Rekruten oder Truppen in Feldgrau, deren Bajonette mit Blumen geschmückt waren. Auf die Waggontüren waren mit Kreide Karikaturen der Feinde Frankreich und Rußland gemalt, daneben Parolen wie »Nächster Halt Paris«. Als wir um Mitternacht die Hoffnung aufgaben, in dieser Nacht noch weiterzukommen, beschlossen wir, in einem kleinen Hotel in Löhne zu übernachten.

Als ich dort am Morgen aufwachte, wurde selbst mir klar, daß alles anders geworden war. Mein ältester Bruder, der noch keine sechzehn war, verkündete, er werde sich sofort freiwillig melden, und alles, was meine Mutter in diesem Moment erwidern konnte, war: »Laß uns erst einmal nach Hause kommen, Karl.« Wir setzten unsere Reise bis Hannover in einem Zug fort, der brechend voll war mit fröhlichen Rekruten, und von dort aus gelangten wir zu unserer Überraschung ganz bequem nach Berlin, wo wir irgendwann am Nachmittag in der Karlstraße eintrafen. Mein Vater hatte sich ganz und gar die deutsche Sichtweise zu eigen gemacht. Nachdem er sich erst geweigert hatte, einen Krieg überhaupt in Betracht zu ziehen, war er nun der Überzeugung, daß alles nur das Ergebnis einer vorsätzlichen, kriminellen Verschwörung gegen den Frieden sei, einer Verschwörung gegen das Glück dieser schönen Welt von seiten der Panslawisten, der rachsüchtigen Franzosen und – dies der schwerste Schlag – des neidischen, perfiden Albion. Der Krieg mußte selbstverständlich als ein Präventivkrieg angesehen werden, denn sonst hätten »sie« uns 1916 angegriffen, besser vorbereitet, als sie es glücklicherweise jetzt waren. Der Einmarsch in Belgien war in seinen Augen ebenfalls eine »Präventivmaßnahme«, um den bekannten Plan zu vereiteln, Belgien gegen unsere rechte Flanke einzusetzen. Die Dokumente dieses Plans wurden in Brüssel, wie es sich gehörte, »entdeckt«, genau wie ähnliche Dokumente 1756 in Dresden »entdeckt« worden waren. Dieser merkwürdige Zufall gab weder meinem Vater noch irgend jemandem von uns im mindesten zu denken. Er tröstete sich damit, wie viele Deutsche damals, daß ein »moderner« Krieg höchstens vier Wochen dauern könne. Dann würden uns unsere Feinde um Frieden bitten und uns die Entscheidung für die »Prävention« zähneknirschend als gerechtfertigt bestätigen, während Deutschland sich als die Großmacht etabliert hätte, die zu sein es so sehr verdiente.

KAPITEL 4

Figaro und Robespierre

Ich war fast zehn, als der Krieg begann, und in dem Alter ist man bewußt genug, um zu begreifen, was um einen herum geschieht. Dennoch hätte sich unter normalen Umständen ein zehnjähriger Junge um Politik wahrscheinlich keine Gedanken gemacht. Denn die gehörte zum keineswegs beneidenswerten Reich des Erwachsenenlebens – wie auch diverse andere Sorgen, etwa Geldsorgen oder die Sorge um die Zukunft des einen oder anderen Familienmitglieds. So jedenfalls wäre es vor 1914 für unsereinen gewesen. Aber der August 1914 machte dieser Unschuld ein Ende, und wir Kinder nahmen großen Anteil am aktuellen Geschehen.

Die ersten Tage waren voller neuartiger und aufregender Ereignisse. Überall konnte man Menschenmengen sehen, die sich vor einem Schwarzen Brett oder häufig auch um eine Person herum versammelt hatten, die als russischer Spion entlarvt worden war. Ich kann mich nicht entsinnen, daß französische oder britische Spione enttarnt worden wären, es schienen durchweg Russen zu sein, was wahrscheinlich darauf zurückzuführen ist, daß der Ansturm der Russen damals, ganz zu Anfang, das einzige war, wovor wir Angst hatten. Wir hatten »natürlich« die Franzosen geschlagen, wo immer wir auf sie gestoßen waren, und die Engländer spielten auf dem Kriegsschauplatz noch keine Rolle. Aber es war doch offensichtlich, daß die deutschen Pläne gegenüber Rußland defensiver Natur waren, und wir begannen uns zu fragen, wie weit man den Russen noch gestatten würde, deutschen Boden zu überrennen, oder ob nicht gar ein Punkt erreicht werden könnte, wo dies keine Frage des »Gestattens« mehr wäre.

Es trafen ja bereits in den ersten Kriegstagen Flüchtlinge aus Ostpreußen ein, und wir nahmen sogleich eine Familie von Vertriebenen bei uns auf und brachten sie im Souterrain in einem der großen Mädchenzimmer unter. Sie waren weder sonderlich sauber noch sonderlich freundlich und verströmten einen ländlichen Geruch, der ziemlich unangenehm in unsere verwöhnten Nasen stach. Am meisten verwunderte uns, wie wählerisch sie sich beim Essen aufführten. Die Mahlzeiten bei den Poseners waren immer sehr reichhaltig, und obwohl sich meine Mutter seit Kriegsbeginn bemühte, »Kriegskost« aufzutischen, änderte sich daran nichts, zumindest nicht bis zum Sommer 1916. Aber der kleine Junge aus Ostpreußen rümpfte über jede zweite Mahlzeit die Nase. Er pflegte morgens in die Küche zu kommen, wie ein Hund herumzuschnüffeln und die Köchin zu fragen: »Was gibt's zu Mittag, Luise?« Und wenn er erfuhr, daß man als ersten Gang Kartoffelsuppe servieren würde, zögerte er einen Augenblick und sagte dann: »Weißt du, Luise, ich werde sie essen. Aber ›mit langen Zähnen‹« – anders gesagt, nicht gerade gern. Unsere eigene Erziehung war alles andere als spartanisch gewesen, dennoch wurde jedem von uns nur für ein Gericht, das er aus Abneigung verschmähte, ein anderes zugestanden. Ich konnte Hering nicht ausstehen und bekam dann statt dessen ein gekochtes Ei. Das war nur recht und billig. Doch die Art, wie man den Kindern der ärmeren Leute gestattete, ständig irgendeine Speise abzulehnen, wurde im Hause Posener mit Mißfallen betrachtet. Auch waren wir angehalten, jede Medizin zu schlucken und keine Miene zu verziehen, selbst wenn wir Angst hatten und eine Behandlung über uns ergehen lassen mußten, die einen Schnitt oder eine Spritze einschloß. Ich weiß, daß man mir nicht lange vor dem Krieg ohne jede Betäubung die Polypen herausgenommen hat und wie ich dabei in unserem Kinderzimmer gestanden und die ganze Zeit den Mund aufgesperrt habe; am meisten störte mich an dieser Operation, daß mir der Doktor vorher nicht gesagt hatte, was er zu tun beabsichtigte. Wir bekamen im Krieg zum ersten Mal mit, daß ärmere Menschen dazu neigten, sowohl beim Essen wählerischer zu sein als auch mehr Angst um ihre eigene Haut zu haben, als man es uns beigebracht hatte. Wenigstens in Preußen war es so.

Man hatte uns erzogen, Geschmack zu haben. Das Wort Geschmack bedeutete in jener Vorkriegszeit viel mehr als heute, und hätte damals irgendein John Betjeman das Wort vom »grauenhaft guten Geschmack« geprägt, würde niemand verstanden haben, was er damit meinte. Seit 1912 hatte die Familie Posener erste Anzeichen registriert, daß die ruhigen alten Zeiten allen möglichen unerwünschten Störungen ausgesetzt waren und der moderne Stil, an den wir so fest geglaubt hatten, sich in unerwartete Richtungen entwickelte. Die Wirren auf dem Balkan gingen in den Jahren 1912/13 mit einer Reihe merkwürdiger modischer Extravaganzen einher: Wagenradhüte, Reformkleider und »Humpelröcke«, die so eng waren, daß sich die Frauen darin tatsächlich nur trippelnd fortbewegen konnten, wurden uns Kindern als Beispiele moderner Verderbtheit und einer Mentalität vorgehalten, die ständig nach frischen Sensationen gierte. Wir beobachteten, daß der Krieg 1914 als »neueste Mode« angekündigt wurde, und mißbilligten zutiefst all die Süßigkeiten, Schokoladen und Kuchen, die in Form von Granaten und Mörsern angeboten wurden, zum Beispiel zu Ehren der »Dicken Bertha«, des 42-Zentimeter-Mörsers, der die Festung von Lüttich in Schutt und Asche gelegt hatte. Obgleich kein Zweifel daran bestand, wer den Krieg gewinnen würde, empfanden wir ihn als etwas sehr Ernstes, das auf keinen Fall kommerzialisiert werden durfte.

Wie ernst er tatsächlich war, offenbarte sich uns bald, als nach den überaus blutigen Schlachten der ersten Monate die ersten Gefallenenlisten eintrafen. Hier war ein achtzehnjähriger Freiwilliger, den wir kannten, gefallen, dort ein älterer Freund als vermißt gemeldet worden. Gleich zu Beginn wurde Klaus Kubierschky, der älteste Bruder meiner Freunde Fritz und Hans, in Flandern als vermißt gemeldet, und während des gesamten Krieges konnte ich mit ansehen, wie das noch jugendliche und sehr hübsche Gesicht von Hans' Mutter gleichsam versteinerte, indem die Agonie des Hoffens allmählich der Beinahe-Gewißheit des Verlustes wich. Klaus war ein besonders großartiger Kerl gewesen, frühes Mitglied der deutschen Jugendbewegung, Idealist und Patriot der reinsten, ja intellektuellsten Art, Mitglied jener Generation von Ypern, die singend in die Schlacht zog und zu Zehntausenden niedergemäht wurde, als die deutsche Armee versuchte, zu den Häfen des Ärmelkanals vorzustoßen. Else Kubierschky war zwar preußisch bis ins Mark, aber menschlich genug, ihre Verzweiflung nicht zu verbergen, und ich habe sie oft weinen sehen. Unvergeßlich geblieben ist mir jedoch die Haltung einer anderen Dame aus unserer Nachbarschaft, die ich eines Morgens beobachtete, wie sie die Stufen ihrer Veranda hinabschritt und die Flagge an ihrem Fahnenmast hißte. Sie zog sie ganz nach oben, nicht etwa auf Halbmast, und ging dann gefaßt wieder zum Haus zurück. Frau von Henning hatte die Nachricht erhalten, daß ihre beiden Söhne, Gardeoffiziere, am selben Tag gefallen waren, und wie eine würdevolle Mutter aus dem Patriziat des alten Rom tat sie das Ereignis mit Stolz und zumindest äußerer Fassung kund. Ihr Mann war General und die Familie natürlich adlig. Meine Mutter fand, Frau von Henning sei zu weit gegangen, mein Vater schüttelte den Kopf. Wir preußischen Jungen schätzten das Erhabene dieser Geste, und ich respektiere sie noch heute.

Im September war jedoch schon klargeworden – selbst dem Strategen unserer Schule, einem kleinen, dünnen Lehrer mit dem gar nicht so deutschen Namen Muchall –, daß im Westen irgend etwas schiefgegangen war. Aber was immer es war (und es brauchte Jahre und eine historische Abhandlung des schweizerischen Militärexperten Stegemann über den Krieg, bis die Deutschen es begriffen), das elende Gefühl, daß wir Paris noch nicht erreicht hatten, wurde durch die Nachricht über Tannenberg, die populärste Schlacht des Krieges, großenteils aufgewogen. Für uns bedeutete sie, daß der mäkelige Eugen und seine Mutter bald darauf in ihre ostpreußische Heimat zurückkehrten. Tannenberg, das die russische Bedrohung beendete, schien uns zum damaligen Zeitpunkt eine gerechte Entschädigung für die Niederlage an der Marne zu sein; nur Onkel Paul rief noch bis in den Spätherbst mit Augustusstimme aus: »Redde legiones!«

Was wir alle erwarteten, waren Siege, und es war herrlich, wenn sie kamen. Plötzlich und unverhofft begannen die Kirchenglocken zu läuten, und eines der Dienstmädchen lief los, um die Extra-Ausgabe zu holen, die das Ereignis in Schlagzeilen von oft drei Zentimeter hohen Lettern verkündete, was übrigens eine Erfindung von 1914 war; vorher hatte es das nicht gegeben. Drei feindliche Armeekorps waren aufgerieben, 50 000 Gefangene gemacht worden, vorerst, und ihre Zahl stieg ständig, im Vergleich zu den geringfügigen Verlusten auf unserer Seite. Und am nächsten Tag, an dem nur eine Versammlung in der Aula stattfinden sollte, bei der uns der große Stratege an der Wandkarte die Lage erläuterte, würden wir schulfrei haben. Diese Siege ereigneten sich im Osten, zuerst in Polen, später in Serbien und Rumänien, doch nach dem 14. September nie mehr in Frankreich. Dort hatte der Krieg jenes quälend-stagnierende und grauenhafte Wesen angenommen, das selbst einen zehnjährigen Jungen zutiefst beunruhigen mußte und so ganz und gar der Erwartung meines Vaters widersprach, es dauere nur »vier Wochen bis zum endgültigen Sieg«. Fairerweise muß man sagen, daß mein Vater mit dieser Meinung nicht allein war, die Oberste Heeresleitung teilte sie ja. Schließlich sind schnelle Entscheidungen die Bedingung für einen erfolgreichen Präventivkrieg. Alan J. P. Taylor hat in einer neueren Studie auf die Tatsache hingewiesen, daß im Juli 1914 keiner der Staatsmänner der beteiligten Nationen die zerstörerischen Kräfte ermessen konnte, die sie in Gang gesetzt hatten. Mein Vater befand sich in guter, ja bester Gesellschaft.

Der Krieg ergriff mich auf eine eigentümliche Weise, die ich nicht unterschlagen darf. Wir besaßen als Jungen ein Bilderalbum,

»Das Kriegsalbum von 1870«, das mich auf morbide Art erregte. Hier wurden die blauen, Pickelhauben tragenden Heere des Ruhms und der Ehre gezeigt, die über die zurückweichenden Reihen der Franzosen in ihren roten Hosen und Husarendolmanen hereinbrachen, welche stets die Flucht ergriffen und ihre garstigen Gewehre fallen ließen oder sich überall verendend auf dem Boden wälzten, nicht jedoch ohne den hinterhältigen Versuch zu unternehmen, unsere Soldaten zu erstechen, wenn sie auf ihrem Vormarsch über sie hinwegsteigen mußten. Diese französischen Uniformen sahen sehr merkwürdig aus mit ihren roten bauschigen Hosen, ihren weißen Gamaschen und ihren offenstehenden Dolmanen. Einige Uniformen, die der Husaren zum Beispiel, gefielen mir sehr, und ich kam nicht umhin, Mitleid für einen solchen Husaren zu empfinden, der von einem preußischen Ulan aufgespießt wurde und dessen Hand sich an die Stelle drückte, wo die Lanze in seine goldbetreßte Uniformbrust eingedrungen war. Armer Feind, dachte ich, was ein sehr sündiger Gedanke war; denn Feind zu sein war ohnehin schon etwas Sündhaftes. Und dennoch war es süß, so wie Blasphemie süß ist, zärtlich mit diesem Feind zu fühlen, ihm sogar den Sieg zu wünschen. Es löste gewisse Gefühle bei mir aus, und nun, da der Feind wieder derselbe war und sogar seine Uniformen dieselben waren, jedenfalls zu Anfang, gab ich mich manchmal verbotenen Phantasien hin.

Diese intimen Geheimnisse änderten natürlich nicht das geringste an meiner Einstellung zum Kriege, die so preußisch, patriotisch und siegesgewiß war wie die jedes anderen Jungen. Selbst meine Mutter hatte sich, trotz »des Lochs, wo ihr anderen euren Patriotismus habt«, in die kriegsunterstützende Arbeit gestürzt, die darin bestand, »Strickabende« zu organisieren: Unser Haus stand einmal wöchentlich den Damen Lichterfeldes offen, um Handschuhe und Socken für die Soldaten zu stricken und Musik zu hören. Eine Reihe von arbeitslosen Künstlern, beziehungsweise von Künstlern, die bereit waren, vor jedem Publikum zu spielen, wurde engagiert, und die Folge war, daß wir in unserem Haus mitunter sehr gute Konzerte hören konnten. Wir hatten sogar Musiker zu Gast, die sich seitdem einen Namen gemacht haben, und besonders für mich waren die Strickabende ein wichtiger Schritt auf meinem Weg in die Welt der Musik.

Als ich noch ein Kleinkind war, hatten mir meine Eltern gesagt, wie musikalisch ich sei. Darauf war ich so stolz, wie auf alle anderen Gaben, deren Vorhandensein ich für selbstverständlich hielt, da sie mir von meinen Eltern oder anderen Erwachsenen bestätigt wurden, die aber für mich keine Bedeutung hatten. Zumindest die Musik bedeutete mir überhaupt nichts. Sie diente dazu, gewisse Gefühle zu verstärken, die das Lesen in mir weckte, wie es bei den »Schildbürgern« der Fall gewesen war, oder sie war mir ein Vorwand, Dirigent zu spielen, wie in Pyrmont. Aber nichts konnte mich dazu bewegen, mich an den vierhändigen Darbietungen von Sinfonien Haydns oder Schuberts zu erfreuen, die meine Mutter und ein Musiklehrer, ein Herr Roscher, vortrugen und die mir endlos und öde vorkamen. Ebenso langweilig fand ich die Gespräche beim anschließenden Mittagessen, wo die Vorzüge von Wagner, Brahms und Bruckner in aller Ausführlichkeit diskutiert wurden. Es mag der trockene Ton dieser Klavierarrangements gewesen sein, der mir die Sache vergällte, denn andererseits hörte ich mit Vergnügen unserem Schulorchester zu, wenn es sich an Beethovens Erster Sinfonie versuchte, obgleich diese Vorstellung mit Sicherheit schlimmer war als das vierhändige Spiel meiner Mutter mit Herrn Roscher. Die Strickabende bescherten uns eine Anzahl guter Sänger und, was das beste war, Klaviertrios, die die Schubert-Trios in B- und Es-Dur vortrugen, und diese gefielen mir; doch Besitz ergriff die Musik ganz plötzlich von mir, und zwar an meinem zwölften Geburtstag.

Opern hatte ich schon vor jenem Tag gehört, »Undine« von Lortzing und den »Freischütz,« und besonders diesen hatte ich ganz wunderbar und schauerlich gefunden, was er ja in der Tat auch ist. Jetzt, zu meinem Geburtstag, hatte meine Mutter als Überraschung Karten für den »Figaro« besorgt. Mein Vater hatte die Angewohnheit, vor verfrühten Erfahrungen zu warnen. »Das hat doch keinen Sinn«, sagte er etwa über meinen Vetter Heinz, »wenn ein achtzehnjähriger Jüngling nach Italien fährt. Er kann doch gar nicht begreifen, was er dort sieht, und die vorzeitige Begegnung wird ihm das Ganze nur verderben; Goethe war vierzig, als er Italien zum ersten Mal sah, und das war nicht zu spät.« Darum fragte ich nun meine Mutter, ob ich den »Figaro« verstehen würde. »Oh«, sagte sie, »daß er ein bißchen schlüpfrig ist, wirst du nicht verstehen, aber die Musik – ja.«

Das Theater war klein und nicht, was man sich unter einem Opernhaus vorstellt, und die Sänger waren kaum mehr als Amateure. Wir befanden uns mitten im Krieg, wo alles »Ersatz« geworden war. Doch verfügte die Aufführung über einen wesentlichen Vorzug: Enthusiasmus. Von dem Augenblick an, als das Licht ausging und die ersten wirbelnden Takte der Ouvertüre einsetzten, war ich hingerissen. Ich verspürte das Staunen eines Menschen, der noch nie im Leben Musik gehört hat, und fragte mich ständig: »Wie ist das *möglich?*« Was mich mehr als alles andere faszinierte, war die fließende Chromatik so zahlreicher Orchesterbegleitungen, besonders während der Introduktion zum zweiten Akt und der bald folgenden Arie der Gräfin, und ganz allgemein das Orchester, das nach meinem Empfinden keine Begleitung war, sondern der lebende Pulsschlag dieses Werkes. Susannes Gartenarie brachte mich vor lauter Glück zum Weinen, was ihr bis zum heutigen Tage gelingt. Selbst Mozart gelang ein solches Werk nur ein einziges Mal. Und obwohl mich heute, vierzig Jahre später, ein Konzertmitschnitt des »Figaro« immer noch so rührt, daß ich nicht zu fassen vermag, wie so etwas auf Erden entstehen konnte, glaube ich dennoch nicht, daß ich den »Figaro« je wieder so erleben werde wie damals. Das Ohr eines Kindes entscheidet, wie auch sein Gaumen, was an einem reinen einfachen Klang – oder Geschmack – schön und einmalig ist, und was ich an romantischer Musik bis dahin gehört hatte, die so viel schwerer, das heißt gröber in ihren Konturen ist, war einfach nicht in mein

Gehör vorgedrungen, während die volleren Klänge von Wagner und Grieg in meinen Ohren nicht so sehr voll, sondern eher unrein geklungen hatten. Als wir aus dem Theater schlenderten und ich vor Wonne so blaß war, daß meine Mutter glaubte, mir sei unwohl, beschloß ich, dies und nichts anderes sei wahre Musik, und daß es mir darüber hinaus unmöglich wäre, nachdem ich sie nun gehört hatte, je wieder ganz unglücklich zu sein.

Ich machte noch eine weitere Entdeckung, vielleicht nicht am selben Tag, jedoch während der folgenden Woche, in deren Verlauf ich mir das Gehörte wieder und wieder vergegenwärtigte: daß es die Ironie war, die Tatsache, daß die Musik, besonders das furiose Orchester, die Gefühlsausbrüche der Arien und Duette unverkennbar distanziert, ja ironisch kommentierte. Ich zog den Schluß, daß Ironie die Würze der hohen Kunst sei, ja, daß Kunst ohne diese Würze nicht erhaben sein könne, da sie sonst – in den meisten Fällen – ein zu direktes Abbild dessen liefert, was uns Menschen weh tut. Die Ironie schien mir dagegen ein Indiz dafür zu sein, daß der Künstler ein Vertrauensverhältnis zu Gott hatte und dessen Distanz gegenüber seinen Geschöpfen teilte.

Sollte jemand der Ansicht sein, derartige Schlußfolgerungen könnten unmöglich von einem Zwölfjährigen stammen, dann sei mir der Hinweis auf die außerordentliche Klarheit der Erleuchtung erlaubt, die eine beliebige prägende Erfahrung in dessen eigener Kindheit ausgelöst haben wird, und falls er sich an eine solche Erfahrung nicht erinnern kann, möge er sie einem Jungen zugestehen, der in mancherlei Hinsicht frühreif und, mehr als das, sensibel war und in einem Umfeld lebte, in dem die Kunst das alles beherrschende Gesprächsthema war.

Die praktischen Folgen meiner offensichtlichen Begabung waren nicht solche, wie man sie von jemandem hätte erwarten können, der ein musikalisches Thema höchstens zweimal hören mußte, um es zu behalten. Ich lernte Klavier spielen, das schon. Aber besonders zwei Dinge standen mir dabei im Weg: Das Auswendiglernen fiel mir zu leicht, weshalb ich nie Noten lesen lernte, und außerdem konnte ich mich weder konzentrieren noch meine außerordentlich ungeschickten Finger dazu bringen, die richtigen Tasten auf der Klaviatur zu treffen, obwohl ich immer dorthin schaute, anstatt aufs Notenblatt. Es war auch nicht gut, daß meine Mutter mir das Klavierspielen beibrachte, obgleich es bei dem richtigen Lehrer, den ich später bekam, auch nicht viel anders war. Anstatt eine zweite Trudchen Oppenheim zu werden, was meine Mutter wahrscheinlich erwartete, wurde ich einer von vielen Jungen, die, mit viel Mühe, einige Mozart- und sehr frühe Beethoven-Sonaten erlernten und diese nicht einmal besonders gut spielten. Gleichzeitig entwickelte ich eine erlesene Kennerschaft, die einen weniger lethargischen Menschen sicherlich verlanlaßt hätte, sich irgendwann in seinem Leben, und mit mehr Elan, dem alten Instrument wieder zuzuwenden.

Niemand, der den »Figaro« gehört hat, ich meine, wirklich gehört hat, würde je wieder ganz unglücklich sein können, hatte ich mit zwölf gedacht. Im selben Jahr machte ich eine weitere Erfahrung dieser Art, die mich zu einer ähnlichen Feststellung führte.

Im Bücherregal meines Vaters stand ein großer, blutroter Band mit dem Titel »Geschichte der Französischen Revolution«, verfaßt von Auguste Mignet, einem französischen Historiker. Das Buch muß meinem Vater entweder von seinen Schwiegereltern oder seiner eigenen Familie vererbt worden sein, denn ich bin sicher, daß er es nicht gekauft hat. Es hatte den trockenen Geruch sehr alten Papiers und war mit Stichen illustriert, die von etwa 1840 stammten und mich seltsam berührten. Schon die Stadtansichten von Paris mit den alten engen Gassen und unzähligen düsteren Schornsteinen, den Mansardendächern und Eisenstangen, die einander mitten über der Straße kreuzten und als Halterung der Laternen dienten, waren mir unbehaglich genug. Vor einer solchen Kulisse konnte alles mögliche passieren. Der Künstler besaß außerdem das Geschick, selbst bei friedlichen und feierlichen Szenen die Gesichter der Beteiligten so darzustellen, als läge auf ihnen eine stille Angst, und die Fahnen und Insignien der Garde Nationale in der Ferne auf dem Marsfeld sahen so unheimlich aus wie die aufgespießten Schädel, welche auf anderen Bildern ins Auge sprangen. Auch die Porträtzeichnungen betrachtete ich mit großem Interesse, wobei mir die meisten Namen – Duport, Barnave, Desmoulins – nichts sagten; aber von Robespierre hatte ich schon gehört und ihn mir immer als bärtigen Unhold vorgestellt, der in einem hochgewölbten Raum auf einer Art Thron saß und mit heiser krächzender Stimme die Menschen scharenweise auf die Guillotine trieb. In Mignets Buch fand ich einen Mann, der vollkommen anders wirkte. Robespierre war im Profil dargestellt, und seine leicht fliehende, aber hohe Stirn und seine Nase, die wie ein Entenschnabel aussah, erinnerten mich an meinen Französischlehrer, der ein gräßlicher Langweiler war. Robespierre hatte ein glattes, kräftiges Kinn, ganz geradlinige Augenbrauen und schmale, wohlgestaltete und sehr gerade Lippen, die ich daher als Zeichen von Grausamkeit wertete. Ich las: »Robespierre besaß die Eigenschaften, die zum Tyrannen prädestinieren: eiserne Energie, eine Seele, die keineswegs groß, aber auch nicht gewöhnlich ist, und keine Scheu vor Blutvergießen.« Die Worte prägten sich mir ein, wie auch das Profil, das ich immer noch aus dem Gedächtnis zeichnen kann, mitsamt dem hohen, der Mode von 1790 entsprechenden Umlegekragen und der Perücke mit Zopf und Schläfenrollen. Ich blätterte weiter. Plötzlich hielt ich inne. Der Stich, den ich nun sah, zeigte einen Mann in Kniehosen und Kniestrümpfen, der auf einem großen Tisch lag und dessen Kopf mit dem nach oben gewandten Gesicht von einem Stapel Bücher oder Schachteln gestützt wurde. In der Hand hielt er ein Pistolenhalfter, das er gegen seinen Unterkiefer oder seine blutende Wange drückte. Seinem Gesichtsausdruck nach zu urteilen litt er starke Schmerzen. Eine große Anzahl von Menschen stand um den Tisch herum und blickte auf die sich krümmende Gestalt. »Hier«, so las ich, »liegt Robespierre auf einem Tisch und stillt das Blut seines zertrümmerten Unterkiefers mit einem Lederhalfter;

er ist von seinen Feinden umringt, die ihn verhöhnen und ihm seine früheren Verbrechen vorhalten.« Von dieser Szene waren es nur noch wenige Zeilen bis zum Ende, wo Robespierre mit seinen Komplizen auf dem Schinderkarren steht und jeder eine eigene Haltung der Verzweiflung einnimmt. Sein bandagierter Kopf ist gesenkt. Ein anderes Gesicht starrt direkt in die Menge. »Robespierre«, schrieb Mignet, »schien Mitleid mit der Menge zu haben. Saint-Just blickte sie ruhig an. Die anderen, zweiundzwanzig an der Zahl, waren niedergeschlagen.«

An dieser Stelle verließ ich das Zimmer, das Buch blieb, glaube ich, aufgeschlagen liegen, und floh in den Garten. »Niedergeschlagen«, weiß Gott! Die lakonische Untertreibung machte das Ganze noch viel schlimmer, indem sie es dem Leser überließ, sich die nackte Angst vorzustellen, die die Opfer befallen haben mußte. Gute zwei Stunden lang versuchte ich dort im Garten, diesem Entsetzen nachzuspüren. Mein Bruder übte auf seiner Geige einen Marsch von Viotti, der mir seitdem ganz und gar zum Symbol für dieses Ereignis werden sollte, wie es mir mit der Beethoven-Sonate und den »Schildbürgern« ergangen war. In diesem Fall war es die beschwingte und fröhliche Musik einer Marschkapelle, die den Zug der Schinderkarren begleitete. Und warum sollte es nicht genau die Melodie gewesen sein, die damals aufgespielt wurde? Zeitgenössisch war sie ja. »Die Plätze auf den Terrassen an der Place de la Concorde waren ausgebucht; in der ersten Reihe sah man Damen in prächtigen Roben. Als Robespierres Kopf fiel, ertönte minutenlanger Applaus.« Ich mußte mein unruhiges Umherwandern beenden, als man mich schließlich zum Abendessen rief, aber ich nahm die Erkenntnis mit ins Haus, daß niemand, der in einer Welt leben mußte, in der so unvorstellbar schreckliche Dinge geschahen, je wieder ganz glücklich sein konnte.

Natürlich hätte ich im Jahre 1916 oder 1917, als ich diese Erfahrung eher zufällig machte, nicht bis zur Französischen Revolution zurückblicken müssen, um derart unerträglich schreckliche

Ereignisse zu entdecken. Aber Ereignisse sind ein Rohmaterial, das die meisten von uns nicht verdauen können. Wir neigen dazu, um Hekuba zu weinen, und können beim Tod der eigenen Mutter keine Träne vergießen. Darin besteht, glaube ich, eine der Funktionen von Kunst, daß sie uns erfahren läßt, was das Leben selbst uns nicht nahebringen kann.

KAPITEL 5

Die Bürger im Krieg

Unterdessen waren wir die ganze Zeit im Krieg, und der wurde eintönig und bitter. Wir hatten uns daran gewöhnt, Jahr für Jahr die einberufenen Gardeschützen der Garnison unserer Vorstadt mit Blumen an den Gewehren und ihren feldgrauen Helmüberzügen zum Bahnhof ziehen zu sehen. Sie wurden offenbar jedesmal zugleich jünger und älter: Es waren Knaben oder Männer in den mittleren Jahren, denn die Blüte des ersten Mannesalters lag im Dreck von Flandern, im Lehm der Somme, im Kalk der Champagne. Auch an den Anblick der langen offenen Güterzüge hatten wir uns gewöhnt, die je nach Erfordernis der beiden Fronten Gewehre, Gewehre und nochmals Gewehre von Ost nach West oder West nach Ost transportierten. Davon abgesehen und abgesehen von den fieberhaft erwarteten und meistens enttäuschenden Nachrichten, die uns erreichten, während die Fronten zum Stillstand kamen und jede Seite sich verzweifelt bemühte, sie wieder in Bewegung zu bringen, betraf der Krieg uns nicht direkt, bis uns dann im Jahre 1916 an unserem Eßtisch vor Augen geführt wurde, daß wir uns im Krieg befanden. Der Winter von 1916/17 war tatsächlich der schlimmste Winter des Krieges, und die damit verbundene Hungerzeit setzte ziemlich abrupt ein.

Der Kriegsausbruch fiel mehr oder weniger mit meinem Wechsel von der Vorklasse in die richtige Schule, das Gymnasium, zusammen. Wir hatten Unterricht von acht bis eins oder zwei, und das Mittagessen wurde bei uns um halb drei aufgetragen. Für das zweite Frühstück gab man uns zwei Pausenbrote mit, die anfangs noch mit Butter bestrichen und mit Salami oder irgendeiner anderen guten deutschen Wurst, manchmal auch mit Schweizer Käse belegt waren. 1916 aber gab es plötzlich statt der bekannten Wurstsorten sogenannte »Ziegenlammwurst«, schmeichelhafter auch als »Lütticher Wurst« bezeichnet, und statt Käse Emmentalerersatz, später sogar »Emmentalergeschmack«, was zwar ehrlicher war, zugleich aber weniger den Tatsachen entsprach, da er den Käse weder ersetzte noch dessen Geschmack besaß. Statt dessen schmeckte er leicht nach Ammoniak und Runkelrüben, und genau daraus bestand er auch. Wenn wir zwei Jungen aus der Schule heimkehrten, waren wir in der Regel so hungrig, daß wir uns über die Lehnen des großen Sessels in unserem Zimmer warfen und zu lesen versuchten, obwohl wir uns kaum wachhalten konnten. Endlich kam das Mittagessen, woraufhin wir matt hinunter ins Eßzimmer trotteten, auf den geschnitzten Eichenstühlen im deutschen Renaissancestil Platz nahmen und begannen, unseren Teller Rübensuppe zu löffeln. Ihr folgten Rübenhackbraten mit Rübenbeilage und Rübenpudding oder Rübenkuchen zur Nachspeise. Vor 1916 hatte ich Rüben gemocht, und heute mag ich sie wieder; aber kein Deutscher hätte in den zwanziger Jahren selbst das köstlichste Gericht angerührt, das Rüben enthielt.

Dieser Winter ging als der Kohlrübenwinter in die Geschichte ein. Er war außerdem erbärmlich kalt, zumindest in den ersten Monaten des Jahres 1917, und da Kohle knapp geworden war, blieb die Schule wochenlang geschlossen. Hin und wieder machten wir Streifzüge aufs Land, wo wir versuchten, auf dem Schwarzmarkt Kartoffeln aufzutreiben, und ich weiß noch, daß mein Vater einmal durch besondere Beziehungen aus Kleve nahe der holländischen Grenze ein großes, ganzes Rad Käse bekam. Mein armer Vater stellte jedoch bald fest, daß sich der Käse nur mit der Handsäge schneiden ließ, und die dicken Scheiben, die wir uns auf unser Rübenbrot legten, konnten wir nur mampfend kauen, weil man erst lange daran saugen mußte, bis sich der Mund mit einem dünnen, wäßrigen und zähen Käsegeschmack füllte;

aber wenigstens war es ein reiner Geschmack. Ich entsinne mich, daß das Widerlichste, was ich je geschluckt habe, eine Art Kuchen namens »Riga-Schnitte« war, der nach unserer ruhmreichen Eroberung Rigas aufkam; er bestand aus purem Ammoniak, Saccharin (Zucker gab es 1917 in Deutschland nicht) und Dreck, vermutlich auf Rübenbasis.

Dieser Speiseplan hatte Auswirkungen zunächst auf unsere Verdauung und dann auf unsere Nasen. Nie werde ich den ungefilterten Gestank von Hunderten – pardon – furzender Leute vergessen, die sich auf den Ämtern drängten und nach Lebensmittelkarten anstanden. Die Gesichtsfarbe der Menschen wurde fahl oder gelblich, und Leute, die nicht älter als fünfzig waren, bekamen eine faltige und schlaffe Haut, besonders unter den Augen. Wir konnten beobachten, wie diese »alten Männer« gebeugt und scharrend unter den Kastanienbäumen in unserer Straße herumschlichen, während sie die Frühlingsluft mit ihren »Kastanienblattzigarren« verpesteten. Als wir einmal aus den Ferien im Riesengebirge zurückkehrten und der Zug sich Berlin näherte, waren diese düsteren Gestalten der Vorortstraßen ein deprimierender Anblick.

Die Erwartung eines Sieges blieb jedoch ungebrochen. Alles würde genau wieder so sein, wie wir es aus den Jahren des Überflusses und der Zufriedenheit vor 1914 gewohnt waren. Wir entwickelten einen erbitterten Haß auf England, das aus dem Krieg einen Weltkrieg gemacht und nun dieses Elend über unschuldige Zivilisten, über Frauen und Kinder gebracht hatte. England würde für sein Verbrechen bezahlen müssen, dessen waren wir gewiß. »Ich wünschte«, sagte mein Vater, »Clemenceau, Lloyd George und Churchill würden morgen früh tot und blind in ihren Betten aufgefunden werden.« Das »tot und blind« zeugte von der Heftigkeit seines Grolls. Oder er sagte: »Ich wünschte, ich könnte nur fünf Minuten lang der liebe Gott sein.« »Was würdest du dann tun?« »Als erstes diese Erzkriminellen bestrafen (mit Tod und Blindheit), danach die Westfront mit einem Schlag hinter Paris zurückdrängen, bis an den Ärmelkanal, dann mit einem weiteren Stoß die Russen bis zum Ural schieben ... ich denke, das würde reichen.« Mein Vater teilte die Ansicht der meisten Deutschen, daß eine internationale Verschwörung die beste aller möglichen Welten zerstören wollte, eine Welt, die sich auf den Erfolg der deutschen Waffen in den Jahren 1864, '66 und '70/71 gründete und in der alle einigermaßen glücklich waren, ja, eine Welt, die so gut war, daß die neidischen Briten, die rachsüchtigen Franzosen und die finsteren Russen ihren Anblick nicht ertragen konnten.

Auch die Schule wurde vom Krieg in Mitleidenschaft gezogen. Als erstes mißfiel mir, daß der Stundenplan auf die Hauptfächer reduziert wurde, also auf Latein, Rechnen, Deutsch (Grammatik und Lesen) und Algebra. Mit knapper Not wurde auch Zeichnen beibehalten, ich nehme an, aus Rücksichtnahme gegenüber dem wichtigtuerischen Kunsterzieher, der eine der Säulen und starken Persönlichkeiten der Schule war. Aber auf die Naturwissenschaften wurde verzichtet, was mich besonders betrübte, denn so erhielt ich nie die Gelegenheit, auf die ich so lange gehofft hatte, meine Klassenkameraden mit meinem Wissen in Zoologie und Fossilienkunde in den Schatten zu stellen. Darüber hinaus leisteten die meisten der alten und bewährten Lehrer der Schule in der einen oder anderen Eigenschaft Wehrdienst, und einige waren sogar gefallen, so daß ich die richtige Schule mit Hilfslehrern beginnen mußte, die einen Verein von überwiegend komischen Käuzen bildeten. In Latein wurden wir von einem Lehrer unterrichtet, der wie eine Karikatur von Caruso aussah und wie ein Schmierenkomödiant redete. Er war mir dermaßen zuwider, daß ich ihn so lange anzustarren pflegte, bis er sagte: »Julius, wenn Blicke töten könnten ...«, was mich entwaffnen sollte, doch ohne Erfolg. Rechnen und Geographie hatten wir bei einem pummeligen blonden Ex-Studenten mit Schmissen im Gesicht und einem ausgeprägten Lispeln. Eines Tages sah dieser Mann auf der Straße in der Nähe der Schule, wie wir unser Kindermädchen, das wir damals noch hatten, spielerisch zwischen uns hin und her schubsten. In Wirklichkeit liebten wir dieses Mädchen abgöttisch, das im Alter von nur achtzehn Jahren zu uns ins Haus gekommen war. Der Lehrer, der Fleck hieß, rief mich zu sich, haute mir auf offener Straße rechts und links eins auf die Ohren und lispelte: »Das wird dich lehren, dich anständig gegenüber einer Dame zu benehmen.« Derselbe Mann gehörte allerdings zu den mir unvergeßlichen Menschen, die mein »Genie« entdeckten. Das geschah nur wenige Tage nach dem »Damen«-Zwischenfall. Fleck forderte die Klasse auf, Moltkes Schilderung eines spanischen Stierkampfs wiederzugeben, und nachdem ich mein Sprüchlein aufgesagt hatte, war er schier außer sich und wiederholte ein ums andere Mal, er könne nicht verstehen, wie ein bloßer Junge in der Lage sei, eine Geschichte derart glänzend nachzuerzählen, daß er gebannt zugehört habe. Wie schlecht das für mich war, erkennt man daran, daß mir jedes Wort seiner Lobeshymne bis heute im Gedächtnis geblieben ist.

Mitunter machten wir aber mit unseren Hilfslehrern auch einen Glückstreffer. In Algebra bekamen wir Herrn Armbruster, einen Mann mit starkem süddeutschen Akzent, sehr blauen Augen und einer pointierten, schulmeisterlichen Sprechweise, der uns abseits des offiziellen Lehrplans dieses und jenes beibrachte, das aber viel wertvoller war als der übliche, trockene Stoff.

Armbruster baute uns das Pascalsche Dreieck auf, dessen Gesetzmäßigkeit mich faszinierte, erläuterte uns die Bedeutung mathematischer Kurven und zeigte uns, wie sich Porträts von Personen zeichnen ließen, zum Beispiel von Hindenburg, indem man einfach eine Anzahl von Punkten mittels Abszissen und Ordinaten markierte. Er ging sogar so weit zu sagen, dies sei eine Methode, zeichnen zu lernen. Armbruster selbst zeichnete außerordentlich gut. Er führte uns auf den Schulturm und brachte uns auf dem Weg hinauf bei, wie ein Dachstuhl gebaut wird, und oben auf dem Ausguck erklärte er uns dann die Grundlagen der Topographie und Landvermessung. Wir wußten, daß er etwas mit Bienen zu tun hatte, und tatsächlich ist Armbruster nicht nur ein

Hans Dampf in allen Gassen, sondern auch ein bekannter Bienenforscher gewesen. Ich vermute, daß das alte Kollegium der Schule ihn für einen Narren hielt, weil er eigene Wege ging und uns bestimmte elementare und nützliche Dinge zeigte, und ich weiß, daß sogar meine Klassenkameraden geneigt waren, so zu denken. Ich hingegen behalte ihn in liebevoller Erinnerung.

Meine Einstellung gegenüber der Schule hatte sich verändert, seitdem ich die Schule für die Großen besuchte. In der Vorklasse hatte ich mich lediglich gelangweilt, trotzdem hatte es mir aufrichtig leid getan, wenn ich meinen Riesen von einem Lehrer enttäuschte. In dem Augenblick, als ich in die Sexta kam, wurde ich mißmutig und kritisch. Latein zu lernen war mir eine unsägliche Qual, und ich glaubte meinem Vater nie, wenn er sagte, später einmal würde ich für die gegenwärtigen Jahre der Langeweile und des Auswendiglernens dankbar sein. Ich antwortete ihm dann, es gebe doch gewisse Perioden der Aufnahmefähigkeit, und zehnjährige Jungen würden sich eben normalerweise für Tiere und Pflanzen interessieren und erst später für Sprachen. Zu meiner eigenen Überraschung wurden mir meine Ansichten einige Zeit danach gewissermaßen bestätigt, als ich zu einer Schule mit einem anderen Lehrplan wechselte. Dort wurde im Alter von zehn Jahren mit Französisch begonnen, mit zwölf kam Latein dazu, und ich erwartete, in Französisch schwach und in Latein ganz gut zu sein. Ich stellte fest, daß das Gegenteil der Fall war. Offensichtlich ist es für einen Schüler leichter, eine Sprache in einem Alter zu lernen, in dem er einiges Interesse dafür mitbringt, als im Alter von zehn, wenn er sich ihr verschließt. Weder das Gerede, das junge Gehirn sei noch nicht so sehr mit anderen Dingen überfrachtet und könne sich infolgedessen alles besser merken, noch das vom Latein als einer Übung des Geistes haben je meine im Alter von zehn Jahren gewonnene Überzeugung erschüttern können. Das Gedächtnis läßt in der Regel nicht mit zwölf nach, sondern vermutlich eher mit etwa fünfzig; und um Gefallen an einer Disziplin zu finden und sie gewinnbringend nutzen zu können, bedarf es keines leeren Hirns, sondern eines, das gefüllt und bis zu einem bestimmten Grad entwickelt ist. Ich glaube aber, daß sich nicht einmal heute diese Meinung allgemein durchgesetzt hat. Im Vordergrund des Unterrichts scheint immer noch vor allem der Lehrstoff zu stehen. Den Schülern bleibt es dann überlassen, im Rahmen ihrer Fähigkeiten mit dem festgelegten Programm, so gut sie können, zu Rande zu kommen. Natürlich gibt es Dinge, die man lernen muß. Irgendwann, bevor man sieben ist, sollte man wissen, daß zwei und zwei vier ist. Aber im Alter von zehn mit Latein anzufangen, ist etwas ganz anderes.

Schlimmer als Latein war jedoch Deutsch, das Auswendiglernen der endlosen Balladen Schillers und später das Nacherzählen, Gesang für Gesang, von Homers »Odyssee«, die wir in einer besonders spröden deutschen Übersetzung lasen, die die Hexameter nur so holpern, stolpern und stottern ließ. Der Lehrer, der diese Aufgabe überwachte, war ein Berg von einem Mann. Während der Stunde wechselte er unruhig von einem Bein auf das andere und zappelte mit den Knien, was seine weiten Hosenbeine flattern ließ. Er langweilte sich offensichtlich genauso sehr wie wir, und die einzige Art, etwas Schwung in den alten Homer zu bringen, bestand darin zu sagen: »Also, Odysseus geht zum Feuer hinunter, um Penelope zu begrüßen. Würdest du auch zum Feuer hinuntergehen und deine Frau begrüßen, wenn du Odysseus wärst, Junge? Du weißt es nicht? Du bist ein Schäfchen.« Weit davon entfernt, mein »Genie« zu bestätigen, das Herr Fleck so unverhofft entdeckt hatte, hielt der »dicke Hermann«, wie wir ihn nannten, von meinen mühsamen Nacherzählungen offensichtlich nichts, und nur einmal beehrte er eine von ihnen mit einer geringfügig besseren Note und sagte, ich würde Fortschritte machen, eindeutig Fortschritte. »Du bist immer noch tapsig, Posener, wie ein junger Hund, aber du machst dich, Junge.« Meine Freude über dieses eingeschränkte Lob erhielt jedoch einen Dämpfer, als ich in einer Pause meinen Vetter Julius traf. »Julius«, sagte er zu mir, »der dicke Hermann hat mir gerade einen Aufsatz zurückgegeben, eine Nacherzählung des Gesangs 21 der ›Odyssee‹, und er hat gesagt, sie sei ganz gut. Ich mache Fortschritte«, fuhr Julius fort, »eindeutig Fortschritte; aber noch ein bißchen tapsig, wie ein junger Hund.«

Seit ich elf oder zwölf war, lag ich meinen Eltern in den Ohren, sie sollten mich von dieser Schule nehmen. Einer meiner Klassenkameraden besuchte inzwischen ein Internat auf dem Land und schrieb von dort sehr glückliche Briefe. Das wäre mein Ideal gewesen; und diese sowie eine Reihe anderer fortschrittlicher Landschulen wurden von meinen Eltern auch in Augenschein genommen, doch letztlich schien ihnen keine davon die richtige zu sein, da man auf keiner das Abitur machen konnte. Zum ersten Mal im Leben mußte ich mich mit der Notwendigkeit auseinandersetzen, daß ich später einmal ein gestempeltes Blatt Papier benötigen würde, während ich mir doch nur eine glückliche Schulzeit wünschte. Ich sah jedoch ein, daß meine Eltern recht hatten.

Ich glaube nicht, daß ich in der Schule besonders beliebt war. Ich hatte einige wenige Freunde, Fritz Kubierschky und Otto Erich Gühler, den Sohn eines Obersten, doch der Junge, der immer mehr mein Freund wurde, ging nicht in meine Schule, sondern noch in die Vorklasse: Hans Kubierschky. Ich hatte viele Feinde, wobei sich die Klasse in meine Bande, die klein war, und die viel größere meines Hauptfeindes teilte, aber die Kämpfe, die wir während der Pausen auf dem Schulhof austrugen, waren nicht ernster Natur. Das mußten sie auch nicht sein, da die Feindseligkeiten dieser Jungen kaum je irgendwelche offenen Anzeichen von Antisemitismus enthielten, und nur für diesen Fall hatte mein Vater von mir verlangt, daß er Blut sehen wolle. »Sie können dich einen Esel nennen, Julius«, hatte er gesagt, »einen Hund oder sogar ein Schwein. Aber wenn sie dich irgend etwas in Verbindung mit Juden nennen, darf es kein Pardon geben. Dann geht nur noch, daß du ihnen die Nase einschlägst oder sie dir deine. Solltest du nach einer solchen Beleidigung ohne Blut auf dem Hemd nach

Hause kommen, seinem oder deinem, dann werde *ich* dich bluten lassen.«

In meiner Klasse traten solche Probleme nicht auf, oder kaum, aber mein Nachhauseweg führte mich an zwei großen und häßlichen neuen Mietshäusern vorbei, und sehr oft erwartete mich dort bereits ein Junge, der um einiges größer war als ich, um mich »Itzig!« zu rufen, sobald er mich kommen sah. Wenn ich dies hörte, durfte ich mich nicht vor der Herausforderung drücken, sondern mußte mich auf eine Prügelei mit ihm einlassen, aber offen gestanden hatte ich ziemliche Angst und wagte nicht, so hart zuzuschlagen, wie mein Vater es von mir erwartete. Trotzdem, die Ehre wurde schlecht und recht wiederhergestellt, oder sagen wir lieber, mehr schlecht als recht, und das war mir auch bewußt und machte mich halb ängstlich, halb beschämt. Dieser Junge, der Winter hieß, gehörte nicht in meine Klasse – weder im einen noch im anderen Wortsinne –, und, wie gesagt, unter uns Gymnasiasten kam so etwas eigentlich nicht vor. Dennoch spürte ich während meiner gesamten Schulzeit in Lichterfelde, wo preußische Offiziere und hohe Beamte zu Hause waren, einen deutlich antisemitischen Unterton, und ich kann beileibe nicht behaupten, daß das ein angenehmes Klima gewesen wäre.

Was ich an meiner Schulzeit am meisten bedauere, sind die Jahre reiner Zeitverschwendung und Langeweile. Unsere Schule war kein Ort, wo sadistische, arrogante oder ungebildete Lehrer ihr Unwesen trieben, wie es bei meinem Vater der Fall gewesen war. Auf der anderen Seite war es auch nicht die glückliche Lerngemeinschaft, zu der die Schule heute vielfach geworden ist. Wenn ich meinen siebenjährigen Jungen frage: »Gehst du gern in die Schule?« sagt er: »Und wie!«, und es stimmt. Das ist ein Segen, der meiner Kindheit nicht beschert war.

Den tiefsten Eingriff des Krieges in das Leben unserer Familie bedeutete Karls Eintritt in die Armee. Es war für meine Eltern nicht leicht gewesen, ihn noch so lange in der Schule zu halten, bis er sein »Notabitur« gemacht hatte, aber er benötigte weniger als ein Jahr, um es zu bestehen, und danach mußten meine Eltern ihr Versprechen halten. Es kamen mehrere Gründe zusammen, die es einem jungen Mann wie Karl unerträglich machten, sich nicht freiwillig zu melden. Der erste und wichtigste Grund war sein Wunsch, seine Pflicht »für das liebe Vaterland« zu tun, zweitens war da die Tatsache, daß alle jungen Männer so handelten und viele der Freiwilligen sogar noch jünger waren als Karl. Es gab da einen Jungen namens Königslöw, der sich gleich in den ersten Augusttagen 1914 als Vierzehnjähriger gemeldet hatte. Auch fünfzehnjährige Freiwillige waren nicht so selten, und siebzehn, das Alter, das mein Bruder Karl im Sommer 1915 fast erreicht hatte, galt als ziemlich normal. Und schließlich war es für einen Juden ganz besonders schwer auszuhalten, wenn er zurückblieb. Mit dem Gefühl, daß das geliebte Vaterland jede Hand bräuchte, die ein Gewehr halten konnte, war auch der Glaube verbreitet, daß nach dem Sieg das deutsche Volk, wenn es erst einmal gesehen hätte, wie seine Juden zu den Waffen geeilt waren, endlich vom Antisemitismus geheilt sein würde.

Die einzige Konzession, die Karl gegenüber seinen besorgten Eltern machte, war, sich damit zufriedenzugeben, zur Artillerie und nicht zur Infanterie zu gehen. Im Juni 1915 fuhr er nach Posen, um sich bei einem Artillerieregiment als Freiwilliger vorzustellen, mit einer Art Empfehlungsschreiben des alten Obersten in der Tasche, der unser nächster Nachbar war und der Karl sehr mochte. Mein Vater begleitete ihn. Karl wurde vom Regimentsarzt untersucht, der zu ihm sagte: »Hören Sie, mein Junge, Sie sind sehr jung, und Ihre Brust ist nicht so breit, wie ich mir die Brust eines Soldaten wünsche. Wir schätzen es, daß Sie sich beworben haben, aber wir können Sie nicht nehmen. Warten Sie, bis Sie eingezogen werden.« »Nun«, sagte mein Vater, »du hast deine Pflicht getan. Niemand kann behaupten, du hättest es nicht versucht. Fahren wir heim.« Aber Karl sah die Sache anders. Er war zutiefst enttäuscht, zurückgewiesen worden zu sein, und es ist durchaus verständlich, daß er nicht als abgelehnter Freiwilliger wieder nach Hause gehen wollte. Darum sagte er jetzt: »Es gibt hier in Posen noch ein anderes Regiment, ein sächsisches. Vielleicht ist der sächsische Doktor nicht so zimperlich wie der preußische.« Er ging zur Kaserne der Sachsen und wurde genommen. Mein Vater, der gehofft hatte, mit Karl zurückkehren zu können, mußte die Heimreise allein antreten.

Zwischen meinem Vater und Karl bestand eine besonders innige Freundschaft, was, glaube ich, bei einem Vater und seinem ältesten Sohn häufig vorkommt, obgleich meinen Vater schon von einem frühen Zeitpunkt an eine Sache irritierte, die er »Karls Mangel an Geschmack« nannte. Karl hatte, noch bevor er fünfzehn war, eine gewisse Eitelkeit entwickelt, was seine Kleidung betraf, und er war auch der einzige von uns Posener-Jungen, der überhaupt so etwas wie einen Sinn für Mode besaß. Er war frühreif und hübsch, mit dunklen Locken, großen graublauen Augen und einem besonders schönen Mund, und er war sich seines guten Aussehens auch eindeutig bewußt. Dazu bevorzugte er leicht extravagante Accessoires zu seiner Kleidung, die Krawatte ein wenig grell, die Socken violett, eine Tendenz, die mein Vater mit einiger Bestürzung zur Kenntnis nahm. Karl war kokett und suchte sich gleichgesinnte Klassenkameraden, Jungen mit ähnlichen Vorlieben, besonders einen aalglatten Typen namens Gernetzky, mit dem er die Barkarole aus »Hoffmanns Erzählungen« spielte, Karl am Klavier, Gernetzky am Cello. Karls Wunsch war es, Dirigent zu werden, und ich nehme an, er meinte damit auch Komponist. Er pflegte in seinem Zimmer vor sich hin zu dirigieren, was sich dann wie eine Folge rhythmischen Zischens anhörte, wenn man vom Nebenzimmer aus lauschte. Karl war ein wenig blaß, verträumt, nicht besonders kräftig und neigte dazu, die Dinge leicht zu nehmen. Obwohl er Musiker werden wollte, lernte er nie richtig gut Klavier spielen. Er spielte zwar viel besser, als ich es jemals vermochte, gab aber später offen zu, daß ihn die Art Konzentration, die man für die gute Beherrschung eines Instruments braucht, überfordert habe. Er begnügte sich im wesentlichen damit, leichte Unterhaltungsmusik oder Tanzweisen zu spielen und sich an Beethoven und Mozart nur als Konzertbesucher zu erfreuen.

Da meine Eltern Karl kannten, brach es ihnen das Herz, ihn zur Armee gehen zu lassen. Mein ältester Bruder war gewiß nicht fürs Soldatenleben geschaffen, geschweige denn für den Krieg. Aber mein Vater mußte ihn nicht nur ziehen lassen, er hatte auch noch die unter diesen Umständen besonders schmerzliche Pflicht, ihm zu sagen, daß er, Moritz, keinen Weg sehe, wie Karl nach dem Krieg Musiker werden könne, und ihm vorschlage, Medizin zu studieren. Das machte die Sache nicht einfacher, weder für den Sohn noch für unseren Vater, aber der fand, daß er Karl über seine Meinung nicht im Zweifel lassen dürfe.

Doch Karl warf sich mit einem erstaunlichen Wirklichkeitssinn ins Soldatenleben. Ich weiß natürlich nicht, ob er großes Heimweh hatte, wie verloren er sich unter den Männern des »Landsturm« gefühlt haben mag und wie sehr er von seinem Spieß schikaniert wurde, aber wenn er auf Heimaturlaub war, was glücklicherweise etwa alle vierzehn Tage der Fall war, schilderte er uns das Soldatenleben als großen Jux und ahmte vortrefflich den sächsischen Dialekt seiner Kameraden und Vorgesetzten nach. Es klingt merkwürdig, daß diese Urlaubsbesuche eines jungen Freiwilligen, der in spätestens sechs Monaten an die Front geschickt werden sollte, fröhliche Anlässe gewesen sein sollen; gleichwohl lachten Brüder und Eltern Tränen, wenn Karl uns seine sächsischen Kommißgeschichten erzählte, zum Beispiel von dem Unteroffizier, der ihn mißtrauisch beäugte und, als Karl ihm nach nur drei Tagen in der Kaserne ganz höflich eine Frage stellte, anschnauzte: »Was? Da kommen Sie und wollen nach drei Tagen schon Neuerungen einführen? Eine vermaledeite Revolution anzetteln? Ich muß mich sehr über Sie wundern, mein Junge!« So gut waren seine Nachahmungskünste, und so gänzlich war er von Leuten aus Dresden und Chemnitz umgeben, daß er unwillkürlich begann, selbst Dialekt zu sprechen, zu unserer großen Heiter-

Karl im Krieg

keit – und seiner eigenen. Er hatte seine schwarzen Locken bis auf die Kopfhaut geschoren, so daß sein Schädel dort, wo der Helm ihn bedeckte, weißlich wirkte, während sein Gesicht, beginnend mit einer scharfen Linie auf der Stirn, braungebrannt war. Seine hellen Augen leuchteten aus diesem sonnengebräunten Gesicht heraus, dem Gesicht eines Jungen von guter Herkunft, der empfindsam und doch schon von einer ruhigen, beherrschten Energie getragen war. So hat ihn mein Vater gemalt.

Mein Vater besuchte ihn mehrmals in Posen, wenn Karl nicht

nach Berlin kommen konnte, und führte ihn ins Theater aus oder in ein gutes Restaurant. Er war auch an jenem Tag da, als Karl schließlich mit seiner Einheit nach Westen verlegt wurde und durch die Straßen von Posen zum Bahnhof marschierte. Wir anderen konnten ihn in Berlin auf seiner Durchreise unverhofft sehen und mit ihm im gelben Licht eines Wartesaals dritter Klasse, dessen Luft vom schweren Ledergeruch der Soldatenstiefel erfüllt war, zusammensitzen, bis sein Anschlußzug kam. Es war soweit: Karl ging an die Front.

Sein Aufbruch hatte sich durch einen Unfall während seiner Ausbildung in Posen verzögert: Ein Munitionszug war explodiert, und die Soldaten seines Regiments waren hinzugerufen worden, um die Waggons zu entladen, die noch nicht Feuer gefangen hatten, damit ein größeres Unglück verhindert würde. Es muß eine nervenaufreibende Aufgabe gewesen sein, und Karl wurde von einem Schrapnell in den Rücken getroffen, nach ein paar Tagen im Krankenhaus jedoch sogleich wieder als gefechtstauglich entlassen, so daß er bald darauf Richtung Westfront fahren konnte. Wir wurden sogar über die Stationen dieser strapaziösen Reise im Güterwagen bis Diedenhofen (Thionville) auf dem laufenden gehalten; danach erhielten wir keinen weiteren Hinweis mehr auf seinen Aufenthaltsort, außer durch Bemerkungen in Karls Briefen, die zu unserer Überraschung die Zensur passierten, wie etwa, »versuchen immer noch, die düstere Festung zu erobern«, womit nur Verdun gemeint sein konnte.

Karls Briefe mit dem Vermerk »im Fronteinsatz« verschleierten mehr als sie enthüllten. Erst später erfuhren wir von ihm nach und nach die Wahrheit über sein Leben an der Westfront. Obgleich er einer Batterie mit schwerer Artillerie angehörte, war er der Gefahr vielleicht nicht weniger ausgesetzt als ein Fußsoldat, denn als Obergefreiter und Abiturient wurde er als Meldereiter eingesetzt, was nicht gerade eine sichere Aufgabe war. Sie offenbarte ihm die Greuel des Krieges vielleicht mehr, als ihm dies der Dienst in der Batterie allein wohl erlaubt hätte. Eine seiner schrecklichsten Erfahrungen war diese: Er ritt in großer Eile von der Batterie zu einem Vorposten, als er aus einem Gebüsch Stöhnen und Hilferufe hörte. Es waren zwei verwundete Infanteristen, die in ihrem Blut lagen, zurückgelassen in einer Senke, die offensichtlich vom Roten Kreuz übersehen worden war. Die beiden flehten Karl inständig und herzergreifend an, im nächsten Lazarett Hilfe zu holen, aber sein Befehl trug den Vermerk »von höchster Dringlichkeit«. Als er sich von ihnen losriß, hörte er, wie sie ihm Flüche hinterherschickten, »und als ich an derselben Stelle auf dem Rückweg wieder vorbeikam«, erzählte er uns, »war alles still«.

Karl war am Feldtelefon eingesetzt und mußte Gespräche mithören. Eines Nachmittags vernahm er, wie sein Batterieführer vom Major angerufen und von diesem gefragt wurde: »Sagen Sie, Leutnant Schmidt, befinden sich unter den Soldaten mit Abitur in Ihrer Batterie ehrlose Leute, geistig Zurückgebliebene oder Juden?« Er wollte ganz sichergehen, daß kein Falscher zum Offizier ernannt wurde. Karl, siebzehn Jahre alt, jüdischer Kriegsfreiwilliger und deutscher Patriot, ging schnurstracks zum Major und stellte ihn zur Rede. Dem fiel es leicht, dem Schützen Posener das Maul zu stopfen; aber das genügte ihm anscheinend nicht. Am nächsten Morgen erhielt Karl den Befehl, sich als Artilleriebeobachter zu einem kleinen Unterstand zu begeben, der dem Schützengraben seiner Gruppe vorgelagert war. Dort schlug prompt eine Granate ein, und Karl wurde unter Erde und Trümmern verschüttet, und als man ihn ausgrub, war er mit den Nerven am Ende.

Einen Jungen mit einem »Bombenschaden« wie Karl schickte man in eine Feldklapsmühle hinter die Front. Das war in Rethel. Auf seiner Krankenstation waren ein paar Männer, die Tag und Nacht heulten, und ein Kerl, der zwischen den Betten herumkroch und sich einbildete, »eine Schleichpatrouille nach Rumänien« zu machen. Nach zwei Tagen verlangte Karl wütend nach einem Arzt, woraufhin ihm ein stämmiger Pfleger mitteilte, er kenne das schon, diese Wünsche, ständig einen Arzt sprechen zu wollen, und er solle sich beruhigen. Da griff Karl, der an diesem Punkt mehr als nur halb wahnsinnig geworden war, nach einem Stuhl und schlug ihn dem stämmigen Mann über den Kopf. Überraschenderweise bekam er daraufhin den Doktor tatsächlich zu sprechen, der sich, was noch überraschender war, bei ihm entschuldigte. Karl wurde zur Kur nach Wiesbaden geschickt, zurück in den Frieden, zu sonnigen Weinbergen und in ein neues, freundliches Pflegeheim für Soldaten, die unter Schockeinwirkung litten. Auch der dortige Arzt war ein humaner Mann. Karl gefiel ihm wegen seines Hintergrunds und seiner Persönlichkeit, und die Monate in Wiesbaden bewirkten, daß er fast vollständig genas. Zu Beginn des Winters 1917 kam er endlich in ein Pflegeheim nahe bei Berlin, das von uns aus sogar zu Fuß zu erreichen war, und so sahen wir ihn zum ersten Mal wieder, braungebrannt und doch blaß, sichtlich mitgenommen, mit einem nervösen Zucken im Gesicht, aber immer noch Karl: Sein Verstand war heil geblieben, nur seine Nerven waren zerrüttet.

Wir durften Karl im Haus Schönow zweimal die Woche besuchen. Es war ein ausgedehntes Anwesen mit mehreren, locker unter Birken verteilten Pavillons, auf der gegenüberliegenden Straßenseite öffneten sich weite Felder. Die Klinik selbst besaß die abgeschottete und traurige Atmosphäre so vieler Nervenheilanstalten, und trotz des verständnisvollen Berichts des Wiesbadener Professors wollte der Leiter dieser Institution Karl beharrlich wie einen Geisteskranken behandeln. Er war unachtsam genug – oder tat er es aus Sadismus, ich bin mir da nicht sicher –, Karl seinen Krankenbericht lesen zu lassen. Darin beschrieb er den Patienten als einen »typisch jüdischen Degenerierten, dem das wenige, was er je an Charakterfestigkeit besessen haben mag, im Krieg abhanden gekommen ist«. Und dies wollte er als abschließendes Urteil verstanden wissen. Karl, dessen seelisches Gleichgewicht noch stark gestört war, nahm das Urteil für bare Münze und war nicht in der Lage, die Mischung aus Boshaftigkeit und Inkompetenz zu durchschauen, die das Wesen des Professors Henneberg ausmachte. Seine Situation hätte sehr bedrohlich werden können, wären da nicht der außerordentliche Scharfblick und Mut meines Vaters gewesen. Das erste, was mein Vater unternahm, war, Professor Henneberg in aller Deutlichkeit zu sagen, was er von ihm hielt, und dies in Gegenwart seines Patienten, damit Karl ihn in seinem wahren Lichte sah, was ihm auf der ganze Linie gelang. Meinen Vater, diesen lächelnden, unbeschwerten Maler, den »sonnigen Moritz«, konnte gelegentlich eine absichtsvolle kalte Wut befallen, die vor keiner Person haltmachte, und das Bewundernswerte an diesen Ausbrüchen war, daß er, obgleich er vor Zorn bebte, absolut Herr seiner Gefühle blieb und seinem Opfer das Strafmaß genau in der richtigen Dosis verabreichte. So hatte er es einmal bei einem Lehrer von Ludwig getan, was auch ungefähr die einzige Gelegenheit gewesen war, zu der er in der Schule erschien. Jetzt machte er es mit Professor Henneberg ebenso, da er sehr genau wußte, daß Leute seines Schlages Feiglinge sind, und der Arzt knickte auch gehörig vor ihm ein. Danach sorgte er dafür, daß Henneberg Karl entließ. Mein Bruder erhielt ein Papier mit dem Vermerk »garnisonsverwendungsfähig«, und innerhalb etwa eines Monats wurde er zum Hauptkontingent seines Regiments nach Dresden versetzt. Bis dahin mußte der Doktor seine Erlaubnis erteilen, daß Karl soviel Zeit wie möglich zu Hause verbrachte, wo, wie mein Vater betonte, die medizinische Behandlung verständnisvoller und kompetenter sein würde. Daß dieser Knecht im weißen Kittel sich alledem vollständig unterwarf, zeugt von den besonderen Fähigkeiten meines Vaters. Er setzte sie in diesem Fall meisterlich ein und nahm die Behandlung seines Sohnes in Form von stundenlangen Gesprächen zu zweit in seinem Atelier tatsächlich selbst in die Hand. Karl sagte später oft zu mir, »Vater hat mich geheilt«. Es vertiefte die Freundschaft, die zwischen Vater und Sohn bestand.

Dresden bedeutete im großen und ganzen eine glückliche Zeit für Karl. Er war zum Gefreiten in der Dienststellung eines

Unteroffiziers befördert worden – mehr war für ihn, als Jude, nicht möglich. Er mußte keinen sehr schweren Dienst leisten, und er hatte Zeit, in die Oper zu gehen, ein bißchen zu flirten, und alle vierzehn Tage kam er auf Wochenendurlaub zu uns nach Berlin, das ja nicht weit von Dresden entfernt ist. Trotzdem fiel er manchmal noch in Ohnmacht, und einmal stürzte er dabei, als er außen auf der Plattform einer Trambahn stand, auf die Straße und verletzte sich, aber diese Überreste seines schweren Schocks verloren sich allmählich. Den überwiegenden Teil des Jahres 1917 verbrachte Karl in Dresden.

Sein Urlaub war alle zwei Wochen das große Ereignis. Karl tauchte am Sonnabend vor dem Mittagessen auf und erschien glücklich und entspannt, und die schönste Zeit des Tages war die Teestunde, wenn wir in Vaters Zimmer saßen, ich auf der Heizkörperverkleidung, die mir den Hintern wärmte, und meistens in Gesellschaft unserer Katze Mimi, und Karl uns Geschichten aus Dresden oder von der Front erzählte. Er konnte die schrecklichen Erfahrungen, die er durchgemacht hatte, nicht aus seinem Gedächtnis verbannen, und oft fragte ich ihn nach dem wahren Gesicht des Krieges. »Wie sieht ein Schlachtfeld aus?« fragte ich, und Karl, der mich darauf verwundert anschaute, sagte: »Leer. Du wärst erstaunt, wie leer es aussieht. Das hat nichts mit den übervölkerten Schlachtenreihen aus deinem ›Kriegsalbum von 1870‹ zu tun.« Er konnte diese Leere sehr anschaulich schildern, aber von grauenhaften Dingen sprach er nicht. Seine lustigen Geschichten waren andererseits sogar noch besser als die aus seiner Kasernenzeit. Wie ein Schütze mit einem gestohlenen Pferd in der Batterie aufkreuzte und auf die Frage des Feldwebels antwortete: »Ich habe mir dieses Pferd selbst ausgehändigt.« Eine Geschichte, die ich mir immer wieder anhören konnte, war die von der Orangenmarmelade aus einem eroberten britischen Vorratslager, die den Truppen übereignet worden war. Die braven sächsischen Schützen öffneten die Gläser, betrachteten den Inhalt, probierten davon, spuckten dann angeekelt aus und schimpften:

»Schalen! Orangenschalen. Wenn es bei ihnen schon so weit gekommen ist, daß sie Schalen in ihre Marmelade tun müssen, dann sollen sie mit ihrem Scheißkrieg lieber aufhören.« Karl bekam infolgedessen ungefähr fünfzehn Gläser feinster Dundee-Orangenmarmelade, und seine offenkundige Freude darüber war nicht dazu angetan, ihn in der Achtung seiner Kriegskameraden steigen zu lassen. Ein Mann, der »dieses Zeug« aß und auch noch mochte, war offenkundig »keiner von uns«.

Während dieser Nachmittage auf der Heizung fürchtete ich mich vor zweierlei Gefahren, die immer gegenwärtig blieben. Die eine war, daß Karl etwas Unangenehmes erzählen könnte, etwas, das noch schlimmer war als die Beschreibung toter Pferde, denn weiter war er bisher nie gegangen; die andere Gefahr ging von dem roten Buch aus, das sich in diesem Zimmer befand. Denn noch geraume Zeit, nachdem ich hier den Stich von dem Mann gesehen hatte, der auf dem großen Tisch lag, hatte ich das Zimmer meines Vaters nicht mehr betreten. Karls Heimaturlaube und die gemeinsamen Teenachmittage mit ihm und den Eltern zwangen mich, doch wieder hineinzugehen. Ich tat es mit großer Scheu und starrte gelegentlich in die Richtung des offenen Bücherregals, wo der Band in der zweiten Reihe von unten stand. Eines Tages befand ich mich aus irgendeinem Grund allein in dem Raum und schlenderte mit gemischten Gefühlen zum Regal hinüber. Ich berührte das Buch. Ich nahm es heraus und schlug es am Anfang auf. Der Anfang, das wußte ich, war vergleichsweise harmlos. Dort sah man den König nach dem 14. Juli das Hôtel de Ville besuchen; oder General Lafayette hoch zu Roß inmitten seiner Nationalgarde; oder Calonne, Necker und Turgot, langweilig wirkende Herren mit kräftig gezeichneten Augenlidern und, entsprechend dem Geschmack der Zeit, Perücke und Zopf. Ich schaute mir auch das Ende des Buches an, Bonapartes Hof und seine Triumphe, aber ich wagte es immer noch nicht, den Mittelteil aufzuschlagen, wo ich dem Mann auf dem Tisch wiederbegegnen würde. Genau das war es natürlich, was ich die ganze Zeit wiedersehen und nachlesen wollte, und der Sog dieses Horrors war stärker als meine Angst vor ihm. Also las ich den ganzen Abschnitt, beginnend mit der Sitzung am achten Thermidor, mit Robespierres Rede und dem nachfolgenden Schweigen im Konvent; von der Nacht voll folgenschwerer und wirrer Entscheidungen, von der Gewalt gegen die Jakobiner – und von Saint-Just, der zur gleichen Zeit am anderen Ende der Stadt unter seinen Verbündeten und Feinden im Comité du salut saß und mit unergründlicher Miene seinen Bericht für die Sitzung des folgenden Tages schrieb; schließlich kam die große Szene, als Saint-Just »gegen zwölf Uhr, am neunten Thermidor«, die Rednertribüne betritt und die Mitglieder der Opposition hereinströmen: »Le moment est venu«, sagt Tallien, und sie nehmen ihre Plätze ein. Saint-Just wird unterbrochen. Die Mitglieder des Konvents wären genauso erstaunt gewesen, wie ich es war, als ich Jahre später Saint-Justs versöhnlichen Bericht las. Er hatte seine Kollegen während der Nacht hinters Licht geführt, und das kostete ihn den Kopf. Die Unruhe im Konvent, dann die Anschuldigungen, die an dieser und jener Seite des Halbrunds wie elektrische Funken aufknistern, aber anfangs noch nicht gegen Robespierre persönlich gerichtet sind, bis schließlich der Sturm losbricht und das ganze Haus vom Wutgeschrei widerhallt. Robespierre stürzt zum Rednerpult. Er steigt die Stufen hinauf, und wieder hinab, nimmt sie erneut, und macht wieder kehrt und geht, »von seiner Ohnmacht niedergedrückt«, wieder zu seinem Platz. An dieser Stelle hörte ich eine musikalische Figur: Das Auf und Ab der haarsträubenden Tonleitern in der Ouvertüre zu »Don Giovanni«, die mir seitdem immer wie eine musikalische Vorahnung von Robespierres Qualen im Konvent vorgekommen sind. Ich las das Kapitel im Mignet bis zum Ende, und bald konnte ich es auswendig. Von dort aus las ich dann weiter zurück oder nach vorn, von Dantons Tragödie, dem Fall der Gironde, dem Prozeß gegen den König und, weiter vor, über den achtzehnten Fructidor und den Aufstieg Bonapartes. Doch immer wieder kehrte ich zu der zentralen

Szene des zentralen Protagonisten des großen Umbruchs zurück. Meine Einverleibung des Buches dauerte lange Zeit, und ich war vierzehn, als ich eines Tages zu Ferienanfang den Punkt erreicht hatte, an dem ich mir drei Notizhefte kaufte und jedes einzelne Etikett fein säuberlich mit »Robespierre, Tragödie in fünf Akten, von Julius Posener« beschriftete. Dann schrieb ich los.

Bevor ich mich jedoch dem »Robespierre« von Julius Posener widme, muß ich eine andere Erfahrung aus jenen Jahren mitten im Kriege erwähnen. Normalerweise fuhren wir in den Sommerferien in die Alpen, und in zwei aufeinanderfolgenden Jahren, 1911 und 1912, waren wir nach Österreich, nach Gastein und Alt-Aussee, gereist. An beide Ferien habe ich deutliche Erinnerungen, aber in der Art, die meinem Alter entsprachen. Ich erinnere mich beispielsweise an die Walderdbeeren, die wir mit dem Kindermädchen in den Wäldern von Gastein sammelten, an den springenden Bach, die Ache, und ihren großen Wasserfall, an das österreichische Essen, wie zum Beispiel Salzburger Nockerln, die meine Lieblingsspeise wurden, an die reine Klarheit des Aussees, wo man bis auf den dreißig Meter tiefen Grund hinabschauen und kleine Fische hin- und herflitzen sehen konnte, sowie an die großen Felsen, die aus der Tiefe des Sees aufragten.

Ich entsinne mich an die tägliche Bootsfahrt auf dem See zur »Jausenstation« am gegenüberliegenden Ufer, und wie schön es sich anfühlte, die Hand im kalten Wasser gleiten zu lassen; ich entsinne mich an einen lockeren Milchzahn und an das Gefühl und den Geschmack des Hohlraums, nachdem er draußen war, an ein Gericht aus »Geißbart« genannten Pilzen, die es im flachen Berliner Umland nicht gab, die jedoch in den Alpen ziemlich verbreitet waren. Mein Vetter Heinz, der zukünftige Botaniker, hatte sie gesammelt und schmorte sie für uns auf einem Spirituskocher; ich bewunderte ihn dafür immens. Ich erinnere mich auf jeden Fall noch an die Zugfahrten selbst, an den aufregenden Geruch von alter Kohle und an den Rauch, der unter den gläsernen Dächern des Münchner Hauptbahnhofs hing, an die bemalten

Rümpfe der berühmten Münchner Maffai-Lokomotiven, die seltsam brüllende Geräusche machten und vor Zügen mit Schildern warteten wie »Rom über Kufstein, Innsbruck, Verona« oder »Venedig über Rosenheim, Salzburg, Tauernbahn«. In Innsbruck wurden wir in die Hofkirche geführt, wo ich die Rüstungen an Peter Vischers Fürstenstatuen bewunderte, aber nur die Rüstungen. Ich erfreute mich an Sehenswürdigkeiten wie dem Goldenen Dachl, und ich muß sagen, daß mich der Blick durch die Maria-Theresia-Straße, hinter deren dicht aneinandergedrängten Häusern nach Art des Goldenen Dachl sich die majestätische Kette der Zentralalpen erhob, stark beeindruckte. Doch waren dies die Reisen eines Kindes, die nur Kindheitserinnerungen hinterließen.

Im Verlauf des Krieges waren wir bescheidener geworden und blieben in unseren Ferien innerhalb Deutschlands. 1916 fuhren wir in einen Kurort nach Süddeutschland, nach Bad Mergentheim an der Tauber. Dort sah ich die Dinge zum ersten Mal mit einem anderen Blick, genau wie ich bald darauf, an meinem Geburtstag, Musik anders hören und im gleichen Winter, im Bücherregal meines Vaters, ein Buch anders betrachten sollte. Sicherlich war das noch nicht die Pubertät; und doch war ich in eine andere Phase der Kindheit eingetreten, die von einer intensiveren Wahrnehmung gekennzeichnet war, von einer Wahrnehmung, die später nie mehr so intensiv wurde. Damit will ich nicht sagen, ich hätte danach nie die Fähigkeit besessen, Dinge mit größerem Weitblick zu sehen oder mit besserem Verständnis Musik zu hören, aber diese damaligen Erfahrungen hatten die Qualität von Entdeckungen, und das spürte ich ganz deutlich.

Mergentheim ist eine kleine Stadt, oder war es zumindest damals. Sie bestand ausschließlich aus jenen alten süddeutschen Häusern, die man von Drucken und Photos von Rothenburg ob der Tauber kennt, das etwa achtzig Kilometer weiter flußaufwärts liegt. Diese einfachen Häuser gruppierten sich zu Stadträumen, aus denen sich wiederum Stadträume entwickelten, so daß am Ende ein gutes, nachvollziehbares Muster entstand, bei dem der

Marktplatz oder die Hauptstraße offenbar frei gewachsen und doch auf geheimnisvolle Weise geplant erschienen. Gekrönt wurde die Stadt durch das alte, ursprünglich von den deutschen Ordensrittern erbaute Schloß, mit seinen quadratischen, von Zeltdächern gedeckten Türmen aus ruhigem grauen Stein mit kleinen Schießscharten. Die Häuser waren nur vereinzelt durch besondere Attribute bemerkenswert – etwa eine geschnitzte Tür mit einem Rokoko- oder klassizistischen Muster oder ein geschmiedetes eisernes Wirtshausschild mit verspieltem Ornament –, und doch besaß der ganze Ort Charakter und großen Charme, und zum ersten Mal im Leben schenkte ich alldem Beachtung und erfreute mich daran. Das Tal war flach und eben, Felder und Wiesen erstreckten sich bis zum Rand der Buchenwälder, welche die Gipfel der meisten Berge ringsum bedeckten: eine Landschaft für die Schriftsteller und Dichter der deutschen Romantik, von denen einer, Eduard Mörike, ja Bürger von Mergentheim gewesen war.

Vor der Stadt lag das Heilbad mit einem Park, der ein wenig an Pyrmont erinnerte, obwohl er nicht so eindrucksvoll war, und dann führte die Straße auf und ab durch das Tal, mit seinen Weinbergen, seinen Ochsenkarren, den Nachbardörfern, die wie Kleinausgaben von Mergentheim aussahen: Markelsheim, wo man den besten Wein der Region bekam, Weikersheim mit seinem schönen Renaissanceschloß. Mein Vater machte uns auf diese Dinge aufmerksam, die auch für ihn neu waren und die er selbst mit Begeisterung aufnahm. Das hatte er bei ähnlichen Gelegenheiten auch in Österreich getan oder im Juli 1914 in Holland; aber jetzt begriff ich zum ersten Mal den Sinn seiner Worte.

Das Ende und der Höhepunkt dieser Reise war eine Fahrt nach Rothenburg selbst, von dem ich schon Bilder in Büchern über alte deutsche Städte gesehen hatte. Meine Erwartungen waren so hochgespannt, daß ich sogar ein wenig enttäuscht war, wenngleich ich es mir nicht eingestand. Die Stadt ist noch immer vollständig von ihren alten Mauern umgeben, und die Doppeltore der Stadt sind alle noch intakt. Sie liegt auf einem Berg und überschaut das Taubertal, das hier besonders grün und malerisch ist. Aber Rothenburg ist nicht die alles überragende Erinnerung dieser Reise: Das ist Creglingen. In diesem kleinen Ort, etwa dreißig Kilometer von Rothenburg im Taubertal gelegen, steht eine Kapelle mit einem Riemenschneider-Altar aus hellem Lindenholz. Ich hatte noch nie einen Altar dieser Art gesehen, nicht einmal auf Bildern, und die pure Kunst dieser Holzschnitzarbeit machte mich sprachlos. Hier sah man Maria auf zart geschnitzten Wolken gen Himmel aufsteigen, die überlangen Hände im stillen Gebet gefaltet, den Kopf geneigt; und im Vordergrund knieten die Apostel, mit ihren länglichen deutschen Köpfen und betenden Händen, gekleidet in gotische Gewänder mit scharf konturierten Falten, in einer Kapelle, deren Fenster mit ihrem Maßwerk den Hintergrund zu dieser Himmelfahrtsszene bildeten. Maria stieg zu einem weißen Schaum aus schwingendem Maßwerk empor, das dreidimensional und nicht nur meisterlich geschnitzt, sondern auch von einer Musikalität war, die mich so unerwartet traf wie das Flechtwerk von Mozarts Orchestermusik.

Nachdem wir aus den Ferien heimgekehrt waren, begann ich, illustrierte Bücher über alte deutsche Städte zu lesen, wie zum Beispiel die aus der Reihe der »Blauen Bücher«. Deutschland war auf dem Gebiet derartiger Publikationen Frankreich und England um einiges voraus. Ich besitze immer noch eine beträchtliche Anzahl dieser Blauen Bücher und zeige sie meinen Studenten. Besonders die Städtebücher waren ausgezeichnet, weil darin solche Rätsel wie das scheinbar freie Wachstum der Stadt im Mittelalter in jener überzeugenden Art und Weise dargestellt und analysiert wurden, die Camillo Sitte eingeführt hatte. Der beste unter den Sitte-Anhängern war Gustav Wolf aus Breslau, und das meiste, was ich gleich nach Mergentheim von Wolf gelernt habe, halte ich noch heute für richtig.

Als ich kurz darauf krank wurde und das Bett hüten mußte, begann ich auf einem großen Tablett Papiermodelle zu basteln, zum Beispiel eine romanische Kirche oder ein Fachwerkhaus wie in Hildesheim. Wenn ich jetzt gefragt wurde, was ich später einmal werden wolle, lautete die Antwort nicht mehr Paläontologe, wie noch in Mergentheim, wo ich viel Zeit damit verbracht hatte, eifrig Fossilien aus Steinen herauszuklopfen. Ich wollte ein »Baumeister gotischer Kirchen« sein und hielt nach ihnen Ausschau, wo immer ich sie finden konnte, oder nach allem, das ihnen entfernt ähnlich sah. Was mich an dieser Architektur faszinierte, waren ihre Extreme, wie sie in Köln verkörpert sind: das höchste Gewölbe in der längsten Perspektive. Ich ging so weit, die Hohlräume zwischen den gekrümmten Lamellen der Heizung in unserem Zimmer zu betrachten und mir vorzustellen, es sei ein besonders langes und extrem hoch aufragendes Mittelschiff.

Bevor der Krieg in sein letztes Jahr eintrat, war ich mit Musik, Landschaft, Kunst, Architektur und Geschichte in Berührung gekommen. Sie alle blieben für mich lebenslange Interessen.

KAPITEL 6

Ende der Kindheit

Wie bei allen Dingen, die ich anfing, war vorauszusehen, daß ich mich auch mit meinen Häusermodellen schwertun würde. Als ich nach kurzer Krankheit das Bett wieder verlassen durfte, entwarf ich sogleich ein viel ehrgeizigeres Projekt, ein zweistöckiges, quadratisches Haus mit einem spitz zulaufenden Mansardendach, einer umlaufenden Galerie und vorspringenden Erkerfenstern an allen vier Ecken. Es sollte nicht nur mit Bleistift vorgezeichnet, sondern auch ausgemalt werden. Diese Aufgabe war für mich allemal noch zu bewältigen und wurde auch ausgeführt, aber mir schwebte noch Anspruchsvolleres vor. Mein Plan sah ein vollkommen symmetrisches Haus mit nur einer Halle vor, die sich über beide Stockwerke erstreckte und den Mittelpunkt des Hauses bildete. Das Dach war abnehmbar, und nun machte ich mich daran, nicht nur die Zwischenwände und die Treppe meines Entwurfs aus Papier zu bauen, sondern außerdem die Kassettendecke der Halle, die komplett holzgetäfelt sein sollte, auf die Unterseite der Dachpyramide aufzumalen. Auch das war noch nicht genug, und ich begann, die einzelnen Möbelstücke zu malen und auszuschneiden und Betten, Tische und Stühle in die verschiedenen Zimmer zu kleben. Das Haus besaß nur eine Grundfläche von fünfzig Quadratzentimetern und war nur etwa zwanzig Zentimeter hoch, was das Ganze zu einer ziemlichen Fitzelei machte.

Für den Garten hatte ich schon vorausgeplant und ein Fundament aus Pappe ausgeschnitten mit einer Vertiefung für den rechteckigen Teich, hinter dem ein kleines Gebäude stehen sollte, das

Atelier meines Vaters. Mein Vater hatte oft gesagt, es sei nicht günstig, seine Werkstatt im Hause zu haben. Man sei zu leicht ansprechbar. Nach den endlosen Telefonaten mit Tante Martha oder Onkel Paul über den gemeinsamen Grundbesitz, den Onkel Paul verwaltete, war meine Mutter meistens sehr aufgebracht und rief: »Moritz! Komm doch! Hör dir das an! Ist es nicht abscheulich, wie Paul schon wieder ...« und so weiter. Und mein Vater, der nun einmal nicht der Brötchenverdiener der Familie war, hatte dann keine andere Wahl, als sich von seinem Gemälde loszureißen und die lästigen Sorgen und Familienstreitigkeiten mit ihr zu besprechen. Nein, hatte er gesagt, stell das Atelier nicht allzuweit weg, aber doch wenigstens ans andere Ende des Gartens. Bis eine Ehefrau dorthin vordringt, hat sich ihr Zorn vielleicht ein wenig abgekühlt, und außerdem findet sie es vielleicht zu umständlich, jedesmal ins Freie laufen zu müssen, wenn sie ihren Mann sprechen will. Daher sollte das Atelier ein gesondertes Haus sein und der Garten dementsprechend angelegt werden. Aber wie sollte ich die Bäume machen, wie den Teich bauen, wie das große und das kleine Haus mit all den vielen erforderlichen Betten und Stühlen ausstatten? Das alles begann mir genauso über den Kopf zu wachsen wie schon bei meiner Muschel- und Fossiliensammlung, und auch meine Reaktion war dieselbe: Anstatt das Problem mit der notwendigen Geduld und Energie anzupacken oder aber mein Vorhaben komplett aufzugeben, ließ ich das Ganze in der Schwebe. Mein Gewissen sagte mir, daß ich jeden Tag ein kleines bißchen an dem Haus arbeiten sollte, nulla dies sine linea, aber das Ding hatte begonnen, mir Angst einzujagen. Ich erwartete von mir selbst nichts Geringeres als Perfektion und fürchtete mich vor meiner eigenen Enttäuschung, falls ich diese Perfektion nicht erreichen würde. Am Ende hatte ich schlicht Angst vor dem erforderlichen Aufwand, war aber nicht skrupellos genug, das verstaubte Fragment einfach wegzuschmeißen. Ich entsinne mich, daß es sich noch in meinem Besitz befand, als wir zehn Jahre später umzogen, und ich es erst dann mit einem Achselzucken in den

Mülleimer beförderte. Ich tat aber etwas, was unter diesen Umständen nicht unklug war: Ich machte Urlaub von dem Hausprojekt und begann, weniger ambitionierte Modelle von Bauernhäusern zu bauen, die ich sorgfältig aus Büchern oder meinen eigenen Reiseskizzen maßstabsgetreu übertrug und die relativ schnell fertigzustellen waren, so daß sie auch tatsächlich sehr gut gelangen. Aber ich irrte mich, wenn ich erwartet hatte, daß mir diese Erfolgserlebnisse das nötige Selbstvertrauen einflößen würden, mich wieder an mein Haus heranzuwagen.

Der Winter des Jahres 1917/18 war nicht so streng wie der Kohlrübenwinter. Im Osten hatte der Krieg ein siegreiches Ende genommen, und aus der Ukraine kam Getreide ins Land. Wir waren nun ziemlich zuversichtlich, daß Deutschland mit einer letzten, entscheidenden Anstrengung im Frühling die Westfront wieder in Bewegung bringen und den endgültigen Sieg erringen würde. Im Zuge der Vorbereitungen für diese letzte Kraftprobe wurde Karl »k.v.«, »kriegsverwendungsfähig«, geschrieben und fuhr wieder nach Frankreich. Er hatte das Pech, zu einer Eliteeinheit zu gehören, und landete bald darauf in dem Gebiet, wo die letzten Schlachten des Krieges geschlagen wurden. Tatsächlich bewirkte ein Brief, den er am neunten Juni aus dem Abschnitt Montdidier schrieb, daß mir zum ersten Mal Zweifel an jenem Sieg kamen, den ich so sicher erwartete. Wie dieser Brief je die strenge Feldpostzensur passieren konnte, ist mir bis heute ein Rätsel. Karl berichtete darin, daß er weit nach vorn auf Beobachtungsposten geschickt worden war, wo er sich, wie er es zu meiner Bestürzung ganz offen ausdrückte, »inmitten unserer auf allen Seiten zurückströmenden Infanterie« befand. Als er zu seiner Batterie zurückkehrte, mußte er feststellen, daß sie vollkommen ausgelöscht worden war. Im Grunde hatte er Glück gehabt, zu diesem Zeitpunkt in einer vorgeschobenen Stellung gelegen zu haben; aber der Anblick seiner toten Kameraden zerstörte vorübergehend sein mühsam wiedergewonnenes seelisches Gleichgewicht, und so mußte er diesen Brief schreiben, in dem sich der ganze Schrecken offenbarte. Mein Vater nahm den Brief entgegen, las ihn und zeigte ihn nur Ludwig und mir, enthielt ihn aber meiner Mutter vor, genauso wie er einige Monate später die Zeitung »verlegte«, in der ein französischer Bericht über die Schlacht von Albert abgedruckt war, der die Menschen in der Heimat auf Schlimmeres vorbereiten sollte und in dem es hieß, daß die vorderen Stellungen der deutschen Front durchstoßen, die Artilleriestellungen erreicht und die Geschützmannschaften getötet worden waren. Meine Mutter mag vermutet haben, daß die Zeitung nicht zufällig verschwunden war, aber sie zog es vor, die Notlüge nicht anzuzweifeln; und wenn sie nicht in der Nähe war, lief mein Vater mit umwölkter Stirn unruhig im Zimmer auf und ab, mit einem so fürchterlich besorgten Gesichtsausdruck, wie ich ihn weder vorher noch später je bei ihm gesehen habe.

Karl war jedoch in Sicherheit. Tatsächlich hatte er sich mitten im Geschehen befunden, war aber unverletzt davongekommen. Bald darauf wurde ihm gewährt, was man ihm 1916 verweigert hatte. Man schickte ihn zur Offiziersausbildung nach Hagenau im Elsaß, das einigermaßen weit hinter der Front lag. Er durfte uns sogar seinen Aufenthaltsort nennen. Mit Erleichterung, neuem Mut und Befriedigung registrierte Karl, daß er, nunmehr zwei Jahre älter, in der Lage gewesen war, die noch schlimmeren Erfahrungen von 1918 durchzustehen, ohne einen weiteren Nervenzusammenbruch zu erleiden. Am neunten November sollte er sein Offizierspatent erhalten. Aber wie sich herausstellte, ereignete sich an diesem Tag etwas anderes.

Meine eigenen Reaktionen auf die Ereignisse des Sommers 1918 entsprachen wahrscheinlich denen der meisten Menschen in der Heimat. Ich empfand die Schlacht von Albert als ärgerlich, da sie unseren Vormarsch unterbrach, was ja auch der Fall war. Jetzt würden wir alles noch mal von vorn machen müssen, dachte ich. Später, als in der Kriegsberichterstattung Ortsnamen auftauchten, die wir seit 1914 nicht mehr gehört hatten, begann ich mich ernsthaft zu wundern. Ich entsinne mich, wie mein Vater die Lage in

Antwerpen mit dem wütenden und mißmutigen Ausruf kommentierte: »Antwerpen? Aber das werden wir ja wohl nicht aufgeben?« Das war, als man mich schon wieder wegen einer Krankheit ins Bett gesteckt hatte, und zwar für die längste Zeit meines Lebens. Zu Beginn des Herbstes hatte ich eine schwere Gelbsucht bekommen und mußte bis in die ersten Novembertage hinein das Bett hüten. Ich weiß noch, daß ich an meinem Geburtstag, dem vierten November, wieder die Schule besuchte. Fünf Tage später war es mit der Schule schon wieder vorbei, für mich wie für alle anderen. Die Revolution war ausgebrochen, der Kaiser nach Holland geflohen und der Waffenstillstand in einem Eisenbahnwaggon in einem Wäldchen nahe Rethondes unterzeichnet worden.

Ludwig, der mit mir an einem milden, sonnigen Novembersonntag in Richtung Kadettenanstalt lief, schüttelte den Kopf und faßte die Lage zusammen: »So etwas«, sagte er, »ist seit 1848 nicht mehr vorgekommen.« Es war eine ebenso eklatante Untertreibung wie das Wort Ludwigs XVI. von der »véritable revolte«, als die Bastille fiel. Keiner der beiden Ludwige hatte begriffen, daß die alte, gottgegebene Ordnung gestürzt worden war und nie mehr wiederkehren sollte.

Es war ein merkwürdiges Zusammentreffen, daß auch »meine Ordnung« gestürzt wurde. Ich hatte Karl bei seinem letzten Wochenendurlaub aus Dresden sagen hören, »Julchen« habe nun das Alter erreicht, in dem er bald »menschlich« werden würde. Es war nicht der einzige Hinweis gewesen, daß mir etwas Neues und Gewaltiges bevorstand. Ludwig war einige Jahre zuvor in den Stimmbruch gekommen, was wir zu dem Zeitpunkt alle sehr komisch fanden. Darüber hinaus bekam ich mit, wie er manchmal mitten in der Nacht sein Laken sauberwischte und mir befahl, wegzuschauen. Warum wir in unserem Alter in einem Haus, das so groß war wie das unsere, noch nicht getrennt worden waren, weiß ich nicht; aber Ludwig war verschlossen, was diese Erfahrungen betraf, und teilte mir nur mit, es sei etwas, was ich nicht verstehen würde. Was mit ihm geschehe, sei, »daß sich auf bestimmten Nerven etwas bewegt«. Ich ließ es dabei bewenden. Man hatte mich erzogen, unhinterfragt zu akzeptieren, daß es im Leben älterer Menschen Dinge gab, die »ich noch nicht verstehen« konnte.

Gleichwohl machte mich Ludwig zu seinem Vertrauten in einer Sache, die ich in der Tat noch nicht verstehen konnte. Eines Tages, als er fünfzehn war, kam er nach Hause und teilte mir in einer Weise mit, die keinen Widerspruch duldete, er habe gerade das schönste Mädchen auf Erden gesehen. Ihr Name sei Lieschen, und er wolle sie mir bald zeigen. Lieschen hätte das häßlichste Mädchen auf Erden sein können, ich hätte trotzdem ihre herausragende Schönheit auf Ludwigs Wort hin anerkannt. Deshalb war ich vollkommen seiner Meinung, als ich sie dann zu sehen bekam, und begann, seine erste Liebe mit ihm mitzuerleben. Ludwig hatte natürlich kein Glück bei ihr. Ein sehr oberflächlicher, aber recht hübscher Junge in seiner Klasse wurde von Lieschen bevorzugt, und ich knirschte buchstäblich mit den Zähnen in meinem wütenden Haß auf diesen Kerl, der Ludwig im Wege stand. Ich machte es mir sogar zur Gewohnheit, auf der Straße, wo Lieschen wohnte, auf- und abzugehen, und wenn ich einen Blick auf sie erhaschte, entbrannte ich in heftiger Erregung, nicht anders, als es Ludwig ergangen wäre. Ich hatte Tagträume, mein Modellhaus fertigzustellen und es Lieschen als höchstes Opfer darzubringen. Einmal wurde ich ihr sogar von Ludwig vorgestellt, und einen kurzen Moment lang nahm sie meine Hand und hielt sie in ihrer, sehr zarten, Mädchenhand. Lieschen war hübsch und äußerst feminin, eins von sieben Mädchen einer Familie, in der es nur einen Jungen gab, und der sah noch mehr wie ein Mädchen aus als einige seiner Schwestern. Ludwig selbst ging an diese Liebe nicht weniger romantisch heran als sein kleiner Bruder. Auch er wollte eine außergewöhnliche, schwere Aufgabe für seine Dulzinea bestehen, wobei der Unterschied darin bestand, daß er es auch wirklich tat. Er spielte Geige und hatte ein Musikstück eingeübt, das seine Möglichkeiten weit überstieg, die Partita g-Moll für Violinsolo von Bach. Er rang mit dieser extrem schwierigen Sonate und meisterte sie schließlich. Lieschen hatte entschieden etwas bei ihm bewirkt, und seine im späteren Leben bewundernswerte Fähigkeit, gewaltige Mühen auf sich zu nehmen, hatte ihren Ursprung in dieser frühen Liebschaft.

Was Ludwig im letzten Kriegsjahr auch lernte, war, harte körperliche Arbeit zu leisten. Im Herbst 1917 wurden Fünfzehnjährige, die sich freiwillig meldeten, rekrutiert, um bei der Kartoffelernte zu helfen. Ludwig kam nach Grano, einem Gutshof nicht weit von Berlin, wo er unter heroischen Anstrengungen ackerte. Auf dem Gut gab es russische Kriegsgefangene, die er mißtrauisch beäugte, bis ihm einer dieser blonden Riesen eines kalten Tages seinen Mantel über die Schulter legte. Ludwig war das peinlich, doch dankte er seinem Feind. Allerdings wollte er von ihm wissen, ob er, der Russe, jemals in der Schlacht sein Gewehr abgefeuert hätte, denn er scheute davor zurück, die Gefälligkeit eines Mannes anzunehmen, dessen Hände mit deutschem Blut besudelt waren. »Schießen?« rief der Russe lachend aus, »nicht so dumm! Danach: muß Gewehr saubermachen!« Ludwig war beruhigt und fand diese Russen ziemlich großartig. Ihre Fürsorglichkeit gegenüber den »armen Jungen«, ihr ruhiger und beständiger Einsatz, ihre derbe Sprache und russischen Flüche, kurzum, ihre rauhe und mitfühlende Menschlichkeit beeindruckten ihn enorm. Er war kein Junge mehr, als er von Grano zurückkam.

Im Sommer 1918 kehrte er dorthin zurück, während der Rest der Familie die Ferien in einem kleinen Kurort im Riesengebirge verbrachte. Diese Landschaft ist ganz bezaubernd. Ich las Mozarts Briefe und unternahm lange Spaziergänge mit meinem Vater, der wie immer auf Reisen bester Laune war und mir beibrachte, die Stimmen der Singvögel zu unterscheiden, während er verzückt unter einem großen Baum stand und dem Gesang eines Fliegenschnäppers lauschte. Wir stiegen zusammen auf hohe Berge, die sich hinter den Felsbrocken eines Bergbaches erhoben, oder skizzierten besonders schöne Bauernhäuser in einem nahe gelegenen Weiler. Ludwig hatte geschrieben, daß seine Zeit in Grano um sei und er in der letzten Ferienwoche zu uns stoßen würde. Mein Vater und ich gingen los, um ihn von der etwa zehn Kilometer entfernten Bahnstation abzuholen, und diesen Spaziergang nutzte mein Vater, um mich aufzuklären. Ich war vollkommen unbedarft und hatte nicht einmal eine Vorstellung davon, wie eine Frau beschaffen war. Bis kurze Zeit zuvor hatte ich noch geglaubt, daß ihre Beine erst unterhalb des Rocksaums begännen, worüber ich erst eines Besseren belehrt wurde, als ich einmal unserem Kindermädchen zusah, wie es sich in meiner Gegenwart auskleidete. Dabei hatte ich ihre voluminösen weißen, durchbrochenen und spitzenverzierten Unterhosen erblickt, die ihr bis unters Knie reichten. Vater begann also, von Hähnen und Hennen zu sprechen, aber bevor er zur menschlichen Spezies übergehen konnte, hatten wir schon den Bahnhof erreicht, und dort stand Ludwig, mit einem schweren Rucksack auf dem Rücken. Er roch nach Wolle, Leder und Land, wir umarmten und küßten uns, liefen zusammen zurück und unterhielten uns; aber mich quälte der Verdacht, daß sich die menschlichen Liebenden möglicherweise genauso verhielten wie die Hähne und die Hennen, und während der folgenden Tage und Wochen hielt ich alle Männer und Frauen für dreckige Kreaturen. Der Rest der Aufklärung erfolgte Wochen später in Vaters Atelier, als er mich malte, und er drückte das sehr schön aus, indem er sagte, wenn sich zwei Menschen liebten und einander nahe seien, würden ihre Körper instinktiv zueinanderfinden. Da fiel mir ein Stein vom Herzen. Andererseits erleichterte es mir später nicht, den Geschlechtsakt zu vollziehen, der, zumindest beim ersten Mal, nicht ganz so automatisch erfolgte, wie mein Vater es dargestellt hatte.

Weder diese Aufklärung noch meine stellvertretende Liebe für Lieschen waren der eigentliche Beginn meiner Pubertät. Ich erwartete noch immer, daß sich mir die goldenen Tore des Unbekannten eines Tages öffnen würden und ich jenes Neuland betreten dürfe, wo ich all die wunderbaren Dinge fühlen, lesen und verstehen würde, die Erwachsene fühlten, lasen und verstanden. Was dann wirklich geschah, war etwas ganz anderes. Eines Tages war ich im Zimmer meines Bruders Karl allein, und plötzlich wurde mir bewußt, daß ich meine Zeit bisher vergeudet hatte. All die verschwendete Zeit, dachte ich, während ich im Raum auf und ab lief, all diese Zeit. Und während ich dies dachte, blickte ich auf meine Armbanduhr und stellte fest, daß ich eine weitere Viertelstunde vergeudet hatte. Dies, sagte ich mir, ist unerträglich. Wie konnte ich die Zeit nur wieder aufholen? Ich lief in dem Zimmer umher und dachte daran, wie schrecklich diese Verschwendung sei. Gleichzeitig versuchte ich vor mir abzustreiten, daß überhaupt etwas verschwendet worden sei, bis ich zwei Stunden später zum Mittagessen gerufen wurde. Auf diese Weise begann meine Pubertät. Statt des goldenen Tors zur Freiheit hatte ich eine Bürde entdeckt, die auf mir lastete: Verantwortung für das eigene Leben zu tragen und die Zeit zu nutzen, die einem zur Verfügung steht.

Einen Tag vor Karls Geburtstag am 12. November klopfte es an der Tür, und man hörte das Geräusch schwerer Stiefel. Meine Mutter wagte nicht, die Tür aufzumachen, aus Angst, es könne der erste Bolschewik sein, der sich unserer Villa näherte. Darum lief der Mann zur Hintertür herum, wo er am Fuß der Treppe stehenblieb. Dann erkannte meine Mutter seine Stimme. Es war Karl. Er war in Hagenau von der Revolution überrascht worden, hatte sich aber der Aufforderung des Soldatenrats widersetzt, seine Rangabzeichen von der Uniform zu reißen. Er hatte als der »alte Soldat« zu ihnen gesprochen, der er inzwischen war; trotzdem behielten sie ihn und noch ein paar andere Kadetten im Wartesaal des Bahnhofs unter Bewachung. Dort stand ein Klavier, und Karl begann darauf zu klimpern, bis diese Leute ihn baten, die »Internationale« zu spielen. Er kannte das Lied nicht, aber die Revolutionäre gaben sich auch mit der »Wacht am Rhein« zufrieden. Dann verlangten sie Tanzlieder, und Karl tat ihnen den Gefallen.

Er spielte bis tief in die Nacht und trank mit ihnen Bier, in einer Atmosphäre, die sehr friedlich geworden war. Schließlich sagte er, er müsse auf die Toilette gehen, und schlich sich über Nebengleise zu einem gerade losfahrenden Güterzug.

Jetzt schälte er sich aus einer Uniform, die er drei Tage und Nächte angehabt hatte und die vor Dreck starrte, und nahm ein heißes Bad. Ich saß bei ihm im Badezimmer, und wir unterhielten uns. Mehr als alles andere wollte ich wissen, ob unsere glorreiche Armee wirklich auf dem Schlachtfeld geschlagen worden sei. »Darauf kannst du Gift nehmen«, sagte Karl, »und die Jungs, die es uns am meisten gezeigt haben, waren die Franzosen.« Das fand ich schwer zu schlucken, da es meinem Glauben widersprach. »Nun, Jul«, sagte er, »im Krieg muß immer eine Seite gewinnen. Diesmal war es die andere.« Das klang gefühllos. Er machte es ein wenig wieder gut, indem er hinzufügte: »Was erwartest du? Wenn der andere für jede Salve, die du abfeuerst, zehn abfeuert, dann kann das nur das Ende bedeuten.« Eine überwältigende Übermacht – das war immerhin eine Entschuldigung, aber ich blickte immer noch niedergeschlagen drein. »Weißt du, Jul«, sagte Karl ein wenig bitter, »es sieht fast so aus, als würdest du dich über meine Heimkehr gar nicht freuen. Man könnte meinen, dich interessiert viel mehr, daß wir den Krieg verloren haben.« Ich bestritt das; aber ich fürchte, er hatte recht.

Es war ein ausgesprochen düsterer Winter. Karl mußte nach Dresden zurückkehren, um die Waffenlager der Armee vor Plünderungen zu schützen. Er kam erst zu Weihnachten endgültig nach Hause. Mein Vater trat in die Bürgerwehr ein; er ging nachts mit einem Gewehr aus dem Haus und bewachte die Bahndämme vor Bolschewiken. Sporadisch war von Berlin her Maschinengewehrfeuer zu hören. Mürrisch und ressentimentgeladen begann sich Lichterfelde im Schatten der Niederlage mit der unmöglichen Republik des Sattlers Ebert abzufinden. Ich erinnere mich an einen alten Ex-Obersten, der versuchte, in einem eiskalten Zug das Fenster zu schließen; schließlich gab er achselzuckend auf und brummte: »So etwas kann natürlich nur unter dieser Republik passieren.« Die Züge waren kalt, nie geheizt, dreckig und heruntergekommen. In den ersten Monaten des Jahres 1919 kämpften die Kommunisten im Berliner Zeitungsviertel und besetzten vorübergehend alle großen Druckereien, bis sie von Noskes Truppen im Häuserkampf verjagt wurden. Im Frühjahr sah es dann so aus, als säße die Republik fest im Sattel, in Friedrich Eberts Sattel. Nach und nach wurde mir klar, daß es keine Rückkehr zum normalen Leben mehr geben würde, daß in diesem Herbst des Jahres 1918 all das aufgehört hatte, was wir als unbestrittene, ewige Besitztümer zu betrachten uns angewöhnt hatten, daß unser Leben fortan von den Schrecken des Krieges, die wir gerade erst zu verstehen begannen, befleckt sein würde, und von der Niederlage. Ich begriff, daß auch meine Kindheit zu Ende gegangen war.

KAPITEL 7

Zionistische Wandervögel

Am ersten Tag der Osterferien 1919 begann ich, mein Drama »Robespierre« zu schreiben. Als ich Karl das fast vollendete Werk zeigte, gab er seiner Enttäuschung Ausdruck: »Hier haben wir einen Mann, unter dessen Blick das Blut in den Adern seiner potentiellen Opfer gefriert, und du läßt ihn als farblose, introvertierte Figur auftreten.« Zwar hatte Robespierre nichts von einem Mussolini oder Stalin an sich; trotzdem, so blaß und in sich gekehrt wie in meiner Darstellung war er auch wieder nicht. Daß das Stück als solches ohne Wert war, versteht sich von selbst. Ich hatte zum damaligen Zeitpunkt nur Schillers ein wenig gestelzte Dramen gelesen oder Werke wie Goethes »Egmont«, und meine eigenen Massenszenen mit »erster Bürger, zweiter Bürger, dritter Bürger« waren noch weniger überzeugend als die des jungen Goethe. Die Persönlichkeit meines Robespierre hatte ich allerdings mit einem bezeichnenden Kunstgriff sichtbar gemacht, indem ich ihn bei seinem ersten Auftritt einen entlarvenden und in dramatischer Hinsicht ziemlich überflüssigen Monolog sprechen ließ. Robespierre beklagt sich, daß er keine Genugtuung darüber empfinde, auf der Höhe seiner Macht und Popularität zu stehen; ja, ihm fehle überhaupt die Kraft zu starken Gefühlen. Als Kind habe seine Mutter einmal versucht, ihn zu küssen, aber er sei vor ihr zurückgewichen – ich hatte vergessen, daß der echte Robespierre seine Mutter nie gekannt hat. Als seine Eltern einst von einer Reise zurückkehrten und seine Geschwister sie leidenschaftlich begrüßten, habe er, Maximilien, es ihnen äußerlich gleichgetan, aber nicht das Geringste dabei empfunden. Doch sei es nicht so, fragte sich Robespierre zum Schluß dieses Selbstporträts von Julius Robesposener, daß der Mann, der von Natur aus unzufrieden und mit sich selbst nicht im reinen ist, genau der richtige ist, um seine Mitmenschen gewaltsam zu retten, nämlich dank seines Verständnisses für das Unglücklichsein?

Der Verdacht, ich sei nicht in der Lage, irgend etwas stark zu empfinden, brütete schon länger in mir. Wie sich in meinem Robespierre-Monolog offenbarte, verfestigte sich dieser Verdacht durch konkrete Beobachtungen, durch den Vergleich mit anderen, und war möglicherweise dadurch sogar erst aufgekommen. Bekundungen gegenseitiger Liebe wurden in der Familie Posener sehr gepflegt, und obwohl sie aufrichtig empfunden waren, denn wir liebten einander wirklich sehr, wirkten sie auf mich irgendwie übertrieben. Als Kind war mir das nicht bewußt, und ich versuchte, diesen gängigen Beteuerungen gerecht zu werden, aber es wollte mir nicht recht gelingen. Manchmal dachte ich darüber nach, was ich wohl beim Tod meines Vaters oder meiner Mutter fühlen würde, und was mich dabei am meisten ängstigte, war der uneingestandene Gedanke, daß es vielleicht gar nicht sehr viel sein würde.

Ludwig war da vollkommen anders: Er besaß starke Gefühle und zeigte sie auch, und er ließ allen Erfahrungen, die er in den verschiedenen Phasen seines zweieinhalb Jahre älteren Lebens durchmachte, mir gegenüber, seinem kleinen Bruder und engsten Kameraden, freien Lauf. Ludwig war lebendig, direkt und, wenn er in sich hineinhorchte, ganz bestimmt keiner, dessen natürlicher Hang zur Entschlossenheit »von des Gedankens Blässe angekränkelt« war. Genau das traf jedoch auf mich zu, und ein Freund der Familie bemerkte einmal über ein Gemälde, das mein Vater von mir angefertigt hatte, als ich sieben war: »Hamlet als Kind.« Ludwig ist der beste Freund und stärkste Einfluß meines Lebens; zugleich war er wahrscheinlich nie der bestmögliche Kamerad für mich. Er benutzte mich, naiv und etwas skrupellos, als Projektionsfläche seiner eigenen Erfahrungen, die reifer waren als die meinen. Er kam nach Hause und sagte: Ich habe das schönste Mädchen auf der ganzen Welt gesehen, und folglich war es das schönste Mädchen. Er hatte ein Buch gelesen und berichtete mir ausführlich davon, so daß das Buch, noch bevor ich es aufschlug, Ludwigs Stempel trug. Er, der geborene Lehrer, erzog seinen kleinen Bruder von früh auf und gestand unserem Vater einmal, daß er mich gern schikanierte, weil »Julchen so süß aussieht, wenn er weint«; und ich neigte sehr zum Weinen. In frühester Kindheit hatte ich ihn einmal so heftig in die Wange gebissen, daß Blut floß. Es war der erste Ausdruck eines lebenslangen, liebevollen Zwists.

Auch auf Ludwigs Seite war es ein liebevoller Zwist. Es hört sich vielleicht seltsam an, aber als wir vor zwei Jahren zusammen aus meiner Londoner Wohnung traten und einen Spaziergang machen wollten, glaubte Ludwig durchaus mir sagen zu müssen: »Und nun, Julius, Brust raus! Geh gerade!« Da war ich ein Junge von fünfzig Jahren, verheiratet und Vater zweier Kinder. Aber Ludwig konnte nicht anders. Seit jeher konnte er sich maßlos ärgern über meine Trägheit, meine Verträumtheit, meine Art, leicht gekränkt zu sein, meine mangelnde Zielstrebigkeit, meine Sentimentalität und meinen Exhibitionismus. Trotz alledem liebte er mich und bewunderte mich für das, was er meine Begabungen nannte, wobei er gleichzeitig beklagte, wie wenig ich daraus gemacht hätte, und in gewisser Weise auch meinen Charakter, dessen Schwachen ihm aber stets bewußt waren. Er wollte einen echten Posener aus mir machen und war frustriert, wenn er feststellen mußte, daß der Ton, den er knetete, zu weich war, um die gewünschte Form zu halten. Sein Altersvorsprung verlieh ihm eine natürliche Überlegenheit, und er hat offensichtlich bis heute nicht vergessen, daß er der ältere Bruder ist. Erst jetzt, da ich mit einem Mädchen verheiratet bin, das jung genug ist, meine Tochter zu sein, und der meine spezielle Art der Bildung fehlt, wird mir klar, wie irritierend das Leben mit einem Menschen sein kann, der sich weigert, die eigenen Werte anzuerkennen und sich der prägenden Form anzupassen. Ich spüre in solchen Momenten, wie ich Ludwigs Art übernehme, ja sogar seine Stimme, wenn ich mit ihr streite.

Für mich war die Anerkennung meines Bruders stets von entscheidender Wichtigkeit. In dieser Hinsicht hat Ludwig nach langen und oft bitteren Erfahrungen gelernt, taktvoll zu sein; aber die ihm eigene Ehrlichkeit macht es ihm unmöglich, durchgehend Rücksicht walten zu lassen, und wann immer die Maske fällt und ich einen Moment lang merke, daß ich nicht gutgeheißen werde, schmerzt mich das und nagt noch lange Zeit, manchmal Jahre, an mir. Daß diese Situation, für die es keine Lösung geben kann und die bis an unser Lebensende bestehen wird, nicht zu dem üblichen offenen Bruderzwist geführt hat, liegt an der Familienreligion der Poseners. Mein Vater hatte besonders nach seiner Heirat unter dem unbefriedigenden Verhältnis zu seinen Brüdern und seiner Schwester gelitten, und versuchte uns eindringlich zu vermitteln, daß wir einander immer lieben sollten, was wir auch taten. Dafür sorgte die Familie, die beide Elternteile zu einem Kunstwerk ausgestaltet hatten. Die Familie wurde bei uns fast kultisch verehrt und verlieh uns Wurzeln und einen Hintergrund, mit einem Wort, Sicherheit, die uns nie verließ. Wie die Söhne der Aristokratie waren wir gegen alle Wechselfälle des Lebens durch die Gewißheit gefeit, daß wir, komme, was da wolle, Poseners waren.

Vielleicht hat die Tatsache, der jüngste Bruder zu sein, etwas damit zu tun, daß ich mir in Hans Kubierschky einen Freund suchte, der jünger war als ich. Nur benutzte ich, zumindest zum damaligen Zeitpunkt, Hans nicht, um ihm von meinen eigenen Interessen und Erfahrungen zu erzählen, wie Ludwig das bei mir machte; ich erzählte ihm zum Beispiel nicht von Robespierre, sondern kam ihm bereitwillig auf seinem Niveau entgegen, wenn wir mit unseren Zinnsoldaten spielten, ich ihm bei seinen Laubsägearbeiten half, wir zusammen Fahrrad fuhren, in unserem oder seinem Garten spielten, kurzum, wenn ich mich wieder in meine verlorene Kindheit stürzte. Ich habe nie genau herausgefunden, warum ich mich zu Hans so hingezogen fühlte. Ich nehme an, es war einfach Zuneigung und nicht viel mehr. Für mich war Hans der letzte Vertreter der Kindheit, ein Kamerad, bei dem ich mich von den Verwirrungen meines eigenen Lebens erholen konnte. Doch es kam noch ein weiterer Aspekt hinzu: die Bewunderung des Juden für die schönste und liebenswürdigste Verkörperung der arischen Rasse. Hans, so schien mir, war ganz aus einem Guß, obgleich ich später herausfand, daß ich ihn in diesem Punkt falsch eingeschätzt hatte: Als ich ihm zu seinem Geburtstag einmal »Tonio Kröger« schenkte, lag das Buch eine Woche später wieder auf meinem Schreibtisch mit dem Vermerk: »Das bin ich.« Das fand ich seltsam. Denn *ich* war Tonio, das Mischwesen, mit seiner Liebe für die unerreichbare, reine blonde Art des Menschentums, und Hans, für mich, deren Verkörperung.

Da wir in Lichterfelde lebten, konnte es nicht ausbleiben, daß man uns unser Jüdischsein schmerzlich spüren ließ. Wir Posener-Kinder waren, fast die ganze Zeit über, die einzigen Juden in unseren jeweiligen Schulklassen und empfanden deutlich, daß die anderen Jungen sich von uns unterschieden. Unsere Eltern sagten uns, diese Andersartigkeit lasse sich leicht damit erklären, daß Juden aufgrund ihrer südlichen Herkunft früher entwickelt und, da sie zu einer Gemeinschaft gehörten, die seit Jahrtausenden die härteste intellektuelle Schulung genossen hatte, aufgeweckter, verstandiger und intellektueller seien als die dummen Blonden, die uns umgaben. Wir akzeptierten dieses Argument und fanden es bestätigt. Mit der Liebe zu den Blonden ging eine leichte Verachtung ihrer Dummheit einher. Der Antisemitismus war uns in seiner gröbsten und daher harmlosesten Form begegnet, wenn wir auf der Straße von Jungen wie besagtem Winter angepöbelt wurden. Uns war auch der Mangel an Privilegien bekannt, den Juden unter dem Kaiserreich hinnehmen mußten. Mein Onkel Paul beispielsweise hatte versucht, ordentlicher Professor zu werden, aber kein Jude konnte Ordinarius werden, allenfalls Privatdozent. Mein Bruder Karl war auf Grund seiner Schulbildung und Klassenherkunft zum Offizier prädestiniert, aber Juden erhielten kein Offizierspatent, mit Ausnahme einer sehr kleinen Zahl von außergewöhnlich tapferen und tüchtigen Soldaten. In beiden Fällen war die Abfuhr unmißverständlich erteilt worden. Mit der Republik kam eine neue Form des Antisemitismus auf: der politische Antisemitismus. Die Republik wurde »Judenrepublik« genannt, obwohl nicht ein einziger Jude in der Regierung saß. Aber der Sozialismus war »jüdisch«, der Kommunismus war »jüdisch«, und die Juden hatten der im Felde unbesiegten deutschen Armee das Messer in den Rücken gerammt. Ungefähr um diese Zeit, wahrscheinlich sogar etwas früher, schon während des Krieges, hörten wir zum ersten Mal vom Zionismus.

Mein Vetter Hans, der Bruder von Julius Oppenheim und Sohn des alten Paul, war ein kräftiger und etwas wortkarger Junge, der in seinem Habitus mehr einem Russen als einem Juden ähnelte. In der Schule pflegte er ungezwungenen Kontakt zu den Lichterfelder Jungen, von denen viele adlig waren. Daher überraschte es ihn zu erfahren, daß er der einzige Klassenkamerad war, den sein Freund von Kreyenberg nicht zu seinem fünfzehnten Geburtstag eingeladen hatte. Ohne Umschweife, wie es seine Art war, stellte er ihn am Morgen nach der Feier zur Rede, woraufhin Kreyenberg verlegen erwiderte, da von Itzenplitz und von Werthershausen anwesend gewesen seien, habe er, Hans, sicherlich Verständnis dafür, daß ein Hans Oppenheim nicht ganz passend gewesen wäre. Obwohl Hans ansonsten stets bereit war, einem antisemitischen Jungen den Schädel einzuschlagen, machte er in diesem Fall nur auf dem Absatz kehrt und wurde Zionist. Er schloß sich der jungen zionistischen Jugendbewegung an, die dem deutschen »Wandervogel« sehr ähnelte und genau wie dieser organisiert war. Meine erste Begegnung mit dem Zionismus bestand in einem Sonntagsausflug mit der Gruppe von Hans. Ludwig und ich waren beide eingeladen worden, und unser Vetter hätte es bestimmt gern gesehen, wenn wir richtige Mitglieder geworden wären. Wir liefen flotten Schritts, ja eigentlich marschierend, durch den Grunewald und schlugen am Strand der Havel unser Lager auf. Dort legten gerade ein paar Angler mit ihrem Boot an, und als sie uns am Strand erblickten, machten sie gewisse Bemerkungen. Hans, der stark wie ein Bär war und leicht in Zorn geriet, legte sich mit ihnen an, und obwohl sie zwei gegen einen waren und ihn mit ihren Rudern schlugen, verdrosch er den einen Kerl so gründlich, daß der sich blutend und zähnespuckend fortstahl, während der andere sich ergab. Hans kehrte unversehrt zurück und sagte achselzuckend: »Soviel dazu.« Im Jahr zuvor hatte einer seiner Klassenkameraden eine ähnlich abfällige Äußerung gemacht und am nächsten Tag der Schule fernbleiben müssen. Der Brief, den der Vater des Jungen an die Schule schrieb, wurde im Klassenzimmer verlesen, und Hans mußte sich erheben und ihn anhören. Der Junge hatte eine gebrochene Nase und eine schwere Gehirnerschütterung davongetragen. Hans schwieg. Der Lehrer fragte ihn verärgert: »Oppenheim, haben Sie nichts dazu zu sagen, Sie Rüpel? Sie hätten ihn fast umgebracht!« – »Ich bereue nur eins«, erwiderte Hans, »daß ich ihn *nicht* umgebracht habe.« Auf mich hatte die zügellose Gewalt bei dem Vorfall an der Havel abschreckend gewirkt. Ludwig ging noch kurze Zeit zu den Treffen der Gruppe mit, gab es schließlich aber auch auf. Heinz Oppenheimer, ein anderer Vetter, der genauso stark und aus einem Guß war wie Hans, nahm ebenfalls einmal teil, machte sich danach allerdings über das Ganze lustig, indem er den Gruß »Schalom« der zionistischen Jugend zu »Schalom Widebom« oder »Schalom sur Marne« veralberte. »Zionismus?« sagte er. »Lächerlicher Quatsch. Wir sind Deutsche, oder etwa nicht?« In unseren Augen war Hans einfach verrückt.

Ludwig muß in seinem letzten Schuljahr gewesen sein, als er sich der zionistischen Bewegung »Blau-Weiß« doch noch anschloß und Mitglied wurde. Das war ein Akt beträchtlicher Eigenständigkeit und Courage seinerseits, denn es bedeutete einen Bruch nicht nur mit unserer gesamten Tradition des Patriotismus, der darum so tief empfunden war, weil er auf der inbrünstigen Liebe gründete, die gebildete Juden unserer Klasse für die deutsche Kultur empfanden; es schuf auch die denkbar stärksten Spannungen mit unserem Vater, der ein Vertreter dieses Kulturpatriotismus war wie kein zweiter. Für Moritz Posener war diese Rückkehr in den Schoß des Judentums ein Schritt zurück. Sein Leben war ein einziger Prozeß der Befreiung aus diesem Schoß des Judentums gewesen, ein Prozeß der umfassenden und erfolgreich vollzogenen Identifizierung mit der deutschen Welt. Wie konnte sein Sohn, ein Liebhaber Johann Sebastian Bachs – den er, Ludwig, seinen Eltern überhaupt erst entdeckt hatte, als er seine Solo-Partituren übte –, der mehr als wir anderen in die deutschesten Ausprägungen deutscher Kultur eingetaucht war, der sich mit Dürer und, etwas später, Kant beschäftigt hatte und ein glühender Verehrer Adolf Buschs war (dessen Stil unsere Mutter »zu blond« fand), wie also konnte ausgerechnet Ludwig das alles aufgeben, in die Wüste gehen, Hebräisch lernen? Mit seinem scharfen Blick für Inkonsequenz und Unaufrichtigkeit erspähte Vater auch bald den größten Schwachpunkt in der Blau-Weiß-Bewegung: daß sie sich vom Wandervogel ableitete und dessen Rituale und Strukturen unhinterfragt übernahm. Hans war zuvor Mitglied im Wandervogel gewesen, und Wandervogel-Literatur wurde bei Blau-Weiß eifrig gelesen. »Da tippelt ihr in Lederhosen durch die deutsche Landschaft und bewundert sie, ja liebt sie sogar innig, bestaunt die alten Schlösser und Kathedralen, singt alte deutsche Landsknechstlieder oder Volkslieder, und das, ausgerechnet das, als passende Vorbereitung, um nach Palästina zu gehen!« pflegte mein Vater zu sagen, was Ludwig zweifellos unangenehm war. Andererseits prägte der Wandervogel das Antlitz jeder Jugendbewegung in Deutschland und stand auch für weitaus mehr als nur den Kult um die altdeutsche Kultur. Er war ja keineswegs eine Pfadfinderorganisation, denn er wurde nie von Erwachsenen geführt. Er stellte im Gegenteil einen Protest gegen das Leben der Erwachsenen dar. Tatsächlich war er eine Art Jugendrepublik von eigenen Gnaden, abseits des bürgerlichen Familienlebens, das in den Reihen des Wandervogels zutiefst verachtet wurde. Aus Sicht der Wandervogel-Jugend war Vater ein dicker Geldsack, Mutter sowieso ein armes Ding, da nur eine Frau, und die Familie eine Plage. Kinder, so war oft in den Diskussionen um das Lagerfeuer oder auf den »Heimabenden« zu hören, die in Hütten abgehalten wurden, welche die Gruppe irgendwo in der Nähe von Berlin erworben hatte, Kinder sollten spätestens im Alter von zehn ihren Eltern weggenommen und von älteren Heranwachsenden der Jugendrepublik unterrichtet werden – da hatte das »Jahrhundert des Kindes« ungeahnte Blüten getrieben. Das Blatt hatte sich gewendet, und das »Jahrhundert der Jugend« wurde ausgerufen.

Internate waren in jener Zeit in Deutschland die große Ausnahme; pubertierende Jungen und siebzehn-, achtzehnjährige Schüler wohnten fast immer noch zu Hause. Zwischen diesen Jugendlichen und ihren Eltern mußten unweigerlich Spannungen auftreten, und dort, wo man wie im Hause der Poseners die Familie zu einer pseudoreligiösen Institution erhoben hatte, war der Konflikt besonders schmerzlich. Denn obgleich Ludwig Mitglied dieses jüdischen Wandervogels war und ihn Schriften wie Platons »Staat«, in dem die Familie aufgelöst wurde, tief beeindruckten, war er genauso tief in seiner speziellen Familie verwurzelt und sich der Qualitäten seiner Eltern genauso lebhaft bewußt wie wir anderen auch. Also versuchte er, die alte mit der neuen Liebe in Einklang zu bringen, was seine Lage besonders schwierig machte. Er vertrat die Meinung, daß im Fall der dicken Geldsäcke das Elternhaus sicherlich mehr schadete, als es guttat, und daß es selbst für geborene Poseners nicht schlecht sei, etwas Abstand zu Vater und Mutter zu gewinnen, ja mitunter gegen sie zu rebellieren. Die Betrübtheit meines Vaters über diese »Geschmacklosigkeit« und sein beständiger Widerspruch machten die Sache für Ludwig nicht leichter.

Die Gründer von Blau-Weiß waren sämtlich Mitglieder des

Wandervogels gewesen, aber als dieser sich einer Politik des Rassismus verschrieb, »völkisch« wurde und seine jüdischen Mitglieder ausschloß, wandten sich die jüdischen Wandervogel-Jungen dem Zionismus zu, ohne jedoch das Lebensgefühl und die Ausdrucksformen der alten Bewegung abzulegen. Dabei hatten sie dem alten Wandervogel etwas voraus, denn ein klares politisches Programm, ein Ziel, das sich von jedem einzelnen Mitglied verwirklichen läßt, indem es sich nämlich aufmacht und seinen Beitrag zum Aufbau des Landes Israel leistet, ist einem recht unspezifischen nationalistischen Glauben überlegen. Im übrigen muß in aller Fairneß gesagt werden, daß die völkischen Tendenzen des Wandervogels, auch wenn sie viel später eine Art vorübergehende Erfüllung im Hitlerreich erfuhren, in der Zeit, von der ich spreche, undeutlich und unausgereift blieben, und als die brutalere und strenger organisierte Jugendbewegung des Nationalsozialismus aufkam, war der Wandervogel bereits eines natürlichen Todes gestorben. Sicherlich ist es möglich, den Weg einzelner Mitglieder vom Wandervogel bis hin zu den verschiedenen Ausprägungen der völkischen Bewegung zu verfolgen, die Vorläufer des Nationalsozialismus waren und teilweise in ihm aufgingen; aber obgleich sich der Wandervogel dem Antisemitismus zuwandte, glaube ich, daß man ihn von jeder unmittelbaren Verantwortung für die spätere Entwicklung freisprechen kann.

Dennoch bleibt die Tatsache bestehen, daß das Führerprinzip, die Philosophie Nietzsches und Platons als Verfasser des »Staats« sowie ein extremer Kult des Deutschtums die Wandervogel-Bewegung tief durchdrungen hatten und über diesen Weg zu ihrer späteren nationalsozialistischen Deformation gelangten. Die Sprache, deren sich diese Jugendlichen auf beiden Seiten, beim Wandervogel und bei Blau-Weiß, bedienten, war altklug, mit philosophischen und pseudophilosophischen Begriffen befrachtet und extrem kritisch gegenüber der vorherrschenden bürgerlichen Lebensweise. Die programmatischen Äußerungen beider Jugendbewegungen beschworen ständig einen gesellschaftlichen Zustand, in dem jede Erscheinung des Lebens wieder von einer einigenden, alles verbindenden Kultur beherrscht würde, was Thomas Mann in seinem »Doktor Faustus« meisterhaft dargestellt hat. Was die jungen Theologiestudenten in diesem Roman auf ihrer Wanderung durch Thüringen diskutieren, bevor sie sich zum Schlafen ins Heu legen, und wie sie es diskutieren, haben auch wir im Heu, am Lagerfeuer oder beim Marschieren diskutiert.

Wenngleich man dieser deutschen Spielart des Zionismus ihren Idealismus, ihre Disziplin und ihre Opferbereitschaft zugute halten muß, kann man leider nicht umhin festzustellen, daß sie hinsichtlich des Kernziels scheiterte. Was der überwiegenden Mehrheit dieser jungen Leute wichtig war, vertrug sich nicht mit Palästina oder dem Leben der Juden dort. Dieser Aspekt wurde bei Blau-Weiß eher vernachlässigt. Den Mitgliedern war es lediglich wichtig, daß man ohne den Schatten eines Zweifels am Zionismus als dem richtigen Prinzip festhielt. Ludwig formulierte es mir gegenüber einmal etwa so: Der Mensch ist, unter anderem, homo politicus. Unsere Eltern wählen »deutsch-demokratisch«, obwohl sie nicht wirklich an das glauben, wofür diese Partei steht. Das ist eine ausgesprochen negative Einstellung. Sie wählen deutsch-demokratisch, weil sie mehr oder weniger liberal sind; aber selbst wenn sie es nicht wären, würden sie diese Partei trotzdem wählen, weil sie sich aktiv gegen den wachsenden Antisemitismus stemmt, ohne sich einer so linken Sache wie dem Sozialismus oder dem Kommunismus zu verschreiben. Mit anderen Worten, unsere Eltern haben ihrer Rolle als homines politici abgeschworen und sich damit abgefunden, in eine Schieflage gedrängt worden zu sein, nämlich als Juden wählen zu müssen, wo sie von Rechts wegen und ohne jede andere Erwägung als Deutsche wählen sollten. Um wieder uneingeschränkt homo politicus werden zu können, jedes Amt annehmen zu können, das einem angeboten wird, um wieder nach seinem Gewissen zu wählen, kurz gesagt, um ein aktives Mitglied seiner *eigenen* Gemeinschaft sein zu können, muß man Zionist sein und nach Palästina gehen.

Ich war sporadisch immer wieder bei Blau-Weiß dabei, und immer wieder auch nicht. Ich war dabei, wenn Ludwigs Einfluß besonders stark war oder wenn ich ein antisemitisches Erlebnis gehabt hatte, ich war nicht dabei, wenn ich beschloß, daß dieses Problem, mit all meinen anderen Problemen, die sich zu häufen begannen, vorübergehend warten könne. Von allen Blau-Weiß-Jungen war ich wahrscheinlich der mit der negativsten Einstellung. Der Zionismus als solcher reizte mich überhaupt nicht. In der Wüste zu leben unter Palmen und Kamelen, das kam mir wie eine Einladung ins Exil vor, wie eine Art Strafe, die man sich selbst um des Prinzips willen auferlegte. Die Sonntagsausflüge waren auch nichts, worauf ich mich freute. Erstens drohten die Anstrengungen, die sie mit sich brachten, meine Kräfte zu übersteigen, und zweitens haßte ich jene Jungen inbrünstig, die sie mit einem Lächeln bewältigten und womöglich nicht älter waren als ich. Natürlich war ich so weit in preußischem Geiste erzogen worden, daß ich mich nicht beklagte, nicht um Wasser bat, wenn ich durstig, oder eine Pause verlangte, wenn ich müde war, wie einige Jungen es taten; trotzdem empfand ich die Wanderungen als eine rücksichtslose Zumutung und eine Qual, die ich gegen meinen Wunsch und nur aus Disziplin erduldete.

Schließlich, und wahrscheinlich war dies das wichtigste, mochte ich die jungen Burschen nicht, mit denen wir unsere Sonntage draußen in der, zugegeben oft sehr schönen, Landschaft und frischen Luft verbrachten, und diese Abneigung war sehr spezifisch, genauer gesagt, antisemitisch. Jüdischer Antisemitismus ist nichts Ungewöhnliches, ja, er ist sogar die Regel. In meinem Fall beruhte er auf echter Erfahrung. Da wir in Lichterfelde lebten, begegneten wir kaum je Juden, die nicht zu unserer Familie gehörten; und wir selbst waren ja keine Juden, sondern die Poseners, die Oppenheims und die Oppenheimers. Wenn ich, was selten genug vorkam, bei einer Familienzusammenkunft einer großen Zahl von alten jüdischen Damen und Herren begegnete, fühlte ich mich eindeutig verloren, fremd und abgestoßen. Die hebräische Sprache in ihrer aschkenasischen Form, die von den Rabbis in der Synagoge gesprochen wurde, in die ich mich während meiner gesamten Kindheit und Jugend nur ein oder zweimal verirrt hatte, klang in meinen Ohren unrein wie sauer Erbrochenes. Diese in schnellem religiösem Gemurmel ausgestoßenen »O«- und »Au«-Laute wirkten extrem unappetitlich auf mich. Und nun befand ich mich in Gesellschaft von Jungen, deren dicke Lippen für meinen Geschmack zu feucht waren, die rauhe Umgangsformen hatten und die arrogant, laut und insgesamt unangenehm waren. Mit ihnen Umgang zu pflegen, konnte ich nur als eine Pflicht ansehen, die man erfüllte, ähnlich wie ein Arzt seine instinktive Abscheu vor den unangenehmen Anblicken und Gerüchen bekämpft, die mit seinem Beruf einhergehen. Aber ich mochte sie nicht. Dies änderte sich natürlich mit der Zeit, und bei näherer Bekanntschaft begann ich eine ganze Reihe von Blau-Weiß-Leuten zu bewundern und sogar sehr gern zu haben, obwohl ich den Typus immer noch nicht leiden konnte. Mein Vater brachte sein ganzes angeborenes Schauspieltalent auf, um diese unliebsamen Eindrücke zu verstärken, und entlarvte gnadenlos, indem er sie nachahmte, sogar einige von Ludwig besonders verehrte Kameraden. Der ärgerte sich sehr darüber, ließ sich davon jedoch nicht von seinem Kurs abbringen. Ein andermal merkte mein Vater mit seinem ausgeprägten Gespür für das Künstliche, daß Ludwig die Sprechweise irgendeines Gruppenleiters übernommen hatte, den er am meisten bewunderte, und ließ es nicht nur Ludwig, sondern auch mich mitkriegen – und verabscheuen. Mein Bruder tat mir leid; aber weiter ging es nicht. Was mich betraf, so bedurfte es keiner großen parodistischen Anstrengungen meines Vaters, um mich zu überzeugen, daß dies wirklich nicht die Art von Jugendlichen war, mit denen ich mich gern umgab. Jeder Sonntagsausflug bestätigte mir doppelt und dreifach mein blondes Ideal, und ich fühlte mich, wenn ich wieder daheim war, geläutert und glücklich in der Gegenwart von Hans. Wenn ich unter irgendeinem Vorwand meine zionistische Pflicht und die

Pflicht, zu Blau-Weiß zu gehören, umgehen konnte, dann tat ich es; und ab 1921 bis kurz vor Hitler machte ich eine lange Pause vom Zionismus und der zionistischen Jugendbewegung. Statt dessen flüchtete ich in meine persönlichen Probleme, bei denen seit Kriegsende die Schule eine große Rolle spielte.

Obwohl ich während meiner Schulzeit immer der zweitbeste in der Klasse war – nie hätte man einem Juden erlaubt, Primus zu sein, nicht einmal Ludwig –, war ich weder ein guter noch ein glücklicher Schüler. Mein Vater nahm meine Zeugnisse gern mit dem Seufzer entgegen: »Wie müssen erst die anderen sein!«, und es war nur halb im Scherz gesagt. Ich konnte mich nicht konzentrieren, und meine Schulbücher weisen immer noch die Krakelspuren meiner Langeweile und die Resultate meiner ausgeklügelten Methoden auf, die endlosen Minuten bis zum Ende der dreiviertelstündigen Unterrichtsstunde zu zählen. Latein war und blieb mir absolut unerträglich, Deutsch – mit Schillers Balladen und Homers schlecht übersetztem Epos – war das zweitschlimmste; Rechnen und Algebra fielen mir insgesamt zu schwer, und selbst Zeichnen, ein Fach, das wir nur zweimal in der Woche hatten, stellte für mich eine fortwährende Geduldsprobe dar. Anstatt die Tatsache zu akzeptieren, daß meine Lehrer, sogar der Idiot von einem Zeichenlehrer, wußten, worauf sie hinauswollten und daß ich einfach nicht besonders gut war, machte ich mir die Ansicht zu eigen, daß die Schule nicht gut geführt würde, die Lehrer Schwachköpfe wären und man mir diese entsetzliche Zeitverschwendung ersparen müsse.

Man hatte uns Poseners zur Arroganz erzogen. Mein Vater besaß eine Art, über anerkannte Fachleute in Kunst, Politik und Erziehung zu sprechen, die erstaunlich überheblich war; und überzeugt, wie wir waren, daß Vater in fast allem recht hatte, akzeptierten wir seine Meinung und machten uns seine Haltung zu eigen. Die Arroganz von uns Kindern war daher weniger das Resultat eigener Erfahrung und eines Überlegenheitsgefühls, sondern das Resultat unseres zuweilen ungesunden Respekts vor unseren Eltern. Vater, so glaubte ich, ist perfekt, und alle anderen sind Idioten, einschließlich meiner Lehrer. Allerdings muß ich einräumen, daß die Schule, in der ich soviel von meiner jungen Zeit verschwenden mußte, durchaus auch Kritik verdiente. Vor dem Krieg war sie eine gute Schule gewesen, aber als ich sie erlebte, war sie weit davon entfernt. Es gab natürlich Ausnahmen. Einer der Lehrer in Kriegszeiten, ein Berliner Jude, der an der Front gekämpft und den eine Verletzung zum Krüppel gemacht hatte, war ein besonders heller Kerl. Sein Hinken – er zog sein lahmes Bein nach und stapfte mit einem dicken Stock durch die Gegend – beeinträchtigte in keiner Weise die Flinkheit seiner Bewegungen, wenn er sich mit seiner durch Übung erworbenen Geschicklichkeit auf seinen Stuhl oder das Katheder schwang oder bei der Aufsicht über unsere Arbeit schnell im Klassenraum auf und ab hinkte. Er unterrichtete uns in Englisch und erzählte uns als erstes, daß es in dieser Sprache nur eine Regel für die Aussprache gebe, und die laute: »Sie ist immer anders, als man erwartet.« Dann begann er, uns in hohem Tempo die zweite Lektion vorzulesen, und forderte uns auf, die kleine Geschichte auswendig zu lernen. Ich kann sie heute noch! Wir lernten im wahrsten Sinne des Wortes spielend Englisch, zum Beispiel, indem uns Preise winkten, wenn wir die gelernte Geschichte am schnellsten hersagen konnten. Seine scharfsinnige, intelligente Persönlichkeit und sein trockener Humor bewirkten, daß wir das Fach liebten. Ich erinnere mich an eine seiner typischen Bemerkungen, als wir einmal unabhängig vom Stoff, aber im Unterricht, die gängige Vorstellung diskutierten, daß im Augenblick des Todes das eigene Leben noch einmal wie ein Film an einem vorbeizieht. Er war ins Rückenmark getroffen und zwei Stunden lang liegengelassen worden, daher konnte er mit einiger Erfahrung mitreden. »Wirklich«, sagte er, »toter, als ich es gewesen bin, kann man nicht sein. Und alles, was ich empfand, war: Donnerwetter, jetzt wird's duster!«

Ein weiteres Lieblingsfach war Geometrie, das wir bei einem

dünnen, sarkastisch dreinblickenden Mann hatten, einem jener Mitglieder des Lehrkörpers, die aus der Zeit vor dem Krieg übriggeblieben waren. Er nannte uns den Lehrsatz, den wir beweisen sollten, und fragte dann regelmäßig: »Glauben Sie das, Posener?« Und wenn man unschuldig mit »Ja« antwortete, polterte er: »Sie dürfen mir nicht glauben!« So hat er uns jedenfalls die Begriffe Axiom, Lehrsatz und Beweis deutlich vermittelt, und ich schwelgte in der Vielzahl von Relationen, die sich durch das Zeichnen von lediglich drei Linien an der Tafel ergab: Warum beinhaltete dieser simple Akt zugleich, daß sich Mittelsenkrechten an einem Punkt treffen würden, warum sollte ein Halbkreis der locus geometricus für alle rechtwinkligen Dreiecke sein, die auf dem Durchmesser als Hypothenuse errichtet wurden? Das war sehr aufregend, und es gewährte sogar Einsichten in die geheimnisvolle Ordnung der Welt. Später, nachdem ich meinen »Robespierre« geschrieben hatte, wurde auch Deutsch von der verhaßten Schinderei zu einem Lieblingsfach, einfach, weil ich lange Aufsätze über historische Themen schreiben konnte, die von dem Ex-Strategen, dem kleinen Muchall, für gut befunden wurden, dem bewußt war, daß sie sein Spezialwissen ziemlich überstiegen. Geschichte war in jedem Fall ein Lieblingsfach und mußte als Lückenbüßer für Naturkunde herhalten, um die mich der Krieg betrogen hatte. Aber diese Fächer und diese Lehrer blieben Inseln in einem Meer der Frustration. Der Mann, der uns in Latein unterrichtete, war nicht in der Lage, uns irgendwelche geographischen Hinweise im »Bellum Gallicum« zu erklären, und sagte einfach: »Nun, die Geographie gehört nicht zu meinen Unterrichtsfächern.« Wie nebenbei die Ingenieurskunst auch nicht, weshalb keiner von uns Caesars detaillierte Beschreibung der Rheinbrücke je verstanden hat. Wir mußten die technischen Vokabeln lernen, damit hatte es sich.

Obgleich mein Nörgeln methodisch und beharrlich war, hätte es allein meine Eltern vielleicht nicht überzeugt, daß ein Schulwechsel vonnöten war; aber ich sah blaß aus, kränkelte und war unglücklich. Schließlich fanden meine Eltern einen Kompromiß zwischen meinem Wunsch, eines jener progressiven Internate zu besuchen, die nicht anerkannt waren, und dem Festhalten an der alten, verhaßten Lehranstalt. Ich wurde für ein halbes Jahr ganz von der Schule genommen und dann in einer lebhafteren und etwas progressiveren Schule im benachbarten Vorort Zehlendorf angemeldet, den ich in zwanzig Minuten mit dem Fahrrad über die Felder erreichen konnte, Felder, die inzwischen von der Stadt verschluckt worden sind. Während dieses halben Jahres sollte ich etwas für meine Gesundheit tun.

Mein Vetter Heinz ergänzte sein Studium der Botanik mit praktischer Arbeit bei einer Handelsgärtnerei, die ganz in der Nähe des unglückseligen »Pflegeheims« lag, in dem Karl einst unter Professor Hennebergs Behandlung gelitten hatte; und der Gärtner stellte mich als Aushilfslehrling ein.

KAPITEL 8

Herbstgesicht

Zu Ostern des Jahres 1920 nahm ich in der Gärtnerei des Herrn Ploth meine Arbeit auf, da war ich fünfzehn. Wir erlebten einen besonders herrlichen Frühling, und mein Vater sagte, er genieße ihn so intensiv, daß er das Gefühl habe, es könne der letzte seines Lebens sein. Es war, als sollten die Schrecken der letzten Jahre nun vergessen werden, als hätte uns der liebe Gott versprochen, daß das Leben weitergehe, daß die Frühlingsgärten noch immer mild und lieblich blieben.

Ich hatte noch nie zuvor Gartenarbeit, genaugenommen überhaupt noch nie körperliche Arbeit geleistet. Die Eltern hatten zwar versucht, uns für den eigenen Garten zu interessieren, aber ohne großen Erfolg. Das Gießen der Blumenbeete war gerade noch erträglich, das Unkrautjäten auf den Wegen schon eine ziemliche Schinderei, und unsere eigenen kleinen Beete in der Nähe des Spielplatzes wurden zu guter Letzt vom Gärtner umgegraben, bepflanzt und geharkt. Hier jedoch war eine Herausforderung. Ich nahm mir vor, genausogut zu sein wie Ludwig in Grano. Er hatte mir erzählt, daß die ersten drei Tage tödlich seien. Blasen an den Händen und müde Füße würden einem deutlich zu verstehen geben, daß man es keinen weiteren Tag aushalten werde. Ich war fest entschlossen, all diese Härten standhaft zu erdulden. Eine weitere Herausforderung bestand außerdem darin, daß der alte Ploth, ein rundlicher, freundlich lächelnder Mann mit ausgeprägtem sächsischen Dialekt, mir ganze zehn Mark pro Woche geben wollte. Das würde mein erstes selbstverdientes Geld sein, und ich fand, ich müsse mein Bestes geben, um es mir zu verdienen.

Die Arbeit begann um sieben, also mußte ich um sechs Uhr aufstehen und mich um zwanzig vor sieben auf mein Fahrrad schwingen. Eine Zeitlang, zum Beispiel wenn im Mai und Juni die Alpenveilchen in den Gewächshäusern vor der Morgensonne geschützt werden mußten, hatten wir uns schon um sechs einzufinden. Auch mußten wir an den langen Sommertagen des Jahres bis um sechs oder sieben, anstatt wie üblicherweise bis fünf Uhr arbeiten, weil dann die Bretter und Matten, die als Sonnenblenden dienten, erst am Abend entfernt wurden. Sobald ich um die Ecke bog und den Weg zur »Kirschenallee« in den Feldern einschlug, traf ich meinen Vetter Heinz, später auch meinen anderen Vetter, Julius Oppenheim, der sich ebenfalls der Gruppe von Gärtnerlehrlingen anschloß, und wenn die Sirene der nahe gelegenen Papierfabrik heulte, schwenkten wir ins Tor der Gärtnerei ein. Im Vorraum von Gewächshaus I trafen wir die anderen, den Vorarbeiter Vogel, den alten Arbeiter Lindemann sowie zwei Lehrlinge; und Vogel teilte uns zur Arbeit ein: »Julius, die Gartenwicken wässern.« Dann schritt ich die nächsten drei Stunden, während die Morgensonne zum Zenit stieg, langsam mit meiner Gießkanne die Reihen von rosa und lila Wicken ab, die einen köstlichen Duft verströmten, und an der Wasserstelle traf ich dann Heinz, der zwei Kannen wuchtete. Wir arbeiteten meist mit freiem Oberkörper und trugen nur kurze Hosen oder Trainingshosen, schwitzten redlich und waren rundum glücklich. In der Frühstückspause lernte Heinz, der eine Italienreise plante, noch schnell eine Lektion in seiner italienischen Grammatik. Sprachen stellten für ihn keine Schwierigkeit dar. Er hatte während seines letzten Schuljahrs Russisch gelernt und war als Horchposten an die Ostfront geschickt worden, wo er in einem kleinen Unterstand vor der Infanterie gehockt und die Gespräche des Feindes belauscht hatte. Ich glaube aber nicht, daß er aus diesen Unterhaltungen je mehr gewonnen hat als eine gründliche Kenntnis russischer Flüche, die ihm in ihrer deftigen Obszönität sehr gefielen und die er bei jeder Gelegenheit anbrachte. Seine Konversation war gespickt mit »job vaschu matj«, was ohnehin seine Grundstimmung wiedergab.

Heinz war der unjüdischste Typ, den ich unter den Leuten meines Volkes je kennengelernt habe, es sei denn, man könnte sein herausragendes Talent und seine schnelle, energische Auffassungsgabe als jüdisch bezeichnen; aber das sollte man meiner Meinung nach nicht tun. Er war nicht einmal arrogant, wenigstens war er nicht einer von den Juden, die von allem und jedem immer mehr verstehen als man selber. Nie habe ich bei Heinz das mir von Juden zur Genüge bekannte Verhalten beobachtet, einem anderen Juden ungeduldig eine Sache aus aus der Hand zu reißen und zu sagen: »Laß *mich* mal, Dummkopf!« Er war außerdem das ganze Gegenteil von intellektuell. Sein Sinn für die Musik, die Lyrik und die Künste blieb immer rudimentär, und er konnte, wie jeder gojische Junge, ganze Abende lang auf der Gitarre herumklimpern und die albernsten Schlager grölen. Bei den nichtjüdischen Jungen in seiner Klasse war er außerordentlich beliebt, ebenso wie er sich jetzt beim alten Ploth mit Arbeiterjungen wie dem Lehrling Reinhold oder Männern wie Vogel bestens verstand. Der alte Ploth selbst hatte einen Narren an ihm gefressen. Heinzens üblicher Gesichtsausdruck war ein breites Grinsen, bei dem er seine kräftigen Kiefer zusammenbiß. Ob als Junge oder als Mann, er war stets mit sich im reinen. Spätestens im Alter von zehn Jahren hatte er sein wahres Interesse im Leben entdeckt, die Botanik, und heute ist er Professor dieses Fachs. Sein Sexualtrieb war früh erwacht, und im Gegensatz zu uns anderen verschwendete er nicht lange Jahre in frustrierter Adoleszenz. Sympathisch, wie er war, fand er bald Gelegenheit, seinen Appetit zu stillen, und genoß diese Erfahrung ohne großes Getue. Als er fünfzehn war, hatte die Schule es für nötig befunden, ihm für die Dauer eines Jahres die Würde des »Einjährigen« vorzuenthalten, die ein Privileg der Jungen des Mittelstandes war und bedeutete, daß sie nur ein Jahr dienen mußten. Diese Ehre wurde fast automatisch jedem zuteil, wenn er von der Untersekunda in die Obersekunda wechselte. Heinz wurde versetzt, da es unmöglich war, seine schulischen Leistungen zu leugnen. Aber er war nicht Einjähriger geworden, und unten auf dem Zeugnis wurde ihm sittliche Unreife attestiert. »Damit meinen sie«, sagte Heinz mit seinem breiten Grinsen, »unsittliche Reife«, was es genau traf. Als Heinz einmal gegenüber Ludwig einen ziemlich anzüglichen Vorschlag machte, wie man den Abend verbringen könne, entgegnete Ludwig scherzhaft: »Mein Interesse, lieber Vetter, ist das Übersinnliche.« Heinz warf ihm einen kurzen Blick zu und sagte dann: »Oh Gott, muß *das* obszön sein!«

Unsere Gespräche im Gewächshaus bei Ploth drehten sich um das alles beherrschende Thema. Vogel wollte wissen, ob es wahr sei, daß bei jüdischen Mädchen »das Ding« verkehrt herum sei: »Nicht senkrecht, Julius, weißt du, sondern quer«, und Heinz, der, sofern ich wußte, damals noch nie mit einer Jüdin geschlafen hatte, bestätigte diese gängige Vorstellung mit tiefster spöttischer Ernsthaftigkeit. Ich selbst, der ich damals von meinem gerade erwachten Sexualtrieb gequält wurde, fand diese Unterhaltungen ungemein erfrischend. Mein Vater hatte einmal irgendeinen Dichter zitiert, der gesagt hatte, nichts sei widerlicher als die Obszönität des Mundes, die schmutzige Rede, weil sie so schäbig sei. Ich bemühte mich sehr, dem zuzustimmen, und tat es letztlich nur, weil Vater die Äußerung zitiert hatte; aber im tiefsten Herzen teilte ich diese Meinung nicht, noch teile ich sie heute. Der dreckige Witz ist erfrischend, ja sogar befreiend, weil er etwas beängstigend Rätselhaftes auf den Boden eines schnellen Lachers herabzieht. Es war Heinz, der den Chor der Gärtnerburschen beim Absingen endloser Strophen der »Wirtinnenlieder« anführte, die derb, dreckig und harmlos waren. Ich lernte sie mit Begeisterung. Wie klug meine Eltern gehandelt hatten, als sie mich in Ploths Gärtnerei steckten und mir meinen älteren Vetter Heinz zum Gefährten gaben!

Ich arbeitete ziemlich schwer, allerdings nicht so schwer wie Heinz in seinem kraftstrotzenden zwanzigsten Lebensjahr. »Ein prächtiges Alter, Julius! Da kannst du *alles* machen!« Aber ich wurde durch Heinz' und sogar Ploths Bewunderung für meine schweißtreibenden Mühen belohnt. Mein Bizeps begann zu schwellen, ich war braungebrannt und herrlich gesund. Um Punkt zehn ging ich ins Bett und schlief bis sechs Uhr, ohne mich auch nur einmal umzudrehen. Ich las wenig, vergaß die Schule komplett und dachte auch nicht mehr an Robespierre, nachdem ich diese spezielle Angst durch das Schreiben des Theaterstücks gebannt hatte. Es gefiel mir, an den strahlenden Mainachmittagen Fahrrad zu fahren, auf und ab in der Kastanienallee vor unserem Hause oder hinaus auf die Felder und zu den Seen des Grunewalds.

Als ich eines Nachmittags mit meinem Fahrrad von Ploth heimkam, sah ich, wie das Mädchen aus dem Haus gegenüber auf unserer Straße mit ihrem Fahrrad gemächliche Kurven drehte. Ein paar Tage zuvor hatte Kittie meine Eltern mit ihrem gedehnten »Guten Taag« gegrüßt, und ich hatte gehört, wie mein Vater zu meiner Mutter sagte: »Weißt du, Trudchen, die kleine Kittie wird richtig hübsch.« Daraufhin hatte ich sie angeschaut, denn die Bemerkung hatte mich überrascht. Ich kannte Kittie natürlich schon immer, aber von den wenigen Mädchen, die in den Kreis der Spielkameraden eines Bruders von Brüdern eindrangen, mißfiel mir Kittie am meisten. Den anderen Mädchen gelang es wenigstens ab und zu, wild wie ein Junge zu sein; aber Kittie hatte etwas ungemein Feminines an sich, ihre langgezogenen Vokale, ihre Art, mit hastigen Trippelschritten eine Bulldoge und einen Pekinesen hinter sich herzuziehen und immer atemlos zu sein, konnte ich nicht ausstehen. Dann dieser häßliche kleine Hund, den sie auch noch ständig umarmte und ihren Liebling nannte! Ich hatte beschlossen, nichts mit Kittie zu tun haben zu wollen, aber jetzt war sie plötzlich groß geworden, von wunderschöner Gestalt, obgleich es noch die eines Kindes war, das braune Haar hinter dem Kopf zu einer »Affenschaukel« zusammengebunden, wodurch ihr blasser, schlanker Hals unter flaumigen Haarsträhnen sichtbar wurde, die der Zucht ihrer Zöpfe entgangen waren. Ihr ovales, reines Gesicht schimmerte blaß, sie hatte eine gerade Nase, zarte, schmale Nasenlöcher, Lippen von perfekter Schönheit und große, hellblaue Augen. Ihr Antlitz war »griechisch«, auch insofern, als es einem wunderschönen Bilde glich, dem sowohl jeder lebhaftere Ausdruck als auch jegliche Unebenheit fehlte. Wer sie nicht mochte, hätte dieses Gesicht leer genannt, was es vermutlich auch war. Wenn man jedoch in sie verliebt war, fand man es verträumt und tiefgründig und las in seine klaren Züge das tiefe Geheimnis der Jungfräulichkeit hinein, von dem sie höchstwahrscheinlich nichts ahnte. Sie war damals erst zwölf oder ging auf die dreizehn zu und nahm stets ihre Lieblingspuppe mit in die Schule.

Ich sprach sie nun errötend an und fragte sie, ob wir nicht ein Weilchen gemeinsam Fahrrad fahren könnten, und sie war einverstanden. Wir machten uns durch die ruhigen Vorortstraßen auf den Weg nach Dahlem: Dort gab es weitläufige, herrlich gepflegte Gärten, die entsprechend dem damaligen Zeitgeist in der Blütenfülle von Kastanien und Flieder schwelgten und in denen große, überwiegend klassizistische Villen standen. Ich erzählte ihr von Ploths Handelsgärtnerei und der Muskelarbeit, die ich dort leistete, und gab ein wenig an damit, erwähnte aber nicht die Wirtinnenlieder. Im Gegenteil, mir war überhaupt nicht nach Wirtinnenliedern zumute: Ich war verliebt.

Es folgten weitere Fahrradtouren; außerdem verabredeten wir uns für den Sonntag und radelten aufs Land hinaus. Ich musterte sie von der Seite und warf ihr bewundernde Blicke zu, und wenn ihre Hand meine berührte, erschauderte ich. Ich besuchte sie in ihrem Haus, wo sie mir ihren Garten zeigte, der unserem ähnelte, nur daß sie im hinteren Teil einen Kaninchenstall hatte. Kittie nahm ein Kaninchen heraus – das ich nicht minder beneidete als Catull den »passer« seiner Angebeteten – und bemerkte: »Sie wird in einer Woche werfen. Wir haben sie von einem belgischen

Rammler decken lassen.« Ich staunte über ihr Wissen und war gleichzeitig fasziniert: Diese sachliche ländliche Unschuld paßte genau, wie ich fand, zu ihrer unverdorbenen Schönheit. Sie zeigte mir Zeichnungen, die sie angefertigt hatte, und schenkte mir eine davon, obwohl sie sagte: »Das ist wirklich nichts Besonderes, Julius: Bis zu einem gewissen Alter kann jeder malen und Gedichte schreiben.«

Ich beschloß, eine große Tat für Kittie zu vollbringen, eine, die sogar notwendig war: Ich würde mich nicht mehr selbst befriedigen, schwor ich mir. Ich würde rein sein. Ich hatte mich entschlossen, Kittie zu heiraten, und die Vorstellung, mit ihr zusammenzuliegen und unseren Körpern zu erlauben, wie mein Vater es ausgedrückt hatte, zueinander zu finden, war für mich nichts anderes als ein Versprechen absoluter Glückseligkeit. Sie würde mich von allem läutern, bildete ich mir ein, was in der einsamen Nachahmung des Akts schmutzig war. Zehn Wochen hielt ich mein Keuschheitsgelübde durch.

An diesem Punkt schritt Ludwig ein. Er tat es liebevoll, feinfühlig und mit den denkbar schlimmsten Folgen. Kleine Mädchen, sagte er zu mir, würden durch die Bewunderung verliebter Jungen zur Frau erwachen. Für Kittie sei der Zeitpunkt für diese kritische Erfahrung noch nicht gekommen. Sie sei bislang nur ein Kind. Ich würde ihr mit meiner anhaltenden Bewunderung sehr schaden und solle von nun an, wie er sich – Polonius paraphrasierend – ausdrückte, »mit meiner pubertären Gegenwart kargen«. Nichts lag mir ferner, als Kitties Seelenfrieden zu stören oder auch nur dieses Bild strahlender Unschuld zu beflecken, dieses »herbstliche Gesicht vollkommener Jugend«, wie ich es in einem Liebesgedicht bald nennen sollte. Darum beschloß ich, Kittie nur noch alle drei Wochen zu besuchen, ein Opfer, das mich unsäglich schmachten ließ und meinem Liebeswerben bestimmt nicht förderlich war. Doch was das betraf, hätte es vermutlich nicht das Geringste geändert, wenn meine Angebetete meiner vor Verehrung sprachlosen Gegenwart häufiger ausgesetzt gewesen wäre.

Mit Kitties Zügen, die sich tief in mein Herz gegraben hatten, sowie zwei kleinen vergilbten Photographien von ihr, die ich nah am selben Orte aufbewahrte, brach ich, als meine kurze Zeit als Gärtnerlehrung beendet war, zu meiner längsten Wanderfahrt mit Blau-Weiß in die Sommerferien auf.

Natürlich war ich mit Ludwigs Gruppe unterwegs, zu der zwölf junge Zionisten gehörten. Wir begannen unsere Wanderung, nach einer unbequemen Nacht- und Tagesfahrt im Abteil vierter Klasse eines Bummelzugs, in Heidelberg, von wo aus wir das reich bewaldete Neckartal und den ganzen Südwesten Deutschlands durchquerten. Ludwig war damals Student im ersten Semester. Er wollte Lehrer werden, ein Beruf, für den er wie kein anderer ein angeborenes Talent und echte Leidenschaft besaß. Von Blau-Weiß hatte er die Theorie übernommen, daß richtige Erziehung nur auf der Grundlage der Klassiker erfolgen könne. »Man muß dabei ein Bild des jungen Mannes vor Augen haben, zu dem man die Jungen erziehen möchte, und dieses Bild muß dem Bild des Humanismus im Sinne der italienischen Renaissance entsprechen«, sagte er. So hatte er sich, ohne rechtes philologisches Interesse, in Heidelberg zum Latinum eingeschrieben und damit begonnen, Griechisch zu lernen. Bald hielt er es jedoch nicht mehr aus. Sich anhören zu müssen, wie Catulls bezauberndes Gedicht »passer deliciae meae puellae« in langen Abhandlungen auseinandergenommen wurde, die davon handelten, ob mit »passer« nun der gemeine Spatz oder nicht doch »vonatrix herbacea« oder vielleicht sogar »amsus perdilosus« gemeint sei, führte dazu, daß er seine Studien bereits nach einem kurzen Semester abbrach. Und nun war er schon dabei, jene Fächer zu studieren, die ihm wirklich lagen: Mathematik und theoretische Physik. Allerdings hatte er seine Zeit in Heidelberg nicht nur mit dem »passer« verschwendet, sondern Vorlesungen in Nationalökonomie bei den Brüdern Max und Alfred Weber gehört und sogar manchmal zu Füßen des großen Gundolf gesessen, in dessen Kolleg über deutsche Literaturgeschichte. Außerdem hatte er viel gelesen und mit drei anderen Blau-Weiß-Studenten Quartette von Mozart gespielt. Er war in seiner eifrigsten, aufnahmefähigsten Phase, als er seine Gruppe jüdischer Jugendlicher durch die Täler, Städte, Kirchen und Ruinen in Deutschlands unverdorbenster Landschaft führte.

Es war eine Zeit, da man noch auf der Hauptstraße wandern konnte und nur einem gelegentlichen Ochsenkarren begegnete. Kam einmal in einer Stunde ein Auto vorbei, verfluchten wir dieses moderne Zeitalter, in dem man nicht einmal mehr auf der Landstraße seine Ruhe hatte. Wir genossen die Landschaft und die Begegnung mit der alten Architektur außerordentlich, stellten aber zu Ludwigs großem Kummer fest, daß wir Poseners darin allein blieben und, ganz wie in Schillers unheimlicher Ballade vom Taucher, »unter Larven die einzige fühlende Brust« besaßen. Als wir auf einem Kamm der mit Schlössern übersäten schwäbischen Alb standen und einen der überwältigenden Sonnenuntergänge betrachteten, für die diese Gegend berühmt ist, versuchte Ludwig paedagogus, den Jungen die Augen für die einmalige Schönheit dieses Naturereignisses zu öffnen. »Stille«, schloß er seinen Vortrag, um sogleich vom dümmsten Schaf unserer Herde mit lautem Blöken nachgebetet zu werden: »Jaaa – janz still – man hört ja janischt.« So war es vielleicht ganz natürlich, obwohl ich heute nicht ohne ein gewisses Schamgefühl daran denken kann, wenn sich am Abend die beiden Poseners hinter der Scheune trafen und sich küßten. Für mich war die Reise natürlich auch Bestandteil meiner großen Selbstbestrafung in der Liebe, des Fernseins von der Geliebten; und ich zählte die Tage, bis ich die blauen Augen endlich wiedersehen würde. Dazu hatte ich elendes Heimweh. Ich war zum ersten Mal sechs Wochen lang ohne meine Eltern von zu Hause fort, in unkongenialer Gesellschaft obendrein, und alle Entdeckungen unserer Wanderfahrt durch das Herz des Vaterlandes konnten mich für diesen Verlust und diese Sehnsucht nicht ganz entschädigen.

Wir kochten unsere Mahlzeiten im Freien und schliefen im

Stroh der Scheunen. Wenn wir uns am Nachmittag einem Dorf näherten, das wir für die Nacht auserkoren hatten, schickten wir zwei Jungen voraus, um die Erlaubnis der Bauern einzuholen, bei ihnen in der Scheune schlafen zu dürfen, und die beiden warteten dann schon am Dorfeingang auf uns und meldeten, die Scheune sei gut, geräumig und warm, das Stroh trocken und reichlich vorhanden, da sich darunter die Kuhställe befänden. Bald gewöhnte ich mich daran, im stechenden Stroh einzuschlafen, die dicke Luft zu atmen, die die Lungen mit feinem Strohstaub füllte, und mich morgens von den ersten Strahlen des Sonnenlichts wecken zu lassen, das schräg durch die kleinen Dachfenster einfiel. Einmal machten wir Rast in Bebenhausen, das groteskerweise noch zu Republikzeiten Sommerresidenz des Königs von Württemberg war. Dort, in der Nähe des eindrucksvollen Schlosses, befand sich eine kleine Ansammlung uriger Bauernhäuser aus dem siebzehnten Jahrhundert, die zum Schloß gehörten. Es waren Fachwerkhäuser mit den gewaltigsten ungebrochenen Dächern, die ich je gesehen habe. Als wir ins Dorf zogen, schickten uns die Bauern einen Jungen auf die Straße hinaus, der uns einige Flaschen Most gab, und als wir unser Quartier erreichten, trat die Frau heraus und musterte uns aufmerksam. Sie war jung, mit einem besonders schön geschnittenen deutschen Gesicht und sehr hellen, wachsamen Augen. Sie betrachtete jeden einzelnen von uns und zeigte dann auf Ludwig und mich, die wir an entgegengesetzten Enden der Reihe standen, und sagte: »Ihr zwei seid Brüder.« Sie erlaubte uns, in der riesigen, nach Milch und Rauch riechenden Küche unser Abendessen auf ihrem Holzfeuerherd zu kochen. Bebenhausen ist mir bis heute als schönstes meiner Blau-Weiß-Erlebnisse in Erinnerung geblieben.

Wenn er sie nicht erziehen konnte, machte es Ludwig Spaß, die Jungen zu hänseln, vor allem einen mit einer hohen, durchdringenden Stimme, der schon einmal in dieser Gegend gewesen war und sich immer nur an das Essen der vorherigen Reise erinnerte. Ludwig fragte ihn: »Sag mal, Fritz, Dinkelsbühl: Wie ist es da?« »Gut«, sagte Fritz dann, »Erbsen mit Speck.« Ludwig erzählte uns auch eines Tages, in sehr vereinfachter Form, von der Freudschen Traumtheorie, wonach alle Träume von der Erfüllung sexueller Wünsche handelten, beziehungsweise jede Wunscherfüllung letztlich sexueller Natur sei. »Und nun sag uns, Fritz, was hast du letzte Nacht geträumt?« »Nichts, was mit Wunscherfüllung zu tun hat«, beeilte sich Fritz zu sagen. »Ich habe geträumt, daß ich meinen beiden alten Tanten von meinem ausgezeichneten Schulzeugnis erzählt habe. Natürlich habe ich in Wirklichkeit nie ein gutes Zeugnis bekommen.« »Siehst du«, sagte Ludwig ernst, »du hast nie ein gutes Zeugnis bekommen, aber letzte Nacht im Stroh bekamst du eins. Du, Fritz, bist eben ein Junge, der liebend gern vor alten Tanten damit angeben würde. Und weiblich waren sie doch auch, nicht wahr? Von Onkeln hast du nicht geträumt?« Fritz schreckte zusammen; aber wer weiß, ob nicht Ludwigs Analyse durchaus zutraf. Übrigens war sich mein Bruder nicht zu schade, über die Priester der psychoanalytischen Sekte selbst Witze zu machen: »Letzte Nacht hatte ich einen Traum«, sagte er, einen Patienten nachahmend, »dessen Bedeutung sich mir nach wie vor entzieht. – ›Schildern Sie ihn!‹ sagte der Doktor und schaute streng durch seine Hornbrille. – ›Er ging so: Ich stand nackt in einem anheimelnden Zimmer mit roter Tapete. Auf dem ungemachten Bett saß eine junge Dame, die ebenfalls nackt war. Sie lächelte mich an und forderte mich auf unmißverständliche Weise auf, mich zu ihr zu setzen. Was ich auch tat, doch dann wachte ich auf. Wie deuten Sie das, Herr Doktor?‹ – Der Doktor grübelte: ›Nun‹, verkündete er schließlich vorsichtig, ›mir scheint, es könnte sich vielleicht um einen Traum von sexueller Wunscherfüllung handeln.‹ – ›Meinen Sie wirklich?‹« fragte Ludwig und riß erstaunt die großen blauen Augen auf.

Die Wanderfahrt endete, wie jeden Sommer, mit einer allgemeinen Zusammenkunft von Blau-Weiß, und Treffpunkt waren diesmal die Burgen Drei Gleichen in Thüringen. Es fanden Versammlungen des Führerrats, Sportveranstaltungen und Abende am Lagerfeuer statt, und während dieser drei Tage wimmelte es in den Straßen des kleinen Städtchens Wechmar von sonnengebräunten jungen Juden. Als alles vorbei war, bestiegen wir wieder den Bummelzug, vierte Klasse, und ich schlief sogar zwischen zwei anderen Jungen auf dem dreckigen Boden des breiten Waggons. Um vier Uhr nachmittags trafen wir zum Tee zu Hause ein. Danach ging ich sofort ins Bett. Ich wachte erst um acht Uhr früh am nächsten Morgen wieder auf.

Die Zeit war gekommen, mich auf die Schule vorzubereiten. Meine Eltern wünschten nicht, daß mir das halbe Jahr verlorenginge, das ich außerhalb der Schule verbrachte, daher begann Ludwig der Lehrer mich täglich zwei Stunden zu unterrichten. Ich lernte Trigonometrie, Französisch und Englisch, denn in der neuen Schule, der Oberrealschule in Zehlendorf, wurde mit diesen Sprachen früher begonnen als in der, die ich verlassen hatte. Es waren entspannte Tage, und Ludwigs Unterricht tat mir so gut, daß ich in meiner neuen Schule zu Ostern Klassenbester wurde. Ich kann mich jedoch gar nicht mehr genau erinnern, was wir in Trigonometrie und Französisch gemacht haben, weil sie von der Erfahrung des Englischen überschattet wurden. Hier folgte Ludwig seiner Eingebung, und statt englische Grammatik mit mir zu üben oder Konversation zu machen, gab er mir »Julius Caesar« von Shakespeare zu lesen. Er selbst hatte einige Jahre zuvor »Richard II.« in der Schule gelesen, und es war seinem Englischlehrer gelungen, das Pathos und die Wortgewalt des Stückes mit großem Erfolg zu vermitteln. Ich saß in der Klasse über der von Ludwig und hörte ihn brüllen: »Today, today, unhappy day, too late …«

Sein Gefühl hatte ihn nicht getrogen. Als mich Ludwig an »Julius Caesar« heranführte, schlug er ein neues und bleibendes Kapitel meines Lebens für mich auf. Wieder war es eine Offenbarung, wie beim »Figaro«. Von Anfang an, vom ersten »Packt euch nach Haus, ihr Tagediebe! Fort!« war ich berauscht von der schieren Kraft und dem bloßen Klang der Sprache. Irgendwie hatte ich immer versäumt, Shakespeare in einer Übersetzung zu lesen, so daß mich dessen wortgewaltige Sprache im Original mit unverminderter Wucht traf. Ludwig war ein guter Vermittler. Er verdeutlichte mir, wie Caesar, der selbst sehr wenig zu sagen hat und schon früh, im dritten Akt, stirbt, trotz alledem das Stück beherrscht; aber auch, daß es ein gebrochener Caesar ist, ein nervöser, kranker und verängstigter Mann unter der aufgestülpten Maske des Majestätischen, die er selbst mühsam wahrt. Und natürlich wurde Brutus für mich sofort zum Ludwig: der Mann, der nicht haßt, der gegen seinen Instinkt die bittere Pflicht des Mordes akzeptiert, so wie mein Bruder gegen seinen eigenen Instinkt die bittere Pflicht akzeptiert hatte, Zionist zu sein, weil beide, er und Brutus, ihre Pflicht für unentrinnbar erachteten. Ich lernte »Julius Caesar« nicht als Ganzes auswendig, konnte aber bald ganze Passagen aus dem Kopf hersagen, besonders den Streit zwischen Brutus und Cassius, Ludwig und Julius, meine ich, der vom allgegenwärtigen Caesar überschattet wird. Hier begann meine Shakespeare-Besessenheit, die so weit ging, daß man mich ein Jahr später in der Abenddämmerung durch die Felder streifen sehen konnte, die sich nach Zehlendorf hin erstreckten, wo ich nun zur Schule ging, den ganzen zweiten oder vierten Akt von »Macbeth« herausbrüllend, in der Hoffnung, daß mich da draußen niemand hören würde.

KAPITEL 9

Lehrer Haacke

Der Direktor der Oberrealschule Zehlendorf begleitete mich persönlich in die Klasse, die sich bereits versammelt hatte. Sie bestand aus nur elf Jungen. Einer von ihnen, ein kleiner agiler Kerl mit einem Mausgesicht, machte mir ein Zeichen, ich solle mich neben ihn setzen, und stellte sich als Fritz Lucke vor. Die Klasse wurde gerade in Geschichte von einem jungen Lehrer mit einer seltsam emphatisch-schleppenden Sprechweise unterrichtet, dessen Gesicht das intensive Bemühen und Interesse widerspiegelte, das er seinem Fach entgegenbrachte. Er erzählte ihnen etwas über die Begründung des römischen Rechts durch Ulpian und Papinian, Namen, die ich noch nie gehört hatte; anstatt nun aber deren Gesetzeskodex in allen Details durchzunehmen, verteilte er zwei kleine Bände an zwei Jungen, die sich bereit erklärt hatten, innerhalb von vierzehn Tagen ein Referat darüber zu halten. Es waren Quellensammlungen, die durch kurze biographische Anmerkungen über diese wichtigen Männer thematisch zusammengehalten wurden. Die Lehrmethode, die Ulrich Haacke praktizierte, wurde »Arbeitsunterricht« genannt; mit anderen Worten, wir Schüler von ungefähr sechzehn Jahren wurden behandelt wie Studenten im Seminar. Haacke beschränkte seinen Unterricht auf kaum mehr als Hinweise. Man hatte bei ihm ständig den Eindruck, daß er nach der richtigen Antwort suche – sofern es überhaupt nur *eine* richtige Antwort gab – und unsere Hilfe benötige. In einer kleinen Klasse wie der unseren funktionierte diese Methode, da sie uns permanent nachdenken ließ und unser Interesse weckte, wobei wir nicht einmal merkten, daß wir zur Aufmerksamkeit verführt wurden. Durchaus bewußt war uns hingegen die Neuheit dieser Methode, mit ihrer kühnen Abkehr von der gängigen Paukerei, mit ihrer Freiheit und Fruchtbarkeit. Haacke hatte sie natürlich nicht erfunden. Diese Ehre gebührt den deutschen Schulreformern, die im Kaiserreich lediglich ihre eigenen, staatlich nicht anerkannten Internate irgendwo auf dem Lande hatten gründen können. Inzwischen war eine Reihe dieser Reformer ins muffige Allerheiligste des Erziehungsministeriums vorgedrungen. Die Sache war also offiziell geworden, wenn auch nur wenige Lehrer bereit oder in der Lage waren, auf die neue Art zu unterrichten.

Die Gefahr bei dieser Methode bestand darin, daß eine kleine Gruppe, selbst in einer so kleinen Klasse wie der unseren, bei den Diskussionen im Arbeitsunterricht die Führung übernahm und dann weniger interessierte Jungen auf der Strecke blieben; wir erkannten diese Gefahr selbst, nannten sie »Spitzenkultur« und diskutierten darüber offen im Klassenzimmer. Dadurch schafften wir es, die »Spitzenkultur« zu überwinden. Eine Regel wurde aufgestellt – und auch einigermaßen befolgt –, daß Posener, Iwan und Schlee, die führenden Intellektuellen, ihren Mund nicht aufmachen sollten, bevor die weniger erleuchteten Geister die Gelegenheit gehabt hatten, sich zu äußern. Diese Phase der Adoleszenz ist ohnehin eine der großen Aufnahmefähigkeit. Plötzlich eröffnen sich neue Welten, als würden überall verstaubte Vorhänge fortgerissen. Mit Haacke, der uns von Entdeckung zu Entdeckung führte, fühlten wir uns bald wie eine zusammengeschweißte Mannschaft auf einem Forschungsschiff, und die persönlichen Freundschaften waren durchdrungen davon, daß wir unterwegs waren zu einem gemeinsamen Ziel und dabei alle die frische Brise atmeten, die uns von neuen Horizonten entgegenwehte. Endlich hatte ich den Lehrer gefunden, den ich brauchte, und ich glaube noch heute, daß Haacke ein begnadeter Lehrer war, wie er mir nur einmal noch im Leben begegnet ist. Diesen beiden, Ulrich

Das Kollegium der Oberrealschule Zehlendorf mit Lehrer Haacke (fünfter von links, stehend)

Haacke und meinem zweiten Leitstern, dem Architekten Hans Poelzig, verdanke ich alles, was meinen eigenen Unterricht ausmacht, obgleich ich gestehen muß, daß mir Haackes Zurückhaltung fehlt, da ich viel zu gern selbst doziere.

Haacke hatte ein Gespür für den perfekten Zeitpunkt. Wir lasen Goethes »Werther«, und zwar im einzig angemessenen Alter für diese jugendlichen Ergüsse. Einmal ruft der von einer Szene epischer Schönheit bewegte Werther aus: Es war wie ein Gesang Homers. »Ein Gesang von Homer«, wiederholte Haacke, »kennen Sie die Gesänge?« – »Ja, schon«, sagten wir, und ich ganz besonders, »diese langweiligen Geschichten, die in schier endlosen Hexametern die belanglosen Abenteuer des Odysseus beschreiben.«

»Hm«, machte Haacke, »ich habe das Buch mitgebracht; hören Sie zu«: Und dann las er uns, mit einigen wenigen Hinweisen auf besonders wichtige Stellen in dieser gewaltigen Erzählung, die

Geschichte vor, wie Nausikaa zum Strand geht, um ihre Gewande zu waschen, wie sie mit den Mädchen Ball spielt und wie der alte Riese Odysseus unter dem Olivenbaum auftaucht und sich mit Blättern bedeckt. Wo war da noch der dicke Hermann? Ich empfand einen dumpfen, überheblichen Haß auf den alten Deutschlehrer und seine unbeholfene Stümperei, mit der er uns dieses himmlische Epos verdorben hatte. Doch selbst dafür war kaum noch Platz in meinem Geiste, der gierig und hingerissen dem sich entfaltenden Geschehen lauschte, das so zartfühlend, so ruhig und mit so tiefsinnigen Andeutungen erzählt wurde, wie bei dem Bericht, den Nausikaa ihrem König und Vater erstattet und in dem sie ihm aber das Traumbild der Pallas Athene vorenthält, die ihr eine »holde Vermählung« verkündet hat; und wie der alte Mann versteht, was seine Tochter bewegt, ohne daß es ihm gesagt werden muß; und auch wie sie als einsame Gestalt mutig auf den nackten Mann zugeht, vor dem ihre Gefährtinnen schreiend davongelaufen sind: Die Menschlichkeit des Ganzen ließ mich vor Wonne weinen, so wie es der »Figaro« bei mir geschafft hatte und kaum je Shakespeare. Dies war ein plötzlicher Schlag gegen die Übermacht meines Gottes, und anstatt zu Hause mit dem »Coriolan« fortzufahren, zog ich den kleinen blauen Homer in der Voßschen Übersetzung aus Vaters Bücherregal und vergrub mich in die Lektüre der »Odyssee«. Als ich an die Stelle kam, wo Hermes der Kalypso den Wunsch von Zeus eröffnet, Odysseus freizulassen, und Hermes seiner Pflicht, einen so harschen Befehl zu überbringen, nur zögernd nachkommt und Kalypso ihn traurig befolgt und zu ihrem geliebten Gefangenen geht und ihm die Botschaft überbringt, da mußte ich aufstehen und kopfschüttelnd im Raum auf- und abgehen, ohne daß ich mich meiner Tränen des Mitleids und Entzückens geschämt hätte. Wie beim »Figaro« drängte sich mir immer wieder die Frage auf, wie ein menschliches Wesen über solche intimen Einblicke in die pulsierende Musik der Seele verfügen und sie in allen Registern darstellen konnte. Das erste, offensichtlichste dieser Wunder war die Art, wie die Vorzüge einfacher Dinge bewußtgemacht wurden, die dem Menschen dienen und die stets zugleich von Menschen und von Göttern geschaffen wurden, wie die Terrassengärten der Kalypso oder Patroklos' Speer aus Eschenholz. Einen solchen Blick, mußte ich mir eingestehen, hat Shakespeare nicht besessen, diesen Homerischen Blick, der sonnengleich eine geliebte Welt beleuchtet, in der alles gut ist, selbst der Sturm, der Odysseus Schiffbruch erleiden läßt, und die scharfen Felsen, die ihm ins Fleisch schneiden. Was mich außerdem in seinen Bann zog, war etwas, das Shakespeare schon viel näher kam, nämlich ein untrüglicher dramatischer Instinkt. Irgendwie hatte ich unter der Anleitung des dicken Hermann nicht gesehen, mit welcher Konsequenz dieses Epos durchkomponiert ist. Man hat den Eindruck, es sei von einer ungebrochenen Umrißlinie umschlossen, welche die innere Erzählung, die Abenteuergeschichte, umrahmt, die sich zwischen Odysseus' Tränen, als er den Barden von den trojanischen Kriegen singen hört, und Nausikaas hoffnungloser Liebe bewegt. Diese epische Form, die zweifellos im vollen Bewußtsein des künstlerischen Effekts gewählt wurde, taucht innerhalb des Poems mehrfach wieder auf, wobei der auffälligste, äußerlichste Effekt die Unterbrechung der Erzählung ist, als die alte Dienerin ihren verkleideten Herrn an der Narbe seines Schenkels wiedererkennt. An dieser Stelle wird die Geschichte der Jagd erzählt, bei der ein wilder Eber mit seinen Hauern den Schenkel des Odysseus aufgerissen hat, während – in der Haupthandlung – Eurykleia das Bein des Odysseus über das Waschbecken hält. Die Spannung bleibt dabei, ganz wörtlich genommen, in der Schwebe, dann kippt sie im lauten Geräusch des aufschlagenden Fußes und des spritzenden Wassers und löst sich auf mit Penelopes ärgerlichem Tadel: »Wirklich, Eurykleia, stell dich nicht so ungeschickt an!«

Ich kenne die Feinheiten der Forschung nicht, die das Problem der Autorenschaft Homers untersucht hat, aber ich werde nie glauben, daß ein Werk, das dramaturgisch so überlegt und raffiniert aufgebaut wurde, von mehr als einer Person geschaffen worden sein kann. Das größte Wunder aber war für mich Homers mitleidvolles Feingefühl, sein Verständnis der menschlichen Seele, seine Menschlichkeit. Als ich das unschlüssige Ende erreicht hatte – womit ich nicht den letzten Gesang, den des Laertes, meine, sondern den vorhergehenden, in dem Odysseus, nachdem sein Haus vom Blut seiner Feinde gesäubert worden ist, seine Frau herabruft, um sie zu begrüßen, und sie ihn nicht erkennt, und in dem er ihr nach einem kurzen Ausbruch der Freude sagen muß, daß er wieder fortziehen muß, diesmal über Land, mit einem Ruder auf der Schulter –, da war ich so glücklich und aufgewühlt, wie mich nicht einmal Shakespeare aufgewühlt hatte. Hier hatte Homer die Tragödie des menschlichen Daseins auf erhabene Weise aufgelöst, aber nicht in einem Happy-End, sondern indem er es als das pochende Herz dieser Welt begriff, einer guten Welt.

All dies zu verstehen ermöglichte uns Haacke, als eine Art bewußter Katalysator, denn um uns ging es dabei die ganze Zeit. Nach dem nachmittäglichen Sport in der Schule verbrachten wir Schüler lange Winterabende zusammen, an denen wir uns bis tief in die Nacht hinein unter einem prallen Sternenhimmel und bereiften Bäumen gegenseitig nach Hause begleiteten, vom Haus eines Klassenkameraden zu meinem und wieder zurück, und nochmals zurück, bis wir uns um elf Uhr trennten, immer noch voller unerörterter Fragen und unausgesprochener Erfahrungen. Und wenn es auch zutreffen mag, daß nicht alle meine Klassenkameraden von dem, wofür Haacke uns die Augen öffnete, so aufgewühlt waren wie ich, ist auch wahr, daß niemand unter uns zwölfen gänzlich unberührt davon blieb.

Haacke war ein national gesinnter Sozialist, und das bedeutete, daß er fest an die Zukunft der Arbeiterklasse und an die soziale Gerechtigkeit glaubte und ebenso fest an die Zukunft Deutschlands und eine internationale Gerechtigkeit. Daß Sozialismus auch Internationalismus beinhaltet, wollte er nicht einsehen; sein Ideal war ein deutscher Sozialismus. Er war im Krieg gewesen und hatte ein Auge verloren. Die Niederlage und Versailles hatten ihn in Verzweiflung gestürzt, obwohl er natürlich nicht blind für die Vorzüge war, die die Republik mit sich gebracht hatte. Im Kaiserreich wäre seine Unterrichtsmethode nicht möglich gewesen, jedenfalls nicht an einer staatlichen Schule. Seine Sicht der deutschen Geschichte war realistisch und doch zugleich ein wenig sentimental. So war er außerstande zuzugeben, daß ein deutscher Held, sei es nun Heinrich VI. von Hohenstaufen oder Friedrich der Große, eine Brutalität begangen haben könnte, geschweige denn eine Hinterhältigkeit. Daß die großen Leitbilder, wie die mittelalterliche Idee des Heiligen Römischen Reiches Deutscher Nation, ausnahmslos gescheitert waren, lag seiner Meinung nach nicht an politischer Habgier und Kurzsichtigkeit, sondern an jener Art von Idealismus, die anderen Nationen fehlte; ein Idealismus, der die deutsche Politik dazu gezwungen habe, einem wirklichkeitsfremden Wunschbild nachzustreben, während die Könige Frankreichs und Englands zur selben Zeit ihre praktischen, unmittelbareren und auch profaneren Ziele in die Tat umsetzten. Die deutsche Geschichte war in Haackes Augen eine lange und anschauliche Illustration dessen, was er »die deutsche Tragödie« nannte, eine Tragödie, die überwunden, und zwar rücksichtslos überwunden werden mußte, die dem tragischen Helden, dem deutschen Volk, aber zugleich unsterblichen Ruhm verliehen hatte. Diese Geschichtsauffassung entsprang unmittelbar der deutschen Jugendbewegung und führte weiter zu Hitler. Haacke vertrat sie uns gegenüber nicht, um uns zu indoktrinieren, sondern um uns die Wechselfälle der deutschen Geschichte verständlich zu machen, und so gesehen, als pädagogisches Mittel, war sie, wie seine Pädagogik insgesamt, erfolgreich. Denn schließlich war es doch seltsam, daß der deutsche Bauernkrieg die einzige Bewegung der Unterschichten gewesen war, die es in Deutschland je gegeben hatte; und sie war niedergeschlagen worden; es war doch seltsam, daß das Bemühen Heinrichs des Löwen, ein nationales deutsches Königreich zu schaffen, dem römischen Traum des Friedrich Barbarossa weichen mußte; daß die

Kräfte, die in Frankreich Richelieu und in England Cromwell hervorgebracht hatten, in Deutschland nur den endlosen, ergebnislosen Schrecken des Dreißigjährigen Krieges erzeugten. Es fällt schwer zu glauben, daß dieses anhaltende Versagen nur auf die prekäre geographische Lage Deutschlands zurückzuführen sein soll. Dafür sind in mindestens demselben Maße ein auffälliger Mangel an Realismus und sture Prinzipienreiterei verantwortlich. Es ist wohl wahr, daß mit diesem Mangel an Realismus und der Sehnsucht nach dem Unmöglichen eine gewisse romantische Abgründigkeit des Charakters einherging, die ihre Träger in eine andauernde politische Tragödie verwickelte. Doch Haacke verehrte diesen unbeholfenen Giganten, den deutschen politischen Geist, eben weil dieser so tiefsinnig und seelenvoll war. Er gab die Begleiterscheinungen dieser politischen Unfähigkeit – Servilität und übersteigerter Herrschaftsanspruch – zu und blieb doch diesem Charakter, der meist von Ideen benebelt war, und dazu noch den falschen, innig zugetan.

Die gleiche Sichtweise übertrug er auf die deutsche Kunst, die für ihn und einen großen Teil der deutschen Kunsthistoriker um soviel »innerlicher« war als die ihrer möglicherweise begabteren, aber bestimmt »oberflächlicheren« Nachbarn, besonders der Franzosen und Italiener. Er erzählte uns allen Ernstes, die spitzen Türme des Kölner Doms und anderer deutscher Kirchen der Gotik reflektierten das deutsche Bedürfnis, den Himmel im Sturm zu erobern, während die flachen Turmhelme von Reims und Paris eine möglicherweise maßvollere, jedoch in jedem Fall erdgebundenere Einstellung erkennen ließen. Daß beispielsweise die Kirchtürme von Reims ebenso spitz geplant waren wie die von Köln, wußte er nicht, und hätte er es gewußt, würde er argumentiert haben (und dies nicht ganz zu Unrecht), es sei eben kein Zufall, daß bei all diesen Kathedralen die Türme unvollendet blieben. Nur hätte er nie den Schluß gezogen, daß ein gesünderer architektonischer Instinkt diese Bauten inspiriert haben könnte, statt dessen hätte er es dem französischen Nationalcharakter zugeschrieben, dem der faustische Drang nach dem Unerfüllbaren fehle.

Später empfahl er mir das Buch eines Mannes namens Eduard Wechßler, »Esprit und Geist«, eine Gegenüberstellung des oberflächlichen und sprühenden französischen Intellekts mit der Tiefgründigkeit des deutschen Geistes. Ich las das Buch aber nicht, weil mich zum damaligen Zeitpunkt der Titel schlicht wütend machte. Diese Art der intellektuellen Selbstbeweihräucherung empfand ich als geschmacklos und zutiefst ungerecht gegenüber dem Volk, das einen Pascal, das Chartres und Reims hervorgebracht hatte.

Mit einer solchen Bewunderung des tiefsinnigen deutschen Geistes ging unweigerlich ein gewisser Antisemitismus einher. Dieser Antisemitismus war, als ich noch zur Schule ging, ein reines Gedankengebilde und bestand hauptsächlich in der Vorstellung, daß Juden unfähig seien, diese deutsche Tiefe auszuloten und zu begreifen, und daß ihr künstlerisches Schaffen, da ihm die wahre schöpferische Kraft fehle, dazu neige, den Geist zu verfälschen, den es erfolglos in der Nachahmung einzufangen suche. Obwohl Haacke einräumte, daß »Sie, Julius, der einzige sind, den ich kenne, beziehungsweise von dem ich weiß, *daß* er versteht«, verunsicherte mich diese Ansicht ernsthaft, und ich begann mich zu fragen, ob das, was ich in Beethovens Musik hörte, von derselben Wahrhaftigkeit sei wie das, was ein echter Deutscher hörte. Unerschrocken warf Haacke dieses Problem bei einem Klassenabend in die Diskussion, nicht ohne mich vorher gefragt zu haben, ob es mir etwas ausmache; und das Resultat war insofern bestürzend, als ich feststellte, daß die Mehrheit meiner Freunde und Klassenkameraden, die Gefährten unserer gemeinsamen intellektuellen Entdeckungen, Haackes Ansichten teilte. Es fiel mir auch schwer, ihnen – wie auch Haacke – klarzumachen, daß Julius Posener keine Ausnahme war. Diese Form der Realitätsblindheit kam sogar bei einer Reihe von Nazis vor, sogar hochrangigen, was später in dem jüdischen Witz aufgegriffen wurde: »Wie viele Juden leben in Deutschland? Zwanzig Millionen – denn jeder Nazi kennt zwei Juden, die wirklich furchtbar nett sind.« Es war gutgemeint, aber es ging mir gegen den Strich, selber als die Ausnahme anerkannt zu werden, während das eigene Volk als wertlos und gefährlich gebrandmarkt wurde.

Die Sache spitzte sich bei einem Schulausflug zu. Ich lief neben meinem Intimus in der Klasse her, als er mich etwas verlegen ansprach. »Ich muß dir etwas sagen, Marquis«, begann er. So nannten mich meine Mitschüler und Lehrer, weil Posener wie Posa klang, und von daher war es kein weiter Weg zu dem Adelstitel der Schillerschen Dramenfigur. »Ich weiß«, fuhr er fort, »daß du mich magst. Das beruht auf Gegenseitigkeit. Ich mag dich sogar sehr. Aber ... es gibt da etwas, das zwischen uns steht und es uns unmöglich macht, *befreundet* zu sein. Ich glaube, ich habe mich deutlich genug ausgedrückt.« Das hatte er in der Tat. Ein anderer Junge, der sich uns während dieser kurzen Erklärung angeschlossen hatte, fügte hinzu: »Gut, daß Hermann es angesprochen hat, denn das gleiche gilt für mich.« Für mich war das schlimmste daran, daß man sich gegen diese Form von Antisemitismus nicht mit Prügel wehren konnte. Ich konnte die beiden nur angucken und mich zurückfallen lassen, und den Rest des Tages ging ich allein. Wenn ich mich recht entsinne, hatte ich danach einen meiner seltenen Auftritte bei Blau-Weiß.

Haacke unterrichtete uns in Deutsch, Geschichte und Englisch; und Deutsch und Geschichte umfaßten auch Kunstgeschichte. Es ist merkwürdig, daß das ständige Bemühen meines Vaters, uns in der Berliner Nationalgalerie die Augen für die Schätze der italienischen Kunst zu öffnen, nichts fruchtete, während die beiläufigen Bemerkungen Haackes, als er uns durch die italienische Sammlung führte, genau dies bewirkten. Mein Vater, der selber Maler war, sprach von der Komposition, und, ehrlich gesagt, dies interessierte mich nicht. Er vermittelte mir den Eindruck, Kunst sei eine Art angewandter Geometrie, die man erst erlernen müsse, bevor man das Geheimnis jedes einzelnen Mei-

Die Oberrealschule Zehlendorf, heute Schadow-Oberschule (1921)

sterwerks entschlüsseln könne. Haacke dagegen sprach vom italienischen Humanismus und zeigte uns die hermaphroditischen Gestalten Giorgiones als die Verkörperung dieses Ideals. Da wurde mir einiges klar. Die historische Annäherung an die Kunst ist eine indirekte – und Kunst sprach mich nicht direkt an, wenigstens nicht in diesem Alter. Insbesondere die Bildhauerei, mit Ausnahme der stark expressiven spätgotischen Plastiken, vor allem der Holzplastiken, war mir lange Zeit ein Buch mit sieben Siegeln. Meinem Geist, der damals von historischen und literarischen Ideen durchdrungen war, öffnete Haacke eine Tür zur Kunst. Aber es waren vor allem die Geschichte und die Literatur selbst, die mich während dieser letzten drei Jahre meiner Schulzeit in ihren Bann zogen.

Haacke hatte ein System eingeführt, dem zufolge ein Schüler von zwei Klassenaufsätzen und einer Hausarbeit befreit würde, wenn er statt dessen eine »große Arbeit« verfaßte, wie er es nannte, und er brachte uns eine Reihe von Quellen mit, die wir für eine solche »große Arbeit« studieren und verwerten könnten. Das Thema meines ersten Werkes suchte ich mir jedoch selbst aus. Zum Geburtstag hatte ich eine Auswahl von Napoleons Briefen geschenkt bekommen. Diese nahm ich jetzt zur Grundlage für eine Untersuchung, die, über Napoleon hinaus, die elementaren Eigenschaften des Genies erhellen sollte. Haackes Beurteilung meiner Arbeit war typisch: Er teilte meine Ansichten ganz und gar nicht und ließ mich das in einer vernichtenden kleinen Bemerkung am Ende meiner Abhandlung auch wissen. Weiter unten stellte ich dann erstaunt fest, daß er mir eine Eins gegeben hatte. Er wollte mir seine Anerkennung für eine schlüssige und gut artikulierte Arbeit nicht versagen und zugleich klarstellen, daß sie auf vollkommen falschen Prämissen aufgebaut war. Die Arbeit des nächsten Jahres hingegen war ein voller Erfolg. Haacke hatte mir die politischen Testamente dreier Hohenzollernherrscher mitgebracht, das Friedrich Wilhelms, des »Großen Kurfürsten« von Brandenburg, das des anderen Friedrich Wilhelm, des »Soldatenkönigs«, der Preußen geschaffen hatte, sowie das seines Sohnes Friedrich des Großen, letzteres in französischer Sprache verfaßt. Das faszinierendste der drei politischen Testamente war das des Soldatenkönigs, das von Halbbildung und der brennenden Leidenschaft des geborenen Herrschers strotzte. Auch etwas Abstoßendes kann ein Kunstwerk sein, und der Entwurf des Preußentums aus der Sicht dieses beschränkten, aber glühenden Tyrannen hatte etwas von einer künstlerischen Idee. Auch ist das Preußentum nicht nur abstoßend. Das Prinzip des allgemeinen Dienstes, das mit spartanischer Strenge gepredigt und befolgt wurde, hat seine eigene bittere Erhabenheit. Der Text begeisterte mich durch die dem König eigene durchtriebene und gewitzte Menschenkenntnis und mehr noch durch die harte und doch liebevolle Auseinandersetzung mit seinem Sohn, dessen intellektuelles Wesen und französische Kultur er mit Mißtrauen beäugte und den er, letzten Endes mit Erfolg, für seine Regierungsauffassung zu gewinnen trachtete. Es gelang mir ziemlich gut, das alles herauszuarbeiten, und ich erinnere mich noch an Haackes bewundernden Blick, während er es las und murmelte: »Sehr schön, Marquis!« Ich schrieb danach noch eine weitere »große Arbeit«, diesmal über die Autobiographie eines tschechischen Arbeiters. Es war typisch für Haacke, mir nach den königlich-preußischen »Testamenten« ein solches Thema zu geben.

Mit Haacke lasen wir auch Shakespeares »Julius Caesar« noch einmal, wobei er die politischen Aspekte des Stückes betonte. »Er werde Caesar!« ruft einer aus dem römischen Pöbel, und Haacke sagte, mit seinem eindringlichen Krächzen: »So ist das eben: Es kann nicht funktionieren. Brutus kann den Monarchen töten, aber nicht die Monarchie. ›Er werde Caesar!‹, das zeigt das ganze Ausmaß seines Scheiterns.« Dieser Aspekt war mir nicht in den Sinn gekommen.

Haacke unternahm Fahrten mit uns, und als »alter Herr« der Jugendbewegung war er in der Lage, vorübergehend einer von uns zu werden und sogar weniger Autorität auszuüben als ein Gruppenführer bei Blau-Weiß. Jedes Jahr zu Beginn der Sommerferien zog er mit ein oder zwei Schülern, die keine Ferienreise mit ihren Eltern machten, los und fuhr mit ihnen im Paddelboot die Spree hinauf oder über die Mecklenburgische Seenplatte. Das Paddeln im kleinen Faltboot war harte Arbeit, und am ersten Abend war ich so erschöpft, daß ich nicht einmal mehr essen konnte. Haacke war besorgt: »Aber warum haben Sie denn nichts gesagt, Mann?« fragte er. Trotzdem, ich hatte es geschafft, ich hatte nicht aufgegeben, und am nächsten Tag, als wir den Klappmast aufbauten und eine Art Laken daran befestigten, das uns als Segel diente, hatte ich das Gefühl, mir diese Ruhepause verdient zu haben. Das Beste waren die Schlechtwettertage: Sturm über den großen Seen, Regen, der die Wasseroberfläche aufwühlte, Wolken, die ihre Schatten über See und Ufer warfen. »Ich fand schon immer«, sagte Haacke »daß schlechtes Wetter aufregender ist als Sonnenschein. Ich werde nie den schrecklichen Schneesturm vergessen, den ich am Großglockner erlebt habe.« Daraus ergab sich eine Diskussion über Landschaft in der Dichtung. »Bei Shakespeare gibt es sie, und auch in der ›Edda‹, und bei Homer, aber bei Shakespeare gibt es das Stürmische, die dunkle und brütende Landschaft des Nordens in höchstem Maße. Kein französischer Dichter konnte das darstellen. Kein französischer Dichter hat dieselbe innige Beziehung zur Natur. Racine spricht von ›Bäumen‹, bei Shakespeare sind es ›Birken‹, ›Ulmen‹ oder ›Eichen‹.« Ich schaute mir meinen Shakespeare daraufhin wieder an, diesmal das düsterste all seiner Stücke, den »Lear«, und war wie vom Donner gerührt. Haacke hatte mir ein Licht aufgehen lassen: daß Homer, wie in gewisser Weise Mozart, unnahbar jenseitig war, aus einem goldenen Zeitalter, eine Utopie der Vergangenheit; Shakespeare dagegen war einer von uns. Von nun an konnte ich vor beiden Altären beten.

Haackes Persönlichkeit und seine Unterrichtsmethoden, die bei uns bewirkten, daß wir die Unterprima als etwas Eigenständiges auffaßten, das nicht ganz zur Schule gehörte, erregten das Mißtrauen des neuen Direktors, eines kleinen, dunklen Kerls mit Brille und unangenehm preußischem Tonfall. In seinem Groll ging er so weit, uns unter Mißachtung der Regeln im letzten Jahr, also im Abiturjahr, einen anderen Klassenlehrer vorzusetzen. »Das ist nicht gerecht«, sagte Haacke mir gegenüber ganz offen, als er mich kurz nach dem Wechsel auf seiner Fahrradstange zur Schule mitnahm. Immerhin behielten wir ihn in Deutsch und Geschichte. Aber den Englischunterricht übernahm unser neuer Klassenlehrer, ein dicker, rotgesichtiger und gedrungener Mann mit einem Schmiß auf der Wange und dem entzückenden Namen Hubert Engel. Er kündigte das Shakespeare-Stück, das er mit uns lesen wollte, mit dem abschließenden Urteil an: »Fest steht, Shakespeare ist bombastisch und, schlimmer noch, sein Gebrauch von Hilfsverben äußerst irreführend. Darum muß ich Sie davor warnen, sein Englisch als korrektes Englisch aufzufassen. Trotzdem steht nun einmal Shakespeare auf dem Lehrplan der Oberprima, also bitte: ›Macbeth‹.« Daß ich nicht sehr glücklich mit der Aussicht auf diesen Unterricht war, versteht sich. Meine Lösung bestand darin, immer zwei Ausgaben von »Macbeth« dabeizuhaben, eine auf dem Tisch und eine darunter, und während ich oben die Seite aufgeschlagen ließ, die wir in unserem langsamen und mühsamen Vorrücken jeweils erreicht hatten, las ich das Stück unter dem Tisch innerhalb der Zeit, in der wir es in der Klasse lasen, viermal und konnte bald das meiste davon auswendig. Aus meiner Begeisterung für die reine Poesie und die schaurige Offenbarung dieses bösen Traums, der die zwei Träumenden am Ende »in ihres Nichts durchbohrendem Gefühle« dastehen läßt (um eine der schönsten Wendungen Schillers zu zitieren), einem Nichts, das um den Preis von allem erworben war, riß mich manchmal die trockene Stimme des Schulmeisters, der wetterte: »›Let us seek out some desolate shade and there / Weep our sad bosoms empty‹: Da haben Sie's, das ist reiner Shakespeare-Bombast; und das zu Beginn des Aufzugs: Die Leute nehmen gerade erst wieder ihre Plätze ein, die Logentüren klappern unablässig, und man hört noch das Stullenpapier rascheln. Unter solchen Bedingungen geht eine derart aufgeblasene Metapher völlig unter.« Wenn ich heute darüber nachdenke, bin ich eher bereit zuzugeben, daß Engel eine gewisse Originalität besaß, vielleicht sogar Mut, wenn er solch sakrilegische Ansichten über den Barden vertrat; damals aber fragte ich mich, wie ich diese kalte Dusche nach Haackes tiefempfundenen Bemühungen aushalten könnte, ohne aufzuspringen und »Blöder Affe!« zu rufen.

Der Leser ist sicher darauf gefaßt, daß eine so ausgiebige Beschäftigung mit der Dichtung von eigenen Versuchen begleitet gewesen sein muß. Die Klasse hatte einen geselligen Abend geplant und mich beauftragt, für »expressionistische Lyrik« zu sorgen. Von Haacke waren wir schon mit der Lyrik Georg Trakls, Franz Werfels, Theodor Däublers und, noch extremer, des Dadaisten Kurt Schwitters bekanntgemacht worden. Doch hier hatte er etwas weniger Erfolg: Diese Autoren reizten uns nur zum Lachen.

Ich machte mich an die mir gestellte Aufgabe und verwendete Worte in merkwürdigen und sinnlosen Verbindungen, und nach der dritten kleinen expressionistischen Übung stellte ich fest, daß ich etwas »Authentisches« geschrieben hatte. Tatsächlich dienten mir die Versuche im Expressionismus als Inspiration; dessen fröhliche Verantwortungslosigkeit nahm auch meinem eigenen Stil die Schwere. Ich schrieb natürlich in freien Versen, und das erste meiner – letztlich etwa hundertfünfzig – Gedichte an Kittie begann so:

Über Deinen Vorfrühlingsweg
Wehen meine herbstlichen Kränze:
Harte Blätter und kalte, bunte
Die Du zwischen den Fingern taust

Ich habe später einiges verfaßt, das wesentlich schlechter war, wenngleich ich mir mit der Zeit zwangsläufig eine leidliche Technik erworben habe.

KAPITEL 10

Freunde und Freundinnen

Das Klima in Zehlendorf war etwas anders als in Lichterfelde. Um es mit den politischen Parteien jener Tage auszudrücken: Lichterfelde war stramm deutschnational, während Zehlendorf neben seinem festen Bestand von Beamten und Offizieren im Ruhestand einen deutlich größeren Anteil an Geschäftsleuten, Akademikern und Künstlern hatte, und das waren Leute, die die Deutsche Volkspartei oder sogar die Deutsche Demokratische Partei wählten. Der Vater von Fritz Lucke, des Jungen mit dem Mausgesicht, war zum Beispiel Autohändler, und außer Fritz Crzellitzer gab es noch eine ganze Reihe anderer Architekten in Zehlendorf. Überdies hatte sich Zehlendorf zumindest einige Spuren seines dörflichen Charakters bewahrt. Lichterfelde war nie ein Dorf gewesen, sondern einer der allerersten planvoll angelegten Gartenvororte, und lag zur Zeit seiner Gründung weit außerhalb Berlins. Zehlendorf hatte eine Hauptstraße mit einem Dorfanger und einer sehr alten Kirche, einem Dorfteich und einem Gutshaus, das um 1800 in jenem zurückhaltenden preußischen Klassizismus mit hohen Fenstern und Mansardendach erbaut worden war, der die französische Tradition mit der nüchternen Würde der Mark Brandenburg verbindet. Von den anderen alten Dorfhäusern waren nur noch ein oder zwei erhalten; aber das Erscheinungsbild der Straße mit dem Anger in der Mitte hielt die Erinnerung an die dörflichen Ursprünge Zehlendorfs wach.

Ich fühlte mich sofort zu dem Ort hingezogen, und meistens radelte ich nach dem Mittagessen wieder dorthin zurück, um meine neuen Freunde zu besuchen und ihre Schwestern oder Freundinnen zu bewundern. Bei Fritz Lucke liefen alle Fäden des aufregenden Treibens jener ersten schwärmerischen Liebe zusammen, die in unserer Klasse von Sechzehnjährigen gerade die Runde machte, und leicht beeinflußbar, wie ich immer gewesen bin, teilte ich seinen Kummer über die schöne Charlotte, die ihn behandelte, wie er es verdient hatte. Jedoch begnügten sich Lucke und die restlichen Jungen nicht damit, sich nach Art eines Dante zu verzehren wie ich mich weiterhin nach Kittie: Sie dichteten diesen Töchtern aus gutem Hause all die Laster an, von denen sie träumten, und ließen sich sehr freimütig über sie aus. Dieses Mädchen wurde die Geliebte von dem oder jenem genannt, jenes schlicht eine Hure. Den bei weitem schlechtesten Ruf genoß die Tochter eines Architekten, und was sie betraf, war die ganze Klasse einer Meinung. Rückblickend glaube ich, daß sie höchstwahrscheinlich eine Affäre mit einem dunklen und ziemlich verweichlichten Jüngling mit einem italienischen Namen hatte, der in derselben Schule eine andere Klasse besuchte. Damals fand ich dieses schlüpfrige Gerede widerlich und war zugleich stark von dieser Person fasziniert, die – kein Rauch ohne Feuer – offensichtlich jene Art der Sünde verkörperte, die ich liebend gern erlebt hätte.

Die Mädchen kamen zur selben Zeit aus der Schule wie wir, und die Ströme, die sich dann aus verschiedenen Richtungen über dieselbe Straße ergossen, mischten sich aufs angenehmste. Bald war es mir vergönnt, einen Blick auf Fiffi zu erhaschen – ihr richtiger Name lautete Irmgard –, und sie war tatsächlich umwerfend: Ihre Haare waren brünett, ihr Gesicht blaß, mit einer niedrigen Stirn, sehr geraden Nase und tiefliegenden braunen Augen, die äußerst ausdrucksvoll waren, denn es lag in ihnen gleichzeitig Sehnsucht und Verachtung. Ihr Hals war eigentlich zu kurz, aber ihr heranwachsender Körper war herrlich geformt, und sie wußte das. Ich fand sie so ungeheuer überlegen, daß ich mich sofort als ihr Sklave fühlte, obgleich meine Haltung gegenüber meinen

Klassenkameraden die eines Ritters war, der seine Angebetete gegen ihre Lästerzungen verteidigt. Ich glaube, ich ging sogar so weit, mich mit einem der anderen Jungen zu schlagen, was mir – als wahrem Don Quijote – in meinen Augen ein gewisses Recht gab, wenigstens die Bekanntschaft des Fräuleins zu machen, in dessen treue Dienste ich mich gestellt hatte. Das war offensichtlich nicht Fiffis Meinung, die mich, ob sie nun von meiner Tat erfahren hatte oder nicht, im höchsten Maße lächerlich fand. Die Beziehung blieb daher distanziert, was mich nicht daran hinderte, mich gründlich zu blamieren. Ich radelte gerade von der Schule heim und sah sie, wie sie zusammen mit zwei oder drei anderen auf dem Bürgersteig der Hauptstraße entlangging. Ich konnte einfach den Blick nicht von ihr wenden, wurde aber schlagartig aus meiner Entrücktheit gerissen, als ich mit einem entgegenkommenden Radfahrer zusammenstieß. Während ich meine lädierten Knochen und mein verbogenes Fahrrad zusammenklaubte, hörte ich sie herzlich lachen und sah, wie sie in meine Richtung schaute und eine Grimasse schnitt. Und doch – das entmutigte mich keineswegs, im Gegenteil, ich fand es bezaubernd, und meine blutigen Knie waren mir noch heiliger als die leichten Schrammen, die mir mein heldenhafter Kampf um ihre Ehre eingebracht hatte. Das einzig Ärgerliche war, daß ich mein Fahrrad nach Hause schieben, besser gesagt, den ganzen Weg das verbogene und unbewegliche Vorderrad anheben mußte. Dadurch kam ich nicht nur zu spät zum Mittagessen, sondern verpaßte auch Kittie auf ihrem Weg von der Schule in Lichterfelde. Denn das war meine, die Zerrissenheit meines Herzens widerspiegelnde Gewohnheit: Ich trödelte auf der Straße vor der Schule herum, bis ich den Inbegriff von Sünde an mir vorbeigehen sah, dann trat ich heftig in die Pedale und fuhr in rasendem Tempo nach Lichterfelde, wo ich gerade rechtzeitig eintraf, um den Inbegriff von Tugend zu begrüßen und auf dem letzten Teil ihres Heimwegs nach Hause zu begleiten. Und obwohl ich der Fülle von Kittie-Gedichten pflichtbewußt nach wie vor immer wieder neue hinzufügte, schrieb ich nun auch ein Stück mit dem Titel »Catilina«, in dem eine dunkle Dame vom Typ Fiffis eine tragende Rolle spielte. Sie war nach landläufigen Kriterien häßlich, energisch, stolz und rücksichtslos. Außerdem teilte sie begeistert die mannigfaltigen Laster des Helden.

Tatsächlich bereiteten mir weder meine eigene gespaltene Loyalität noch der befleckte Ruf meines neuen Idols irgendwelche Gewissensbisse. Soviel wußte ich aus der Literatur, daß die Gespaltenheit des Herzens bei Dichtern einigermaßen gang und gäbe ist, und mein Bruder Karl war sehr hilfreich, indem er mir bestätigte, dies könne vorkommen und sei nichts, weswegen man sich schämen müsse. Was ich für mich unter dem Einfluß des brünetten Mädchens entdeckte, war die dunkle Dame aus Shakespeares Sonetten und seine Cleopatra. Mit anderen Worten, ich erschloß mir die Art von Liebe, die man für eine Frau empfindet, deren Wert nach gängigen Maßstäben gering ist und deren Schönheit keineswegs dem vorherrschenden Ideal entspricht. Der Liebende spürt das, gleichwohl ist er überzeugt, daß sich ihr Wert nicht mit der üblichen Elle messen läßt und ihre Schönheit in ihrer Einzigartigkeit um so wertvoller ist. Schade nur, daß die Erfahrung wieder einmal rein literarisch blieb. Was sich zwischen Fiffi und mir abspielte, läßt sich tatsächlich in zwei Sätzen berichten. Ich bat sie während einer Tanzstunde, die wir gemeinsam besuchten, um einen Tanz, und sie lehnte ab, wobei sie keinen anderen Grund angab als den, keine Lust zu haben. Bei dieser oder einer ähnlichen Gelegenheit wies sie mich darauf hin, daß man ruhig ein Intellektueller sein könne, daß man aber wissen müsse, wann; und daß der Tanzboden sicherlich nicht der geeignete Ort zum Philosophieren sei. Die einzige Wirkung dieser derben – aber berechtigten – Abfuhr war, daß ich ihre Offenheit unendlich bewunderte. Die demütigendste Episode unserer Bekanntschaft ereignete sich, als ich ihren dunklen Freund eines Tages nach der Schule begleitete und sie sich uns anschloß. Barella – so hieß er – lud mich sogar ein, mit auf sein Zimmer zu kommen, wo ich eine halbe Stunde in der seligen Peinlichkeit verbrachte, meiner Geliebten so nah zu sein und zugleich Barellas herablassende Behandlung ertragen zu müssen. Von nun an konnte Fiffi wenigstens nicht mehr abstreiten, daß wir miteinander bekannt waren, und einmal gelang es mir sogar, ihr ein wunderschönes Damenfeuerzeug aus Perlmutt zu schenken, das mich mehr gekostet hatte, als ich besaß, und ein andermal eine Ausgabe von »Antonius und Cleopatra«. Ich weiß nicht, ob sich ihr je erschloß, warum ich ihr dieses Buch schenkte. Was mich betrifft, wenn ich dieses erhabenste aller Liebesdramen heute wieder lese, stelle ich mir Cleopatra immer noch als Fiffi vor. Tatsächlich sah sie ihr ein bißchen ähnlich ...

Den meisten Jungen helfen die Tanzstunden ein wenig aus der Schüchternheit und Verlegenheit heraus, die sich in der Pubertät zwischen den Geschlechtern entwickelt. Auf mich hatten sie diese Wirkung nicht. Im Gegenteil: Da ich schwesterlos, ein Junge unter Jungen war und meine Zeit damit vergeudet hatte, mich in Form von romantischer Schwärmerei und von der Warte hoher Literatur her nach Beatrice-Kittie und Cleopatra-Fiffi zu verzehren, konnte die Tatsache, daß ich ein Mädchen nun richtig in den Arm nehmen und auf den Tanzboden führen sollte, meine Scheu und Verwirrung gegenüber weiblichen Wesen nur verstärken. Sie fühlten sich so anders an, so süß und weich, daß ich zunächst nicht zu führen wagte und mich führen ließ. Wie konnte ich es wagen, der beschwingten Leichtigkeit, die diesen zarten Geschöpfen offenbar von Natur aus gegeben war, meine eigene Tolpatschigkeit aufzudrängen. Nachdem ich tanzen »gelernt« hatte, was 1922 immer noch hauptsächlich Walzer, Polka und sogar Quadrille, bestenfalls Onestep bedeutete, fühlte ich mich noch unbeholfener als zuvor. Da ich zugleich die normale Dosis Sinnlichkeit in mir hatte – wenn nicht mehr –, »brannte« ich, um einen Ausdruck des Paulus zu benutzen, und ich sollte noch eine ungewöhnlich lange Zeit so weiterbrennen.

Ich habe erwähnt, daß Freund Barella Fiffi und mich in Zehlendorf mit auf sein Zimmer genommen hatte. Wir waren in dieser Hinsicht in Deutschland spätestens seit 1918 freier, als man es in vielen Kreisen Englands und auch Frankreichs selbst heute noch für schicklich hält. Unsere Zimmer standen Freundinnen ebenso offen wie zuvor unseren Klassenkameraden. Vielleicht hat es etwas mit dem Grundriß und der Ausstattung der deutschen Villen zu tun, insbesondere mit der Zentralheizung. Unser Zimmer diente uns nicht nur zum Schlafen, wir spielten hier auch, machten Hausarbeiten und verbrachten Zeit mit unseren Freunden. Der Anblick des Bettes löste keine peinlichen Gefühle aus, und in den meisten Fällen entzog es sich dem Blick ohnehin entweder durch den Vorhang eines Alkovens oder war, in den späten zwanziger und dreißiger Jahren, durch eine Couch ersetzt worden. Diese Freizügigkeit führte zwar hin und wieder zum Unvermeidlichen, was trotz aller Gefahren und unerwünschten Begleiterscheinungen das kleinere Übel war. Aber da man uns zu einem natürlichen Umgang mit Mädchen ermutigte, die wir auf derselben Ebene als Freundinnen akzeptieren sollten wie unsere Kameraden, waren viele von uns Jungen der Ansicht, daß es gemein wäre, dieses Vertrauen der Mädchen zu mißbrauchen, indem wir ihnen gegenüber zudringlich würden. Es war der Einfluß der Jugendbewegung, der sich in dieser Auffassung niedergeschlagen hatte, daß eine reine und harmlose Freundschaft mit Mädchen möglich sei, mit Betonung auf »rein«. Doch die Sache war nicht harmlos und deswegen auch nicht »rein«. Wir kamen nicht umhin festzustellen, daß es einen Unterschied gab, ganz abgesehen von dem offensichtlichen. Damit will ich sagen, daß die gesamte Einstellung zum Leben, und damit meine ich jedes Thema, sogar die Mathematik, um das abstrakteste zu nennen, bei den Mädchen eine andere ist. Die Atmosphäre in unseren Zimmern war dementsprechend fast immer mehr als nur ein bißchen schwül, voller »Brennen«, bestenfalls wurde ein bißchen zaghaft geknutscht, und zugleich von einer Art nüchterner Vernünftigkeit, die, wie beide Beteiligten empfinden mußten, der Beziehung nicht gerecht wurde.

Ich habe mich während meiner letzten Schuljahre und selbst noch an der Hochschule auf ziemlich viele Freundschaften dieser Art eingelassen, von denen keine richtig befriedigend war. Die tiefste und dauerhafteste dieser Freundschaften hatte ich mit Ulla, einer Cousine, mit der ich allerdings nicht einen Tropfen Blut gemeinsam hatte. Wir waren nur angeheiratete Verwandte, denn sie war die Nichte von Onkel Pauls Frau. Ulla hatte eine kräftige Nase, unreine Haut, kräftige schwarze Augenbrauen, braune Augen unter leicht geschwollenen Lidern, einen etwas zu strengen Mund, eine niedrige, breite Stirn und krauses schwarzes Haar. Dazu war sie auch noch klein und gedrungen. Aber Ulla war Klassenkameradin der angebeteten Kittie, und ich nutzte diese Tatsache schamlos aus, um ihr mein Herz auszuschütten. Mehr noch: Ich benutzte sie als empfängliches Publikum für die endlose Darstellung meiner literarischen Erfahrungen und Entdeckungen; und seltsamerweise schien ihr das zu gefallen.

Obgleich ich unfähig war, Konversation zu machen, bin ich schon immer ein guter Redner und guter Lehrer gewesen. Meine Erfahrungen in Worte zu fassen, ob ich sie nun in der Musik, in der Lyrik, der Landschaft oder einfach im »Leben« gewonnen hatte, war mir ein tiefes, ja sogar unwiderstehliches Bedürfnis. Und diese Eigenschaft an mir entdeckte Ulla. Mein großer Bruder war nun einmal mein *großer* Bruder. Hans stellte eine Flucht in die Kindheit dar, solange er selbst noch Kind war. Ulla war jünger als ich, sie war aufmerksam, tief beeindruckt, und ich konnte sie in derselben Weise mißbrauchen wie Ludwig mich mißbrauchte. Daß ich dem lieben Mädchen irgend etwas in anderer Hinsicht bedeuten könnte, kam mir nicht in den Sinn, und auch heute bin ich mir nicht ganz sicher, was ich ihr tatsächlich bedeutet habe, obwohl ein Gespräch, das ich sehr viel später mit ihr führte, ein erhellendes Licht auf ihre Gefühle warf, denen gegenüber ich so unverzeihlich stumpf gewesen war. Das war 1948 in England, wo ich sie immer noch als meine Vertraute benutzte und ihr von einem viel jüngeren Mädchen erzählte, das sich offensichtlich in mich verliebt hatte. »Wir haben uns nicht einmal häufig getroffen, ich habe sie in die Oper ausgeführt, bin mit ihr nach Hampton Court gefahren und habe ihr das Ganze ein bißchen erklärt«, sagte ich. Ulla sah mich aus leuchtenden Augen an, die inzwischen allein aufgrund ihrer Ausdruckskraft und Klugheit schön geworden waren. »Und das hat ihr natürlich sehr gefallen«, sagte sie. »Aber warum?« rief ich, nach wie vor völlig im dunkeln tappend. »Hast du das denn immer noch nicht kapiert?« strahlte sie. »Sie hat das Gefühl, ernstgenommen zu werden.« Nach einer kleinen Pause fügte sie hinzu: »Das Gefühl hatte ich während unserer langen Spaziergänge durch die Felder bei Zehlendorf auch, zum ersten Mal in meinem Leben.«

Ich war mir dieser Wirkung nicht bewußt gewesen, weil es nicht zutraf, daß ich damals Ulla – oder jetzt meine Frau Charmian – ernst nahm, zumindest nicht ganz. Denn bei einem guten Unterricht ist das Verhältnis zwischen Lehrendem und Lernendem gegenseitig, der Schüler empfängt nicht nur, er regt auch an. Anders als ein Schüler, der zufällig in der Klasse sitzt, nimmt ein Schüler eigener Wahl das Wissen, das man ausschütten möchte, besonders gut auf, und in dieser Hinsicht wird er ernstgenommen, nicht jedoch in dem Sinne, wie Ulla es offensichtlich empfunden hat. Der Lehrer begriff es nicht als Fundament für eine starke persönliche Bindung. Später, als mich Ulla mit ihrer überragenden Intellektualität, ihrer einmaligen Charakterstärke und Selbstdisziplin überraschte, wurde diese Bindung echt und bewirkte einerseits, daß ich mich meiner ehemaligen Haltung gründlich schämte und andererseits insgeheim auf die Rolle stolz war, die ich bei ihrer hervorragenden Entwicklung vielleicht gespielt hatte. Damals kritisierte mein Vater meine Freundschaft mit Ulla, nicht etwa, weil ich ein klar denkendes und tief empfindendes Mädchen zur Befriedigung meines Bedürfnisses benutzte, andere zu unterrichten – das häßliche Entlein war von meinen Eltern nie richtig anerkannt worden –, sondern weil ich meine Zeit unerklärlicherweise mit einem unattraktiven Mädchen verschwendete.

Grundsätzlich betrachteten mein Vater, und in geringerem Maß auch meine Mutter, das Treiben von uns jungen Leuten mit einigem Mißtrauen, diese lockere Vertrautheit miteinander, die entweder zu nichts führte oder zu etwas, das in diesem Alter und in unseren Kreisen nicht gebilligt werden konnte. »Wenn wir es brauchten«, pflegte mein Vater zu sagen, »gab es immer die Dienstmädchen oder die kleinen Mädel der unteren Klassen, die für so etwas geschaffen waren. Wenn wir ein Mädchen unserer eigenen Klasse ins Auge faßten, war es ernst und bedeutete Verlobung.« Und er erzählte uns, wie ihn Frau Sachs, seine Mäzenin, die ihn nach Paris geschickt hatte, bei ihren Gesellschaften zweimal neben ein bestimmtes Mädchen gesetzt hatte. »Sie haben zweimal die Ehre gehabt, Fräulein Cohen zu Tische zu geleiten, Posener«, habe sie danach gesagt. »Nun? Was gedenken Sie diesbezüglich zu unternehmen?«

Da ich jetzt in Zehlendorf zur Schule ging, war es ganz natürlich, daß ich meinen Kontakt zu den Crzellitzer-Jungen wieder aufnahm, vor allem zu Franz, der ein Jahr jünger war als ich. Franz hatte ernsthaft mit dem Komponieren begonnen und trug uns seine Stücke mit großer Überzeugung und in einem guten tektonischen Stil vor; wenn er geendet hatte, schaute er mit sarkastischem Lächeln auf seinen vollen, aber etwas kleinen Lippen in die Runde und machte eine Bemerkung etwa in der Art: »So, da haben wir's«, womit er deutlich machen wollte, daß wir das Privileg genossen hatten, einem Musikstück zu lauschen, welches die Welt aufhorchen lassen würde. Diese maßlose Arroganz wirkte aber so entwaffnend, weil er dabei so unschuldig war wie ein kleines Kind. Franz war sich seines Genies so sicher, daß er uns erzählte, das Mädchen, das für kurze Zeit mit ihm getändelt und ihm dann den Laufpaß gegeben hatte, werde eines Tages große Augen machen, wenn sie im Publikum sitze und seine erste Sinfonie höre. »Und dies«, sagte er mit wehmütiger Schadenfreude, »wird meine Rache sein.« Träume dieser Art träumt jeder Heranwachsende; aber Franz faßte sie in Worte. Er hatte eine schneidende, entschlossene Sprechweise, und dabei blickte er einem direkt in die Augen, und man mußte ihn einfach gern haben. Doch er entwickelte sich mehr und mehr zu einem liebenswerten Langweiler. Mozarts Schwester hat über ihren Bruder gesagt, »abgesehen von seiner Musik ist er bis zum Schluß ein Kind geblieben«, und Franz mag dasselbe über sich gedacht haben. Aber ganz abgesehen vom Unterschied im musikalischen Talent, hatte Maria Anna Mozart auch nur zur Hälfte recht. Durch seine Musik gewann Mozart eine tiefe Kenntnis der Welt, denn wie hätte er sonst den »Don Giovanni« schaffen können. Und er war immer sehr an der Welt interessiert, an anderen Menschen, auch an den Städten, die er im Verlauf seiner Reisen sah. Seine Briefe wimmeln von Beschreibungen, die völlig ungeachtet der Tatsache, daß sie von Mozart stammen, auch sonst überwältigend sind. Franz ging dies vollkommen ab, genauer gesagt, fehlte ihm überhaupt jede Beobachtungsgabe, und diese Tatsache hat mehr noch als sein beschränktes musikalisches Talent verhindert, daß ein echter Künstler aus ihm wurde, und zugleich, daß er je seine Grenzen erkannte. Zu der Zeit, über die ich hier schreibe, war dies bereits offensichtlich, aber es lag soviel Verve in seinen zugegeben unreifen Kompositionen und soviel Entschlossenheit und jugendliche Begeisterung in seiner Persönlichkeit, daß man weiter auf irgendeine kleine außergewöhnliche Leistung hoffen konnte.

Franz bildete den Mittelpunkt für andere angehende Künstler in unseren Reihen. Bald ergänzte ich seine musikalischen Darbietungen mit dem Vortragen eigener Lyrik, die jedoch auf taube Ohren stieß. »Ich bin froh, daß ich das Klavier habe«, sagte Franz. »Nie würde ich dem Papier Worte anvertrauen. Das erscheint mir ein wenig schamlos.« Ein Junge aus der Nachbarschaft, Franzens Freund aus Kindertagen, dessen Vater ebenfalls Architekt war, tauchte auch im Hause der Crzellitzers auf. Er malte. Später schloß sich Wolfgang Liebeneiner dem Kreise an, der einzige, der sich später, als Schauspieler, einen Namen machte, sowie ein Jüngling, dessen großer Kopf schon in jenem Alter majestätisch genannt werden mußte und der Gedichte im Stile Rilkes verfaßte. Eine Zeitlang trafen wir uns alle zwei Wochen und widmeten uns den ganzen Abend der Diskussion über ein bestimmtes Thema, oder wir trugen einfach zur gegenseitigen Bewunderung unser jüngstes Werk vor, obwohl ich sagen muß, daß weder Klaus Oppenheimer, der Mann mit dem majestätischen Kopf, noch der hübsche Liebeneiner je etwas eigenes vorstellten. Franz war der Star der Abende, während ich eine ziemlich gedämpfte zweite Geige spielte. Ganz selten stieß auch noch der schlaksige, blonde und sehr angelsächsisch aussehende Deutsch-Amerikaner Henry Dressel hinzu, der in einem knappen und äußerst originellen Stil expressionistische Lyrik schrieb und abstrakte Skulpturen schuf, deren symbolischen Charakter er uns mit einer Eindringlichkeit erläuterte, die einen rätseln ließ, ob er es wirklich ernst meinte. Unsere Diskussionen blieben ziemlich fruchtlos, teilweise weil das intellektuelle Niveau der Anwesenden unterschiedlich war, hauptsächlich aber, weil jeder von uns zu sehr in seiner eigenen Traumwelt befangen war, um die anderen und deren Meinung gebührend ernst zu nehmen. Nein, das stimmt nicht: Wir nahmen einander sogar sehr ernst, als Persönlichkeiten. Aber wir strebten zur gleichen Zeit in verschiedene Richtungen.

Unter diesen angehenden Genies war der Maler Hansjochen Sedelmeier, der meine Aufmerksamkeit weckte, zunächst, weil ich ihn nicht mochte. Sedelmeier war ein junger Dandy, sehr modebewußt, wie mein Bruder Karl. Obwohl er in Wirklichkeit sehr stark war – es wäre ihm ein leichtes gewesen, zwischen seinen muskulösen und sehr schön geformten Fingern meine Hand zu zerquetschen –, wirkte er irgendwie schlaff. Sein Gesicht war blaß, und er hatte sehr weiches, leicht feminines braunes Haar, die großen Lippen waren voll und schön geformt, seine braunen Augen unter stark entwickelten, jedoch nicht buschigen Brauen hatten etwas Suchendes. Er wirkte etwas hochmütig, wie ein Mann von Welt mit geschliffenen Umgangsformen (Franz und ich waren im Grunde Flegel), und sprach mit einer extrem sanften Stimme, aber auf eine Weise, als würde er einen dabei auf den Arm nehmen. Manchmal, wenn er schroff sein wollte, was er gelegentlich auch sein konnte, verfiel er plötzlich in den süddeutschen Dialekt seiner Familie, die aus Lindau am Bodensee stammte. Seine normale Redeweise war, wie meine, leicht vom Berliner Platt gefärbt, und ich habe nie jemanden das »o« in »Idiot« mit soviel expressivem Gusto betonen hören. »Idiooot«, pflegte er zu sagen, und war man Empfänger dieses Kraftausdrucks, konnte es wehtun, obwohl dies meistens nicht der Fall war, weil er es lachend hervorbrachte. Sein überhebliches und dandyhaftes Auftreten ging mir auf die Nerven, obwohl ich zu eitel war, um seine Einladung zu sich nach Hause nicht anzunehmen, die er ziemlich bald nach unserem ersten Kennenlernen aussprach. Er führte mich in sein Zimmer im Erdgeschoß, in dem es nach Farbe, Lack und Bittermandeln roch und überall seine angefangenen Gemälde herumlagen. Ich hatte seine Arbeiten vorher noch nie gesehen, und was ich sah, warf mich um. Sedelmeier schuf damals hauptsächlich Illustrationen, Märchengestalten in symbolistischer Manier, wobei er Farben verwandte, die das durchdringende Feuer von Juwelen in sich trugen. Da ich so sehr an die grauen und gedeckten Farbtöne der brandenburgischen Landschaften meines Vaters gewöhnt war, hatte mich nichts auf die Kunst dieses Goldschmieds und Glasmalers vorbereitet, und ich verbrachte lange Zeit damit, sie einfach verzückt auf mich einwirken zu lassen. Sedelmeier sprach leichtfertig darüber und spielte seine Leistung herunter. Er erzählte mir, daß er zur Zeit an einer viel besseren Sache arbeite, aber das konnte meine Bewunderung nur steigern. Ich fand, daß der junge Mann, der diese Stücke gemalt hatte, auch als Person einen zweiten Blick wert sein könnte, und plötzlich betrachtete ich ihn anders. Was mir an seiner Erscheinung weichlich vorgekommen war, erschien mir nun sanft und menschlich, seine Überheblichkeit wertete ich jetzt als exklusives Recht eines Mannes, den die Natur mit einem besonders erlesenen Geschmack ausgestattet hatte. Außerdem war ich nunmehr bereit, sein Verhalten als eine

Maske anzusehen, die ihm erlaubte, sich in die einzige Sache zurückzuziehen, die ihm etwas bedeutete – seine Malerei. Trotz seiner Körperstärke war seine Konstitution angegriffen, vor allem sein Herz bereitete ihm einige Sorgen, und auf einem Auge war er fast blind. Aber er trieb sich erbarmungslos an, arbeitete Nacht für Nacht, trank schwarzen Kaffee und rauchte Pfeife. Hansjochen besaß eine starke Willenskraft, obwohl er diese nie geltend machte, um seinen Fleiß zu erklären. »Ach das?« entgegnete er dann, »aber Malen ist doch keine Arbeit. Ich kann gar nicht anders.«

Es ist keine Übertreibung, wenn ich sage, daß ich das Gefühl hatte, ein Strahl sei von Sedelmeier in mich eingegangen: Ich war tatsächlich wie vom Blitz getroffen. Die folgenden Nachmittage verbrachte ich meist in Sedelmeiers Arbeitszimmer, und irgendwann stellte er mich seinen Eltern vor. Er kam auch zu uns, und mein Vater zeigte sich von seinen Arbeiten beeindruckt, was nicht häufig vorkam und mich überraschte, weil die künstlerischen Auffassungen der beiden Maler kaum unterschiedlicher hätten sein können. Zu meiner großen Freude wurde Sedelmeier in unserem Haus vorbehaltlos aufgenommen, mehr noch, meine Eltern begrüßten es, daß ich mir diesen Freund ausgesucht hatte. Aber war er ein Freund?

Seine Manieren meinen Eltern gegenüber waren tadellos und mir gegenüber in kaum geringerem Maße. Hier war ein Künstler, dessen Arbeitsweise, wenn nicht gesamte Lebensweise der eines Bohemiens ziemlich nahekam; und ich war ein frisch konvertierter Schüler, der seine Tage in des Meisters Bude verbrachte oder mit ihm in meiner Bude, oder auf den Feldern, wo wir nicht nur über Kunst, sondern auch über Fiffi und Kittie und Erna, sein Mädchen, redeten. Er erzählte mir die Geschichte seiner Vorfahren väterlicherseits, die seit der Zeit um 1200 Goldschmiede und Ärzte in Lindau gewesen waren; und trotzdem ließ er sich nicht dazu herab, das offizielle »Sie« abzulegen und mein Freundschaftsangebot anzunehmen. »Hansjochen«, hatte ich gesagt, »ist es nicht ein bißchen lächerlich, daß wir beide uns immer noch mit

›Sie‹ anreden?« – »Ja, Julius, ja, ziemlich lächerlich. ›Du‹ zu sagen ist aber auch ziemlich lächerlich. Sprechen wir von etwas anderem.« Hm, dachte ich, wenn du nicht willst ... Aber drei Monate später machte ich einen erneuten Anlauf. Ich fand es allmählich lästig, daß jemand, dessen volles Vertrauen man genoß und erwiderte, sich in der Angelegenheit des Duzens immer noch so zierte. Ich erhielt eine weitere Abfuhr. Es muß ein gutes Jahr nach unserem ersten Treffen gewesen sein, als er mich plötzlich, ziemlich feierlich, um die Erlaubnis bat, mich duzen zu dürfen. »Aber Mensch«, brach es aus mir heraus, »das hab ich Ihnen doch schon vor langer Zeit angeboten.« – »Das haben Sie in der Tat«, sagte Hansjochen, »und Sie müssen mir verzeihen, daß ich es damals nicht angenommen habe. Ich mußte mir dieses Herrn Julius Posener erst sicher sein. Und jetzt erlaube mir bitte, du zu dir zu sagen.« Ich war so glücklich, daß mir das nicht einmal merkwürdig vorkam, vielleicht hatte er auch recht: Das Band zwischen uns, das einmal bis zum Zerreißen gespannt werden sollte, hält noch heute.

KAPITEL 11

Georges nackter Jünglingsfuß

Von 1920 bis 1923 ging ich in Zehlendorf zur Schule. In diese Zeit fallen bedeutende Daten der deutschen Nachkriegsgeschichte. Die Möglichkeit einer Revolution unmittelbar nach dem Zusammenbruch gehörte im Jahre 1920 endgültig der Vergangenheit an. Der Putsch des Herrn Kapp, der die Gefahr einer plötzlichen Rückkehr der Reaktion mit sich gebracht hatte, erwies sich gegenüber dem Mittelweg der Sozialdemokraten als erfolglos. Allerdings drohten die wirtschaftlichen Folgen des Versailler Vertrags, die sich nun deutlich bemerkbar machten, die mühsam gewonnene politische Stabilität aufs neue zu erschüttern. Im November 1923 scheiterte Hitler mit seinem Putsch in München.

Unter allen anderen Faktoren wurde die französische Besetzung des Ruhrgebiets zum wahrscheinlich entscheidenden Auslöser dieser zweiten Krise, indem sie die Inflation in Deutschland anheizte und das Nationalgefühl steigerte. Wir sangen alle das Schlageter-Lied, das einen Saboteur im Ruhrgebiet feierte, den die Franzosen erschossen hatten. Ein Plakat mit dem Titel »Le Cordon Douanier« (Die Zollgrenze) und einer Marianne darauf, die gerade einen Mann erwürgt, der wie ein Bergarbeiter aus dem Ruhrgebiet aussieht, prangte unübersehbar auf jedem deutschen Bahnhof. Allerdings wurde unser patriotischer Eifer durch die Aktivitäten der »Brigade Ehrhardt«, der Deutschvölkischen Freiheitspartei und zahlreicher anderer »völkischer« Strömungen, darunter auch die Nationalsozialistische Deutsche Arbeiterpartei in

München, ziemlich gedämpft; denn in all diesen Gruppen herrschten starke antisemitische Tendenzen.

Die Inflation wirkte sich unmittelbar auf jedes einzelne Mitglied der Nation aus. Als schließlich das am Morgen ausgezahlte Geld bereits am Mittag die Hälfte seines Wertes eingebüßt hatte, nahm das Leben in Deutschland irreale Züge an. Mein Bruder Karl und ich machten diese Erfahrung am eigenen Leibe, als wir unsere Sommerferien in der Nähe von Berchtesgaden, am Untersberg, verbrachten. Wir waren mit zehn Millionen Mark in der Tasche losgefahren, aber das brachte uns nicht weit. In dem zauberhaften Königssee zu baden, konnten wir uns aus dem Kopf schlagen, denn der Eintritt in die Badeanstalt kostete 500 000 Mark; genausowenig war es uns vergönnt, auch nur einen Tropfen des berühmten bayrischen Bieres zu kosten. Wir lebten buchstäblich von Luft und Sonne, obwohl wir auf unserer Alm die frische, warme Kuhmilch umsonst bekamen und uns Brot und die billigste Wurstsorte eben noch leisten konnten. Karl machte uns mit langen Erörterungen imaginärer Mahlzeiten den Mund wäßrig: »Als Vorspeise, Jul, ein wenig Lachs in Mayonnaise, was meinst du?« Gegen Ende der Ferien erhielten wir weitere zehn Millionen Mark von Zuhause, zusammen mit einer Postkarte von Vater, auf der er uns mitteilte, er sei sicher, das Geld werde für ein gelegentliches Bier reichen. Auf dem Rückweg, in München, fochten wir einen heldenhaften Kampf mit uns aus, ob wir den Bummelzug nehmen sollten, der direkt in Lichterfelde hielt, und dafür in München ein Bier trinken, oder lieber den Schnellzug, was eine zusätzliche Fahrkarte für die Stadtbahn und kein Bier in München bedeutete. Wir entschieden uns für den Schnellzug, und als dieser zufällig in Lichterfelde Station machte, begingen wir die Schandtat, unsere letzte Million für zwei Gläser des mittelmäßigen Berliner Bieres auszugeben. Das alles nahmen wir jedoch mit Humor, und unsere Ferien in den Bergen genossen wir unbeschwert. Aber auf der Heimreise füllte sich in Nürnberg der Zug plötzlich mit Teilnehmern einer nationalistischen Massenversammlung, die antisemitische Lieder sangen und das Hakenkreuz bejubelten. Wir waren auf dieser Fahrt beidem begegnet, der Inflation und dem Nationalismus, und beides waren Facetten ein und desselben Phänomens.

Die Kunst Anfang der zwanziger Jahre gab die vorherrschende Stimmung wieder. Sie war apokalyptisch im Inhalt und verzerrt in der Form – es war die Blütezeit des Expressionismus. Sehr zum Leidwesen meiner Eltern war Sedelmeier in den Bann insbesondere von Willy Jaeckel geraten. Ich bekam einen ziemlichen Schock, als ich sein Zimmer betrat und anstelle seiner Juwelier-Phantasien eine ziemlich drastische und ekstatische Madonna vorfand; doch bald folgte ich meinem Meister. Denn hier war ein Gemälde, das meiner eigenen Gefühlswelt erheblich mehr zusagte als die dekorative Schönheit seiner früheren Arbeiten.

Jaeckel gehörte zum romantischen Flügel der expressionistischen Bewegung. Das klingt wie eine Platitüde, denn die expressionistische Bewegung insgesamt stand ja der romantischen Bewegung des vorausgegangenen Jahrhunderts sehr nahe und stellte sich auch bewußt in diese Tradition. In der Kunstgeschichte wurde sie begleitet von der Entdeckung des Archaischen: Paestum wurde dem Parthenon vorgezogen, der Bildhauer von Olympia – oder sogar von Ägina – erhielt den Vorrang vor Phidias. Auch die Neubewertung der gotischen Architektur durch Wilhelm Worringer, die Vorliebe für primitive Zivilisationen, die Wiederentdeckung El Grecos (kein einziger Meister der Vergangenheit hat einen vergleichbaren Einfluß auf die Bewegung ausgeübt), die Bewunderung von Piero della Francesca anstelle von Raffael und selbst das wiedererwachte Interesse an Ägypten (Karnak vor Paestum *und* dem Parthenon, das Grabmal des Ti vor Olympia *und* Phidias) gehören in den Kontext der expressionistischen Bewegung. Alles, was expressiv, stark und unmittelbar war, fremd oder exotisch – im Gegensatz zum Formalen, Schönen, Vollendeten und »Normalen« –, wurde aufgespürt und auf ein Piedestal gehoben.

Solch eine Bewegung ist für junge Menschen ein gefundenes Fressen. Denn natürlich gefiel uns das Rauhe und Unfertige besser als die Perfektion der griechischen Kunst, die vom Staube der Bewunderung bedeckt war, oft genug einer Bewunderung zweiter Hand, mit der sie Schulmeister über Jahrhunderte hinweg überschüttet hatten. Außerdem klang es viel interessanter, wenn man sagte: »Ich beschäftige mich im Moment mit aztekischer Kunst« (oder den Steinfiguren der Osterinseln), als gestehen zu müssen, man lese ein Buch über das antike Athen. Für junge Leute ist es sehr von Vorteil, wenn das Fremde und Unbeachtete in Mode kommt. Es ist vergleichsweise billig, sich ein Wissen über Randthemen anzueignen und sich selbst das Flair eines Spezialisten zu geben, während man gleichzeitig das weite Feld der Allgemeinbildung den Trotteln überläßt. Mir haben solche intellektuellen Sonderangebote immer gefallen, was zur Folge hatte, daß mein privates Universum riesige Lücken aufweist und eher einem Flickwerk gleicht. Eine weitere Folge war später, als ich mit klassischer Kunst in Berührung kam, daß ich sie mit der ganzen Wucht des Neuen und Unerwarteten empfing.

Auch entwickelte ich eine eigene Bildungstheorie, die mit der expressionistischen Bewegung in Einklang stand. Wir haben, so argumentierte ich, eine feste Kugel von möglichem Wissen vor uns, und wir können zwischen zwei Strategien wählen, mit ihr umzugehen. Entweder wir erfassen ihre Oberfläche und eignen uns von vielem ein oberflächliches Wissen an, oder wir können an jedem beliebigen Punkt eintauchen und uns darin vertiefen. Dabei ist es ganz gleich, wofür man sich entscheidet; denn je weiter wir von irgendeinem Gebiet zum Kern vordringen, desto mehr nähern wir uns den inneren Sphären aller anderen Gebiete auf der Oberfläche. Nachdem ich die Französische Revolution einigermaßen ausführlich studiert hatte, so sagte ich mir, hatte ich nicht nur Wissen über diese spezielle Epoche erworben, sondern auch ein generelles historisches Verständnis. Hätte ich statt dessen »Weltgeschichte« gelernt, wäre ich nie zu einer tieferen Erkenntnis gelangt. Das ist bis zu einem gewissen Grade auch richtig, und ich bin immer noch ziemlich sicher, daß der Überblick, der einem in der Schule vermittelt wird, tatsächlich nicht sehr hilfreich für das Verständnis irgendeines Themas ist; zumindest ist das sicherlich bei Fächern wie Geschichte und Kunst der Fall. Aber ich habe es mit meiner Einstellung in einem Maße übertrieben, daß ich erst, als ich selbst Architekturgeschichte unterrichten mußte, damit begann, mir jenes Grundwissen anzueignen, das mir für bestimmte Epochen fehlte, während ich bei anderen die Daten der einzelnen Bauphasen jedes Teils eines wichtigen Gebäudes leicht benennen konnte. Man könnte meine Theorie auch als Rationalisierung meiner Tendenz ansehen, mich treiben zu lassen, mich an dem, was mich interessierte, satt zu essen und darüber die normale, ausgewogene Kost zu vergessen. Trotzdem glaube ich, daß ein Körnchen Wahrheit darin steckt, und mit Genugtuung stieß ich irgendwann darauf, daß Auguste Rodin in seinen »Kathedralen Frankreichs« etwas Ähnliches gesagt hat.

Um zu Jaeckel zurückzukehren: Er war ein Romantiker, wie er im Buche steht, ein Vertreter der verträumten, bedeutungsschweren, sanften Schule innerhalb des Expressionismus – trotz seiner gelegentlichen Verzerrungen –, und diese Art der Malerei sagte mir sehr zu. Es gefiel mir, wenn ein Bild eine Bedeutung hatte, und mehr noch, wenn es eine vage und verträumte und nicht die präzise Bedeutung einer Illustration oder auch nur einer Allegorie hatte.

Mein Vater ist Maler, mein bester Freund ist Maler, und ich bin nun einmal Architekt; dennoch ist bildende Kunst nicht die Kunst, auf die ich wirklich anspreche. Das Verständnis, das ich für sie entwickelt habe, ist angelernt und meine heutige Empfänglichkeit wahrscheinlich eher auf einen beständigen Umgang zurückzuführen als auf eine echte Begabung. Was mir bei Homer, Shakespeare und Mozart widerfahren ist, habe ich mit einem Werk der bildenden Künste nie erlebt. Auch ist mein Gedächtnis, das meine Freunde erstaunlich finden, eines des Gehörs und nicht der Augen, phonographisch, nicht photographisch. Während meiner häufigen Streitereien mit meinen engsten Freunden kann ich sie mit meiner Fähigkeit zum Wahnsinn treiben, ihnen wörtlich zu zitieren, was sie vor zehn oder zwanzig Jahren gesagt haben; aber es fällt mir immer noch schwer, den Schnitt des Parthenons aus dem Gedächtnis an die Tafel zu zeichnen, obwohl ich ihn im Studium zeichnen mußte und ich jetzt seit zehn Jahren Architekturgeschichte unterrichte.

Uns allen geht es so, daß wir in den letzten zwanzig Jahren für Formen empfänglicher geworden sind. Wir leben in einem visuellen Zeitalter. Photographie, Architektur, Plakatkunst, Picasso, Braque, Matisse, all das hat unsere visuelle Wahrnehmung ungeheuer geschärft. Im Jahre 1921 hatten diese Faktoren ihre Wirkung noch nicht entfaltet. Die Malerei war für mich visuelle Dichtkunst, und die einzigen Gemälde, die mir etwas bedeuteten, waren die Matthias Grünewalds, der flämischen Schule, der Präraffaeliten und jetzt der Expressionisten wie Jaeckel und seines Anhängers, meines Freundes.

Auch die Bilder meines Vaters bedeuteten mir etwas, aber hier hatten Erziehung, Respekt und Liebe zu meinem Verständnis beigetragen. Außerdem sind die Gemälde meines Vaters vor allem poetisch. Auf ihnen entfalten sich die gedeckten Farben der Mark Brandenburg, der Landschaft meiner Kindheit, und die gleichermaßen geliebten Züge meiner Mutter, seiner selbst, meiner Brüder, meiner Freunde sowie meine eigenen. Heute weiß ich, daß ich mich keineswegs täuschte, wenn ich diese Gemälde für ausgezeichnet hielt: Sie sind es. Ich kann sie inzwischen wie Kunstwerke betrachten und sehe keinen Grund, warum ich sie weniger bewundern sollte, obgleich ich nun weiß, daß es unter seinen Zeitgenossen Künstler gegeben hat, deren Arbeiten stärker sind. Ich glaube aber nicht, daß sie auch tiefer und raffinierter waren. Mein Vater war schon für seine Zeit altmodisch und begann das zu spüren, als er älter wurde. Die mangelnde Anerkennung seiner Kunst und die sensationellen Erfolge der Künstler der »Secession«, der Fauves, Kubisten und Expressionisten verbitterten ihn zunehmend. Die Folge war, daß er sich zu sehr zurückzog, seinen Garten kultivierte, ohne sich an den Kämpfen jener schöpferischen Jahre vor und nach dem Ersten Weltkrieg zu beteiligen. Im Grunde seines Herzens war er ein Bürger, und der revolutionäre Schall und Rauch der neuen Kunst war nicht nach seinem Geschmack. Für ihn war sie ein Symptom des Zusammenbruchs seiner sicheren, zuversichtlichen und maßvoll progressiven Welt, ebenso wie der Krieg, die darauffolgenden sozialen Umwälzungen, der Jazz, die Mode der zwanziger Jahre, die sexuelle Freizügigkeit, das Kino, die ersten Fanfarenklänge der modernen Architektur in Gestalt von Arthur Korn, Erich Mendelsohn und Walter Gropius es waren. Er versuchte, sich in seinem behaglichen Atelier gegen diese rauhen Klänge abzuschotten, und wenn sie zu ihm vordrangen, reagierte er mit Zorn. Er kehrte von der neuesten Kunstausstellung zurück – wenn er sich denn dazu bewegen ließ, eine zu besuchen – und bezeichnete das Gesehene, in Anlehnung an Ruskin, voller Abscheu als »Farbtopf, der dem Publikum ins Gesicht geworfen wird«. Aber da er Sedelmeier mochte, versuchte er ihn taktvoll und behutsam von seinen Verzerrungen und seinem Überschwang abzubringen, in Form einer Kritik, die Sedelmeier, der meinen Vater seinerseits sehr gern hatte und dessen hervorragende Kunst er respektierte, mit einem bescheidenen Nicken entgegennahm, ohne sich von dem Kurs abbringen zu lassen, den er eingeschlagen hatte.

Ich wagte nicht, die Gemälde Hansjochen Sedelmeiers denen Moritz Poseners vorzuziehen. Schon damals war ich der Meinung, und bin es heute noch, daß mein Vater der bessere Künstler war. Dieses Urteil mag nach wie vor eher vom Respekt des Sohnes als vom Auge des Kenners geleitet sein, obwohl ich nicht glaube, daß das der Fall ist. Aber die bloße Tatsache, daß ich Sedelmeiers Verzerrungen trotz der Mißbilligung meines Vaters gelten ließ, stellte eine Rebellion dar, ganz gleich, wie sanft sie war, und eine Bekräftigung meiner Unabhängigkeit.

Auch beschloß ich, mit meiner eigenen »Kunst« hervorzutreten, und begab mich ganz unter den Einfluß Stefan Georges, den mein Vater halb lächerlich, halb unheilvoll fand, als Mensch wie als Dichter. Er war ihm mehrfach begegnet, fand sein dantehaftes Gesicht unangenehm und die bewußte Kultivierung dieser Physiognomie sowie sein ebenfalls an Dante gemahnendes Gehabe geschmacklos. Er pflegte uns zu erzählen, wie George mit dem Duktus eines religiösen Eiferers den überaus mittelmäßigen Künstler seines Kreises, Melchior Lechter, gegen seine, Moritz Poseners, Kritik mit den Worten verteidigt hatte: »Und warum sollte dem *Dichter* nicht dieses oder jenes erlaubt sein?«, worauf mein Vater erwiderte: »Ich dachte, er sei *Maler.*«

George übte einen starken Einfluß auf die Jugend jener Zeit aus. Er hatte einen Kreis von Dichtern, Künstlern, Historikern und Philosophen um sich geschart, die, wie er selbst, die Philosophie Nietzsches, insbesondere den Zarathustra, ins Reich der Lyrik und der Geschichte transponierten. Die Georgianer wandten sich gegen die verweichlichte bürgerliche Kultur vor 1914, die nur ihre materiellen Interessen verfolgt und die Kunst auf das Niveau von raffinierter Unterhaltung, Sinnlichkeit und lukullischem Gaumenkitzel herabgedrückt habe; sie lehnten die Selbstgefälligkeit, die Großspurigkeit, den oberflächlichen Fortschrittsglauben, kurzum den »Wilhelminismus« ab und beschworen dagegen das Prinzip der Disziplin, des Gehorsams gegenüber einem Führer und einer fest strukturierten Gesellschaft, in der die Rangordnung als natürlich und notwendig anerkannt wird. Ihr Appell richtete sich an die Jugend, deren »nackter fuss« diesen falschen Prunk, wie George hoffte, »übers riff hinab zum meere stösst«. Der George-Kreis betrachtete die Geschichte als eine Aufeinanderfolge von Halbgöttern, die über die Jahrhunderte hinweg die großen Umwälzungen der Kultur bewirkt hätten. Diese Vorstellung findet sich in den beiden epochemachenden Büchern Friedrich Gundolfs über Shakespeare und Caesar, die sich nicht mit dem Leben dieser monumentalen Figuren befassen, sondern mit dem prägenden Einfluß, den sie auf ihre Nachwelt ausübten. Vor allem das Shakespeare-Buch behandelt die Entwicklung des deutschen Geisteslebens unter dem Eindruck des englischen Dichters (es trägt den Titel »Shakespeare und der deutsche Geist«). Das ist sicherlich ein kreativer Ansatz, und die Bücher sind wichtig, obwohl sie noch besser geworden wären, wenn Gundolf nicht wie alle Georgianer der gestelzten Terminologie seines Kreises erlegen wäre und nicht ad nauseam Begriffe wie »welthaltig« und »dicht« (über Shakespeares Sprache) verwendet hätte. Gundolf war Jude – eigentlich hieß er Gundelfinger –, und es ist nicht unpikant, daß Goebbels sein Schüler gewesen ist. Für derart teuflische Verzerrungen war diese Lehre anfällig. Denn der George-Kreis versuchte bereits seine eigene Utopie einer neuen und disziplinierten Gesellschaft als Avantgarde zu leben. Das Wort des *Führers* wurde bedingungslos akzeptiert und – mehr noch – der *Führer* selbst als die übermächtige Gestalt angesehen, die, wenn ihr Weg auf Erden einst beendet sein würde, wie Shakepeare und Caesar über die Jahrhunderte ihre Wirkung entfaltet. Friedrich Wolters, ein ganz unbedeutender Dichter dieses Kreises, veröffentlichte ein schmales und kostbar ausgestattetes Büchlein mit dem Titel »Herrschaft und Dienst«, in dem er den lebenden George als eine solche Figur darstellt und mit Verweis auf die Abfolge von dessen Lyrikbänden aufzeigt, wie Georges Sprache den Sprachraum Ring für Ring ausgreifend erobert. George akzeptierte diese Rolle ohne Vorbehalt: »Sind auch der dinge formen abertausend / Ist dir nur Eine – Meine – sie zu künden.« Seine lyrische Selbststilisierung als Poet, Prophet und Priester kulminierte in seiner Liebe zu einem gottgleichen Jüngling, der in seinen Werken unter dem Namen Maximin auftaucht. Ich entsinne mich, wie mein Vater einmal im Zug einen Handelsvertreter der Feuerlöscher-Firma »Minimax« traf und ihn fragte: »Und, haben Sie je von ›Maximin‹ gehört?« Der Mann grübelte eine Weile und sagte dann: »Da sieht man's wieder: Die Konkurrenz schläft nie!« Maximins »Wiederkunft« wird in Gedichten verkündet, welche die »drei Stadien« zelebrieren: Erst wird dem Liebenden und Priester Erfüllung zugesichert, dann nimmt der Tod den göttlichen Boten mit sich fort, und schließlich versammeln sich die Gläubigen um sein Grab. Diese Gedichte wurden auf speziellem Japanpapier mit Büttenrand gedruckt, in von Melchior Lechter entworfenen Lettern, die die Eigenheit besitzen, Großbuchstaben zu vermeiden. Dieser an sich lobenswerte Schritt hin zu den Gepflogenheiten der anderen europäischen Schriftsprachen verhängt diese Verse aber für den deutschen Leser mit einem Schleier von Affektiertheit. Auch steckte in der neuen Schrift ja nicht nur die Absicht, sich der französischen und englischen Praxis anzupassen; vielmehr sollte sie dem ungehinderten Fluß des poetischen Zeilenfalls Vorschub leisten, der laut George – beziehungsweise george – durch die emphatischen Großbuchstaben der Hauptwörter und Eigennamen brutal unterbrochen wird. Karl Wolfskehl, ein weiteres Mitglied des Kreises, schrieb einen Artikel über das Lesen von Gedichten, wobei er sich unter anderem auf Goethe berief und die Meinung vertrat, man solle Gedichte ohne jede Betonung und ausdruckslos vortragen und statt dessen die Verse als *Form* für sich sprechen lassen. Und so konnte man damals die jungen und alten Knaben der Jugendbewegung dumpf und monoton George lesen hören. George besaß die Gabe, Wörter von romantischer Banalität, die nicht weniger blumig waren als die von Heinrich Heine, mit sonderbaren, altertümlichen Wörtern zu mischen und auf diese Weise jähe expressionistische Verzerrungen zu produzieren. Diese Wörter, die plötzlich in Kleinschreibung über den deutschen Leser hereinbrachen oder eintönig geleiert zu Gehör gebracht wurden, sollten wie Zauberformeln wirken. George beschreibt seine eigene Transsubstantiation in einem Gedicht von sublimer Form und Ausdruckskraft, dann betritt er in seiner Vision eine empyreische Landschaft, und wir lesen den Vers: »Der boden schüttert weiss und weich wie molke..« – Entweder bricht man in schallendes Gelächter aus, oder man folgt dem murmelnden Adepten oder der ungebrochenen Kleinschrift-Zeile und akzeptiert den Vers. Tut man es, hat George einen in den Bann gezogen, und sofern man sich ebenfalls in der Lyrik versucht, ist es ganz unvermeidlich, daß man so etwas dann selbst ausprobiert.

Vielleicht habe ich den Eindruck erweckt, daß ich mich über Stefan George lustig mache. Nichts liegt mir ferner. George war ein großer Dichter. Seine Sprache war, trotz seiner Entgleisungen à la Heinrich Heine – flöte von maienthal und blumenbühl –, von einer »Dichte« und formalen Stimmigkeit, die, wie die Mitglieder des Kreises zu Recht sagten, das Zeichen des überragenden Dichters ist. Mein Vater mochte noch so sehr sagen, »Maienthal und Blumenbühl? Warum nicht gleich Rosenthal und Veilchenfeld, der Hersteller von Damenunterwäsche?«, ich hielt an meiner Bewunderung fest und trank weiter von diesem starken und bitteren Gebräu. George war außerdem ein Mann mit prophetischem Blick: Sein langes, 1916 in Blankversen geschriebenes Gedicht »Der Krieg« faßt die Haltung seines Kreises gegenüber dieser schauerlichen und idiotischen Abschlachterei zusammen: »Am streit wie ihr ihn fühlt nehm ich nicht teil«. Es sagt auch die Niederlage voraus, und den Zweiten Weltkrieg:

> müsst wieder ihr waten bis zum knöchel bis zum knie
> Im most des grossen Keltrers ...
> Und:
> Hier hat das weib das klagt – der satte bürger –
> Der graue bart ehr schuld als stich und schuss
> Des widerparts an unsrer söhn und enkel
> Verglasten augen und zerfeztem leib.

Den Führer, den er angekündigt hatte, erlebte er noch. Als ihm Goebbels, der Schüler seines Schülers, den Vorsitz der (neugeschaffenen) deutschen Akademie für Dichtung anbot, lehnte er ab und verließ das Land. George starb 1933 in Locarno.

Aber weder seine schlußendliche Flucht ins esoterische Exil noch sein Leben in einem esoterischen Kreis sprechen ihn ganz frei von der Schuld für jene Ereignisse, die er als Zerrbild seines Traums empfand. George und seine Schüler, die Jugendbewegung und all die anderen Nachfolger des großen Nietzsche haben mindestens im gleichen Maße zu diesen Ereignissen beigetragen wie die französischen Philosophen zur Revolution von 1789. Es zeugt von einer gewissen Blindheit, in einer Epoche einen politischen Romantizismus zu kultivieren, in der nur primitive Massenbewegungen aufkommen konnten, die diesen Romantizismus aufgreifen und bis zur Unkenntlichkeit verzerren würden. Wir waren alle mit dieser Blindheit geschlagen, und das Tragische daran ist, daß die allerbesten, die idealistischsten und ernsthaftesten Köpfe in Deutschland, unter denen viele Juden waren, zu den Konsequenzen beigetragen haben.

Als ein Mensch, der sich nicht gern festlegt, hatte ich Angst vor den Gedichten Georges, die von der neuen Gesellschaft handeln. Der Knabe, der den bürgerlichen Dreck übers Riff hinab zum Meer stößt, die Stimme des Führers, »nur Eine – Meine – sie zu künden«, solche Appelle an eine keusche und disziplinierte Jugend, die »erhebt im licht sich frei und nackt«, schmeckten mir zu sehr nach Blau-Weiß. Ich verstand den Reiz, den diese Diktion ausübte, ja, ich wäre in der Lage gewesen, mich in dieser Terminologie so gut wie die besten Vertreter jener Bewegung auszudrücken – und die Zeit sollte kommen, in der ich es tat –, aber ich fühlte mich dafür nicht stark und keusch genug. So verwarf ich diese aufwühlenden Verlockungen und vertiefte mich lieber in Verse, die von Liebe oder Landschaften handelten, oder in die nicht ganz so unmittelbar bedrohlichen Bilder legendärer Herrscher, wie in Georges »Algabal«. Hier war eine Kunst, die so romantisch und intensiv, außerdem so neu und konzentriert war wie Sedelmeiers Jaeckel, und ich konnte Hansjochen etwas entgegensetzen, indem ich einen endlosen Strom von Gedichten im Stile Georges produzierte. Hansjochen spielte für mich den Lechter und band mir eine Auswahl ein, verzierte den Umschlag mit einem blassen symbolischen Ornament und fügte ein Vorwort hinzu. Kürzlich habe ich das schmale Bändchen wiedergefunden und den Kopf geschüttelt – über uns beide.

KAPITEL 12
Schwierige Berufswahl

Während ich auf diese Weise meine letzten Jahre in der Schule genoß, verschwendete ich wenig Gedanken daran, daß diese Situation irgendwann enden und ich dann Entscheidungen über mein zukünftiges Leben zu treffen haben würde. Ich hatte die Gärtnerei von Herrn Ploth mit dem Wunsch verlassen, selber Handelsgärtner zu werden, und irgendwie konnten meine Eltern schlecht etwas gegen diesen Beruf einwenden. Er war vernünftig, praktisch, fortschrittlich und, wie sie fanden, ganz in Ordnung für einen Menschen, der seit seinem vierzehnten Lebensjahr ein bißchen zu einseitig als Intellektueller gelebt hatte. Auf der anderen Seite waren sie der Meinung, ein Beruf dürfe nicht lediglich ein Gegengewicht zu den Neigungen eines jungen Mannes darstellen, zumal dieser spezielle Jüngling kein ernsthaftes Interesse an der Gartenarbeit oder Botanik bekundete. Es kam mir nie in den Sinn, mich in unserem großen Garten zu betätigen oder mir irgendein Wissen über das Gärtnern anzulesen. Statt dessen verfaßte ich Lyrik, las Stefan George, Bücher über die Französische Revolution oder die Hohenzollern, verbrachte ganze Tage mit dem Maler Hansjochen und schrieb historische Essays.

Äußerst behutsam versuchten meine Eltern das Thema anzuschneiden und mir klarzumachen, daß angesichts meiner Neigungen und möglicherweise Begabungen das Gärtnern kein angemessener Beruf für mich sei. Da sie ein leichtes Interesse an der Architektur bei mir wahrgenommen hatten, versuchten sie mir zu einer Entscheidung zu raten, die mehr oder weniger in diese Richtung ging. Gleichzeitig respektierten sie mein offensichtliches Bedürfnis, mir mein Brot mit den Händen zu verdienen, obwohl diese Hände schon immer sagenhaft ungeschickt gewesen sind. Ein Bekannter der Familie kannte einen Kunsttischler, einen Ungarn namens Szántó, der sich auf hochwertige handgeschnitzte Möbelstücke spezialisiert hatte. Ich wurde ihm vorgestellt, bewunderte seine Kunst immens und beschloß, bei ihm in die Lehre zu gehen. Doch waren weder meine Eltern noch ich selbst ganz glücklich mit dieser Entscheidung. Meine Mutter fand, daß ich, wenn ich schon nicht studieren wollte – was sie im Grunde ihres Herzen bedauerte –, doch Buchhändler werden könnte oder vielleicht Lektor in einem Verlagshaus. Gegen diese Idee hatte ich nichts einzuwenden. Mein Vater unterhielt sich mit Samy Fischer, dem Kopf des bekannten Verlags, in dem unter anderem Thomas Manns Werke erschienen; aber Fischer machte ihn auf so viele Schwierigkeiten aufmerksam, daß der Gedanke wieder verworfen wurde. Am Ende trug ich im Formular für das Schulabschlußexamen unter der Rubrik »Berufswunsch« das Wort »Kaufmann« ein, was meinen Kunstlehrer zutiefst schockierte: »Aber Posener, Sie werden doch bestimmt Maler.« Das wiederum schockierte meinen Vater, der so eine Bemerkung für »sträflich unverantwortlich« hielt. Und er hatte vollkommen recht, Maler zu werden war mir nie in den Sinn gekommen. »Dichter kannst du nicht werden«, bekam ich wiederholt von meiner Mutter zu hören, was mich wütend machte, da ich das Dichten ja auch nie als Beruf erwogen hatte. Um mir mit einer Beschäftigung entgegenzukommen, die zu meinen Anlagen paßte, schlug sie mir ein Studium der Literaturgeschichte vor, was ich als halbherzigen Kompromiß ablehnte, weil es mich weder so noch so zufriedenstellen würde. Da sie aber viel zu sehr von meiner »Gabe des Wortes« beeindruckt war, wie sie es nannte, arrangierte sie ein Treffen zwischen mir und einem damals sehr bekannten Dichter, Alfred Wolfenstein, der die Tochter des besten Freundes meines Vaters geheiratet hatte, Hugo Rosenberg, welcher gleichzeitig der Rechtsanwalt unserer Familie war.

Es entpuppte sich als ein seltsames Interview. Nur mein »Vetter« Hans Rosenberg – wir nannten den Freund unseres Vaters »Onkel« – und der große Wolfenstein waren anwesend. Hans ergriff als erstes die Gelegenheit und hielt eine in meinen ehrfurchtsvollen Ohren absolut schockierende Rede gegen meine kindische Abhängigkeit von meinen Eltern in einer Angelegenheit, die schließlich nur mich selbst etwas angehe. Hans Rosenberg war ein junger Intellektueller, der bereits kahl zu werden begann, Professor im Alter von siebenundzwanzig, ausgezeichneter Klavierspieler, Dandy, stolz wie ein Pfau, in seinem Geschmack hypermodern. Es bereitete ihm ein besonderes Vergnügen, liebe und zahme Bürger wie unsere Eltern zu brüskieren.

Ich hatte meine Eltern über Hans als jemanden sprechen hören, der seine neumodischen Ansichten zur Schau trägt wie andere Leute – oder, genaugenommen, derselbe Hans – eine neumodische Krawatte, spitze Schuhe, weite Hosen. Die Bemerkung, Brahms sei ein großer Komponist, würde bei ihm zur Folge haben, daß er angewidert sein glattrasiertes und irgendwie schlaffes Gesicht verzog und fragte, ob man diesen sentimentalen Bourgeois allen Ernstes mit Mahler vergleichen wolle? Andererseits sagten meine Eltern, er sei der beste, treueste und selbstloseste Freund meines Bruders Karl. Beides traf vollkommen zu; aber diese Charakterschilderungen, die zwischen der einen Eigenschaft und deren Gegenteil hin und her pendeln, um dann wenig überzeugend zu folgern, daß der Mann unter seiner stacheligen Maske ein Herz aus Gold besaß, weichen bewußt oder unbewußt der Frage aus, warum er sich eigentlich so verhielt.

Hans eröffnete das Gespräch mit einer Schroffheit, die mich vollkommen sprachlos machte. Warum dieses ganze Treffen von meinen Eltern arrangiert worden sei, wollte er wissen, und nicht von mir. Schließlich sei ich derjenige, der sich ratsuchend an seinen Freund Wolfenstein wenden wolle, *sofern* mir überhaupt der

Sinn nach Ratschlägen stehe, anstatt zuversichtlich meinen eigenen Weg zu gehen. Aber nun sei ich hier, der gute Moritz und das liebe Trudchen, besonders sie, hätten mich ja sozusagen in dieses Zimmer bugsiert, und das einzige, was zu dem Bild jetzt noch fehle, sei wohl, daß sie auch noch persönlich anwesend wären. Ich entgegnete etwas schwach, daß ich keinen Grund sähe, den Rat meiner Eltern nicht zu befolgen. »Keinen Grund, was?« hakte Hans nach und fuhr fort, mich davor zu warnen, diese netten und recht begabten Leute, die meine Eltern waren, zu Götterfiguren zu erheben, es sei denn, ich wolle wirklich mein eigenes Leben aufgeben und ausschließlich ihr Werkzeug sein. Ich wußte, daß er recht hatte, sagte aber nichts. Auch war ich etwas enttäuscht, denn immerhin hatte ich ihn aufgesucht, um zu hören, was der Lyriker von meinen Gedichten hielt, und wäre gern zur Sache gekommen. Wolfenstein mischte sich nun ein und beendete das leidige Thema. Er war groß und schwer, ja im Grunde war alles schwer an ihm, seine fleischige Nase, seine dicke Hornbrillle, sein dichtes, schwarzes Haar. Wolfenstein war mir zutiefst unsympathisch, und es stimmte mich keineswegs versöhnlich, als er mir mitteilte, er habe meine Gedichte zwar gelesen, doch falle ihm nichts Hilfreiches dazu ein. »Man könnte sagen«, so Wolfenstein, »dieses Erzeugnis sei wie ein Fluß, der gerade erst der Quelle entsprungen ist. Hier und dort, doch äußerst selten, lassen sich Wortkombinationen erkennen, unmittelbar gemachte und unmittelbar ausgedrückte Erfahrungen, die Anlaß zu schwacher Hoffnung geben«, aber der überwiegende Teil des umfangreichen Manuskripts, das ich ihm gegeben hatte, stelle nichts anderes dar als die mehrmals wiedergekäute Lyrik anderer Leute, bestenfalls Fünffingerübungen mit den alten Formen Sonett, Terzine und Blankvers. Mit einem Achselzucken seiner breiten Schultern reichte er mir mein Heft zurück. Er hatte die wenigen Stellen angestrichen, die zu schwacher Hoffnung Anlaß gaben, und diesen schenkte ich meine Beachtung. Aber da ich nie die Absicht hatte, hauptberuflich Dichter zu werden, war ich auch nicht übermäßig von dem Urteil

Wolfensteins deprimiert, daß meine Arbeiten, zumindest zum jetzigen Zeitpunkt, eine solche Entscheidung nicht rechtfertigten.

Nach bestandenem Abitur war ich im Grunde meines Herzens immer noch unschlüssig. Mir stand dabei im Wege, daß ich mich während meiner letzten Jahre an der Schule um die Frage, was ich einmal machen wolle, herumgedrückt und mich nur meinen plötzlich erwachenden intellektuellen Neigungen hingegeben hatte. Vorher hatte ich jedoch immer irgendeinen Berufswunsch gehabt. So besann ich mich, nach einer erneuten langen und ziemlich qualvollen Diskussion mit meinen Eltern – ich glaube, meine beiden Brüder waren auch anwesend –, auf die letzte meiner Launen, bevor ich meine Liebe zum Wort entdeckt hatte. »Du hast doch früher diese Papiermodelle von Häusern gemacht«, sagte mein Vater, »und sie sind sehr schön geworden. Einige davon hast du selbst entworfen. Du hast doch immer wieder gesagt, und eigentlich hast du das auch nie ernsthaft zurückgenommen, daß du etwas mit deinen Händen tun willst. Die Architektur ist ein Beruf, der genau zwischen dem rein Intellektuellen und dem Handwerk liegt. Was hältst du davon, Architektur zu studieren?« Obwohl ich keinesfalls entschieden war, konnte ich wenig dagegen einwenden.

Doch bevor ich mich als Student an der Technischen Hochschule von Berlin-Charlottenburg einschrieb, wurden zwei weitere Gespräche arrangiert. Meine Eltern fanden es ganz natürlich, daß unser Architekt, Fritz Crzellitzer, konsultiert werden müsse. Crzellitzer gefiel die Idee, daß ich sein Kollege werden sollte, genausowenig, wie meinem Vater der Gedanke gefallen hatte, daß ich Maler werden würde. Er kannte mich seit meiner Kindheit und hatte nie eine besondere Gabe für die Architektur an mir entdeckt. Nun druckste er herum und wand sich, und nach dem Gespräch war ich genauso schlau wie zuvor. Aber damit war es nicht getan. Meine Eltern hatten etwa um diese Zeit einen Freund meines Botaniker-Vetters Heinz kennengelernt, einen allerdings viel älteren Mann, der nicht nur Baurat der Preußischen Regierung, sondern zugleich der bedeutendste Architekt der Jüdischen Heimstätte in Palästina war. Alexander Baerwald war ein Mann mit vielen Talenten. Er zeichnete gut und malte ein wenig in der Art, wie Architekten dies tun. Er konnte auch besser Cello spielen als ein durchschnittlicher Dilettant und sensationell gut pfeifen: Er war in der Lage, mit ausgezeichneter Tonalität, guter Phrasierung und einer erstaunlichen Technik eine Geigensonate von Mozart zu pfeifen, ja, er hätte geradewegs eine Vorstellung auf diesem Gebiet vor einem Konzertpublikum geben können, ohne sich schämen zu müssen. Er komponierte außerdem Schüttelreime, und seine Meisterleistung in dieser Kunst war ein kleines Werk mit dem Titel »Hundert Schüttelreime, die das Wort Mazoth enthalten«, von denen ich immer noch einige auswendig kann. Baerwald war ein hinreißender Mann, ruhig, lächelnd, mit sich zufrieden, immer mit diesem und jenem beschäftigt, einer von denen, die eine ganze Abendgesellschaft allein unterhalten können, welche dann um Mitternacht widerwillig auseinandergeht und gern noch eine Zugabe gehabt hätte.

Baerwald schüttelte mir an seiner Tür die Hand und schob mich in sein Arbeitszimmer. »Ich habe zu tun, kleiner Posener, ich muß noch heute abend einen Entwurf für einen Wettbewerb für das neue Geschäftszentrum in Haifa fertigstellen. Sie wollen Architekt werden? Na, dann setzen Sie sich einfach hin und schauen zu.« Und er beugte sich über seine Zeichnungen und rezitierte ernst:

»Schön ist's, wenn der Held, beherzt,
Nächtlich seinen Grundriß schwärzt.«

Er zeichnete, und ich sah zu. Nach einer Weile sagte er: »Ich mache hier kleine, halbrunde Schnörkel. Das sind Urinale: wissen Sie, für Männer, um Pipi zu machen. Aber das Entscheidende ist, ich weiß, warum sie dahin gehören, wie viele es sein müssen und welche Größe sie haben müssen.« Er fuhr fort zu zeichnen und stellte mir Fragen über den Zionismus, über Heinz, über meinen Vater. Nach ungefähr einer halben Stunde drehte er sich zu mir um. »Nun, kleiner Posener, so wird das gemacht. Könnte Ihnen das gefallen?« – »Ganz sicher!« rief ich. Meine Entscheidung war gefallen.

KAPITEL 13

Verlorene Jahre

Nun ist für einen Beruf wie die Architektur, die ja schließlich auch eine Kunst darstellt, ein gewisses Talent erforderlich. Am Ende meines ersten Semesters an der TH Charlottenburg hatte ich die Architektur gründlich satt. Nebenbei bemerkt, was *ist* Talent? Auf diese Frage kann es offensichtlich keine Antwort geben, außer vielleicht diese: Man weiß, wenn man es hat, doch ist es das, was man an sich selbst am wenigsten erklären kann. Man hört Musik im Kopf, selbst beim Lesen oder Sprechen, oder man hört sie nicht. Man ist, wie Albrecht Dürer sagte, »voller Zeichnungen«, oder man ist es nicht. Mozart, der in Paris Schüler annehmen mußte, wartete darauf, daß eine junge Marquise ein Menuett weiterführte, das er begonnen hatte. »Ich wartete eine geschlagene Viertelstunde, aber nichts geschah«, woraufhin er verzweifelt Reißaus nahm, da er Musik im Blut hatte und niemanden verstehen konnte, bei dem das nicht so war.

In diesem Sinne, dem eines wahren Talents, habe ich nie eine Begabung für die Architektur besessen. Ich bin nicht »voller Zeichnungen«. Darum habe ich auch nie verzweifelt Reißaus genommen, wenn ein Schüler am Zeichenbrett nichts oder nur etwas äußerst Unbeholfenes zustande brachte. Ich weiß selbst nur zu gut, wie schwer es ist, sich etwas abzuringen. Aber Talent kann wachsen; man wird durch die regelmäßige Beschäftigung mit seinem Gegenstand nicht nur kenntnisreicher und erfahrener: Man wird auch tatsächlich begabter, was ich damals jedoch nicht wußte. Ebensowenig war mir zu jener Zeit klar, daß die Wahl eines Berufs, selbst wenn dieser Beruf eine Kunst ist, gar nicht so endgültig ist. Fast jede Kunst greift so weit aus, daß sich in ihr für die unterschiedlichsten Neigungen eine Nische finden läßt. Sicherlich wird jemand, der sich keine Melodie merken kann, als Musiker kaum glücklicher sein als ein einbeiniger Hochsprungathlet, doch es gibt viele Berufe, und der Architektenberuf gehört ganz besonders dazu, die Menschen mit offenen Augen, mit offenen Sinnen und einem Hintergrund wie dem meinen zahlreiche Möglichkeiten bieten.

Leider half mir die TH nicht, dies zu erkennen oder mich ernsthaft mit der Architektur auseinanderzusetzen. Dem Lehrplan zufolge sollte der Student in den Jahren bis zur Zwischenprüfung nicht die Grundlagen des Entwerfens, sondern die von Hilfsdisziplinen wie Baukonstruktion, Statik, Baustilkunde erlernen. In all diesen Fächern war eine bestimmte Anzahl von Zeichenbögen – Tusche auf weißem Papier und bei allen Studenten dasselbe – verlangt. Der große Architekt Erich Mendelsohn gestand mir später, daß er seinerzeit in München den ganzen Stapel einem Studenten abgekauft hatte, der gerade bestanden hatte. Ich weiß nicht, ob ich diese Geschichte wortwörtlich glauben soll, weil einige Kunst dazu gehört, die Unterschrift des Studenten, den Eingangsstempel der Hochschule und möglicherweise die Korrekturen des Lehrers zu entfernen. Einer der Professoren bei uns ging sogar so weit, jede seiner Randbemerkungen mit dem Kopierstift zu schreiben und dessen Spitze kräftig aufs Blatt zu drücken, um später einen Bogen wiedererkennen zu können, der ihm zum zweiten Mal präsentiert wurde. Und daran sieht man, daß wir uns in Berlin sämtlicher Tricks des Kopierens bedienten, wenn nicht gar des Ankaufs dieser Bögen, die Generationen von Architekturstudenten immer wieder vorlegen mußten. Die Geschickteren unter meinen Kommilitonen verwendeten eine Glasplatte, die sie von unten mit einer 100-Watt-Birne anleuchteten, um schneller arbeiten zu können und die Abdrücke der Zirkelspitze zu vermeiden, die dem geübten Auge des Professors verrieten, daß das Blatt »nur durchgepiekst« war. Diese Technik wurde am häufigsten bei jenem Satz Bögen verwendet, der den Baustilen gewidmet war. Der zuständige Professor, der berühmte Bruno Schulz, reckte dann immer den Kopf mit dem rotgrauen Bart, wobei eine Duftwolke seines süßlichen Parfüms entwich, mit dem er wahrscheinlich einen besonders unangenehmen Körpergeruch übertünchen wollte, hielt den Bogen ans Licht und bebte vor Zorn, wenn er die unvermeidliche Entdeckung gemacht hatte, um gleich darauf, noch immer Gift und Galle spuckend, den Zeichenbogen mit dicken Strichen seines scharf gespitzten Kopierstifts zu entwerten, den er zu diesem Zweck stets bei sich hatte. Von solchen Männern und mit solchen Methoden wurden wir an die Wunder der attischen Architektur herangeführt.

Schulz war deswegen berühmt, weil er als jüngerer Mann (ich bezweifle allerdings, daß er jemals jung war) Baalbek ausgegraben hatte; und da ich dies wußte, besuchte ich die erste seiner Vorlesungen, in der er die »Baustilbögen« einführte. Er kletterte aufs Katheder und begann in einer pfeifenden, flüsternden Stimme mit starkem Berliner Akzent – lispeln tat er obendrein – Bemerkungen etwa der folgenden Art zu machen: Ganz gleich, wie negroid die moderne Kunst geworden sei, Menschen mit wahrem Geschmack würden immer wieder zu den Griechen (er sagte »Jeriechen«) zurückkehren, denn ihre sei immer die wahre Kunst gewesen und werde es immer sein. Ich war einigermaßen entsetzt, und meine Enttäuschung wurde nicht geringer, als ich hörte, wie ältere Studenten die Vorstellung, die er uns gegeben hatte, als »eloquent« bezeichneten. »Für Bruno Schulz«, sagten sie, »war das eloquent. Der alte Knabe erlebt offenbar einen zweiten Frühling.« Bei der nächsten Vorlesung begriff ich, was sie meinten. Schulz hatte seine Einführung mit der Aufforderung geschlossen, wir sollten beim nächsten Mal Bleistift und Millimeterpapier mitbringen, und als er eine Woche später wieder auf dem Katheder erschien, wandte er sich ohne jedes Wort zur Tafel, die ebenfalls in Quadrate unterteilt war, und schrieb die Überschrift: »Alter Artemist. von Eleusis.« Die Abkürzung sollte scherzhaft sein, trotzdem hielten die Studenten es für klüger, nicht zu kichern. Statt dessen grinsten sie, und Schulz begann seinen Vortrag: »Die Längsseite: dreizehn Quadrate. Die Schmalseite: sechs Quadrate. Die runden Dinger sind Säulen« – er sagte: »Säuln« – »hier der Löwe, das ist das heilige Viech«. Nachdem er eine Dreiviertelstunde so weiterverfahren war und sich nicht ein einziges Mal zu seinem Publikum umgeschaut hatte, wischte er sich die Stirn, warf der Klasse durch seine dicken Brillengläser einen kurzsichtigen und gehässigen Blick zu und schlurfte hinaus. Die einzige Unterbrechung der Monotonie seiner Darbietung bildete ein gelegentliches Gesichtszucken, das man dank seines schütteren roten Haars sogar von hinten bemerken konnte, und ein komisches Tiwit-Tiwit, das seine Rede untermalte.

Ich beschloß, nicht wiederzukommen und lieber auf seinen Assistenten Wischke zu vertrauen, der im Zeichenkurs die Arbeit an den Übungsbögen beaufsichtigte. Wischke war im Grunde eine gute alte Seele, aber genausowenig inspirierend wie sein Meister und ebenso wie dieser bereit, einem schlecht gezeichneten Astragal das Etikett »Negerkunst« zu geben. Nach einer Weile wollte ich mir auch das nicht mehr antun, und als ich erfuhr, daß ein zweiter Kurs an der TH angeboten würde, belegte ich ihn, obgleich der Dozent, Kohte, kein Professor war und dieser Kurs infolgedessen nicht gerade ein sicherer Weg zum Erfolg im Vorexamen sein würde. Wie ich bald herausfand, hatte auch Kohte einen Tick, in diesem Falle ein Geräusch, das ihm gelegentlich beim Sprechen unterlief und wie »wapp-wapp« klang. Widerstrebend gelangte ich zu der Einsicht – wie anfechtbar sie statistisch gesehen auch sein mochte –, daß eine stetige Beschäftigung mit den Klassikern der Architektur die Menschen vor der Zeit alt, humorlos und schrullig werden ließ. Kohte pflegte Erinnerungen an seine Jugend ausnahmslos mit den Worten einzuleiten: »Als ich Bauleiter in Korinth war«, was bald den Effekt hatte, daß ich mir bei griechischen Tempeln immer vorstellen mußte, wie sie von

Bauleitern wie Herrn Kohte beaufsichtigt wurden, früh gealtert, trocken und ein bißchen schrullig, kurzum von Architekten wie Iktinos und Mnesikles, die »persische Kunst!« schrien, wenn ein Kapitell schlampig gemeißelt worden war. Nach einer Weile verließ ich auch diesen Kurs und versuchte mir den Stoff aus Büchern anzueignen, während ich die vorgeschriebene Anzahl Bögen abmalte. Doch das einzige Buch, das an der TH erhältlich und dessen Verfasser ein gewisser Noack war, schien von derselben Pedanterie beseelt zu sein, die alle Vorträge an der Hochschule durchdrang. Nach diesen Erfahrungen war mir die griechische Kunst so unerträglich, daß ich vorerst die Finger davonließ und hoffte, ich würde, wenn es soweit war, die Energie aufbringen, die Bögen abzukupfern, ohne daß ich ihre Abmessungen durch das Papier piekste.

Währenddessen freute ich mich auf die Vorlesungen über die Architektur des Mittelalters, die von einem kleinen, alten Mann gehalten wurden, der auch über die dazugehörigen Zeichenbögen wachte. Er hatte ein sonnengebräuntes, besser gesagt, rötliches Gesicht, das die unverwechselbaren Züge eines preußischen Majors trug, der er im Krieg auch gewesen war. Er pflegte sich auf diese Erfahrung mit den einleitenden Worten: »Als ich damals, an der Spitze meiner Kompanie ...« zu berufen, und anläßlich einer Feierlichkeit in der Hochschule leerte er sein Glas mit dem Trinkspruch: »Auf das Heldentum!«, woraufhin mir einer meiner antisemitischen Kommilitonen auf die Schulter klopfte und sagte: »Darauf brauchen Sie nicht anzustoßen, Posener, Sie wissen ja gar nicht, was es bedeutet.« Friedrich Seesselbergs Vorträge waren eindeutig besser als die von Schulz, aber das wußte er im Atelier wieder wettzumachen. Da er nicht wollte, daß alle Studenten denselben Übungsbogen kopierten, ließ er jeden von uns einen anderen Querschnitt einer gotischen Kirche und Grundriß eines Bündelpfeilers zeichnen; weil er aber auch wußte, daß wir dazu allein nicht in der Lage waren, zeichnete er jede Linie auf jedem Bogen selbst, und wir mußten bis zur nächsten Woche warten, bis er wieder vorbeikam und weitere fünf Linien zog. Die Klassen waren groß, und das hieß, daß der Student etliche, manchmal vier Stunden ausharren mußte (ich übertreibe nicht), bis seine Kathedrale den wöchentlichen Wachstumsschub erhielt. Das Problem war eigentlich, daß diese Vorträge und die dazugehörigen Übungen nicht Teil einer systematischen Architekturgeschichte waren, sondern »Formenlehre« genannt wurden, was nichts anderes bedeutete, als daß griechische und gotische Formen immer noch als eine Art »Entwurfsgrammatik« behandelt wurden oder, schlimmer noch, als Modelle, die der Architekt zu lernen hatte, um sie später umzusetzen.

Soviel zur künstlerischen Seite des Berufs, in deren Zusammenhang ich auch die Kurse im Freihandzeichnen erwähnen muß. Dort wurden ausschließlich Gipsabgüsse von romanischen, reichlich mit Drachen dekorierten Kapitellen abgezeichnet sowie Abgüsse antiker Porträtbüsten oder, in einem dritten Kurs, Kopien von Landschaften mit Graphitstiften angefertigt und mit Wasserfarben abgesetzt. Der netteste Freihandlehrer war ein Mann namens Henseler, der von Staffelei zu Staffelei ging und immer wieder die Bemerkung machte: »Achten Sie darauf, das Haar sorgfältig zu zeichnen, denn indem sie das Haar zeichnen, formen sie den darunterliegenden Schädel.« Dieser Mann hatte einen starken Hamburger Akzent, ganz wie die beiden Zeichenlehrer meiner Schulzeit, der in Lichterfelde und der in Zehlendorf; was mich abermals zu der statistisch gesehen unhaltbaren Schlußfolgerung verleitete, in Hamburg gebe es so wenig wahres Talent, daß man dort nur Zeichenlehrer, nicht richtiger Maler werden könne. Der Hauptdozent im Zeichnen, der Lehrer der romanischen Gibsabgüsse, stammte aber nicht aus Hamburg und besaß auch beträchtliches eigenes Talent. Seine Zeichnungen architektonischer Motive waren sogar Meisterwerke, und ich konnte dem Mann meine Bewunderung nicht versagen, obwohl ich ihn, wenn das denn möglich war, noch mehr haßte als alle meine anderen Mentoren. Er hieß Hugo Carl Cornelius Wach und war ein Mann mit einem vergeistigten Gesicht und buschigen Augenbrauen, der nie harsche Kritik äußerte. Statt dessen trat er an den Bogen heran, betrachtete das widerliche, mit Drachen verzierte Objekt im Vordergrund, verglich und maß und sagte in seiner kultivierten Stimme: »Das könnte etwas größer sein« oder »das hier könnte sich noch weiter einfügen«. Manchmal war er sogar von seinen eigenen Anwandlungen einer behutsamen und geistigen Führung so überwaltigt, daß er nur noch sagte: »Das könnte …« Als er einmal sah, wie ich auf einem Bogen zeichnete, der nicht sorgfältig abgeschnitten, sondern ziemlich unordentlich an einer Ecke abgerissen war, teilte er mir seelenruhig mit, ein Mensch, der so etwas aushalte, könne nie Architekt werden. Bei einer anderen Gelegenheit bedauerte er, daß er kein Mann wie der Schäfer Ast sei, einer der minderen deutschen Propheten jener Zeit, der einen Mann nur anzuschauen brauchte, um zu wissen, was er für einer war und ob er den richtigen Beruf gewählt hatte. Da hatte ich schon mehrere Jahre dieser Art Studium hinter mir und war so verzweifelt, daß ich frech erwiderte, ich würde Millionen für einen Schäfer Ast geben, damit er mir das sage, denn an der TH hätte ich keinen gefunden, der das konnte.

Trotz seines vornehmen Getues war Wach ein außergewöhnlich ungebildeter Mensch. Ich entsinne mich, wie er einmal eine Exkursion mit uns plante, in deren Verlauf wir auch das barocke Kloster Melk an der Donau besuchen wollten. Der Student, der mit der Vorbereitung beauftragt worden war, hatte neben den Namen des Benediktinerstifts den des Architekten Jakob Prandtauer gesetzt, und als uns Wach einige Wochen später von seinen Anstrengungen in Sachen Exkursion berichtete, sagte er in seiner kultivierten Tatterstimme: »Nun zu Melk: Ach ja, ich habe Herrn Prandtauer geschrieben, aber er hat mir nie geantwortet.«

Wenn schon unsere »Künstler« aus diesem Holz geschnitzt waren, was durften wir dann von unseren Dozenten in Baukonstruktion oder Statik erwarten? Den Professor in Baukonstruktion, Herrn Weiss, kann man nicht anders als einen Fiesling beschreiben. Er war Jagdkumpan des Kaisers gewesen, was mich den Hof zum ersten Mal in einem anderen Licht sehen ließ. Weiss war grobschlächtig, brutal und, ja, ein kleiner Sadist. Letzteres wurde mir erst während der letzten Tage meines Studiums an der TH klar, als Weiss die Aufsicht über die letzte Prüfung in Entwerfen führte. Als wir alle Platz genommen hatten, machte er eine Ansage. »Meine Herren«, sagte Weiss, »zufällig habe ich erfahren, daß einige unter Ihnen mit ihrer Hausarbeit nicht bestanden haben. Sie wissen natürlich, daß es für die Durchgefallenen gar keinen Zweck hat, die Prüfung noch fortzusetzen, und jeder, der meint, daß sein Entwurf durchgefallen ist, kann jetzt seine Sachen packen und nach Hause gehen.« Er wußte ganz genau, daß keiner nach Hause gehen würde, und er wußte auch, daß jeder, selbst der von sich eingenommenste Student, das ungute Gefühl haben würde, sein Entwurf sei vielleicht doch durchgefallen. Und diese Wirkung hatte er bezweckt. Ich muß allerdings zugeben, daß Weiss wirklich etwas von Baukonstruktion verstand (obwohl es die Art von Konstruktion war, die sogar schon damals überflüssig zu werden begann) und wir in seinen Vorlesungen tatsächlich etwas lernten.

In Statik unterrichtete uns ein dicker Mann, kurzbeinig und kurzatmig, obwohl er sehr laut und mit dramatischem Effekt sprach. Wenn er, in seiner emphatischen Art, »eine Tonne« sagte, brauchte man ihn nur anzuschauen, um dieses Gewicht anschaulich zu erfassen. Er war kräftig gebaut und unterrichtete die Wissenschaft von der Kraft in Bauwerken, und ich denke, er war alles in allem auch ein guter Lehrer. Es war ja nicht seine Schuld, daß ich nie etwas verstand, was mit Mathematik zu tun hatte. Sein einziger Fehler war, einer jener Professoren zu sein, die immer ihre eigene Forschung lehren, anstatt zu versuchen, Architekten, die in diesen Dingen notorisch schwach sind, in die Mysterien des Entwerfens von Strukturen einzuweisen. Ich erinnere mich an eine Vorlesung, in der er zuerst eine Viertelstunde lang Formeln entwickelte und dann zu einer zwei Meter langen Gleichung kam, die er durch das Symbol »N« ersetzte. Indem er nun mit »N« herumrechnete, erhielt er eine weitere lange Formel, die er durch das Symbol »Z« ersetzte; und mit »Z« entwickelte er eine letzte Gleichung, die wieder zwei Meter lang war und sich nicht weiter kürzen ließ. Diese Gleichung betrachtete er mit einer Art zärtlichem Vaterstolz: Es handelte sich um sein ureigenes Spezialgebiet. Er wischte sich das Gesicht ab, auf dem noch der Schweiß seiner Anstrengung glänzte, und fuhr fort: »Aber dieser Fall einer asymmetrischen Belastung wird in der Praxis nie in Betracht gezogen. Die eigentliche Formel, die zur Anwendung kommt, ist unser alter Freund: Einfach geteilt durch einfach ergibt leicht.« Ich war wütend, aber wahrscheinlich war das etwas ungerecht gegenüber einem Mann, dem es Spaß machte, seine wissenschaftlichen Entdeckungen vorzuführen.

Ein paar Tage vor der Zwischenprüfung hatte ich einen Traum: Ich versuchte auf einem Kinderspielplatz eine Rutschbahn hinaufzuklettern, doch rutschte ich immer wieder herunter, bis Siegmund Müller, jener Statikprofessor, mich mit seinen beiden dicken Händen an meinem Hinterteil nach oben schubste. Ich wachte auf und betete: Lieber Gott, laß mich durchfallen, wenn es sein muß, aber erlaube nicht, daß mich Siegmund Müller durchs Examen bugsiert! Der Tag des Examens kam, und ich brütete über der ersten Aufgabe, als der dicke Mann durch die Reihen lief, stehenblieb und mir eine ganz leichte Frage stellte, aus der ersichtlich wurde, daß ich völlig falsch begonnen hatte. »Das«, polterte er und drohte mir mit dem Finger, »hätten Sie wissen müssen.« Das war das Ende. Danach war ich nicht mehr in der Lage, auch nur eine Frage auf dem Papier zu beantworten. Der Professor entließ alle anderen und setzte sich mit mir und einem Assistenten an einen Tisch und stellte mir einfache Fragen, von denen ich keine richtig beantwortete. Als er mir schließlich mit einem tiefen, hoffnungslosen Seufzer die elementarste Aufgabe von allen stellte, nämlich eine Kraft in zwei Dimensionen aufzulösen, sagte ich: »Darf ich Sie um einen Gefallen bitten, Professor? Lassen Sie mich bitte durchfallen! Ich bin unfähig, auch nur eine Frage zu beantworten.« Müller blickte mich zornig an und erwiderte: »Ich werde Ihnen mal was sagen, Herr Posener, ich lasse Sie nicht durchfallen. Es ist Sonnabend, und zufällig weiß ich, daß Sie in den anderen Fächern ziemlich gut abgeschnitten haben. Ich werde Ihnen Ihr Examen nicht verderben. Aber eine Schande ist es trotzdem, Herrgott noch mal!« Er hatte mich doch die Rutsche hinaufgeschubst.

KAPITEL 14

Muthesius und die Wiederentdeckung der Heimat

Das zurückliegende Kapitel ist mit viel Haß geschrieben. Viele Zeugen dieses Unterrichts an der TH leben noch und mögen mein Urteil bestätigen oder anfechten. Ich glaube, ich litt stärker als die meisten, weil ich mir meines Talents für die Architektur weniger sicher war als die überwiegende Zahl meiner Kommilitonen, und ich war verzweifelt, weil keiner der Kurse der ersten beiden Jahre, also der ersten Hälfte meines Studiums, mir in irgendeiner Form half, meine Begabung einzuschätzen, falls denn eine vorhanden war. Aber davon abgesehen: So mancher denkt haßerfüllt an seine Schulzeit zurück und bewahrt sich die schmerzliche Erinnerung an frustrierte Jahre bis ins hohe Alter. Mein Vater sprach oft von seiner Zeit am Gymnasium, und ich entsinne mich seines verbitterten Tonfalls, selbst als er über sechzig war. Ich hatte gerade meine letzten Schuljahre in einer besonders glücklichen Atmosphäre hinter mich gebracht, als ich auf der nächsthöheren Stufe, an der Technischen Hochschule, auf die Meute alter Pedanten und Sadisten aus den Erzählungen meines Vaters stieß. Für meine anhaltende Verbitterung ihnen gegenüber kann ich mich nicht schämen, und ich finde sie doppelt gerechtfertigt, seitdem ich selber Architektur unterrichtet habe und wahrheitsgemäß behaupten kann, daß meine Studenten glücklicher waren. Napoleon sagte nach seiner Krönung: »Ich würde gern wissen, ob Herr Müller (sein deutscher Lehrer) noch am Leben ist, und was er jetzt wohl sagen würde, wenn er sieht, daß ich endlich etwas geworden bin.« Leiden, das uns die Schule auferlegt, ist echt und wird nie ganz verziehen.

Aber ich muß auch gestehen, daß ich in jenen Jahren ein besonders schwankendes Rohr war und mich nicht einmal bemühte, meine Sache an der TH halbwegs gut zu machen. Die akademische Freiheit, die Freiheit, eine Vorlesung zu besuchen oder es sein zu lassen, war für jemanden wie mich zum damaligen Zeitpunkt ein höchst zweifelhaftes Geschenk. Anfangs sah ich es noch als Spiel, und die Vorstellung bereitete mir Vergnügen, daß ich mir an diesem speziellen Nachmittag, wenn mir nicht danach war, die Statik-Vorlesung ja auch nicht anhören mußte. Niemand würde mein Fehlen ins Klassenbuch eintragen, und ich brauchte keine Entschuldigung von meinen Eltern mitzubringen. Doch allmählich wurde mir das Fernbleiben von den Kursen zur Gewohnheit. Morgens nahm ich die Bahn oder den Bus in die Stadt und ging vielleicht auch zur TH; doch gleich darauf kehrte ich ihr wieder den Rücken und bestieg eine andere Bahn oder einen anderen Bus aus der Stadt heraus, in die Wälder oder manchmal einfach nur in einen mir unbekannten Teil Berlins, wo ich stundenlang und ziellos durch die Gegend streifte. Am Abend tauchte ich wieder zu Hause auf, als hätte ich den ganzen Tag mit Arbeit verbracht, und meine Eltern vertrauten mir und stellten keine Fragen. Manchmal genoß ich diese Wanderungen sehr. Ich konnte einen ganzen Wintertag damit verbingen, in den Vororten Berlins durch den Schnee zu stapfen, wo ich Landhäuser entdeckte, die ich vorher nicht gesehen hatte, und mit großem Interesse studierte. Manchmal klingelte ich sogar an der Tür und ging hinein, und später zeichnete ich den Grundriß aus dem Gedächtnis. Häufiger jedoch machte ich Spaziergänge in den Wäldern und verfaßte Gedichte, die ich im Kopf behielt und erst aufschrieb, wenn ich wieder zu Hause war, manchmal drei oder vier Stück. Oder ich träumte endlose Tagträume, lange Geschichten, in denen ich eine höchst geniale Rolle spielte, darunter Geschichten von Julius dem großen Architekten, der vom Rampenlicht angestrahlt wird, obwohl derselbe Julius es schon damals versäumte, irgend etwas dafür zu tun. Ziemlich häufig überkam mich während dieser Spa-

Der Haupteingang der Technischen Hochschule Berlin (ca. 1925)

ziergänge ein heftiges sexuelles Verlangen, und ich befriedigte mich. Dies trug zum Schuldgefühl bei, das mein ganzes Dasein während dieser Jahre beherrschte, und machte die Sache natürlich nicht besser. So kam es, daß mir bald der bloße Anblick der TH unerträglich wurde.

Die TH war ein großes Gebäude in einem sehr nüchternen italienischen Renaissancestil. Es wird immer noch genutzt und wurde erst kürzlich geehrt, indem man es auf einer Briefmarke verewigte. Ich erhielt unlängst einen Brief mit dieser Marke, und bei deren Anblick ist mir beinahe schlecht geworden. Wenn man die TH betrat, stand man in einem quadratischen dreigeschossigen Renaissancehof, der von einem staubigen Glasdach überdeckt war. Dieser Hof sowie die angrenzenden Korridore, die zu den Unterrichtsräumen und den Werkräumen führten, waren durchzogen von dem üblen Geruch aus der Kantine im Keller. Noch heute werde ich von Alpträumen verfolgt, in denen ich mich in den Gängen verirre und statt in den eigenen in den Unterricht für Schiffsarchitekten gerate. Mein Schrecken erreichte seinen Höhepunkt, als ich eines Morgens in den großen, glasüberdachten Renaissancehof kam, wo ich nach der Uhrzeit schauen wollte. Das einzige anheimelnde Objekt in diesem kalten Palazzo war eine übergroße Standuhr, doch an ihrer Stelle fand ich nun ein »Ehrenmal« vor, einen Soldaten, der gerade voll wilder Entschlossenheit eine Handgranate in meine Richtung schleuderte. Er war überlebensgroß, grün und trug den topfförmigen deutschen Stahlhelm, die Inschrift auf dem Sockel lautete »invictis victi victuri«, was viel über den Geist dieser Zwischenzeit besagt.

Sobald ich das TH-Gebäude sah, diesen gewaltigen Steinhaufen, überkam mich das heftige Verlangen umzukehren, ja regelrecht davonzulaufen, denn alles hier erschien mir übergroß, kalt und feindselig. Ich war ohnehin von dem Zweifel bedrängt, ich könnte all dem nicht gewachsen sein, und dieses Gebäude verstärkte das Gefühl noch mehr. Sogar Schiffsmodelle jagten mir panische Angst ein, Dinge, die ich früher einmal innig geliebt hatte, und mehr noch die Umrißzeichnungen von Schiffsrümpfen oder die Modelle von Stahlgerüsten, komplizierten Dachkonstruktionen und großen Gebäuden: Schon der Gedanke, wieviel Arbeit dazu gehörte, so etwas zu berechnen, bereitete mir leichte Kopfschmerzen, und da mir die einfachsten Elemente der Statik über den Verstand gingen, schauderte es mich angesichts dieser Zeugnisse wahrhaft übermenschlicher Anstrengung und Geschicklichkeit. War ich schließlich doch noch in meinen Werkraum vorgedrungen, fand ich dort Reihen von fleißigen Männern – und einigen jungen Mädchen – vor, die Linien auf weißes Papier zeichneten, das bei ihnen sogar sauber blieb, was mir nie gelang; und nach etwa einer Stunde verzweifelten Bemühens, mich von dieser Versammlung potentieller Giganten nicht unterkriegen zu lassen, ging ich, nein, floh ich und nahm den nächsten Bus oder die nächste Bahn in die Vororte und Wälder.

Abgesehen von all dem litt ich an Heimweh. Das klingt noch unglaubwürdiger als das, was ich bisher geschrieben habe, aber es ist wahr. Ich hatte in Lichterfelde und Zehlendorf in nahezu völliger Abgeschiedenheit von der Stadt gelebt, für die diese bezaubernden Bezirke lediglich Gartenvororte darstellten. In die Stadt verirrte ich mich nur, wenn mir meine Mutter einen neuen Anzug oder ein neues Paar Schuhe kaufen mußte. Ich haßte diese Ausflüge, und die einzige Entschädigung für sie waren die Spielzeuguhr, die man mir jedesmal im Geschäft für Kinderkleidung schenkte, oder das Schokoladeneis, das mir meine Mutter spendierte, wenn die Tortur vorüber war. Nur selten verschlug es mich in die Stadt, um das Theater oder die Philharmonie zu besuchen, jenen ehrwürdigen Konzertbau, der einen Johannes Brahms, einen Hans von Bülow und einen Arthur Nikisch am Dirigentenpult erlebt hatte. Und obgleich ich mich auf diese Abende freute, befiel mich jedesmal eine Niedergeschlagenheit, wenn die Stadtbahn die Villen und Gärten hinter sich ließ und an den kahlen Brandmauern und elenden Hinterhöfen unzähliger fünfgeschossiger Häuserblöcke vorbeifuhr oder die Schluchten endloser, grauer und überfüllter Straßen kreuzte, die sich zwischen ihnen auftaten. Meine Heimat waren Lichterfelde, Zehlendorf und Dahlem und die sie umgebenden Felder, nicht Berlin, diese beängstigende Ballung überalterter »Mietskasernen«, grau, geschmacklos, freudlos und ganz und gar scheußlich. Und nun wurden die ansprechenden und modernen Schulgebäude, in denen ich sowohl unglückliche als auch – während der letzten Schuljahre – glückliche Zeiten verbracht hatte, durch diesen alten und übelriechenden Lernpalast ersetzt, in dem ich mir die Grundlagen der Architektur aneignen sollte. Architektur, das war für mich immer gleichbedeutend mit dem Bau von Villen gewesen, ausschließlich von Villen. Ich wollte ein zweiter Crzellitzer oder Baerwald werden, der Wunsch, ein zweiter Michelangelo zu sein, kam mir nie in den Sinn. Was die griechischen Tempel anging, so verpuffte das, was ich anhand von Zeichnungen und Photos je an Freude oder Bewunderung für sie empfunden hatte, im Parfümgestank von Professor Schulz oder erstarb unter dem nervösen Zucken Professor Kohtes (»Damals, als ich noch Bauleiter in Korinth war ...«). Worte wie »Proportion«, »Raum«, »Komposition« lösten bei mir nicht weniger helle Panik aus als »Biegemoment«, »Schubkraft« oder »Hookesches Gesetz«. Denn auch sie waren Siegel eines Buches, das zu entziffern ich mich außerstande sah, des Buches der Architektur, der visuellen Kunst. Das einzige Buch hingegen, das ich lesen und innerlich verarbeiten wollte, handelte davon, für angenehme und kultivierte Menschen angenehme Häuser zu entwerfen. Architektur als visuelle Kunst setzte einen Sinn voraus, der mir, wie ich deutlich empfand, abging.

So war die einzige Einsicht, die ich am Ende meines ersten Semesters gewonnen hatte: mit der Architektur fertig zu sein; und ich zögerte nicht, meinen Eltern diese Erkenntnis zu eröffnen und die ganze Frage eines Berufs für Julius wieder neu aufzurollen. Wenn ich heute auf mein unaufhörliches Genörgel zurückblicke, finde ich, es wäre ganz in Ordnung gewesen, wenn meine Eltern gesagt hätten, es sei jetzt genug, Julius und sein Beruf seien lange nicht so wichtig, wie Julius sich einbilde, und die Berufswahl überhaupt keine so ernste Sache, wie er offenbar glaube. Natürlich gibt es so etwas, daß ein Mensch in seiner Betätigung absolut fehl am Platze ist, aber das kommt seltener vor, als man denkt. Fast immer ist die lebende Substanz formbar und widerstandsfähig, und für die meisten Leute läßt sich in den meisten Berufen irgendeine zufriedenstellende Beschäftigung finden. Weder war meinen Eltern das richtig klar, noch hielten sie es für vollkommen abwegig, wenn sich ein junger Mann nach nur einem Semester im falschen Fach an sie wandte und den Wunsch äußerte, er wolle in das richtige überwechseln. Sie waren damals ebenso bereit wie ich, die wertvolle Substanz Julius ernst zu nehmen, die in der falschen Gußform womöglich verunstaltet werden könnte. Auch waren sie beide keine praktischen Menschen mit Erfahrung im Berufsalltag. Mein Vater war ein Künstler, der es sich leisten konnte, seine

Kunst, zugegebenermaßen regelmäßig und ernsthaft, als Hobby zu betreiben; meine Mutter war eine reiche Erbin mit einer Gabe für Musik, die sie zu einer Karriere befähigt hätte und die sich statt dessen für die Ehe und die Familie entschieden hatte. Beide neigten dazu, mich sehr ernst zu nehmen, und sie machten sich Sorgen, mich so unglücklich zu sehen.

Mich unglücklich zu sehen, war jedoch keine neue Erfahrung für meine Eltern. In Bad Pyrmont hatte ich meiner Mutter unablässig vorgejammert, daß ich auf dem Esel reiten wollte, beiden Eltern hatte ich viele Jahre in den Ohren gelegen, mich aus meiner ersten Schule herauszunehmen. Einige wenige Jahre war ich in der Gärtnerei und in Zehlendorf, als Schüler unter Haacke zufrieden gewesen, nur um wieder in meinen normalen Zustand zu verfallen, sobald ich an die TH kam. Für meinen Vater war das zwar nicht leicht nachzuvollziehen, doch er war menschlich genug, um zu erkennen, daß andere Menschen Schwierigkeiten hatten, wie ich sie immer wieder zu bekommen schien; auch war er selbst in der Schule sehr unglücklich gewesen. Aber er haderte nie lange mit seinem Schicksal und war von seinem Talent überzeugt. Bei meiner Mutter lag der Fall anders. Sie durchschaute mich viel leichter als mein Vater, da ich ihr im Grunde viel ähnlicher war als ihm, und es entging ihr nicht, daß mein Problem vor allem auf einer falschen Einstellung beruhte, auf meiner Haltung, die sie mit den Worten eines Liedes von Schubert auf den Punkt brachte: »Dort, wo du nicht bist, dort ist das Glück!« Sie sah, daß ich annahm, durch eine erneute Veränderung könne das Glück vielleicht gezwungen werden, mir in den Schoß zu fallen. Sie stellte auch eine mangelnde Selbstdisziplin an mir fest sowie die Tendenz, nur diejenigen Dinge zu lernen, die mir zuflogen, und von den anderen die Finger zu lassen – ein Charakterzug, der sich oft bei sehr ungleichmäßig begabten Menschen findet. Direkt und offen, wie sie war, sagte sie mir das alles ins Gesicht, und ich war wütend. Ich weinte hemmungslos, eine Gewohnheit, die ich mir von meinen Kinderjahren an bis ins hohe Erwachsenenalter bewahrt habe, und als mein Vater am Ende einer besonders langen, scharfen und erfolglosen Diskussion auch noch sagte, eines Tages würde ich ihnen dankbar sein, daß sie mich vor meiner eigenen Unentschlossenheit bewahrt hätten, antwortete ich, immer noch heulend, nie würde ich meiner Mutter für das dankbar sein können, was sie heute abend geglaubt habe, mir sagen zu müssen.

Beschlossen wurde am Ende natürlich nichts, denn wir standen ja vor einer zweiten und wesentlich größeren Schwierigkeit: daß zwar meine Ausführungen über meine mangelnde Eignung als Architekt einleuchtend waren, ich jedoch andererseits keine echte Alternative anbieten konnte; mit Ausnahme, immerhin, des Lehrerberufs.

Sei es, daß mich mein Bruder Ludwig, wie in so vielem, durch sein Vorbild beeinflußt hatte, denn er war auf dem Weg, Lehrer zu werden, sei es, daß ich schon damals fand, das Unterrichten sei genau das Richtige für die spezielle Mischung aus Halbbegabungen und dem Hang zur Schauspielerei, welche Julius ausmachte. Ich beharrte auf dieser Idee, nur um auf den vereinten Widerstand meiner Eltern zu stoßen, die fanden, ein Schulmeister in der Familie sei genug, und ich solle lieber an meiner Vorstellung festhalten, etwas mit Handwerk und Handarbeit zu kombinieren, was auf die Architektur doch zutreffe. Vor allem meine Mutter wiederholte immer wieder – was ich wirklich taktlos fand –, daß ich mich nicht ordentlich bemüht hätte und man sich, selbst wenn dies nicht stimme, nicht schon nach einem Semester ein abschließendes Urteil erlauben könne. Sie drängte mich, bis zum Vorexamen weiterzumachen, denn bis dahin würde ich wahrscheinlich klarer sehen. Zweifellos hofften meine Eltern, daß ich mich dann mit meinem Fach längst abgefunden haben würde und endlich dankbar wäre, daß sie mir zum Durchhalten geraten hatten.

Leider stützten sie sich auf die falsche Begründung, um etwas Richtiges zu beweisen; und für mich hatten Begründungen ein übermäßiges Gewicht. Angesichts meiner Lust am Argumentieren ist es durchaus möglich, daß ich Anwalt oder sogar Politiker hätte werden können – meine Mutter machte sich eine Zeitlang tatsächlich für die Anwaltsidee stark. Auf jeden Fall war ich entschlossen, mit diesem Studium unzufrieden zu sein.

Da ich nun aber dazu verurteilt war, Student der Architektur zu bleiben, begann ich mich allmählich an die Bedingungen an der TH zu gewöhnen. Schließlich gab es andere Studenten, und auch ein paar Studentinnen, und man konnte zumindest Bekanntschaften schließen. Wenn ich einen Hörsaal oder den Werkraum mit einem wütenden oder verzweifelten Achselzucken verließ, bemerkte ich mitunter bei einem Kommilitonen eine ähnlich verächtliche Geste; und obwohl keiner meiner Mitstudenten meine Konsequenz zog, nämlich aufzustecken und den Tag oder die Woche lieber in den Wäldern zu verbringen, konnte ich meine Kritik mit ihnen teilen, was für leicht aufbrausende Schuljungen immer eine Erleichterung ist. Anstatt mich also in die nächste Bahn zu setzen, gelang es mir manchmal sogar, das große Gebäude zu ertragen, indem ich auf der obersten Galerie des glasbedachten Renaissancehofs mit irgendeinem Kommilitonen endlose Runden drehte, der genauso wütend war wie ich. Oder ich machte mir das Leben selbst in Wischkes griechischem Seminar für ein oder zwei Stunden erträglich, indem ich eines der Mädchen ansprach und ihr irgendeine Frage stellte, mir einen Radiergummi oder einen Zirkel auslieh, jedenfalls Kontakt herstellte. Es war nicht ganz so schlimm, Lichterfelde am Morgen zu verlassen, weil ich mir sagen konnte, daß ich mit Helga flirten würde, einem besonders häßlichen, ungepflegten weiblichen Fleischkloß mit breiten Hüften, oder mit Iwanka, einem hohlwangigen bulgarischen Mädchen voll lebendiger Schönheit; möglicherweise konnte ich auch in der stinkenden Kantine eine Tasse Kaffee mit Schlesinger, Drexler, Rothschild, Brandt oder Klaus Müller trinken. Mit Ausnahme der beiden Letztgenannten waren alle diese Kommilitonen Juden, und das Merkwürdige daran war, daß weder ich auf sie zugegangen war noch sie, von Rothschild abgesehen, auf mich. Tatsache war jedenfalls, daß diese Juden nicht in die breite Masse nationalistischer deutscher Studenten einbezogen waren und unter sich blieben. Meine jüdischen Kommilitonen hatten sich bestimmt mehr um mich bemüht als ich mich um sie, denn ich, der ich aus Lichterfelde und Zehlendorf kam, hatte nie nach anderen Juden Ausschau gehalten und kannte keinen jüdischen Umgang. Ich war daher überrascht, und nicht gerade angenehm überrascht, als ich zum erstenmal bei den Rothschilds oder den Schlesingers eingeladen war und einen Salon voller Leute betrat, die Goldstein, Rosenstaub, Cohen, Levy und Veilchenblum hießen. Es waren auch die unvermeidlichen ein oder zwei Personen anwesend, deren Namen Schmidt und Müller lauteten und welche die Juden, wenn sie unter sich waren, die »Renommiergojim« nannten. Aber überwiegend waren diese Zusammenkünfte jüdisch.

Auf diese Weise machte ich zum ersten Mal – oder fast zum ersten Mal – Bekanntschaft mit dem jüdischen Berliner Viertel, das man den »Neuen Westen« nannte. Ich sage »fast«, denn unser Kindermädchen hatte, nachdem sie von uns weggegangen war, in dieser Gegend wieder eine Stellung gefunden, und bei den äußerst seltenen Gelegenheiten, bei denen ich einen meiner Mitwanderer von Blau-Weiß besuchte, stellte ich jedesmal fest, daß auch er dort wohnte. Der Papa war garantiert so, wie der Sohn ihn mir beschrieben hatte, ein kleiner Mann mit dickem Bauch und Brille mit Goldrand, der auf eine geschäftige Art besorgt und selbstgefällig aussah. Besorgt, weil Geschäftsmann *und* Jude zu sein nun einmal besorgniserregend ist, selbstgefällig, weil er einigermaßen erfolgreich war und allmählich dort ankam, wo er ankommen wollte, was die Verachtung seines zionistischen Sohnes hervorrief und bei mir, der ich im fernen Lichterfelde erzogen worden war, in Kreisen, wo nur die Kunst etwas zählte und eventuell noch die Wissenschaft, nicht einmal Verachtung. Ich verstand nun einmal diesen Menschentypus einfach nicht, und die Tatsache, daß mich diese Väter, nachdem sie kurz an mir geschnuppert hatten, mit einem gewissen Respekt behandelten, machte es mir nicht leichter, ihre Lebensweise und Ambitionen zu begreifen. Wäre mir eingefallen, daß mein Großvater väterlicherseits ein armer Schneider aus der Provinz Posen und auch mein Großvater mütterlicherseits, obgleich er sich in dem viel vornehmeren »alten Westen« niedergelassen hatte, im Grunde nichts anderes als ein erfolgreicher Immobilienspekulant gewesen war, hätte ich ihnen vielleicht mehr Verständnis entgegengebracht. Aber die Kreise der jüdischen Gesellschaft Berlins waren sozial so verschieden und in sich abgeschlossen, daß ich in meinem ganzen jungen Leben mit anderen Kreisen nie in Berührung gekommen war.

Die Geschichte ist schnell erzählt: Ein Jude kommt nach Berlin, normalerweise aus dem Osten, aus Schlesien oder Posen; nach dem Krieg aus noch östlicheren Regionen, aber das ist wieder eine andere Geschichte. Da er aus dem Osten kommt, hält er sich anfangs an den Osten oder Norden Berlins, wo die große Synagoge in der Oranienburger Straße das religiöse Zentrum bildete. Das war der Berliner Osten, ein besonders häßlicher und elender Teil der Stadt. Mein Vater hatte dort seine Kindheit verbracht, und er pflegte uns von dieser Gegend mit einem Gefühl zu erzählen, wie es in den einführenden Zeilen von Dantes Erstem Gesang des Inferno zum Ausdruck kommt: »Ich drehte mich ein letztes Mal um, um zurückzuschauen auf das, von dem ich glücklich erlöst worden war.«

Wer entkommen war, wandte sich seit Anfang des Jahrhunderts dem Neuen Westen zu, einem Stadtteil, der sich damals gerade entwickelte; vor dieser Zeit, zur Zeit meiner Großeltern, war es einigen sehr exklusiven Mitgliedern der jüdischen Gemeinde im Nordosten sogar gelungen, sich im alten Westen niederzulassen, jener Gegend, die unmittelbar an den Tiergarten grenzte, um sich dort mit der noch kleineren Zahl von Familien zu vermischen, die sich hier seit der Judenemanzipation zu Beginn des neunzehnten Jahrhunderts angesiedelt hatten. Diese Juden bildeten die große Ausnahme, und in der Regel handelte es sich bei ihnen um Personen, die großes Glück gehabt und in eine alte privilegierte Familie eingeheiratet hatten wie mein Vater. Seine Herkunft aus dem Nordosten Berlins erklärt vielleicht mehr als sein geringes Vermögen den Widerstand der Oppenheims: »eindeutig keiner von uns«. Der Komponist Felix Mendelssohn wuchs in einem Haus mit Garten am Leipziger Platz auf, ziemlich nahe am Tiergarten. Das Haus, in dem ich geboren wurde, ist auch nicht weit davon entfernt. Was mit der nächsten Generation geschah, also der meiner Mutter, war in groben Zügen folgendes: Entweder bewahrte sich die jüdische Familie ihr Jüdischsein wenn nicht in religiöser, dann zumindest in gesellschaftlicher Hinsicht, dann blieb sie im alten Westen, obwohl dieser sich rasch von einer Gartenvorstadt am Rande des Tiergartens zu einem hektischen und nicht allzu eleganten Geschäftsviertel entwickelte. Die anderen jedoch, die sich gänzlich assimilieren wollten, versuchten den kleinen Kern einer jüdischen Gesellschaft, der sich im alten Westen noch erhalten hatte, so weit wie möglich hinter sich zu lassen. Sie siedelten sich irgendwo in den entlegenen Gartenvorstädten an, und obwohl sie dies auf jüdische Weise als Großfamilie taten, wie Paul, Trudchen und Martha Oppenheim mit ihren Ehefrauen und Ehemännern in Lichterfelde, gelang es ihnen, den gewollten Abstand zu schaffen. Und so kam es, daß die einzige jüdische Gesellschaft, in der ich mich während meiner Kindheitsjahre bewegt hatte, die Familie selbst und jene Verwandten waren, die noch im alten Westen lebten.

Aber der normale Strom der innerstädtischen jüdischen Migration führte vom Nordosten um die Oranienburger Straße zum Neuen Westen, einem Vorort mit ebenso engen Straßen und ebenso hohen Häusern, in dem es jedoch gelegentlich eine baumbestandene Allee und einen Platz mit einer kleinen öffentlichen Grünfläche gab, vielleicht sogar mit einem kleinen Springbrunnen in der Mitte. Der Unterschied lag vor allem in den Wohnungen selbst: Von einem Stadtteil, wo drei, ja vier und mehr Häuser hintereinander sich tief zu einem Wohnblock staffelten, bei dem die verschiedenen Hinterhäuser nur über die Höfe zu erreichen waren, zogen diese Juden, die es zu etwas gebracht hatten, jetzt in geräumige Wohnungen mit zwei oder drei Empfangszimmern, die zur Straße hinaus gingen, und einem großen und ziemlich dunklen Eßzimmer. Dieses sogenannte Berliner Zimmer, das sein Licht nur durch ein Fenster in der zum Hof gelegenen Ecke erhielt, bildete den Übergang zum langen Flur des hinteren Wohnungstrakts, in dem sich Schlafzimmer, Küche, Speisekammer, eine Mädchenkammer sowie der Zugang zur Dienstbotentreppe befanden. Diese Wohnungen bildeten ein L, und vier solcher ineinander übergehender Gebäudeeinheiten umschlossen einen Innenhof, in dem es kleine Rasenflächen gab und häufig gute, alte Bäume standen, wie Kastanien, Linden oder Ulmen. Die Straßen machten einen leichten Bogen, weil man dieses Viertel nach 1900 gebaut hatte, als der Wiener Stadtplaner Camillo Sitte en vogue war, der die Stadt des Mittelalters wiederentdeckt hatte; und obwohl diese Kurven ohne jeden Sinn und Verstand angelegt waren, wirkte das Straßenbild dadurch tatsächlich ein bißchen weniger langweilig, abweisend und mechanisch als die endlosen Straßenschluchten des alten jüdischen Nordens und Ostens. Die Straßen waren übrigens alle nach bayerischen Städten benannt, deren Namen in Berliner Ohren romantisch klangen und sich mitunter so jüdisch anhörten wie die der Menschen, die dort lebten. Ich kannte einen Herrn Rosenheim in der Rosenheimer Straße 122 und einen Herrn Bamberger in der Bamberger Straße 64. Auch hatten alle Häuser, obwohl sie fünf Stockwerke hoch waren, steile Ziegeldächer, welche die Straßenfront, aber nicht unbedingt die Hinterhofgebäude krönten. Diese Dächer waren entweder nach oben gewölbt wie Kamelhöcker, oder es handelte sich um eindrucksvolle Mansardendächer, die den fünften Stock mit einbezogen. Ein dunkler Rauhputz überzog die Gebäude wie unsere »Schokoladenvilla« in Lichterfelde, und die Wohnzimmer zur Straße besaßen ausnahmslos Erkerfenster, die sich mit Loggien abwechselten. Dies verlieh der Straßensilhouette den Rhythmus einer schnellen Abfolge von Vertikalen, zumindest vom ersten

Stock bis zur Dachtraufe, oberhalb deren ein lockerer Wechsel von Giebeln, Mansarden und Türmchen diese Straßenlandschaft krönte. Begonien neigten sich von den Loggien hinab, und die besten dieser Straßen wiesen sogar kleine Vorgärten auf. Hie und da stand ein Pflaumenbäumchen, und an den Zäunen wuchsen Forsythiensträucher.

Die Wohnungen im Bayerischen Viertel waren mit etwas moderneren Möbeln eingerichtet als die Häuser von Julius Oppenheims Töchtern. Die gedrehten Säulen und Landschaftsintarsien in der großen Tür des Buffets hatten zunächst Möbeln im »romanischen« Stil weichen müssen, die in den ersten Jahren des Jahrhunderts sehr in Mode kamen. Diese wiederum wurden um 1914 durch eine besonders charakterlose, aber »solidere« Art von Möbeln ersetzt, »englisch aus fünfter Hand«, welche immer noch Säulen, feste, kugelförmige Beine aus dunkler Graueiche oder Walnuß und verglaste Türen besaßen, dazu tiefe und hartgepolsterte Ledersessel. Ich habe noch nie so halbherzige Möbel gesehen. Möbel können einem Haus oder einer Wohnung eine vulgäre Atmosphäre verleihen, unechte Romantik oder protzigen Reichtum ausstrahlen; aber diese Möbel aus der Zeit unmittelbar vor und nach dem Ersten Weltkrieg strahlten überhaupt nichts aus, höchstens soviel, daß die Bewohner gerade die untersten Sprossen der Wohlstandsleiter erklommen hatten und das ziemlich selbstgefällig zur Schau stellten – was schließlich ein allgemeines Phänomen war. Das könnte jedenfalls erklären, warum selbst diese schlichte Umgebung noch irgendwie zu monumental für ihre Besitzer und Bewohner wirkte. Man merkte den Hausherren dieser kalten und harten Noblesse eine gewisse Verlegenheit an. Ich habe bereits erwähnt, daß ich sie als klein und dick wahrnahm, was vielleicht dem Zufall meines Umgangs geschuldet war; doch entsinne ich mich nicht, im Bayerischen Viertel je andere Leute gesehen zu haben. Da saßen sie also, verschwanden fast in ihren tiefen Ledersesseln und wirkten besonders in Gegenwart ihrer Söhne und deren Freunde gehemmt, denn ich habe selten beobachten können, daß meine neuen Bekannten ihren Eltern aufrichtigen Respekt entgegenbrachten, was ungerecht, aber verständlich war. Diese Eltern waren in den meisten Fällen hart arbeitende Geschäftsleute oder mittelmäßige Akademiker, Anwälte, Bankiers und natürlich auch Ärzte, obwohl diese wieder eine Klasse für sich waren. Sie hatten es so weit gebracht, daß sie ihren Sprößlingen eine höhere Bildung ermöglichen konnten, mit dem Ergebnis, daß diese Kinder in die Jugendbewegung abwanderten, in den meisten Fällen zur zionistischen Jugendbewegung, deren ureigenes Ziel es war, die braven Leutchen wieder zu entwurzeln und in Palästina noch einmal von vorn anzufangen zu lassen; oder sie studierten ein Fach wie Medizin beziehungsweise, schlimmer noch, Musik oder Architektur und schauten auf die Menschen herab, deren harte Plackerei es ihnen erlaubt hatte, etwas Besseres zu werden. Das war durchaus der übliche Lauf der Dinge, und vielleicht fiel mir das in jenen jüdischen Kreisen nur deshalb auf, weil ich vorher noch nie Familien begegnet war, in denen die Söhne mehr darstellten als ihre Väter. Die Väter meiner Freunde in Lichterfelde waren Oberste oder gutsituierte Geschäftsleute oder Industrielle, oder aber Beamte, Künstler und Architekten; und hier war es eher so, daß die Söhne ihre Eltern bewunderten. Ebenso verhielt es sich in den jüdischen Familien, die weiter hinaus nach Wannsee, an die Havelseen, gezogen waren, wie die Liebermanns und die Freudenbergs, oder wiederum in den Familien, in denen die Väter Ärzte oder erfolgreiche Anwälte waren, aber die wohnten ganz bestimmt nicht in der Bamberger Straße, sondern eher in der Nähe des Tiergartens. Damals durchschaute ich diese Zusammenhänge nicht. Ich fand, daß es meinen Freunden an Respekt mangelte, und war oft angewidert darüber, wie sie über ihre Eltern sprachen, während mir diese ihrerseits wie eine leere Hülle vorkamen, wie eine Nicht-Existenz, Personen, denen man begegnete und denen man die Hand schüttelte (immer schön respektvoll!) und die man fortan tunlichst mied.

Obwohl ich von Freunden und Familien im Plural spreche,

bin ich in Gedanken nur bei einem Freund und seiner Familie, den Rothschilds. Vater, Mutter und Sohn waren klein, hatten breite Münder und Hakennasen, eine breite, gedrungene Stirn und ein irgendwie verlegenes Lächeln auf sehr trockenen Lippen, in deren Winkeln sich manchmal ein kleines Speichelfleckchen bilden konnte. Sie stammten aus Frankfurt, wie es sich für einen Rothschild gehört, waren aber nicht im entferntesten mit dem »Hause« verwandt. Und Richard Rothschild sah mit seinem breiten Mund, der niedrigen Stirn und dem sehr glatten Haar gar nicht jüdisch, sondern eher aztekisch aus, wie eine dieser kopflastigen Tonfiguren. Wenn es jemals einen Menschen gab, der mir beharrlich nachlief und sich nicht abwimmeln ließ, und wenn es je einem gelungen ist, auf diese unorthodoxe und leicht schamlose Art am Ende doch eine dauerhafte Freundschaft mit mir zu schließen, dann ist es Richard Rothschild. Er war so häßlich, daß mir nicht nur mein Bruder Ludwig davon abriet, meine Zeit mit einem Mann zu verbringen, der so furchterregend aussah; sogar das ziemlich freche Dienstmädchen seiner Familie rief, sobald die Eltern außer Hörweite waren, zwar liebe jede Krähe ihre Jungen, aber wie »die Alte«, womit sie Frau Rothschild meinte, in *dieses* Kind vernarrt sein könne, das bleibe ihr ein Rätsel. Aber sosehr ich mich auch gegen sein Werben zu wehren versuchte, ich wurde R.R. oder Riro, wie wir ihn nannten, einfach nicht los: Nachdem wir uns im Seminar kennengelernt hatten, drängte er immer wieder darauf, mit mir spazierenzugehen oder ihn zu Hause zu besuchen. Vor allem lag ihm daran, mich für seine Gruppe von Architekturstudenten zu interessieren, die er – ich glaube, auch der Name war seine Erfindung – »Arbeitskreis der Neuen Form« nannte. Dieser Kreis setzte sich aus einer sehr kleinen Zahl von Studenten zusammen, die noch vor dem Vorexamen standen, und löste sich aus irgendeinem Grunde auf, nachdem wir alle bestanden hatten. Die Gruppe war entschieden progressiv, ja revolutionär, die Mitglieder lasen *De Stijl* und *Wendingen*, die neuen holländischen Fachzeitschriften, in denen die frühen Arbeiten von

Dudok und Rietveld und Gemälde von Mondrian abgedruckt waren; sie beschäftigten sich auch mit Frank Lloyd Wright, doch ziemlich halbherzig, weil ihnen seine Villen zu zahm erschienen. Sie interessierten sich ebenfalls für den russischen Konstruktivismus eines El Lissitzky und natürlich für die ersten Manifestationen der Nachkriegsarchitektur in Deutschland, die Werke von Erich Mendelsohn, Arthur Korn, Harry Rosenthal und Ludwig Mies van der Rohe.

Wenn es mir schon nicht einleuchtete, weshalb ich mit Rothschild engeren Kontakt pflegen sollte, so fiel es mir noch schwerer, Mitglied dieser Gruppe zu werden. Hier war alles vertreten, was mir mißfiel, und es machte mir Rothschild nicht sympathischer, daß er sich in seinen Studien und den gelegentlichen Aufträgen, die er sich sogar bereits als Student verschaffen konnte, als Anhänger von Mendelsohn und Ernst May entpuppte. Ich fand Mondrians Malerei albern, aber immerhin ansprechend, doch Mendelsohn, Korn, Rosenthal, May – wie auch Richard Rothschild – fand ich brutal, häßlich, unmenschlich. Für mich waren es Werke, die geradewegs aus der Hölle kamen und denen der Krieg die Tore geöffnet hatte.

Meine Ästhetik war von ganz anderer Art. Eines Tages nahm ich an einer Exkursion teil, die einer unserer Dozenten an der TH organisiert hatte. Wir fuhren hinaus nach Dahlem und besichtigten dort nur zwei Häuser. Das erste der beiden war von Hermann Muthesius entworfen worden, dem Mann, der im Jahr meiner Geburt den englischen Landhausstil in Deutschland eingeführt hatte. Ich hatte noch nie eine Arbeit von ihm gesehen, und das Haus Cramer, auf das wir jetzt zugingen, zählte nicht zu seinen besten, doch im Augenblick, als wir uns dem Eingang in der Bruchsteinmauer aus grobem grauem Kalkstein näherten, stand für mich bereits fest, daß ich es »himmlisch« fand. Die Erfahrung entsprach etwa der plötzlichen Verliebtheit eines Heranwachsenden und war ebensowenig eindeutig faßbar. Am nächsten Tag ist der junge Mensch häufig nicht mehr in der Lage, die Augenfarbe seiner Angebeteten zu benennen, es sei denn, daß es gerade dieses Merkmal war, in das er sich verliebt hatte, in welchem Falle er wahrscheinlich unfähig wäre, die Form ihrer Nase zu beschreiben oder zu zeichnen. Denn man verliebt sich nicht in einzelne Merkmale und schon gar nicht in die Gesamtheit von Merkmalen, sondern in etwas, das sich in diesem Mädchen verkörpert. In eben dieser Weise verliebte ich mich, als ich auf das Haus zuging, nicht in dieses spezielle Haus mit seinen hohen Giebeln, sondern in einen Lebensstil. Ich sah auch plötzlich meine Mutter neben mir gehen, die meine Gefühle guthieß und meinen Enthusiasmus teilte. Das bedeutete, es war vollkommen legitim und einwandfrei, mich in diesen Lebensstil zu verlieben. Ich glaube nicht einmal, daß ich während unseres Besuchs sehr viel gesehen habe; ich erinnere mich hauptsächlich an Fensterbänke mit Kissen und Terrassentüren, die zu dem auf mehreren Ebenen angelegten Garten hinausführten, von dem nahe dem Küchentrakt ein Obstgarten abgeteilt worden war, an eine kiesbedeckte Terrasse mit weißen Balustraden vor den Wohnzimmern und einen Rasen mit Gruppen von Lindenbäumen im unteren Gartenbereich. Ich weiß noch, wie ich mich ärgerte, als der Dozent, der uns durchs Haus führte, eine Weinflasche nahm und sie auf die Arbeitsplatte unter der Anrichte stellte, womit er demonstrieren wollte, daß diese gerade hoch genug war, damit eine Flasche dort Platz hatte, aus der der Korken herausschaute. »Sehen Sie, meine Herren!« sagte der Dozent, Herr Lehnert, sarkastisch, »das ist typisch Muthesius!« In dem anderen Haus, einer strengen klassischen Komposition, die Peter Behrens für den Gräzisten Theodor Wiegand entworfen hatte, sagte Lehnert: »*Dieses* Haus ist freilich von einem *Künstler* entworfen.« Ich fand das Haus sehr beeindruckend, von einer herben Poesie à la Stefan George, was mich zweifellos ansprach. Ich glaube, ich ließ mich sogar zu einem Sonett im Stile des Meisters anregen, das dieses Haus besang. Über das Muthesius-Haus schrieb ich kein Gedicht; dennoch erwies sich diese Erfahrung als die wichtigere, und dies war mir auch sofort klar. Ich wußte auch –

Haus Cramer, erbaut 1911/12 von Hermann Muthesius

was die Anwesenheit meiner Mutter in spirito beweist –, daß ich zum ersten, wenn auch nicht zum letzten Mal den Weg ins Verlorene Paradies beschritten hatte oder, um es sanfter und lyrischer mit dem Brahms-Lied auszudrücken, auf dem lieben Weg zurück ins Kinderland. Denn hier fand ich das Ideal jener Bewegung der Vorkriegsepoche, dem unsere Schokoladenvilla hatte nahekommen wollen. Und obwohl ich von nun an unserem eigenen Haus kritischer gegenüberstand, war ich mir gleichzeitig schmerzlich bewußt, daß das goldene Zeitalter, das es repräsentierte, verloren war, und zugleich durchdrang mich ein heftiges Heimweh nach dieser Vorkriegszeit, der Zeit meiner Kindheit im Hause der Familie Posener. Das war das Ideal gewesen und Muthesius dessen großer Meister. Bestimmt gab es dafür noch eine Zukunft.

Der Gedanke, dieses Ideal müsse noch immer eine Zukunft haben, drängte sich mir aus zweierlei Gründen auf. Der erste war, daß ich es in dieser Reinform noch nie gesehen hatte; und die Reinform bedeutete nicht nur, daß ich hier die Räume mit niedrigen Decken vorfand, für die meine Eltern den Mut nicht ganz aufgebracht hatten, die breiten Fenster und ein Erdgeschoß, das sich auf einer Höhe mit dem Garten befand, während unser Haus noch ein Sockelgeschoß hatte, wo die Dienstmädchen und der Gärtner wohnten: Wichtiger war wahrscheinlich die Tatsache, daß hier, in diesem Muthesius-Haus, alles, von den Möbeln, den Tapeten und den Farben bis hin zu Gegenständen wie Blumenvasen, Gläsern und Geschirr, aus einem Guß war; und wenn sie nicht sogar vom Architekten selbst entworfen waren – wie sämtliche eingebauten und einige der frei stehenden Möbel –, so waren sie doch wenigstens von ihm vorgeschlagen und gekauft worden, nachdem man sich mit ihm beraten hatte. Da ich an eine Sache gewöhnt war, die lediglich eine Annäherung darstellte, war ich überzeugt, daß die wahre, die eigentliche Sache eine Zukunft haben müsse. Der Eindruck der Muthesius-Villa bewirkte, daß ich mich ziemlich entschieden gegen den Geschmack meiner Eltern auflehnte, obwohl ich die Gegenwart meiner Mutter an meiner Seite gespürt hatte, die alles gemeinsam mit mir bewunderte. So erlesen war deren Geschmack also auch nicht gewesen. Als ich ihnen das Haus beschrieb und Photos von diesem und ähnlichen Häusern in zeitgenössischen Publikationen zeigte, sagte meine Mutter, daß ihr das, offen gestanden, nicht sonderlich gefalle; sie bevorzuge ihr eigenes Haus mit all seinen Unvollkommenheiten oder möglicherweise gerade darum, weil es auf diese Weise nach wie vor ein Heim bleibe, während die Muthesius-Häuser etwas Bühnenhaftes an sich hätten. Das sei nicht wahr, beharrte ich, obwohl ein Argument, das von meinen Eltern kam, für mich immer einiges Gewicht hatte, das sei nicht wahr, sagte ich, und beweise nur, daß meine Eltern, trotz ihrer Kultur und ihres Geschmacks, nie ganz zum Wesen dieser Sache vorgedrungen seien, der anzuhängen sie vorgaben.

Der andere Grund für meinen Optimismus lag in Lehnerts Bemerkung über die Anrichte im Haus Cramer, deren Abmessungen sich nach der Größe einer geöffneten Weinflasche richteten. Die Bemerkung war abfällig gemeint, aber genau so *sollte* doch ein Architekt für den Lebensalltag planen. Ich bewunderte Muthesius ungeheuer dafür, daß er seine Entwürfe auf diesen Alltag hin orientierte; das war eine Waffe, mit der ich mich gegen die Künstler zur Wehr setzen konnte. Ich faßte die Architektur nicht als Kunst auf, diese Einstellung störte mich; deshalb war ich Muthesius' Weinflasche unendlich dankbar: Sie bezeugte, daß hier der Architekt beim Entwerfen für den Alltagsgebrauch den Alltagsgebrauch zur Grundlage nahm. Tatsächlich gewährte mir Muthesius' Weinflasche eine erste Vorahnung des Funktionalismus, und der hatte ja wohl auf jeden Fall eine Zukunft.

Noch unter dem Eindruck dieser Besichtigung begab ich mich auf die Suche nach Literatur über Muthesius in die Bibliothek der Technischen Hochschule. Die Architekturbibliothek war ein dunkler und schäbiger kleiner Raum im obersten Stockwerk, in dem ausnahmslos dicke, ledergebundene alte Bände mit so abschreckenden Titeln wie »Vitruv« oder »Das mittelalterliche Zimmerhandwerk unter besonderer Berücksichtigung der Kirchtürme« standen, die noch dazu abschreckende Diagramme enthielten. Das erklärt, warum die wenige Zeit, die ich hier vor meinem Besuch des Muthesius-Hauses verbracht hatte, nur noch mehr zu dem Grauen beigetragen hatte, das alles in diesem Gebäude stets bei mir hervorrief. Um die Wahrheit zu sagen, die Bibliothek war empörend unzulänglich, und obwohl damals die Hochglanzzeitschriften über Architektur noch nicht existierten, auf die das Auge der Besucher heutzutage selbst in der kleinsten Architekturbibliothek meistens als erstes fällt, waren die gediegenen Werke, die es durchaus gab, auch nicht vorhanden. Als ich mich jedoch eingehender umschaute, entdeckte ich einen kleinen, abseits stehenden Schrank, in dem ein paar moderne Werke aufbewahrt wurden. Muthesius erzählte mir später, diesen Schrank habe man zwanzig Jahre früher, als seine ersten Arbeiten erschienen, den »Giftschrank« genannt, und aus meiner Erfahrung kann ich bestätigen, daß er Mitte der zwanziger Jahre immer noch wie ein solcher behandelt wurde; Studenten, die sich übermäßig in Bände aus dem Giftschrank vertieften, wurden schief angeschaut. Hier fand ich nicht nur das von Muthesius selbst verfaßte schmale Bändchen über »Landhäuser« (*nicht* Villen: es bestand hinsichtlich der Weltanschauung und Zielsetzung ein gewaltiger Unterschied zwischen den beiden Begriffen), ich fand auch sein dreibändiges Werk »Das englische Haus«; und mit dem Gefühl, hier alles über die moderne Landhausarchitektur aus erster Hand erfahren zu können, begann ich sofort zu lesen.

Es waren Bände mit grauem Leineneinband und Goldprägung. Der erste Band behandelte die Geschichte, der zweite die Planung und der dritte Bauweise und Funktion des englischen Hauses. Nach meinem Besuch in Dahlem schlug ich diese Bände mit der größten Erwartung auf.

Seitdem ich mich in ein Mädchen verliebt hatte, das ich für eine Engländerin hielt, obwohl sie in Wirklichkeit Irin war, und seitdem ich durch die Felder Zehlendorfs gewandert war und Verse aus »Macbeth« und »Julius Caesar« in die Dunkelheit hinausgebrüllt hatte, war England so etwas wie ein gelobtes Land für mich gewesen, ein einzigartiges und ideales Paradies. Nun las ich die Namen der Landhäuser, die in Muthesius' Werk beschrieben werden: The Bluebells, Chislehurst, Kent oder Upwood House, Haslemere, Surrey, und kam mir vor wie Goethe vor seiner Italienreise: »Ich kann keine Zeile Latein mehr lesen, ohne weinen zu müssen.« Weinen vor Heimweh nach dem Ideal wohlgemerkt, denn wenn dieses Ideal für den dreißigjährigen Goethe so geklungen hatte:

Cornelius Lucius
Scipio Barbatus
Gnaeo patre prognatus
Subigit Omne Lucan
Obsidesque abducit

dann klang es für mich damals so: The Bluebells, Chislehurst, Kent ...

Und die Erwartungen, die der Klang dieser Namen in mir weckte, wurden von den Häusern nicht enttäuscht, die auf den kräftigen und wunderschön bedruckten Seiten abgebildet waren. Sowohl die alten als auch die neuen Häuser besaßen jene Poesie, jenes Wesen und Gefühl von Heimat, von Behaglichkeit und Freiheit, die man, zumindest damals, nur in England vorfand.

Und der Text betonte genau diese Eigenschaften wie auch die Lehre, die wir daraus für unsere eigene Zeit und unsere eigene Heimat ziehen könnten. Das Werk, das wie kein anderes aus Liebe zu seinem Gegenstand entstanden war, schilderte anschaulich, wie sich im späteren Mittelalter jener komplexe und lockere Organismus entwickelte, der das englische Herrenhaus ausmacht. Denn dies war kein durchkomponiertes Ganzes, sondern bestand aus Teilen, die sich stets um eine große Halle gruppierten, dem Eingangsflur oder Vorraum, der durch hölzerne Zwischenwände abgetrennt war, dem Podium des Hausherrn auf der gegenüberliegenden Seite der Halle und den hohen Fensternischen. Ein solches Herrenhaus durfte sich wie eine Pflanze ungehemmt ausbreiten und wachsen, wobei jeder einzelne Raum eine in sich geschlossene Einheit bildete. Es bestand also nicht aus Raumfluchten oder aus aufeinanderfolgenden Gemächern, von denen, trotz wechselnder Dekoration, eines wie das andere war. Jedes Zimmer hatte hier ein eigenes Erkerfenster, eine eigene Nische und oft auch einen eigenen Garten, etwa einen Rosengarten vor dem Empfangszimmer oder ummauerte Obst- und Gemüsegärten nahe dem Küchentrakt. Auch dienten alle Zimmer einem eigenen Zweck und waren keineswegs austauschbar wie die Salons in den französischen Chateaux. Und Muthesius zeigte, wie dieses Wachsen, das durch Inigo Jones' Palladio-Renaissance unterbrochen worden war, unter der neuklassischen Oberfläche schlummernd fortlebte, was sich an den unzähligen Erkerfenstern an der Rückfront selbst eines so starren Komplexes wie dem Royal Crescent in Bath ablesen läßt. Bis man, zunächst angeregt durch Pugins »Gothic Revival«, das ja viel mehr ein »Revival« von Entwurfsprinzipien als von Dekorelementen war, und dann in der Landhausbewegung, die im Büro von George Edmund Street und mit den letzten »Gotikern« Webb, Nesfield und Shaw ihren Anfang nahm, das Prinzip des freien, additiven, nicht durchkomponierten Entwerfens wiederentdeckte. Diese Architektur bildete den passenden Rahmen für den viktorianischen Gentleman und seine Familie, die sich einem Lebensstil mit zahlreichen sozialen Funktionen verschrieben hatten, die zahlreiche individuelle und unabhängige Räume erforderte: Das Eßzimmer reichte nicht aus, ein Frühstücksraum, poetisch »morning room« genannt, war vonnöten; zum Salon kamen das Arbeitszimmer, die Bibliothek, das Herrenzimmer hinzu oder sogar so besondere Räume wie ein Billardzimmer und eine Gemäldegalerie. Die Schlafzimmer bekamen ein eigenes Bad und auch ein Ankleidezimmer, in dem der Hausherr ruhen konnte, wenn er die Dame des Hauses nicht stören wollte. Die Kinder hatten ihre eigenen Schlafzimmer und ein Spielzimmer, wo sie sich tagsüber aufhielten; auch der Küchentrakt enthielt mehrere Räume, wie zum Beispiel Speisekammer, Vorratskammer, Gesindestube, Spülküche und einen Raum, in dem das Silber aufbewahrt wurde.

Muthesius zeigte auf, wie unaufdringlich dies alles war, frei von jedem »Pomp and Circumstance«, gediegen, ansprechend und ehrlich, ein passender Rahmen für ein hochentwickeltes Gesellschafts- und Familienleben. Was daraus gelernt werden konnte, war offenkundig, und Muthesius versäumte nicht, darauf hinzuweisen. Besonders nachdrücklich tat er dies im dritten Band, in dem er sich schwärmerisch über den sauberen Glanz von Handtuchhaltern und das Weiß einer Badewanne ausließ: Dinge, die er die »neue Schönheit« nannte und die im Gegensatz zu der alten und verbrauchten Schönheit von Säulen, Simsen und Astragalen standen. Auch verglich er den herrlich gemauerten Backstein des »Roten Hauses« von William Morris und Philip Webb mit dem charakterlosen weißen Stuck der Regency-Villen aus der vorangegangenen Epoche oder der italianisierenden Villen, die in Deutschland noch immer überall gebaut wurden, bevor Muthesius auftauchte; oder er stellte die Schönheit eines Fensters, eines klaren und gut gerahmten Fensters, das seinen einfachen Gebrauch demonstrativ zur Schau trägt, diesen scheußlichen hohen Dingern gegenüber, die von Stuckpilastern und Architraven aus siebter Hand eingefaßt und in Deutschland nach wie vor weit verbreitet waren. Alles, was ich mir vorgenommen hatte, als ich mich entschloß, Architekt zu werden, wurde mir in diesem Buch bestätigt. Es war mir eine Offenbarung.

Als nächstes studierte ich Muthesius' eigene Umsetzung des englischen Vorbilds, und von nun an hatten meine Wanderungen, die mich von der TH fortführten, auch ein Ziel: Ich suchte die Häuser auf, die ich auf Abbildungen gesehen hatte. Jede dieser Begegnungen mit roten, handgefertigten Backsteinen, mit weißen, robusten Rahmungen um breite Fenster und mit kräftig betonten Schornsteinen war für mich wie die Begegnung mit einer Geliebten: klopfenden Herzens erwartet, hoffnungsvoll und mit einer gewissen bangen Unruhe von ferne erspäht und dann, endlich, im ganzen gesehen. Ich kroch durch Dornenhecken und Gebüsch, um einen Blick auf die weniger zugänglichen Seiten zu erhaschen, ich drang sogar in Privatgärten vor; und wenn ich nicht länger widerstehen konnte, klingelte ich an der Tür und stellte mich als angehender Architekt und Adept des Meisters vor. Unweigerlich endeten meine Spaziergänge vor einem meiner Lieblingshäuser, dem Haus Freudenberg in Nikolassee, wo gleich nebenan Muthesius' eigenes Haus stand, oder beim Haus de Burlet in Schlachtensee oder bei seinem allerersten Haus, das er für seinen Chef im preußischen Handelsministerium in Zehlendorf gebaut hatte. Es schien mir, als harmonierten die Menschen, die darin lebten, mit dem Stil ihrer Häuser, was besonders bei den von Seefelds der Fall war, jenem Staatssekretär, der Muthesius nach England gesandt hatte, um das englische Haus zu studieren, und sich als erster auf das Experiment eingelassen hatte, indem er sich selbst ein solches Haus bauen ließ. Ich hatte insofern Glück, als die Seefelds beinahe Nachbarn und gute Freunde der Sedelmeiers waren und ich außerdem mit einer der Töchter in die Tanzstunde gegangen war, Isolde, die wie ein adrett gekleidetes Püppchen aussah. So kam es, daß mir dieses Haus offenstand, mit dem alles angefangen hatte, und außerdem war ich, wenn auch nur leicht, in Isolde verliebt, obwohl klar war, daß ich in diesem Fall in Isolde das Haus liebte.

Hans von Seefeld, ein kleiner, schmächtiger Mann mit einem sehr vornehmen Gesicht und grauem Spitzbart, stammte aus hannoverschem Adel und gehörte zweifellos zu jenen Kreisen, die in ihrem eigenen Heim ohne weiteres den englischen Gentleman spielen konnten. Er war ein Liberaler, und sein Liberalismus saß tief: Später gehörte er zu denen, die sich Hitler nicht beugten. Der Musik- und Kunstliebhaber war aktiv und entscheidungsfreudig, was sich in besonders fruchtbarer Weise gezeigt hatte, als er Muthesius für drei Jahre nach England schickte – denn er wußte damals genau, was er tat. Außerdem besaß er perfekte Umgangsformen, ohne im mindesten steif oder aufgeblasen zu wirken. Das also waren die Leute, für die Muthesius baute.

Mein großer Wunsch war es nun, den Meister selbst kennenzulernen, und auch hier hatte ich Glück. Ich brauchte mich nicht einmal wegen einer Empfehlung an Herrn von Seefeld zu wenden: Über irgendwelche Wege war mein Vater mit Frau Muthesius bekannt, einer sehr dunklen Dame, ich glaube, sie war Mulattin oder hatte zumindest gemischtes Blut. So wurde also vereinbart, daß meine Eltern und ich an einem Sonnabendnachmittag die Familie Muthesius in Nikolassee besuchen würden. Man empfing uns freundlich, zeigte uns das ganze Haus in allen Einzelheiten, bat uns zu einem kultivierten Nachmittagstee mit Regency-Silber und Wedgwood-Geschirr, die Dame des Hauses sang ein paar Brahms-Lieder, und dann wurden wir wieder entlassen. Ich fand einen Mann Anfang Sechzig vor, mit einem kahlen, sehr gewölbten Schädel, der einen grauen Anzug trug und, zu meiner gelinden Bestürzung, mit leicht thüringischem Akzent sprach. Er machte eher den Eindruck eines Beamten als den eines Künstlers; und Beamter war er ja auch gewesen. Voll spitzbübischer Freude zeigte er uns die vielen kleinen praktischen Kunststückchen, die er in seinem Hause eingebaut hatte, dessen Räume auch bei weitem die besten waren, die er je entworfen hat. Ich befand mich in einem Tempel und in der Gegenwart eines Gottes; aber irgendwie entwickelte sich keine Herzlichkeit, kein echter Kontakt zwischen uns. Das mag zum Teil an mir gelegen haben. Man stellt nicht leicht eine persönliche Beziehung zu seinem Idol her. Aber Muthesius hatte etwas Steifes und Reserviertes an sich. Auch muß er zum damaligen Zeitpunkt ein frustrierter Mann gewesen sein, denn die Art Architektur, die er eingeführt hatte, war nur in einer kurzen Periode gebaut worden. Sie endete mit dem Krieg, spätestens mit der Niederlage, und ging zusammen mit jenen Kreisen des Bürgertums unter, die seine Auftraggeber gewesen waren. Als ich ihn besuchte, hatte sich bereits eine vollkommen andere Architektur etabliert, eine Architektur, wie der »Arbeitskreis der Neuen Form« sie anstrebte, und Muthesius selbst war, bis zu einem gewissen Maße, zum Verräter an seiner eigenen Doktrin und Praxis geworden. Er war, gleich in den ersten Kriegsjahren, glaube ich, heftig von einem Architekten angegriffen worden, der sich dem französischen Haus des achtzehnten Jahrhunderts verschrieben hatte, »der einzigen Hausarchitektur, die es je gab und wahrscheinlich je geben wird«, wie er in seinem Werk »Sechs Bücher vom Bauen« schrieb, dessen Hauptziel es war, Muthesius vom Sockel zu stoßen. Friedrich Ostendorf, der

Autor, ging so weit in seinem Haß, daß er sich die Häuser von Muthesius eins nach dem anderen vornahm und sie in dem von ihm bevorzugten Stil neu entwarf. Muthesius hätte diesen Angriff mit Leichtigkeit parieren können, aber er tat es seltsamerweise nicht; er fing sogar an, selber Villen im klassischen Stil zu entwerfen. Eine meiner Tanzstundenpartnerinnen, Ursula Kuczynski, die häßliche Tochter eines berühmten Statistikers und Sozialwissenschaftlers, führte mich einmal durch das Haus ihrer Eltern, das eines der ersten dieser Produkte von Muthesius' Renegatentum war. »Aber das ist ja purer Ostendorf!« sagte ich. »Genau«, antwortete Ursula, »Muthesius hat gesagt, Ostendorf habe ganz recht, nur vom Entwerfen verstünde er nichts.«

Muthesius entwarf, wie er mir an jenem Sonnabend erzählte, nach der »Puzzle-Methode«: Er stellte sich als erstes das einzelne Zimmer vor und darin sogar manchmal nur ein einzelnes Möbelstück, und wenn alle seine Zimmer stimmten, auch in der Ausrichtung, begann er, sie zu einem Haus zusammenzufügen. Dieses Verfahren war möglicherweise nicht ganz abwegig, wenn das Ergebnis ein additiver, frei gewachsener Organismus wie das englische Landhaus sein soll, obwohl es immer problematisch ist, wenn man bewußt etwas wiederholen will, was sich nach und nach und häufig unter verschiedenen Bauherren entwickelt hat; wenn es aber darum ging, den freien Plan in die klassische Form zu pressen, mußte das Ergebnis ein Bastard sein. Meine Theorie war, daß nicht allein sein Alter und das Schwinden seiner kreativen Kräfte Muthesius dazu gebracht hatten, sich von seiner eigenen wunderbaren Idee einer Architektur abzuwenden. So etwas kann durchaus vorkommen, und Muthesius selbst hat in seinem »Englischen Haus« mit dem Ausdruck des Bedauerns auf das Beispiel des großen Norman Shaw verwiesen, der gegen Ende seiner Karriere wieder in den Schoß der klassischen Gemeinde zurückkehrte. Damals ahnte er ja nicht, daß seine eigene Karriere ähnlich enden würde. Ich glaube jedoch, daß in seinem Fall der Krieg, der noch dazu gegen sein geliebtes England geführt wurde, dafür ausschlag-

Haus von Velsen, Zehlendorf, von Hermann Muthesius, und Friedrich Ostendorfs Gegenentwurf (1907/08)

gebend war. Der Krieg und die in seinem Gefolge bis zur Unkenntlichkeit veränderten Verhältnisse bewirkten, daß er sich einem Sinneswandel ergab; und obwohl er bis zum Schluß ein wortgewandter Verfechter der neuen Architektur, speziell des Werkbundes, war, den er mit ins Leben gerufen hatte, muß er in den zwanziger Jahren ein gebrochener Mann gewesen sein. Zu dieser Zeit experimentierte Mies bereits mit Hochhäusern aus Glas, und Mendelsohn hatte schon den Einsteinturm und das Mossehaus gebaut, Manifestationen nicht eines Funktionalismus, sondern einer neuen, expressionistischen Form, wobei »Form« der Schlüsselbegriff und wahrscheinlich eben *der* Begriff war, der

Muthesius am meisten ärgerte. Diese neuen Architekten, die das Feld beherrschten, bevor Gropius eine zweite Phase des Funktionalismus in der Architektur einläutete, verkörperten in ihrer Rückwendung zum Formalismus – sosehr sie auch auch beteuerten, wie strukturell oder organisch ihr Werk sei – sicherlich einen Rückschritt. Und auch ich, der ich durch die Schule Muthesius' gegangen war, empfand sie eindeutig als rückwärtsgewandt, als Wiederbelebung des Jugendstils, dem verpflichtet zu sein sogar Mendelsohn einräumte. Muthesius starb nicht lange nach unserem Treffen bei einem Straßenbahnunfall, als er eine seiner Baustellen besuchte, ein besonders sprödes und gesichtsloses Bürogebäude in einer belebten Hauptverkehrsstraße. Ich weiß nicht, ob er seine eigene Doktrin in der Gestalt wiedererkannt hätte, in der sie bald nach seinem Tod in der Architektur von Gropius und dessen Kreis wiederkehrte. Ich glaube, kaum. Er war ein Mann der Vorkriegszeit und fand sich in der Architektur nicht mehr zurecht, die auf den Holocaust des Krieges folgte.

Mich deshalb im Vergleich zu meinen Kommilitonen reaktionär zu nennen, wäre nicht zutreffend. Einen eingefleischten Funktionalisten hätte man nicht einmal während jener Jahre reaktionär genannt, als der breite Strom der funktionalistischen Bewegung vom Expressionismus der Nachkriegsjahre überschattet wurde. Die Grundidee hatte sich zu gut durchgesetzt – und dies wiederum hauptsächlich infolge des Wirkens von Muthesius, der englische Funktionalisten wie Richard Lethaby in Deutschland bekanntgemacht hatte –, als daß selbst die expressionistischen Architekten sie wieder hätten entkräften können. Bisweilen wurde die Kunst in der Architektur stärker betont, bisweilen ihr praktischer Nutzen; aber anders als die schönen Künste steht die Architektur immer im Dienst des täglichen Lebens, und darum konnte sie auch nie wie die bildende Kunst rein ästhetisch aufgefaßt werden. Allerdings war der Funktionalismus nur eine von vielen Komponenten meiner Architekturauffassung. Der Rest war inbrünstig und leidenschaftlich rückschrittlich, obwohl mir das nicht vollständig bewußt war. Ich entsinne mich, wie ich später, als mich französische Freunde einen Bourgeois nannten, entgegnete, nein, ich sei kein Bourgeois, ich sei »bourgeoisiste«. Damit wollte ich sagen, daß ich mich nicht einfach deshalb weigerte, mich weiterzuentwickeln, weil ich mich dort, wo ich mich eingerichtet hatte, wohl fühlte, sondern daß ich die bürgerlichen Werte zur Doktrin erhob, was sogar unter Reaktionären selten vorkommt.

Und mit diesen Ansichten wurde ich eines Tages Mitglied, aktives Mitglied noch dazu, des »Arbeitskreises der Neuen Form«. Das lag einfach daran, daß ich schwach war und Rothschild hartnäckig, und so geriet ich in seinen Kreis, mit dem ich im Grunde meines Herzens rein gar nichts zu tun hatte. Ich ertappte mich sogar eines Tages dabei, wie ich ihnen trotz einiger Reservatio mentalis dabei half, einen Briefkopf für die Gruppe zu entwerfen, und dabei jene breiten fetten Lettern verwendete, die Mendelsohn populär gemacht hatte. Und als wäre dies nicht genug, diskutierte ich noch darüber, an welcher Stelle in der dynamischen Komposition man am besten den unvermeidlichen, quadratischen Mondrian-Punkt setzen sollte. Übrigens trägt nichts mehr zum Verständnis bei als die aktive Beteiligung: Nachdem ich einmal, auch anhand dieser Schrift, herausgefunden hatte, daß es einen besseren und einen schlechteren Entwurf gab, war ich auf dem besten Wege, meine Mitstreiter – wenn auch widerstrebend – ernst zu nehmen. Die Aktivitäten des Kreises erschöpften sich mehr oder weniger darin, bekannte Vertreter der neuen Architektur in die Wohnung eines Mitglieds einzuladen, wo wir uns dann ihre Erläuterungen der »Neuen Form« anhörten. Der erste dieser Architekten war Alfred Gellhorn, der in seiner seltsam hohen Stimme davon sprach, der alten, flachen Vorderfront neue Tiefe, skulpturale Werte, kurzum, eine dritte Dimension zu verleihen und all das aufzulösen, was nur »Fassade«, flach und zweidimensional sei. Dieser Vortrag überstieg damals mein Fassungsvermögen bei weitem, und was das Verständnis so erschwerte, war vor allem die Tatsache, daß die Beispiele seiner eigenen Arbeiten

Erich Mendelsohn (um 1930)

nicht flacher und frontaler hätten sein können. Daher ging ich von diesem Treffen ziemlich verwirrt nach Hause, was Gellhorn und mich jedoch nicht hinderte, später sehr gute Freunde zu werden. Ich glaube, was mich betraf, war das die positivste Auswirkung des Arbeitskreises: daß er für einige von uns den Kontakt zu einigen führenden Architekten herstellte, einen Kontakt, der in manchen Fällen von Dauer war.

Der nächste Gastredner war Hugo Häring, ein Mann, der sich

zum damaligen Zeitpunkt erst mit einer Arbeit einen Namen gemacht hatte, dem Entwurf für einen Kuhstall in der Form einer Birne. Häring, ein recht freundlicher Mann aus Süddeutschland, ein »Schwob«, brachte auch brav die Grundrisse seines birnenförmigen Kuhstalls mit und erklärte uns, daß diese Form von der Zirkulationsbewegung der Kühe bedingt sei: Am breiten Ende des Kuhstalls liefen nämlich mehr Kühe zusammen als am schmalen Ende ... Obwohl mir das sofort einleuchtete, fand ich das Ding selber schauderhaft häßlich und witzelte gemeinsam mit Schlesinger, daß ein euterförmiger Kuhstall noch überzeugender gewesen wäre. Selbstverständlich hatte uns der große Mann, als der Scherz gemacht wurde, bereits mit unserem Dank für seine aufschlußreichen Ausführungen verlassen.

Danach geriet unser Einladungsverfahren eine Zeitlang ins Stocken. Wir hatten Mendelsohn geschrieben, doch er hatte nicht geantwortet. Ich glaube, Rothschild hatte das Schreiben aufgesetzt, und Rothschild war sehr höflich. Als wir uns daher das nächste Mal trafen, um zu sehen, wie weit diese und andere Angelegenheiten gediehen waren, sagte ein Mitglied unseres Kreises, ein sehr direkter Mann, Kommunist und waschechter Berliner Jude: »Dann schreibe ich ihm.« Was er schrieb, war ungefähr folgendes: Der »Arbeitskreis der Neuen Form« bittet Sie, Ihre Architektur zu erklären, und erwartet, daß Sie uns in Kürze zur Verfügung stehen. Mendelsohn reagierte umgehend und erwähnte in seinem Antwortschreiben, daß ihm die Form unserer Einladung sehr gefallen habe. Aber er wünsche nicht, zu uns zu kommen, sondern halte es für lehrreicher, uns in seinem Büro zu empfangen. Als wir dort eintrafen, öffnete uns Mendelsohn in einem langen, schneeweißen Zeichenkittel die Tür, führte uns in sein Büro und begann sofort, uns seine Bauten und Projekte vorzuführen. Das war 1925, und das große Modell für die »Strickwarenfabrik Rote Fahne« in Leningrad stand mitten im Zimmer auf einem großen Tisch. Der Raum selbst machte eher den Eindruck einer Entwurfsfabrik als den eines Architekten-»Ateliers«: Alles war sauber, sogar peinlich sauber, ordentlich und aufgeräumt. Das Gefühl, daß hier gearbeitet wurde, hart und effizient gearbeitet wurde, war überwältigend. Obwohl uns Mendelsohn reichlich von seiner Zeit zur Verfügung stellte, verstärkte die schnelle Sprechweise des Mannes den Eindruck, daß er sehr beschäftigt war, ja unter Hochdruck stand. Das erfüllte uns alle mit großem Respekt, wenngleich Mendelsohn nicht im geringsten auf Würde hielt. Er war damals Mitte Dreißig, und sein kastenförmiger Schädel mit der hohen und breiten, leicht fliehenden Stirn, von der das glatte braune Haar zurückgekämmt war, seine fleischige, gekrümmte und stark vorstehende Nase und die schön geformten Lippen mit den tiefen Mundwinkeln – der Mund eines Redners – waren ungemein beeindruckend. Sein Gesicht drückte Energie und Vision aus, auch große Arroganz sowie, vor allem um den Mund und die Wangen herum, eine Sensibilität und die Fähigkeit zu genießen. Beim Sprechen legte er den Kopf in den Nacken und wetterte gegen Spießbürger und Idioten, und als er sein Werk erläuterte, besonders das großartige Modell, wurde es wunderbar lebendig. Er klatschte einen großen Packen mit Detailblättern auf den Tisch, die auch wieder eher Maschinenzeichnungen als architektonischen Teilzeichnungen glichen, und als einer von uns diese Studien, die noch den letzten Türgriff erfaßten, bewunderte, schüttelte er den Kopf: »Oh, heute gehe ich darin viel weiter.« Schließlich begaben wir uns ziemlich betäubt ins angrenzende Zimmer, wo wir um einen Tisch herum Platz nahmen und er uns aufforderte, ihm nach Belieben Fragen zu stellen. Einer von uns wollte wissen, welchen seiner Bauten er bisher selbst für seinen besten halte, und er antwortete ohne zu zögern: Luckenwalde. Das war eine Hutfabrik, die Vorgängerin der großen Leningrader Textilfabrik. Der Student wirkte enttäuscht. »Warum?« fragte Mendelsohn, »was haben Sie erwartet?« – »Den Einsteinturm.« Mendelsohn lachte: »Mein lieber Junge: nie wieder! Für die Schalung dieser gebogenen Oberflächen haben wir Schiffsbauer hinzuziehen müssen.« Er hielt inne. »Trotzdem«, fuhr er mit der cha-

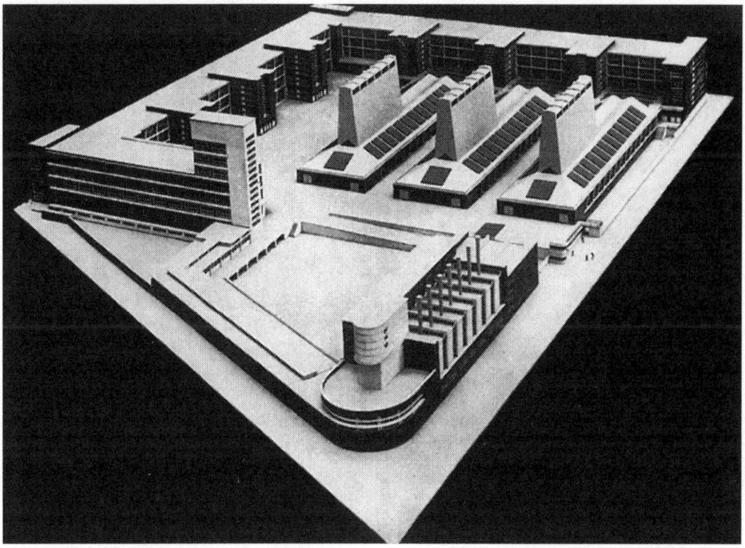

Das Modell der Trikotagen- und Strumpfwarenfabrik »Krasnoje Snamja« in Leningrad von Erich Mendelsohn

rakteristischen Kopfbewegung fort, »ist es eine gute Sache, daß dieser Bau steht.«

Auf unserem Heimweg durch die friedliche Kastanienallee im Westend waren wir ziemlich aufgewühlt. Das Werk war beunruhigend, aggressiv, aber der Mann auch: ein vibrierendes Kraftzentrum, das sich ausbreitende Wellenringe in einem Energiefeld auslöst. Um einen Dante-Vers zu zitieren, »er glich unter ihnen, dem Unterlegenen nicht, vielmehr dem Sieger«. Ich konnte dieses neue Erlebnis unmöglich mit meinen Idealen à la Muthesius in Einklang bringen; aber Namen wie Beethoven oder Napoleon schossen mir in den Sinn, und ich war, gelinde gesagt, höchst neugierig, was dieser Mann, dieser Kraftquell, mit der zahmen Welt, die die meine gewesen war, alles noch anstellen würde.

KAPITEL 15

Das Haus im Schatten

Kein Zweifel, die Architektur hatte mich gepackt. Wenn ich mir die letzten beiden Kapitel durchlese, dann sieht es sogar so aus, als hätte ich mich damals für nichts anderes interessiert. Aber das stimmt natürlich nicht: Mein Lichterfelder-Zehlendorfer Leben, die Spaziergänge mit meiner Cousine Ulla Philip und einem Vetter, Ludwig Oppenheimer, Franz Oppenheimers Sohn, die in Sedelmeiers Atelier verbrachten Tage, die Hauskonzerte bei Franz Crzellitzer, all dies fand statt, während ich »studierte«, wie ich es nannte. Meine Entdeckungen in der Architektur lieferten ebenso wie die Unfähigkeit meiner Hochschuldozenten und die Langeweile der Institution ausreichenden Stoff für Gespräche oder, besser gesagt, für meine nur selten unterbrochenen Monologe. Denn eins habe ich nie gelernt: Gespräche zu führen. Unterhaltungen waren für mich meist eine einseitige Angelegenheit. Wenn ich ein bereitwilliges Opfer fand, wie Ulla, dann mußte sie zuhören; und wenn Ludwig Oppenheimer mich aufsuchte, mußte ich zuhören; und in beiden Fällen glaubte das Opfer, es würde ernst genommen. Am Ende stotterte Ludwig jedesmal, es sei se-se-sehr int-tetere-ss-ssant ge-ge-gewesen, und ich wäre sehr intelligent und st-st-stimulierend. Und ich glaubte ihm, ich denke sogar, er hat es ernst gemeint. Mit meinem Bruder Ludwig war das Verhältnis anders, obwohl auch er bei mir alles ablud, was ihm den Kopf oder das Herz schwermachte. Und die Verbindung mit Hansjochen war wieder etwas anders, denn ich wurde nie müde, mir die Sachen anzusehen, die er zuletzt gemalt hatte, und er wurde nie müde, dem zuzuhören, was ich zu sagen hatte, und mit mir darüber zu diskutieren. Ja, wahrscheinlich war mein Verhältnis mit Hansjochen wirklich ein gegenseitiges.

Etwa um diese Zeit machte ich die Bekanntschaft mit einem Freund von Hansjochen, Klaus Oppenheimer, dem Sohn einer süddeutschen Dame von Adel und eines jüdischen Augenarztes in Zehlendorf. Alles an Klaus Oppenheimer war groß, sein Kopf mit der breiten Stirn unter dem dichten Haar, die eher unförmige Nase, der Mund – alles groß und ruhig. Seine Stimme klang tief und angenehm und war an sich schon besänftigend, und was er sagte, bewegte sich stets in einer Sphäre vollkommener Losgelöstheit, zu der sein Gesprächspartner, wie er zu wissen schien, nicht aufgestiegen war. Er konnte an unseren Abenden teilnehmen, ohne ein Wort zu sagen, und sich mit dem freundlichsten Lächeln und der Bemerkung verabschieden, er habe den Abend überaus genossen. Während ich mich ängstlich bemühte, meine Individualität zu bewahren, und dabei am laufenden Band Gedichte nach dem Muster Stefan Georges produzierte, teilte uns Klaus gelassen mit, er »dichte Rilke«. Selten aber geruhte er seine Werke einem engen Freund zu zeigen. Ebenso gelassen eröffnete er uns dann irgendwann, er schreibe, seitdem er mit dem Studium der Philosophie begonnen habe, keine »Rilke-Gedichte« mehr, denn die Lyrik sei unvollkommen. Sie sei eine Abkürzung zum Glück, und die Philosophie lehre, daß es keine Abkürzungen gebe und man die Dinge, vor allem das eigene Leben, im richtigen Verhältnis sehen müsse. Das war ein Gemeinplatz, aber bei Klaus spielte es eigentlich nie eine Rolle, was er sagte, beeindruckend war, wie er es sagte. Wir unterhielten uns gewöhnlich nicht über andere Mitglieder unserer Gruppe, aber ich entsinne mich, daß ich eines Tages voller Bewunderung von Hansjochens Bildern sprach, woraufhin er mich nur aus seinen tiefliegenden braunen Augen von der Seite anschaute und mit einem äußerst liebenswürdigen Lächeln sagte: »Ach ja, dieser Hansjochen …«, was im Grunde hieß: »O nein, dieser Hansjochen: Der ist mir zu oberflächlich.«

Das meinte er ernst und ließ es durchklingen, ohne mir weh tun oder uns auseinanderbringen zu wollen, denn er mochte Hansjochen gern; aber zugleich wollte er mich offensichtlich auch ein wenig von ihm befreien, weil ich in seinen Augen für Hansjochen zu tiefsinnig war. Ich war ja fast schon tiefsinnig genug für ihn, Klaus.

Für einen Augenblick verfiel ich ihm ganz. Eines Tages gingen wir auf einer Straße, die von kahlen Weiden mit kräftigen, faustähnlichen Knoten an ihren starken Stämmen gesäumt war. Die Bäume waren wie Klaus Oppenheimer, die ganze Welt war wie Klaus Oppenheimer, und ich war so überwältigt, daß ich etwas in der Art gesagt haben muß, und auch, daß ich ihn liebte. Klaus nahm es gelassen hin, ohne meine Indiskretion irgendwie auszunutzen. Ich weiß nicht, ob er homosexuelle Neigungen besaß, bei einem Mann seiner Art ist das nicht ganz ausgeschlossen, obwohl ich es nicht glaube. Zumindest wünschte er bestimmt nicht, eine Beziehung dieser Art mit mir zu haben.

Wenn ich mich nicht irre, lebte er damals mit einem Mädchen zusammen (oder war er schon verheiratet?), was eine weitere Erfahrung war, die ihn uns anderen überlegen machte. Einmal dämpfte er meine jugendliche Begeisterung für das andere Geschlecht, indem er sagte, er habe herausgefunden, daß auch Frauen arme Kreaturen seien. Auch hier gebe es keine Abkürzung zum Glück und zur Erfüllung, und die Sache, die in der Vorstellungswelt des Heranwachsenden eine so große Bedeutung erlange, sei auch nicht mehr als eine spezielle Erfahrung, die man machen sollte und *gemacht* haben sollte. Nach dem Zweiten Weltkrieg erfuhr ich zu meinem Erstaunen, daß er sich als Pfarrer in Holland niedergelassen hatte, mit einer Frau und mehreren Kindern, und ich erhielt sogar, Jahre nachdem ich ihm geschrieben hatte, einen Brief, der möglicherweise der einzige ist, den ich je von ihm bekam. Das Schreiben war weise, sachlich und zuversichtlich, und er dankte darin Gott und seinem Schicksal. Hansjochen erzählte mir, daß er Klaus, inzwischen mit einer weißen Mähne über seiner schönen Stirn, einmal getroffen habe, »und Julius, du hältst es nicht für möglich, er macht einen glauben. Nicht, daß er es darauf anlegen würde, jedenfalls nicht sichtlich. Aber er zeigt einem Christus, und man sieht Ihn.«

Ein ganz anderer Diener Gottes stieß etwa um dieselbe Zeit zu meinem Kreis. Johannes Schultzke, der Sohn unseres Nachbarn, war ein Schauspieler, der jedoch nicht zum Theater ging, sondern eine ganz eigene Art der Inszenierung entwickelt hatte: Er las die Bibel in der Kirche vor. Ich kannte Johannes seit Jahren, er gehörte zum Inventar unserer Straße. Man kommt ja nicht umhin, jemanden zu kennen, dessen Fenster direkt gegenüber dem eigenen liegt. In seines hatte er übrigens farbiges Glas eingesetzt, und dahinter stand, wie in einer Hauskapelle, ein Harmonium, auf dem er improvisierte oder seine Kirchenmusik spielte. Wenn er das Haus verließ, rief er seinem Vater, einem weißhaarigen, untersetzten, ganz normalen Geschäftsmann, laut »Auf Wiedersehen« zu, was immer eine fröhliche Szene war. Er hatte den Versuch gemacht, in der Firma seines Vaters, die, wenn ich mich recht erinnere, Linoleum herstellte, zu arbeiten, hatte aber nicht durchgehalten, und der alte Herr hatte schließlich eingewilligt, daß sein einziger Sohn das »Bibelsprechen« berufsmäßig betreiben sollte. Ich nehme an, er war reich genug, um sich dieses Zugeständnis erlauben zu können, obwohl er wahrscheinlich nicht glücklich darüber war; aber wenigstens diente sein Sohn Gott auf eine Art, die in seinen Augen sicherlich besser war, als wenn er gewöhnlicher Schauspieler geworden wäre.

Obwohl ich Johannes seit Jahren kannte, weil ich ihn ständig sah und und hörte, lernte ich ihn seltsamerweise erst durch meinen Kindheitsfreund Hans Kubierschky richtig kennen. Hans hatte immer Freunde, die älter waren als er, und als er etwa fünfzehn war, hatte er eine enge Freundschaft mit Johannes geschlossen, der sogar noch beträchtlich älter war als ich und, wie er offen zugab, homosexuell war. Homosexualität war zur damaligen Zeit in Berlin weit verbreitet, besonders unter Schaupielern, und wahrscheinlich war Johannes über die Schauspielschule in dieses Laster und in dieses Milieu eingeweiht worden. Das »Ecke Homo«, ein Tanzcafé an der Ecke Martin-Luther-Straße, die seltsamen Gestalten, die davor herumlungerten, die Männer, die mit anderen Männern in Mädchenkleidung tanzten, die intimen Zirkel, in denen man, ganz offen, den speziellen Formen des Lasters frönte: All das gehörte zu den Ausschweifungen des Berliner Lebens der zwanziger Jahre. Hans Kubierschky war ein besonders gutaussehender Junge, und die Anziehung, die er auf Johannes Schultzke ausübte, war offensichtlich. Trotzdem bin ich überzeugt, daß Johannes das Verhältnis zu Hans nicht ausgenutzt hat, das heißt, nicht über einen besonders herzlichen Händedruck, eine Umarmung und vielleicht einen Kuß hinausgegangen ist. Und wenn doch, so kann es auf Hans keinen großen Eindruck gemacht haben, denn der war ständig in irgendein Mädchen verliebt, was Johannes auch wußte. Bei all seiner Exzentrik war Johannes viel zu wohlanständig im bürgerlichen Sinne, politisch streng konservativ und kaum geneigt, einen Jungen aus einer sehr guten Familie zu verführen, noch dazu einen unschuldigen Jungen aus der Nachbarschaft, der ihm vollkommen vertraute. Bei mir jedenfalls unternahm er nicht den geringsten Versuch zu einer Intimität, abgesehen davon, daß er mir hin und wieder seine Hand aufs Knie legte, eine für ihn so natürliche Geste, daß ich sie bedenkenlos akzeptierte. Wenn ich ihm meine unglücklichen Liebesgeschichten gestand, pflegte er zu sagen, ich solle mich nicht davon bekümmern lassen, Frauen hätten die Aufmerksamkeit eines ehrlichen Jungen ohnehin nicht verdient. »Hör dir nur ihre Stimmen an, Julius, und vergleiche sie mit der eines Jungen. Frauenstimmen sind unrein.« Seine eigene Stimme, die außerordentlich gut ausgebildet und moduliert war, konnte so unrein klingen wie keine andere, wenn er einer Art zu sprechen freien Lauf ließ, welche die Homosexuellen »tölen« nannten, eine Art homosexuelles Miauen, das er jedoch hauptsächlich einsetzte, wenn er Homosexuellenwitze erzählte, was er mit Begeisterung tat; wie den von den beiden Schauspielern, die sich in der Garderobe so heftig streiten, daß der eine dem anderen eine rosa Puderquaste an den Kopf wirft, woraufhin der Getroffene in genau diesem Tonfall ausruft: »Schwester! Mäßige dich!« Das war amüsant, und die Tatsache, daß Johannes so vollkommen offen damit umging, an sich beruhigend. Ich konnte ihm vertrauen, wie auch meine Eltern, und mein Vertrauen wurde nicht enttäuscht.

Johannes hatte schwarzes Haar, einen olivenfarbenen Teint, eine schmale Hakennase und braune Augen. Man hätte meinen sollen, seine Mutter sei »ehrbar« gewesen, aber offen gestanden sah Johannes nicht so aus, als sei er der Sohn seiner Eltern, er hätte Süditaliener sein können, Grieche, sogar Levantiner. Johannes besaß alle liebenswerten Eigenschaften eines Homosexuellen, die Gabe der Freundschaft, Selbstlosigkeit und Treue, sowie ein ungezwungenes Auftreten, das sich stark von seiner Familie und den Umgangsformen abhob, die man bei uns in Lichterfelde pflegte. Auch war er ein wahrer Künstler. Seine Bibellesungen waren bühnenreif und daher möglicherweise nicht unbedingt nach dem besten Geschmack. Wenn er die Matthäuspassion sprach, begannen nach den letzten Worten am Kreuz in der absolut stillen Kirche die Kirchenglocken zu läuten. War das nicht ein Effekt, der, strenggenommen, nicht ganz zulässig war? Andererseits könnte man einwenden, Johann Sebastian Bachs Darstellung der Todesszene sei vielleicht auch nicht ganz zulässig. Wie auch immer, Johannes' Darbietung war äußerst bewegend und rührte mich, der ich nicht im christlichen Glauben erzogen worden war, zu Tränen; auf jeden Fall empfand ich seine Aufführungen als sehr viel würdevoller als jene Einladungen, sich dem Glauben anzuschließen, die wir zur Zeit bei Billy Graham oder jenem amerikanischen Pfarrer erleben, der in seiner Kirche die Seele mit einer Rakete symbolisiert, die langsam zur Kirchendecke emporsteigt. Ich bin immer noch überzeugt, daß Johannes Schultzkes Bibelvorträge ein legitimes Mittel waren, Menschen für die Kirche zu werben, daß sie eine gute und in meinen Augen nachahmenswerte Sache waren, solange sich Leute finden lassen, die wie Johannes eine tiefe Gläubigkeit mit einer ausgeprägten schauspielerischen Gabe vereinen. Er starb sehr jung und sehr plötzlich, und Hans Kubierschky sagte tief erschüttert: »Aber das ist doch ganz sinnlos. Das ist doch, als würde einer von uns beiden plötzlich sterben.« Leider sollte er ihm nur ein paar Jahre später nachfolgen.

Wenn sich auch mein Leben, mit meinen Freunden, meiner Lektüre, meinen selbstverfaßten Gedichten, meinen langen Spaziergängen und meinem Monologisieren während dieser ersten Jahre meines Studiums nicht veränderte, so hatten sich doch die äußeren Umstände meines Lebens beträchtlich gewandelt. Meine Eltern, die fest entschlossen waren, während der Inflation an unserem Haus festzuhalten, da dessen Wert inmitten des Währungsverfalls beständig bleiben würde, hatten entschieden, es in zwei Bereiche zu trennen und das Erdgeschoß zu vermieten. Die Teilung war einfach. Wir mußten nur den Kücheneingang benutzen. Der Garten hinter dem Haus blieb uns auch, nur den Vordergarten und die Terrasse durften wir nicht mehr nutzen. Der Untermieter war ein dicker, kleiner Jude mit seiner sehr orientalisch aussehenden, stark parfümierten Frau: definitiv nicht unsere Art von Leuten. Wir sahen zu, wie ihre Möbel ausgeladen wurden, und beobachteten mit blutendem Herzen, wie man sie in unserem Eßzimmer, im Salon und Vaters Arbeitszimmer aufstellte. Es war der Stil der Neureichen der zwanziger Jahre, malvenfarbene Sesselschoner mit aufgestickten Blümchen aus Silberfaden und dergleichen.

Götzes, so hießen unsere ungeliebten Hausgenossen, besaßen ein Automobil, was damals, als noch wenige und nur protzige Leute ein Auto hatten, in den Augen meiner Eltern etwas Vulgäres war; sie gaben Gesellschaften, deren Lärm in den Ohren meiner Mutter ebenfalls wie eine Beleidigung klang: Kurzum, wir fühlten uns durch ihre Gegenwart erniedrigt. Der typische Ärger zwischen Vermietern und Untermietern ließ nicht lange auf sich warten. Es ging um die Miete, aber ich habe längst vergessen, um was für Summen es sich handelte. Jedenfalls kam die Sache vor Gericht, und am meisten ärgerte meine Mutter daran, daß der Richter ihre eigene, sehr hoch gegriffene Schätzung des Marktwertes unseres wunderschönen und einmaligen Hauses nicht teilte. Das Verfahren schleppte sich hin, und meine Mutter steigerte sich immer mehr in den Fall hinein. Gerichtsprozesse waren ihr neu, und die Tatsache, daß der Anwalt der Gegenseite tat, was jeder Anwalt unweigerlich tut, nämlich zu versuchen, das Beweismaterial, wo es nur ging, zugunsten seines Mandanten zu wenden, erfüllte sie mit moralischer Empörung. Für sie war es in der Tat eine Frage der Moral. Diese unangenehmen Neureichen waren in ihren wunderbaren Besitz, in das Haus der Posener-Familie aus den glücklichen Zeiten vor dem Krieg, eingedrungen; und anstatt das Privileg, das sie genossen, zu würdigen, das Privileg, in einer derart exklusiven Umgebung wohnen zu dürfen, schien ihnen doch tatsächlich die Miete zu hoch zu sein. Diese Leute – und ihr mieses Schwein von einem sogenannten Anwalt – sprachen von dem Haus, als sei es irgendein Haus, hatten an allem etwas auszusetzen, kurz gesagt, das Ganze stellte einen Affront dar; und meine Mutter, die vor Gericht auszusagen wünschte, um diese aus ihrer Sicht schlichte und vollkommen offensichtliche Sachlage klarzustellen, mußte sich auch noch das Wort abschneiden lassen, als der Richter (oder war es vielleicht sogar ihr eigener Anwalt, der sanfte und gütige »Onkel« Hugo Rosenberg) die Hand hob, um sie zum Schweigen zu bringen.

Von solchen Demütigungen kam sie jedesmal vollkommen erschöpft und fast hysterisch vor Empörung nach Hause. Ich übertreibe kaum, wenn ich sage, daß ihre Laune während dieser Mittagsmahlzeiten mörderisch war. Es half auch nicht gerade, daß mein Vater versuchte, sie zu besänftigen, oder es womöglich mit einem »audiatur et altera pars« versuchte. Das beruhigte ihr aufgewühltes Gemüt überhaupt nicht, sondern war, als gieße man im Gegenteil noch Öl ins Feuer. Moritz sei eben nur lammfromm, krankhaft objektiv und feige, ohne feuriges Blut in seinen Adern, genauer gesagt, das feurige Blut der Entrüstung.

Eines Abends gingen die Götzes aus dem Haus und blieben bis nach Mitternacht fort. Ihre Heimkehr war laut. Meine Mutter wurde davon wach und fand diese Rücksichtslosigkeit absolut unerträglich. Trotzdem hielt sie sich bis zum nächsten Morgen zurück. Doch obwohl es ein Werktag war, verließen die Götzes das Haus nicht. Sein Wagen fuhr ihn nicht wie üblich zur Arbeit. Es war seltsam still im unteren Teil des Hauses. »Nun ja«, sagte meine Mutter, »sie müssen ihren Rausch ausschlafen.« Um elf fuhren zwei Autos in der Straße vor und hielten vor unserem Haus. Ihnen entstiegen einige amtlich und ernst aussehende Männer und gingen in die untere Wohnung. Man vernahm gedämpfte Stimmen, aber nicht die der Götzes. Das Schluchzen eines weiblichen Wesens wurde laut, es klang wie das Dienstmädchen.

Das Seltsame war, daß keiner von uns die beiden Schüsse gehört hatte. Aber als sich vor der Karlstraße 87 eine kleine Menschenansammlung bildete, gab es keinen Zweifel mehr. Marie Böttcher, die Gärtnersfrau, kam nach oben, das breite slawische Gesicht vor Sensationslust verzerrt, und rief: »Sie haben sich *erschossen!*«

Meine Mutter sagte kaum etwas, aber ihr Gesicht drückte Abscheu aus. Sie wurde von den gegensätzlichsten Gefühlen hin- und hergerissen. Einerseits war das nun wirklich die letzte Ungeheuerlichkeit, die tödliche Besudelung des Posener-Hauses. Andererseits, so glaubte sie, könnte diese Tat auch eine Folge ihres eigenen Verhaltens gewesen sein. Als sie dann aber erfuhr, daß die Tragödie keineswegs nur auf ihr Vorgehen zurückzuführen war, sondern daß diese minderwertigen, jetzt verstummten Kreaturen so todernste Sorgen gehabt hatten, daß der Streit um die Karlstraße 87 allenfalls ein wenig zum Ende beigetragen haben dürfte, kam ihr dies wieder wie eine zusätzliche Beleidigung vor. Mit einer einzigen, tödlichen Geste hatte dieses nichtswürdige Gezücht da unten ihr, Trudchen Oppenheim, deutlich gemacht, daß die Sache, die sie sich bis an den Rand der Raserei zu Herzen genommen hatte, letztlich nur eine Bagatelle gewesen war.

Auch meine Gefühle waren gemischt. Ich hatte Mitleid mit meiner Mutter, deren Gemütszustand ich mir ausmalen konnte, obwohl sie ihn für sich behielt. Darüber hinaus packte mich eine Urangst und Panik. Denn in einer Hinsicht waren wir uns alle einig: Die Zeit der Karlstraße 87 war vorbei. In *dem* Haus konnten wir nicht mehr leben. Wir empfanden alle schmerzlich, was da zu Ende gegangen war. Zugleich gestanden wir uns in trauriger Resignation ein, daß uns das Haus unserer Kindheit, unser Familienleben als Kunstwerk, schon seit geraumer Zeit langsam, aber sicher entglitten war. Die Götze-Tragödie hatte das Ganze lediglich besiegelt.

Kurz darauf, 1925, wurde das Haus verkauft. Götzes hatten es uns ermöglicht, unseren Besitz während der Inflation zu behalten. Es erzielte einen guten Preis, und die Familie Posener zog die Konsequenz aus den neuen Verhältnissen, indem sie ein etwas schäbiges altes Haus bezog, in dem wir als Mieter den größeren Teil bewohnten, während der Besitzer nur zwei Zimmer im Erdgeschoß behielt. Aber bevor dies geschah, gab es ein weiteres Ereignis, das dazu beitrug, daß meine Eltern das Haus aufgaben.

Die Familie meines Vaters und die Familie meiner Mutter hatten nie harmoniert. Die Oppenheims waren reich, alteingesessen und ziemlich spießig. Die Poseners waren von ehrwürdiger, aber ziemlich armer Herkunft und noch verhältnismäßig »neu«. Mein Großvater Josef war der Mann, der die Familie vermögend gemacht und seinen Kindern, meinem Vater und dessen Geschwistern, eine Ausbildung an einer höheren Schule ermöglicht hatte. Die Poseners hatten das Gefühl, eine aufstrebende Familie zu sein, und traten infolgedessen ziemlich arrogant auf. Ich habe bereits erwähnt, daß sie den Glückspilz Moritz verdächtigten, er habe »Geld geheiratet«. Die Oppenheims ihrerseits wünschten nicht viel mit diesen Leuten zu tun zu haben, die definitiv »nicht zu unseren Kreisen« gehörten. Dennoch wurde Moritz akzeptiert.

Wie hätte es anders sein können bei einem Künstler, der gesellschaftlich vollkommen ungebunden, ja auf arrogante Weise ungebunden war, zugleich aber charmant, entwaffnend in seiner Geduld, in der Weisheit seiner Ratschläge, in seiner Hilfsbereitschaft, seiner anima naturaliter christiana? Bis zu einem gewissen Grad mag da auch Neid im Spiel gewesen sein, aber es war unmöglich, auf einen Menschen herabzuschauen, der so offensichtlich überlegen war. Auch hatte keines der Geschwister Oppenheim eine so glückliche Ehe geschlossen, eine, die so liebevoll und so sehr von gegenseitigem Verständnis geprägt war wie die Trudchens.

Auf der Posener-Seite sahen die Dinge anders aus. Daß auch meine Mutter auf Grund ihrer Begabung Künstlerin war, daß sie die aufopferungsvollste Mutter und Ehefrau war, mehr noch, daß sie jene seltene Gabe Persönlichkeit besaß, Goethes »höchstes Glück dieser Erdenkinder«, ja, daß sie Größe hatte, das sahen die Geschwister Posener nicht. All dies, die wahre Trude Oppenheim, blieb ihnen hinter einer Fassade des Standesdünkels, einer gewissen anmaßenden Haltung, kurzum, hinter der Gestalt des reichen, unangenehm reichen Mädchens verborgen. Alle drei Posener-Brüder waren begabte Spinner, die es nie zu etwas brachten, und mein Onkel George, dem meine Mutter schließlich Hausverbot erteilte, gestand als alter Mann einmal meinem Bruder Karl, der ihn in seiner letzten Krankheit behandelte, daß meine Mutter damals einen Fehler gemacht habe. »Warum«, fragte Karl, »weil sie dich rausgeworfen hat?« – »Nein«, entgegnete der alte George zerknirscht, »weil sie mich nicht schon viel früher hinausgeworfen hat.« Die Brüder Julio und George waren jämmerliche Gestalten, aber Mathilde, die einzige Schwester, war von den Geschwistern meines Vaters die jämmerlichste.

Mathilde hatte früh und unglücklich geheiratet. Inzwischen war sie geschieden und hatte zwei Töchter. Sie besaß das gute Herz meines Vaters, jedoch weder seinen Charme noch seine Intelligenz. Sie war eine dumme Frau und verfügte nur über eines im höchsten Maße, die Gabe, anderen auf die Nerven zu gehen.

In ihrem Fall war es eine fatale Gabe. Sie konnte sie sich nicht leisten. Sie hatte kein Geld, keinen Mann, kein Zuhause. Es hätte an ihren Töchtern gelegen, ihr ein Zuhause zu geben; aber das Schicksal König Lears ist leider nicht selten. Alma und Käthe Herz waren Goneril und Regan ohne die weibliche Anziehungskraft, die jene mythischen Drachenweiber zumindest in Edmunds Augen besessen haben müssen. Ich konnte mir nicht vorstellen, daß irgendein Edmund mit meinen Cousinen flirtete, nicht einmal aus politischen Gründen. Ich konnte mir nicht einmal vorstellen, besonders bei Alma nicht, der weniger liebenswürdigen von beiden, daß sie sich in einen Edmund verliebten. Es stimmt wohl, daß Käthe immerhin ein Hauch Menschlichkeit umwehte, Alma dagegen war die hohlste, uncharmanteste und selbstsüchtigste Frau, die ich je im Leben getroffen habe. Aber das Erschreckende ist ja, daß man genauso, wie man Gonerils und Regans Verärgerung über den alten Mann nachvollziehen kann, so töricht und halsstarrig, wie er zweifellos war, auch Almas Standpunkt einigermaßen verstehen konnte. Ich entsinne mich schmerzlicher Verhandlungen zwischen meinem Bruder Karl und mir einerseits und Almas beiden Söhnen andererseits, in London 1939. Meine beiden Eltern waren inzwischen gestorben, und wir versuchten eine Einigung mit diesen Enkeln unserer Tante Mathilde zu erzielen, wie wir gemeinsam für die alte Frau sorgen könnten. Beide jungen Männer, dem Aussehen wie auch dem Charakter nach ganz die Mutter, lehnten es kategorisch ab, auch nur einen Pfennig beizusteuern. Sie taten dies mit einem Ausdruck von Haß, der einem angst machen konnte. Mathilde war wie Lear warmherzig und sehnte sich danach, geliebt zu werden, worin sie einmalig erfolglos blieb. Sie, eine durch und durch gute und selbstlose Frau, eine Frau, der das Leben immer hart mitspielte und die ihren Bruder Moritz als »das beste menschliche Wesen auf Erden« vergötterte und uns, seine Kinder, innig liebte, konnte selbst von Moritz nicht mehr als Mitleid erwarten, während wir jungen Leute sie mit einer Feindseligkeit behandelten, die möglicherweise nicht weniger ausgeprägt war als die ihrer Enkelkinder, wenngleich sie durch eine bessere Erziehung gemildert wurde.

Ungefähr ein Jahr, bevor unser Haus verkauft wurde, spitzte sich Mathildes Situation zu: Sie hatte keinen Pfennig mehr, und beide Töchter hatten es eiskalt abgelehnt, sie bei sich aufzunehmen. Mein Vater wußte, daß es nun an ihm sein würde, seine Schwester zu sich ins Haus zu nehmen, und schlug dies schließlich meiner Mutter vor. Meine Mutter war keine Ausnahme, auch sie konnte Mathilde nicht ausstehen. Die Vorstellung, ihre Mahlzeiten mit ihr teilen zu müssen, sie morgens, mittags und abends zu sehen, war ihr zuwider; aber unmittelbar nach der Inflation hatten meine Eltern offenbar keine Mittel, um in der Nähe ein Zimmer für Mathilde zu mieten. Oder gab es sie doch? War meinem Vater nur nicht ganz klar, daß er meiner Mutter diese für sie abscheuliche Gegenwart nicht zumuten konnte? Ich weiß es nicht. Als die Dinge sich dann später so entwickelten, wie sie es taten, habe ich ihn brummen hören, jedes Opfer hätte gebracht werden müssen. Wie auch immer, er setzte sich über die Einwände meiner Mutter hinweg, die sie mit einem schlechten Gewissen, aber dennoch so deutlich und gerade so weit vorgetragen hatte, wie ihr Takt es zuließ. Mathilde zog in unser reduziertes Heim und schuf sofort eine vergiftete Atmosphäre. Sie lud mich ein, an einem sonnigen Nachmittag mit ihr zum Wannsee hinauszufahren. Sie tat es zweifellos, um mir eine Freude zu machen, mit einer Dampferfahrt zum Beispiel; aber auch, weil sie einsam war. Und als es ganz unmöglich geworden war, die Einladung noch länger auszuschlagen, nahm ich sie höchst ungnädig an, wobei es mir schwerfiel, meine ungeheure Frustration darüber zu verbergen, mit der alten Schachtel in einem Café am See sitzen zu müssen.

Bald empfanden wir den bloßen Klang ihrer Stimme, wenn sie »Moritz« oder »Jul« rief, wie einen Nadelstich. Wenn sie doch bloß verschwinden würde, dachten wir, ganz gleich, wohin, nur verschwinden. Sie saß mit am Tisch und verbreitete eine strenge odeur de femme – wofür die arme Frau nichts konnte, denn sie hielt sich bestimmt sauber; sie beteiligte sich mit irgendeiner Bemerkung am Gespräch, und obwohl es vielleicht eine ziemlich intelligente Bemerkung gewesen sein mag und bestimmt eine ganz harmlose, brachte sie uns damit in Harnisch. Meine Mutter fertigte sie dann mit einer äußerst trockenen Antwort ab, woraufhin Mathilde seufzte und ihr den Blick eines verängstigten Huhns zuwarf. Noch unerträglicher für meine Mutter war, daß Mathildes Gesichtszüge wie eine Karikatur ihres geliebten Moritz wirkten. Sie hatte eine Habichtsnase, die an der Spitze sehr fleischig war, wäßrige blaue Augen und schwere Lider, die von dicken Ringen umgeben waren. Ihr Mund war weder unfreundlich noch unschön geformt, aber er sah lächerlich aus. Wenn sie durchs Haus schlurfte, winkelte sie ihre Arme an und ließ die Hände vor sich baumeln. Auch kleidete sie sich so unvorteilhaft, daß die Unbeholfenheit ihrer Person dadurch nur noch unterstrichen wurde.

Ich haßte mein Tante Mathilde bestimmt nicht, aber ich konnte sie überhaupt nicht ausstehen, und sie verdarb mir das Haus. Was meine Mutter betraf, so steigerte sich ihre Abneigung in kürzester Zeit ins Unerträgliche; und da sie nie in der Lage war, ihre Gefühle für sich zu behalten, die in der Liebe wie im Haß stets gleichermaßen heftig waren, platzte ihr immer häufiger der Kragen, was meinen Vater schließlich in eine fürchterliche Zwickmühle brachte. Er sah nun, zu spät, ein, daß er meine Mutter nicht gegen ihren Willen hätte zwingen sollen, einen Hausgast zu akzeptieren, den sie verabscheute. Aber daß sie seine eigene Schwester verabscheute und so vollkommen unfähig war, ihren Abscheu zu unterdrücken, machte ihn sehr ungehalten. Immerhin hatte sie sich einverstanden erklärt. Konnte sie sich da nicht an die Spielregeln halten? Das ist natürlich eine Sache, die selbst wohlmeinende und weise Männer bei den Frauen nie verstehen und wofür Frauen einfach nichts können. Es hatte auch schon früher gelegentlich – sehr gelegentlich – Mißverständnisse zwischen meinen Eltern gegeben, nie aber regelrechte Konflikte.

Nun gab es sie häufig; und obwohl ich bestürzt war, fühlte ich mit beiden mit. Daß ich die Gefühle meiner Mutter verstehen konnte, lag auf der Hand; ich teilte sie ja. Tragischerweise tat das auch mein Vater. Aber der Zwiespalt meines Vaters war bei weitem der noblere. Schließlich könnte doch, so räsonierte ich, meine Mutter wenigstens *versuchen*, nicht zu explodieren, wenigstens *versuchen*, sich an die Abmachung zu halten, auch wenn diese ungerecht war. Mein Vater hatte den ersten Fehler gemacht, das ja, aber es war ein Fehler, der auf seine Gutartigkeit zurückzuführen war und – was für meine Interpretation der Situation den Ausschlag gab – auf der Annahme beruhte, meine Mutter könne und würde diese Situation ertragen. Und obwohl ich die Verärgerung meiner Mutter vollkommen teilte und selbst keineswegs über eine gelegentliche Grausamkeit erhaben war, verlor meine Mutter dadurch für mich an Format. Vater, so glaubte ich, war der Inbegriff eines guten Menschen. Ihm nacheifern zu wollen, wäre vollkommen unmöglich: Ich wußte nur zu gut, daß ich diese Herzensbildung nicht besaß, ebensowenig diese Kraft. Meine Mutter hingegen führte sich auf, wie ich mich vielleicht aufführen würde und es auch manchmal tat. Schon eine ganze Zeit hatte ich den Verdacht gehegt, daß meine Mutter weniger perfekt sein könnte als mein Vater, und er wurde mir nun mehr und mehr bestätigt. Ich stellte auch fest, daß dieses Verhalten eine weibliche Eigenschaft war, und da ich erkannte, wie sehr meine eigenen Reaktionen denen meiner Mutter ähnelten, begann ich zu befürchten, daß sich meine Persönlichkeit möglicherweise aus mehr weiblichen Elementen zusammensetzte, als für einen Mann gut sein mochte.

Ich habe vergessen, ob Mathilde ihren kleinen Koffer schon packen mußte, bevor das Haus verkauft wurde, oder ob der Verkauf des Hauses endlich eine Lösung dieses quälenden Problems bot. Unsere neuen und bescheideneren Verhältnisse ließen es nicht zu, der Tante ein Zimmer zur Verfügung zu stellen, darum wurde sie bei einem Bruder meiner Mutter einquartiert, der ein wenig geistig beschränkt war. Ich glaube, Mathilde hielt es für ihre Aufgabe, sich um ihn zu kümmern. Sie bewies dabei Geduld und Humor; aber ich kann mich im nachhinein eines unguten Gefühls nicht erwehren und hatte sogar schon damals den Verdacht, daß diese Lösung würdelos war. Mit dem relativen Wohlstand, den wir durch den Verkauf des Hauses wieder erworben hatten, hätte dieser Versuch, zwei Fliegen mit einer Klappe zu schlagen, vermieden werden können. Und lange hat das Arrangement auch nicht funktioniert. Alfred, mein einfältiger Onkel, beschwerte sich über »Frau Herz«, und eine andere Haushälterin wurde für ihn gefunden, eine resolute dunkle Tirolerin, die er offenbar bald innig liebte. Mathilde muß dann endlich ihre eigene Wohnung bekommen haben; aber wo das war und wie lange sie dort lebte, darüber herrscht in meinem Kopf vollkommene Leere. Freud hätte für diese Gedächtnislücke sicherlich eine Erklärung gehabt.

KAPITEL 16

Deklassierte Vorortbewohner

Ja, wir erlebten eindeutig einen sozialen Abstieg: Das Haus stand in einer kurzen Straße neben dem Bahnhof. Es war ein gelber Ziegelbau, was selten ist, weil man in Deutschland roten Backstein bevorzugte, und das wertete man, zumindest damals, als Zeichen, daß das Haus in einer schlechten Epoche gebaut worden war. Bei diesem war das ganz bestimmt der Fall. Als wir einzogen, mag es etwa fünfzig Jahre alt gewesen sein. Die Räume waren zu hoch, die Fenster zu schmal, das Treppenhaus schäbig, die Türen übertrieben profiliert, kurzum, wir hatten den Fortschritt der modernen Vorkriegsarchitektur gegen den steifen und schlechten Stil der Gründerjahre eingetauscht. Es war nicht nur ein gesellschaftlicher, sondern auch ein zeitlicher Schritt zurück.

Die Wohnzimmer, das Elternschlafzimmer und das Zimmer meines Bruders Karl befanden sich im Obergeschoß, nur Ludwig und ich bezogen ein Zimmer im Hochparterre, dessen übrige Räume weiterhin vom Hausbesitzer genutzt wurden. Karls Zimmer hatte den Vorteil, unmittelbar vom oberen Treppenabsatz zugänglich zu sein, und er besaß einen eigenen Schlüssel. Diese Unabhängigkeit war sicherlich geboten. Er war inzwischen Arzt geworden. Das Zimmer diente ihm nur als Absteigequartier. Karl arbeitete jetzt im Städtischen Krankenhaus in Moabit, einem besonders häßlichen Arbeiterbezirk im Norden Berlins, und hatte dort ebenfalls ein eigenes Zimmer.

Unser Hauseigentümer, ein Mann namens Pich, war ein ruhiger alter Mann; sogar so ruhig, daß wir von ihm nie etwas anderes hörten außer einem steil abfallenden Gähnen: Jahjahjahjahjahjahjah. Aber das hörten wir in regelmäßigen Abständen, und es war ansteckend. Er wird in seinem Zimmer gesessen haben, wahrscheinlich in einem dieser monströsen alten Ohrensessel, ohne etwas zu tun, während er nur darauf wartete, daß ihn der Tod von seiner Langeweile erlöse.

Im Hof befand sich ein niedriger Bau, eine Art Schuppen, in dem ein Anstreicher wohnte. Herr Gentsch war bestimmt wesentlich älter als unser Vermieter, aber immer noch flott und vital; und er konnte Herrn Pich auf den Tod nicht ausstehen. Als Kriegsveteran von 1870 pflegte er Preußens Gloria mit dem jämmerlichen Ausgang des letzten Krieges zu vergleichen, an dem seiner Meinung nach allein der Kaiser schuld war. Alle seine Ausführungen endeten in der emphatischen Aussage: »Wilhelm und Pich und noch ein paar andere Dummköpfe von der Sorte sollte man in ein Faß mit Nägeln stecken!« Dann rieb er sich die Hände und schaute uns aus boshaft zwinkernden blauen Augen an. Gentsch war ein alter Soldat, wie er im Buche steht. Als ich eines Tages das Haus verlassen wollte, sah ich, wie er sich mit der Gartenpforte abmühte, was mir merkwürdig vorkam, denn normalerweise war der alte Mann – er muß über Achtzig gewesen sein – alles andere als klapperig. »Herr Julius«, sagte er, »würden Sie bitte so freundlich sein, mir das Tor zu öffnen, ich habe soeben einen Schlaganfall erlitten.« Aber er lehnte es ab, sich zu seinem Haus im Hof führen zu lassen. Er bestand darauf, allein zu gehen, ganz aufrecht, obwohl er vorsichtig einen Fuß vor den anderen setzte. Es war in der Tat ein Schlaganfall, und ungefähr eine Woche lang war der alte Gentsch aus dem Verkehr gezogen. Danach sahen wir ihn wieder in seinem Malerschuppen herumwerkeln, breit grinsend und mit unvermindertem Gusto Ratschläge hinsichtlich der Behandlung Wilhelms und Pichs von sich gebend.

Ludwig und ich waren uns ein bißchen im Wege. Wir studierten beide, und mein Bruder lernte mit einem Kommilitonen Physik, einem Wiener Halbjuden namens von Hornbostel, während ich auf meinem Reißbrett am Fenster für meinen Bogen den »Kohlkopf«, ein korinthisches Kapitell, von einer Vorlage abzeichnete. Seit Jahren waren wir gewohnt gewesen, daß in der Karlstraße jeder sein eigenes Zimmer hatte, sogar noch nach dem Einzug der Götzes, und ich fand die Gegenwart meines Bruders ziemlich niederdrückend, und zwar in erster Linie, weil Ludwig ein Fach bewältigte – und das auch noch schnell –, das mindestens so schwer und unergründlich war wie Chinesisch und dadurch eine permanente Ermahnung für seinen verträumten jüngeren Bruder darstellte. »Schau mal, Jul«, sagte er etwa, »ich habe heute zweihundert Seiten dieses Buches durchgearbeitet«, und dann zeigte er mir eines dieser abschreckenden Bücher über höhere Mathematik, Vektoranalyse oder Funktionentheorie, bei denen der Text fast ausschließlich aus Formeln besteht und dessen bloße Zeichen mir so fremd waren wie eben die chinesische Schrift. Da es mir schon ziemlich schwerfiel, an einem Tag hundert Seiten eines Romans zu lesen, wurde ich das Gefühl nicht los, daß der liebe Gott meinen Bruder ungerechterweise bevorzugt hatte. Diese Bevorzugung war offensichtlich nicht einfach das, was man eine Begabung nennt. Alle Menschen in meiner Umgebung versicherten mir nach wie vor, *ich* sei der Begabte. Es waren seine Fähigkeit, keine Mühen zu scheuen, keine Anstrengungen zu fürchten, sein Durchhaltevermögen und seine Selbstbeherrschung. Da ich dies spürte und er es mir auch mehr oder weniger zu verstehen gab, wünschte ich mir nichts sehnlicher als Ludwigs Respekt. Ich forderte ihn sogar ein, obwohl ich nicht wußte, womit ich ihn begründen sollte. Wenn er nachdenklich den Kopf schüttelte und sagte: »Du gibst dir wirklich nicht besonders große Mühe, Julius«, kamen mir immer noch die Tränen, und ich beschwor ihn inständig und schluchzend, er schulde mir doch Respekt. Friedliebend und gutmütig, wie er war, kam er mir immer wieder bereitwillig entgegen, aber ich glaubte ihm nicht so recht, und jede verächtliche Bemerkung oder Geste seinerseits grub sich tief in mein Gedächtnis ein. Daß auch ich ihm ein wenig auf die Nerven fallen könnte, kam mir nicht in den Sinn. Der Mann brauchte nur zu schlafen und zu atmen, wie jemand atmet, der einen Tag voll intensiven Lebens und Schaffens hinter sich gebracht hat, um mich innerlich gegen ihn aufzubringen. »Da liegt er«, dachte ich, »und findet alles wichtig, was *ihm* passiert. Ja, selbst im Schlaf fühlt er sich wahrscheinlich noch von seiner eigenen Wichtigkeit eingelullt. ›Mein Glanz wird trübe, strahlt er daneben‹«, zitierte ich im Geiste. Nun, das war wenigstens ein Trost. Antonius war allemal ein besserer Kerl als jener tüchtige, langweilige Octavian.

Persönlichkeit ist eine rätselhafte Eigenschaft, und sobald sich die Persönlichkeit des einen einem anderen in einem Maße aufdrängt, daß sie ihn sogar daran hindert, zu fühlen, was er fühlt, sollte ein Abstand zwischen beiden geschaffen werden. Als ich einmal von einer Vorstellung des sentimentalen Films »La Bohème« mit Lilian Gish heimkehrte, erzählte ich, wie wunderbar bewegend ihre Darbietung gewesen sei – offen gestanden hatte ich gerade ein ebenso rührseliges Gedicht über das arme Mädchen verfaßt –, als er meine Schwärmerei unterbrach und mich auf einen Fleck an meinem Hut hinwies. Da fuhr ich ihn wütend an: »Kein Wunder, daß ich dich hasse« – und verstummte, denn zu meiner ungemeinen und schmerzlichen Überraschung sah ich, daß er weinte.

Nur einmal war ich wirklich dankbar für eine Störung meiner Privatsphäre. Ich hatte endlich meine Mappe für das Vorexamen eingereicht. Einen Tag, die ganze Nacht und den nächsten Vormittag hatte ich durchgearbeitet und die Zeichnungen gerade noch rechtzeitig abgeben können. Ich war nach Hause gekommen, wir hatten zu Mittag gegessen, und nun saß ich, oder lag ich, auf meinem Bett, während Ludwig mit drei Freunden in unserem Zimmer das C-Dur-Quartett von Mozart probte. Sie waren sehr ernst bei der Sache und begannen immer wieder von neuem »drei Takte vor dem F«. Die Augen fielen mir zu, und ich nickte ein, nur um sogleich wieder aufzuwachen, wenn Ludwig mit dem Bogen auf seinen Notenständer klopfte und sagte:

»Nein, nein, nein: Noch einmal: drei Takte vor dem F!« Unter den gegebenen Umständen hätte ich zu Recht gegen diese Grausamkeit gegenüber einem erschöpften Prüfling protestieren können, aber ich tat es nicht. Im Gegenteil, ich sagte ihnen wiederholt, wie sehr es mir gefalle, daß sie mich nicht beachteten, und daß sie weitermachen sollten. In meinem Dämmerzustand drang die Musik, die Mal um Mal wiederholt wurde, ungehindert in mein Ohr, und als die Probe endete, konnte ich das Stück auswendig, und mein Mozart-Verständnis war weiter gewachsen.

Unzufrieden waren wir alle mit diesem Haus und weit davon entfernt, uns mit unserem Abstieg abzufinden. Mein Vater kehrte schwer erkrankt von einer gemeinsamen Reise mit Karl aus Venedig zurück. »Ich habe mir den Dogenpalast angeschaut«, berichtete er, als er wieder zu Hause war, »und er wirkte kopflastig. Mir fiel zum ersten Mal auf, daß die schönen Kanäle gestunken haben. Wir fuhren zum Lido, wo es auch nicht besser war. Dann kehrten wir nach Venedig zurück, und irgend etwas hämmerte heftig in meinem Kopf. Jetzt sahen mir die zwei Löwen auf den beiden Säulen zu groß aus und ohnehin deplaziert. Moritz, habe ich da zu mir gesagt, das kann nicht an Venedig liegen, das muß an dir liegen. Und da fing ich an, mich richtig krank zu fühlen. Ich blieb in meinem Zimmer, und der Schweiß floß mir in Strömen das Gesicht herunter. Tod in Venedig? fragte ich mich. Nein, nicht mit mir. Laß uns den nächsten Zug nach Haus nehmen. Armer Karl!« Mein Vater als kranker Mann war ein so ungewöhnlicher Anblick, daß er mir angst machte. Ich erinnerte mich, wie er schon einmal, kurz nach dem Krieg, ziemlich hohes Fieber bekommen hatte. Meine Mutter war damals in einem vornehmen Sanatorium im Grunewald, um ihre ewigen Darmprobleme mit einer sehr speziellen Diät zu kurieren, die, warum weiß ich nicht, von meinem Vater mit Dingen wie einem Hühnchen oder einer Taube ergänzt werden mußte. Ich saß in ihrem Zimmer, als mein Vater, den ich daheim im Bett vermutet hatte, lächelnd und heiter eintrat, voller fürsorglicher Anteilnahme für Trudchen, mit einem

Korb voller Köstlichkeiten. Später gestand er, daß er vierzig Grad Fieber gehabt hatte. »Aber in so einem Fall sage ich mir, daß ich das schön vergessen kann. *Ich bin nicht krank*, sage ich mir. Das funktioniert, glaube mir!« Diesmal war es anders. Mein Vater ließ zu, sich wie einen Kranken behandeln zu lassen. Das gefiel mir nicht.

Hinzu kam, daß mein Vater nicht richtig glücklich mit seiner Arbeit war. In der Karlstraße hatte er ein Atelier unter dem Dach gehabt. Darüber hatte er sich häufig beschwert und gesagt, ein Künstler solle nicht in seinem eigenen Haus arbeiten. Er sei in viel zu bequemer Reichweite für seine Frau. Aber mißfielen ihm diese Unterbrechungen wirklich so sehr? Allmählich bezweifle ich das. Kurz nach seiner Heirat, als Karl geboren wurde, hatte er beschlossen, daß *sein* Kunstwerk seine Familie sein würde. Ich erwähnte schon, daß seine Arbeit dadurch erschwert wurde, daß er zuviel Geld hatte. Es gab keine materiellen Sorgen, die ihn zwangen, Geld zu verdienen, und ich glaube, das ist selbst für einen leidenschaftlich kreativen Künstler eine ungesunde Situation. Der Künstler mag lautstark die Befreiung von materieller Not fordern, die meisten großen Künstler haben dies auch fast immer getan, aber vielleicht hatten sie unrecht. Ich finde es ganz in Ordnung, daß Beethoven diese harten und schroffen Geschäftsbriefe an seine Verleger Breitkopf und Härtel schreiben mußte, obwohl selbst mein hartes Herz für Mozart blutet, der es nicht über sich brachte, Geschäftsbriefe in irgendeiner Form zu verfassen und statt dessen Bettelbriefe an seinen Freund Puchberg schrieb. Aber der Ehemann der reichen Trudchen Oppenheim zu sein, hatte für meinen Vater seine Nachteile. Jetzt hatte er ein Zimmer angemietet, das zehn Minuten mit der Straßenbahn von uns entfernt war und in einem besonders häßlichen Teil der Vorstadt lag, und dort fühlte er sich nun einsam.

Karl nutzte sein separates Zimmer, um sich mit seiner Freundin zu treffen, die als Verkäuferin bei einem Damenbekleidungsgrossisten arbeitete und deren Bekanntschaft er in einem Tanzlokal gemacht hatte. Seit dem Krieg suchte Karl mindestens einmal in der Woche solche Lokale auf. Er konnte sehr gut tanzen und äußerst einschmeichelnd Swingmusik auf dem Klavier spielen. Meinen Eltern gefiel diese Musik nicht, ihnen gefielen auch seine Besuche in den Tanzlokalen nicht, und dieses Mädchen gefiel ihnen am allerwenigsten. Sie war Halbjüdin, und ihr Körper war so weich, daß man sich fragte, ob sie überhaupt Knochen im Leibe hatte. Ihr Gesicht war blaß, leicht aufgedunsen und wirkte ungesund, die Augenlider waren schwer und ihr Mund unförmig. Ihre Stimme klang schleppend und gewöhnlich, und ihr Akzent war eindeutig *nicht* der unserer Klasse. Karl, der gegenüber diesen Merkmalen nicht blind war, nannte sie selbst »die Schnecke«, aber mit dem dahinschmelzenden Unterton der Verliebtheit. Die Schnecke wurde uns vorgestellt. Mich schloß sie sofort ins Herz, spürte aber deutlich den Widerstand der restlichen Familie. Karl hatte die Verletzungen, die er im Kriege erlitten hatte, nie ganz überwunden. Das Schrapnell, das ihn im Rücken traf, als er noch Rekrut in Posen war, hatte bleibende Schäden hinterlassen; seine Nieren waren dadurch in Mitleidenschaft gezogen. Gleichermaßen beunruhigend waren die Nachwirkungen seines Nervenzusammenbruchs, den er erlitten hatte, als er in jenem Schützengraben in Frankreich verschüttet worden war. Er hatte immer noch Probleme mit den Nerven, wenngleich er nicht zuließ, daß sie seine Arbeit beeinträchtigten, der er sich mit einer ebenso grimmigen wie schonungslosen Energie gegenüber sich selbst widmete wie Ludwig der seinen. Aber sein Sexualleben hatte sich nicht vollkommen normal entwickelt, so daß er noch im Alter von weit über zwanzig keine Erfahrungen mit Frauen hatte. Mit einer Geduld und einem Verständnis, die unseren Respekt verdient hätten, hatte »die Schnecke« ihn in die Lehre genommen und tatsächlich vollständig kuriert; und aus Dankbarkeit hatte Karl ihr versprochen, sie zu heiraten. Meine Eltern, denen Karl seine Schwierigkeiten und auch die Geschichte seiner Genesung gestanden hatte, waren nicht in der Lage, den gewaltigen Dienst, den das liebe Mädchen ihrem Sohn geleistet hatte, in seinem ganzen Umfang zu würdigen. Ihre Abneigung gegen sie war zu groß. Diese Verbindung war ein überaus beunruhigendes Zeichen unseres allgemeinen Abstiegs. In einer Art widerwilliger Hinnahme zuckten sie die Achseln. »Nun, man muß zugeben, daß sie das geschafft hat und daß Karl ihr etwas schuldet; aber muß er deshalb gleich sein ganzes Leben mit ihr teilen?«

Dies war ihre Meinung, und dementsprechend waren sie einigermaßen verärgert über Karls Haltung beständiger Fürsorge für diese Frau. Es kam vor, daß er mit uns am Tisch saß, an der eine interessante Diskussion im Gang war, und mittendrin den Faden verlor, weil er »die Schnecke« an seiner Seite anschaute und sie flüsternd fragte, ob sie sich auch wohl fühle? Tat ihr nicht dieses oder jenes weh? Denn »die Schnecke« kränkelte; und auch darin genügte sie den Ansprüchen meiner Eltern nicht. Diese fanden, eine nicht standesgemäße Heirat könne durchaus eine gute Sache sein, solange sie dazu angetan war, das allzu intellektuelle Posener-Blut »aufzufrischen«. »Ja«, pflegte mein Vater zu sagen, »eine gesunde Landpomeranze, ein draller Körper, der vor lauter dummer Vitalität aus den Nähten platzt, meinetwegen. Aber das ...?«

Nach ungefähr einem Jahr in der neuen Umgebung begannen meine Eltern über den Bau einer neuen Villa nachzudenken. Sie hätten wissen müssen, daß sie sich das nicht leisten konnten, und Onkel Pauls Haltung gegenüber diesen Plänen machte dies überdeutlich. Das nahmen sie ihm übel, vor allem meine Mutter. Paul war in seiner alten Villa mit dem großen Garten und den beiden Orchideenhäusern geblieben, und Trudchen fand es irgendwie ungerecht, daß sie allein den bitteren Kelch des sozialen Abstiegs leeren mußte. Ich glaube, ich war derjenige, der die Bemerkung machte, die zum Zündfunken in dieser explosiven Mischung wurde. Als das Vorhaben wieder einmal diskutiert wurde, sagte ich: »Das schafft ihr nie.« – »Warum nicht?« – »Weil ihr es einfach nicht schaffen werdet.« Sie schauten mich an, als wollten sie sagen: Denen werden wir es zeigen, wir werden es dem alten Paul *und* dem jungen Julius zeigen. Also wurde Crzellitzer wieder gerufen. Eigentlich hätte ich den Grundriß zeichnen sollen, und ich begann, unter Anleitung meiner Mutter, mit einem ersten Entwurf. Aber scheinbar kam ich nicht recht voran damit, und Crzellitzer war immerhin unser alter Freund und der Architekt unseres Vertrauens. Meine Eltern hatten ein Grundstück in Dahlem erworben, einem Gartenvorort, der vornehmer und moderner war als Lichterfelde. Die Straße verlief am Rand eines öffentlichen Parks, dessen Wiesen sich zu einem großen Teich neigten. Eine ganze Kette solcher kleiner Seen hatte man zu einem Park zusammengefaßt, und man konnte in dieser künstlichen, leicht hügeligen Landschaft von unserem Haus aus in gut zwanzig Minuten bis direkt hinein in den Grunewald spazieren. Die Senke vor unserem Haus stand voller Trauerweiden, hier und da lagen Steingärten, und auf einem Platz neben dem U-Bahnhof stand ein mächtiger rosa Granitblock, den man während des Baus der Untergrundbahn ausgegraben hatte. Denn dieser Vorort war nicht durch die alte Potsdamer Dampfeisenbahn mit der Stadt verbunden, sondern durch die elektrische Untergrundbahn, deren Gleise dort draußen in einem offenen Einschnitt verliefen. Die U-Bahnhöfe in Dahlem hatte man in einem ländlichen Stil entworfen, damit sie sich der Umgebung anpaßten, und der Bahnhof »Dahlem-Dorf«, ein Fachwerkbau, besaß tatsächlich ein Reetdach, eine Tatsache, die meinen Vater dazu veranlaßte, einen seiner seltenen Artikel zu verfassen und sich gegen diese Form von Maskerade zu wenden. »Ein U-Bahnhof«, schrieb er, »ist ein technisches Gebäude; keine Bestrebungen, sich in die ländliche Umgebung einzufügen, können diese Unaufrichtigkeit entschuldigen. Man denkt, man hat einen Bauernhof vor sich, und wenn man eintritt, steht man in einer Bahnhofshalle.«

Crzellitzer legte einen albernen Plan vor. Sogar ich konnte das erkennen, obwohl ich eine Schwäche für den Entwurf hatte, denn ich sah, daß der Architekt eine ziemlich originalgetreue Anleihe bei einem der weniger überzeugenden Muthesius-Häuser gemacht hatte. Meine Mutter gab ihn Crzellitzer mit der trockenen Bemerkung zurück: »Herr Baumeister, das ist wohl ein Scherz.« Woraufhin Crzellitzer einen sehr guten Entwurf vorlegte, der schlicht und ansprechend war und auch sofort verwirklicht wurde. Irgendwie gelang es ihm dennoch, ein sehr schwaches Ornament für den Architrav der Eingangstür einzufügen, und meine Mutter unterließ es nicht, das in derselben trockenen Form zu kritisieren; aber da war es schon zu spät. Insgesamt war das Haus ein großer Erfolg, und meine Mutter wurde nie müde zu betonen, daß sie dieses Haus viel lieber habe als jemals die Karlstraße. Wieder kam Onkel Paul, stampfte mit seinem Stock mit dem Silberknauf herum und brummte. Sein Nörgeln machte sich weniger am modernen Stil des Hauses fest als an der Tatsache, daß die Poseners wieder eine Villa hatten. Die Zimmer waren viel niedriger als in der Karlstraße, trotzdem wurden unsere turmhohen Gründerzeitmöbel dort aufgestellt. Ludwig, der das neue Haus eines seiner Freunde gesehen hatte, machte sich für silbergraue Tapeten im Eßzimmer stark, aber meine Eltern weigerten sich, »in einem Eisschrank zu wohnen«. Mein Zimmer, das mir einen Blick nach Osten über die Felder gewährte, hatte eine dunkelgrüne Tapete, und mein Bett war in einer Nische hinter einem Vorhang verborgen, so daß mir der Raum tagsüber als Wohnzimmer diente. Es war sehr hübsch. Wir hatten wieder zwei Dienstmädchen sowie einen Gärtner mit seiner Familie, die im Souterrain wohnten. Dem äußeren Anschein nach waren die Poseners wieder die alten geworden.

KAPITEL 17
Poelzig als Lehrer

Ein Jahr später als vorgesehen, 1926, bestand ich, endlich, mein Vorexamen. Wie das meistens so ist, fielen mir die eigentlichen Prüfungen ziemlich leicht, mit Ausnahme natürlich jenes schauderhaften letzten Vormittags, der damit endete, daß mich Siegmund Müller die »Rutsche hinaufschob«. Aber meine Einschätzung war schon richtig gewesen: Das Studium hatte mir bis zum Vorexamen keinen Maßstab an die Hand gegeben, mittels dessen ich hätte beurteilen können, ob ich mich zum Architekten eignete; so war denn auch noch nichts entschieden. Doch der Augenblick des Erfolgs ist nie der richtige, um eine qualvolle Umorientierung zu wagen. Wir waren alle froh, daß ich es endlich geschafft hatte, und da ich immer noch keine klare Vorstellung hatte, was ich statt meines begonnenen Studiums machen könnte, ging man einfach davon aus, daß ich es weiterführen würde. Warum auch sollte mir nicht wenigstens, nachdem ich mich mich recht und schlecht durch die Grundlagen gewunden hatte, der Spaß vergönnt sein, selber entwerfen zu dürfen, was uns für den zweiten Teil des Studiums versprochen worden war?

Nach dem Vorexamen belegte jeder Student ein Entwurfsseminar seiner Wahl, und trotz des Besuchs unseres Arbeitskreises bei Mendelsohn war ich immer noch dermaßen reaktionär, daß ich mich für das Seminar von Professor Erich Blunck entschied. Ich war der einzige Mann der »Neuen Form«, der dies tat, und setzte damit gewissermaßen ein Zeichen. Ich bewunderte Blunck ein wenig. Er war ein großer und drahtiger Norddeutscher, mit einem länglichen Kopf, sonnengebräunten Gesicht und schönen blauen Augen, der in dem langsamen und fast englischen Platt der Nordseeküste sprach. Er hatte eine Reihe passabler, unspektakulärer Einfamilienhäuser entworfen, aus rotem Backstein mit grauen Ziegeldächern, handwerklich durch und durch solide, bieder und bar jeder Inspiration. Ich wußte nicht, hätte es mir aber denken können, daß der Mann politisch so reaktionär war wie als Künstler und sich hin und wieder zu glühenden Altherrenreden gegen die moderne Kunst, den Sozialismus, die Republik und die Profitmacherei hinreißen ließ; und nur seine ausgesprochen gute Erziehung hinderte ihn daran, dieser Liste noch die Juden hinzuzufügen. Das an sich wäre nicht so schlimm gewesen. Durch meinen Vater war ich schließlich an Haßtiraden gegen die moderne Kunst gewöhnt, teilte sogar seine Meinung, aber jeder Student, der sich dem Blunck-Lager anschloß, war politisch wie auch als Architekt – und in Deutschland hing beides eng miteinander zusammen – dieses Geistes Kind. Ich mußte erkennen, daß ich der einzige verdächtige »Fremde« in einem geschlossenen Kreis war, in dem sich der Nazigeist zu entfalten begann. Meine Mitstudenten hier waren sogar noch wesentlich kompromißloser nationalistisch, deutschnational oder nationalsozialistisch als die Leute im Grundstudium, denn nur die überzeugtesten Konservativen oder revolutionären Nazitypen fielen nicht durch das Bluncksche Raster, während die anderen zu weniger strengen Meistern abwanderten. Dies wurde mir sehr schnell klar, und darum setzte ich abermals ein Zeichen: Beim einzigen Wettbewerbsprojekt, das er uns in diesem Semester aufgab, wählte ich für meinen Entwurf ein Flachdach. Das Flachdach war in Deutschland das Wahrzeichen der modernen Bewegung. Es galt als orientalisch: »Sukkoth-Architektur« nannten es die Nazis in Anspielung auf die Sukkah, die Laubhütte, die gläubige Juden kurz nach dem jüdischen Neujahr errichten sollen. Als Blunck die benoteten Entwürfe zurückgab und zu meinem Bogen kam, entstand eine Pause. »Und hier«, sagte er schließlich langsam, »ist ein Moderner.« Er betonte das

Wort mit einer gequälten Selbstbeherrschung, schaute mich an und schien vorzufinden, was er erwartet hatte: Unter seiner Schar treuer Teutonen, von denen eine ganze Reihe Schmisse trug, saß ein kleiner Kerl mit schwarzgelocktem Haar. Eins muß ich ihm aber lassen. Zu meiner Überraschung – denn ich wußte nur zu gut, wie schwach dieser war – stellte er alle Vorzüge meines Entwurfs heraus. Ich nehme an, er tat es, weil er sich auf unsicherem Terrain befand und nicht unfair sein wollte. Er handhabte das Ganze sehr freundlich, aber man spürte, wie sehr es ihn schmerzte, daß die Revolution in seiner eigenen Zitadelle aufflammte. Wahrscheinlich passierte ihm das zum ersten Mal, und er mag gedacht haben, wenn so etwas überhaupt geschehen könne, dann sehe die Zukunft wirklich düster aus. Es war mehr oder weniger unsere letzte Begegnung, denn kurz darauf teilte ich ihm mit, daß ich sein Seminar zu verlassen wünschte. Er gab mir seinen Segen und war sichtlich erleichtert.

Doch welche Alternativen boten sich mir nun? Es gab das Seminar von Friedrich Seesselberg, dem Mittelalter-Major, und dieses zu besuchen kam mir nicht einmal in den Sinn. Seit kurzem, ich glaube, überhaupt zum ersten Mal, bot auch Heinrich Tessenow einen Kurs an, und hier zögerte ich einen Moment. Tessenow faszinierte mich. Er war Norddeutscher wie Blunck, ein gedrungener Mann mit einem furchigen, nachdenklichen Gesicht, in dem ein kleiner rötlicher Schnurrbart saß. Er hatte das Hauptgebäude der Deutschen Werkstätten für Handwerkskunst in Dresden-Hellerau gebaut, einer Handwerksschule, die vor dem Ersten Weltkrieg von einiger Bedeutung gewesen war, sowie eine Reihe von Büchern geschrieben, die er mit eigenen Zeichnungen versehen hatte und die trocken und zugleich ungemein lyrisch waren, eher dänisch und den Bauten von Steen Eiler Rasmussen nicht unähnlich. Darin predigte er, wie edel und notwendig das Handwerk sei. Die Buchtitel waren bezeichnend: Sein meistgelesenes Werk hieß tatsächlich »Handwerk und Kleinstadt«. Sein Ansatz war für mich so faszinierend, weil er so leidenschaftlich realistisch war. Er wußte, was Handwerk bedeutete, wie schwer es war, mit den eigenen Händen Dinge von guter Qualität zu produzieren, wie nahezu unmöglich es für den nervösen jungen Mann war – und das war der Mann unseres Jahrhunderts –, sich tagein, tagaus zu zwingen, die trockene, langweilige und zermürbende Aufgabe zu bewältigen, an Zapfen und Schrauben zu denken, an die Herstellung von Stuhlbeinen und Tischplatten. Genau aus diesem Grund, meinte Tessenow, sei das Handwerk so gesund, nicht so sehr als Beschäftigungstherapie (das hätte ihn nicht interessiert), sondern als Mittel, eine Welt der stillen Konzentration auf das Wesentliche, auf das Einfache, auf das Alltägliche zurückzuholen.

Doch ließ es Tessenow dabei nicht bewenden. Er war ja kein Architekt gewordener einfacher Handwerker, sondern im Gegenteil Meister einer besonders feingliedrigen und blutarmen Ästhetik. Man sah das schon am Stil seiner Federzeichnungen. Man sah es auch jedem seiner Entwürfe an. Er beherrschte die Kunst, einer Spielzeugtrompete eine feierliche Hymne zu entlocken. Ich entsinne mich an die Dachwohnung eines Freundes von Ludwig, die Tessenow eingerichtet hatte: Für die Wände und die Dachschrägen eines dieser Zimmer hatte der Architekt die billigste weiße Tapete mit goldenen Sternchen ausgewählt, was zugleich einfach und prunkvoll wirkte. Mit seinen soliden, aber feingliedrigen Möbeln, den schlanken, Kerzenleuchtern ähnlichen Lampenständern, die den Eßtisch säumten, bekam der ganze Raum etwas Schlichtes und zugleich hochgradig Esoterisches und wirkte wie ein Tempel für die Riten des Stefan-George-Kreises. Ich nannte Tessenow den »heiligen Schreiner« und finde den Spitznamen noch heute zutreffend. Ich glaube, was mich am Ende bewog, sein Seminar doch nicht zu besuchen, war zum Teil meine Angst vor der kompromißlosen Strenge seiner Doktrin, die mir zwar grundsätzlich überzeugend, dem kleinen Julius jedoch offenbar zu unbequem erschien; mehr noch aber beunruhigten mich wahrscheinlich die Folgen seines Unterrichts. Seine Studenten trugen alle nach kürzester Zeit die gleiche breite Fliege wie er, stolzierten erhobenen Hauptes in der Gegend herum wie die Mitglieder einer esoterischen Sekte von Lebensreformern – was sie auch waren –, und auf ihren Reißbrettern entstanden buchstäblich kilometerweise Tessenow-Fassaden: genauso proportioniert, wie sie der heilige Schreiner proportionierte, ja sogar so gezeichnet wie bei ihm. Wollte man sich mit einem Tessenow-Schüler über dessen Entwurf unterhalten, betrachtete er einen mit dem abwesenden Blick des Initiierten und vermittelte einem so deutlich, wie das eigene unausgebildete Hirn gerade noch in der Lage war zu begreifen, daß das eigene unausgebildete Hirn nicht in der Lage sein würde, irgend etwas zu begreifen, indem man nur auf sein Reißbrett schaute; obwohl das eigentlich, wie er durchblicken ließ, ganz einfach sei – worauf er sich von einem abwandte. Es erscheint merkwürdig, daß Albert Speer ein Tessenow-Schüler war, ein eifriger sogar. Oder ist es gar nicht so verwunderlich? Gibt es einen Pfad, der von Tessenow auch in den Nationalsozialismus führt? Ich glaube, ja. Die Rückkehr zum alten Handwerk, zu den grundlegenden, wesentlichen Dingen war eine Sache, von der ein gewisser, hochkultivierter Kreis unter den Nationalsozialisten tief überzeugt war. Ähnlich wie George empfand es Tessenow selbst wohl als bedauerlich, wenn Elemente seines Werks zum Nationalsozialismus beigetragen hatten, und ging während der ganzen Nazizeit zu ihnen auf Distanz.

Und dann gab es natürlich noch die Klasse von Hans Poelzig; aber ich hatte nicht den Wunsch, mich dieser Bande anmaßender junger Künstler anzuschließen, mit ihren langen Haaren, Cordhosen und karierten Hemden, die sich zu Füßen des großen Mannes versammelten. Auch Poelzig gefiel mir zuerst nicht mit seinem Zigarrenstummel zwischen den wulstigen Lippen und dem Kopf, der so vorgewölbt war, daß man dachte, die aufragende Stirn würde den größten Teil seines Schädels bilden, während er überhaupt keinen Hinterkopf zu haben schien. Diese Stirn zierte außerdem eine Ponyfrisur, während das, was von seinem Hinterkopf vorhanden war, schütter wurde. Nein, auf keinen Fall zu

Poelzig. Er sah aus wie ein Hollywood-Filmproduzent, und was er produziert hatte, war theatralisch genug, um dieses Aussehen zu rechtfertigen. Er hatte ein Theater gebaut, das Große Schauspielhaus am Schiffbauerdamm, und dessen Innenraum mit dem ungeheuer breiten Proszenium mit einer Stalaktitenkuppel überdacht. Er hatte auch Entwürfe für ein »Haus der Freundschaft« in Konstantinopel gemacht, eine moderne Version der Hängenden Gärten der Semiramis. Schon vor dem Krieg hatte er für die Industrieausstellung in Posen den Oberschlesienturm gebaut, einen Wasserturm mit einer integrierten Markthalle, der so stämmig, selbstbewußt und bedrohlich aussah wie der Mann selbst. »Hier steht Hans Poelzig«, schien er zu sagen. Und damals legte er gerade letzte Hand an den Bau eines Lichtspielhauses, nicht weit von der TH, in der Nähe des Berliner Zoologischen Gartens, das eine gelbe Fassade hatte, auf zwei Etagen Geschäfte und Cafés beherbergte und dessen Innenraum von einem Gewölbe bedeckt wurde, das wie ein riesiges Zelt aussah. Die verspielten Treppen, die zum Rang hinaufführten, wurden ihrerseits von merkwürdigen verzerrten parabolischen Gewölben überspannt und zusammengehalten, und das Foyer war ein kreisrunder Raum, in dem wie in einem Kapitelsaal der englischen Gotik eine zentrale tragende Säule aufragte. Zweifellos eine sehr bemerkenswerte Architektur und ein sehr bemerkenswerter Mann. Aber ganz bestimmt keine Architektur nach meinem Geschmack und auch kein Lehrer nach meinem Geschmack. Und auch nicht meine Vorstellung von einem Lehrer. Poelzigs Studenten sprachen ihn mit »Meister« an, anstatt mit Herr Professor, und untereinander nannten sie ihn ebenfalls »den Meister«, was ich ziemlich affektiert fand. Aber was sollte ich machen? Faute de mieux ging ich widerwillig zur Klasse des Meisters. Er musterte mich einmal prüfend und brummte: »Na schön, seien Sie willkommen. Sind Sie musikalisch?« Zumindest das konnte ich bejahen. Später hörte ich ihn einmal sagen: »Ich prüfe Studenten, die in mein Seminar wollen, gern auf ihren Sinn fürs Musikalische.« – »Aber wie machen Sie

Hans Poelzig (1929)

das, Meister?« fragte ich. »So was weiß ich«, knurrte Poelzig; dabei starrte er mich durchdringend an: »Sie *sind* musikalisch.« Da hatte er längst vergessen, was ich ihm bei unserem ersten Gespräch gesagt hatte. Er wußte es einfach.

Wenn man Poelzigs Klasse betrat, sah man als erstes eine dichtgedrängte Menge von Studenten, die sich vor einer mit Entwurfsskizzen behängten Wand des Ateliers versammelt hatte, aus deren Mitte ein schnurgerader blauer Faden Zigarrenrauch aufstieg. Schon von der Tür aus würde man ihn hören können, wie er gerade lebhaft ein Projekt diskutierte und beurteilte. Das tat er donnerstags und freitags, fast den ganzen Tag lang. Er gab seinen Studenten Wettbewerbsaufgaben, hauptsächlich Projekte, welche er gerade selbst in Bearbeitung hatte. »Wenn ich die Aufgaben nicht meiner eigenen Arbeit entnehmen würde«, sagte er, »wüßte ich ja nie, wie schwer sie sind.« Er übernahm gelegentlich auch die Idee eines Studenten, wenn sie ihm gefiel und er selbst nicht auf diese Lösung gekommen war, wobei er den Namen des Studenten nannte, wenn der Entwurf veröffentlicht wurde. Diese Wettbewerbe dauerten zwischen einer und drei Wochen, je nach Umfang des Projekts. Fand er den Plan eines Studenten nicht vielversprechend, fiel der Entwurf durch, und der Student nahm an einem neuen Wettbewerb teil. Hatte dessen Entwurf Aussicht auf Erfolg, durfte er ihn ausarbeiten. Auf diese Weise enthielt jede Arbeitsmappe nach zwei Jahren die vorgeschriebene Anzahl vollendeter Pläne und eine beträchtliche Anzahl Entwurfsskizzen.

Poelzig pflegte an einem Ende des Raumes anzufangen und den Autor eines Entwurfs aufzufordern, seinen Plan zu erläutern. Versuchte es der Student mit Selbstkritik, hob Poelzig seine dicke Pranke: »Sie sind nicht hier, um zu bewerten, kleiner Schulz: Sie sind hier, um Ihr Projekt zu verkaufen.« Dann wurde der Urheber des nächsten Entwurfs zur Kritik ermuntert. Erst danach durfte die Allgemeinheit etwas dazu sagen, und mitunter gab es ziemlich heftige Auseinandersetzungen, so daß Poelzig einschreiten mußte. Er tat alles, um den Eindruck zu vermeiden, die Kritik und der Schlagabtausch könnten in irgendeiner Form persönlich gemeint sein, und wenn ein Student sie sich offensichtlich dennoch zu Herzen nahm, ärgerte ihn das. Aber wir lernten alle bald, uns rückhaltlos zu äußern und Hiebe mit einem Lächeln auszuteilen und einzustecken. Ein Kommilitone konnte einem in der Öffentlichkeit des Ateliers mitteilen, der Entwurf, den man präsentiere, sei Müll, und zur Mittagszeit zog man mit ihm los und trank gemeinsam ein Glas Bier. Am Ende faßte Poelzig zusammen und

Hans Poelzigs Großes Schauspielhaus in Berlin mit der Stalaktitenkuppel (1919)

gab seine Bewertung ab, was sich meistens so anhörte: »Und darum fällt dieser Entwurf durch. Der nächste!« Es war ein langwieriges Verfahren, aber da Poelzig bei jedem Plan einen besonderen Aspekt hervorhob, gelang es ihm, uns in diesen zwei anstrengenden Tagen ein ziemlich umfassendes Wissen des Gebäudetyps zu vermitteln, um den es gerade ging. Wie jeder große Lehrer war er ein vollendeter Schauspieler, besser gesagt, er konnte je nach Bedarf die verschiedenen Facetten einer ungewöhnlich vielseitigen, scharfsinnigen und – was man vielleicht nicht erwartet hätte – sensiblen Persönlichkeit ausspielen. Ich erinnere mich noch genau an einige Höhepunkte seiner Beurteilungen. Ein Student fragte ihn einmal, ob man sich ein bestimmtes Projekt als Einzelgebäude oder eine Reihe von Pavillons denken sollte. »Woher soll ich das wissen?« entgegnete der Meister. »Wenn ich das wüßte, wäre ich nicht Lehrer.« Für uns war er ausschließlich »der Lehrer«. Einmal erwähnte ein Kommilitone einen seiner Bauten.

»Aber, Meister, beim Capitol-Kino haben Sie doch selbst …«, hob er an, um von Poelzig sofort, und zwar diesmal recht eisig, mit der Bemerkung unterbrochen zu werden: »Meine eigene Arbeit steht hier nicht zur Debatte.« Einen anderen ziemlich unwirschen Auftritt hatte er, als ein Student andeutete, die von Poelzig gelobte Arbeit eines Kommilitonen sei nicht auf dessen Mist gewachsen. Ich entsinne mich besonders gut daran, weil es Rothschild war, der diesen unglückseligen Einwand vorbrachte. Poelzig drehte sich auf seinem niedrigen Zeichenschemel ruckartig um: »Was? Plagiat? Gibt es nicht! Na schön, dann wollen wir uns *Ihr* Werk mal ansehen!« Brav wanderten wir zu der Ecke hinüber, wo Rothschilds Entwurfsskizze hing. »Es ist *kein* Plagiat«, wetterte der Meister, »weil seine Skizze, mit Verlaub, besser ist. Er hat vielleicht Ihre Idee gesehen. Aber er, nicht Sie, hat Ihre Idee auch *verstanden.*« Aber damit nicht genug. Offenbar sah er jetzt die Gelegenheit gekommen, um uns seine Meinung zum Thema Abkupfern so eindringlich wie möglich zu vermitteln: »Klauen, liebe Freunde, gibt es nicht«, sagte er. »Wir klauen alle, ich klaue auch, ich klaue bei Ihnen, wenn ich glaube, daß ich etwas davon habe. Mozart hat geklaut, und der alte Clementi, von dem er geklaut hat, hat sich beschwert: ›Gloria ad alteram venit‹, hat er die hübsche kleine Klaviersonate überschrieben, die der Dieb in die Ouvertüre der »Zauberflöte« eingebaut hat. Er hätte dankbar sein sollen, daß seinem kleinen Thema auf diese Weise Unsterblichkeit verliehen wurde. Ich bitte Sie alle inständig, klauen Sie!« Ich habe diese Tirade selbst oft gehalten, und das mit ziemlichem Erfolg; aber was hätten die Leute, denen ich sie vorführte, erst gesagt, wenn sie sie von Poelzig gehört hätten.

Nur einmal habe ich erlebt, wie er jemanden aufrichtig lobte. Der Student, heute ein bekannter Architekt, hatte seinen Entwurf erläutert, es hatte nur wenig Diskussion darum gegeben, die »offizielle« Kritik war sogar rundum positiv ausgefallen. »Ja«, sagte Poelzig in seiner Bewertung, »das nenne ich einen sehr guten Entwurf, und« – dieser Nachtrag kam mit einem etwas nachdenklichen Unterton – »wenn ich nicht Angst hätte, daß Ihnen das vollends den verdammten Kopf verdreht, würde ich ihn sogar als geniale Lösung bezeichnen«, woraufhin er nickte, von dannen marschierte und einen vor Glück knallroten Studenten zurückließ.

Leider habe ich das Netteste, das er je über einen Entwurf von mir sagte, nicht gehört, denn ich war an jenem Tage krank; aber ich hatte meine Zeichnung eingereicht, und der treue Richard Rothschild rief mich noch am selben Abend an und erstattete mir Bericht. Es war außerdem mein Geburtstag, und ich betrachtete dies als mein schönstes Geschenk. »Der Meister hat dir eine unheimlich gute Bewertung gegeben«, sagte Richard am Telefon. »Ach ja?« – »Ja, er sagte, da sei Musike drin.« – »So?« – »Und dann fragte er: ›Wo ist er denn?‹ Und ich sagte, krank, zu Hause, und da hat er gesagt: ›Soll er mal schön wieder gesund werden, soll er mal bald wiederkommen‹.«

Als ich in der nächsten Woche wiederkam, hielt ich meinen Kopf so hoch wie jeder andere Poelzig-Jünger und begann sofort, ein Tonmodell herzustellen, was immer der erste Schritt war, wenn man die Umsetzung eines Entwurfs ernsthaft erwog. Ich häufte fleißig Lehmklumpen aufeinander, als der Meister eintraf. Ich hatte dieser Begegnung mit einer mädchenhaften Vorfreude entgegengefiebert. Poelzig ließ sich jedoch nur zu einer Bemerkung der Art herab, das sei »nun ja, gar nicht übel«, und ging gleich dazu über, mir Fragen zu stellen, von denen ich nicht eine beantworten konnte: Wodurch meine Kuppel gestützt werde, wollte der taktlose Mensch wissen, welche Funktion der Rückwand meiner Synagoge zukomme (das war die Aufgabe gewesen, die christlichen Studenten hatten eine Kirche entwerfen müssen), wie der Raum belichtet werden solle. Stück für Stück fiel mein schöner Entwurf vor meinen Augen in sich zusammen, bis vom ursprünglichen Konzept fast nichts mehr übrig war. »Und jetzt, Posenerchen«, sagte Poelzig fröhlich, »überlegen Sie sich, wie Sie mich umbringen wollen, aber tun Sie es nicht, gehen Sie lieber in die Kantine und trinken Sie zwei große Bier, Liter, keine Halben. Danach machen Sie einen langen Spaziergang – wenn Sie können – oder schlafen Sie einfach drüber und vergessen Sie's. Und morgen kommen Sie wieder.«

Poelzig mußte sich an die Spielregeln des verschulten TH-Systems halten, mit Prüfungen und allem, was dazugehörte, aber er ließ ziemlich offen durchblicken, daß er das nicht ernst nahm. Unsere Noten teilte er uns mit, sobald sie ihm bekannt waren, anstatt sie uns, wie vorgeschrieben, vorzuenthalten, und als ich an der Reihe war, sagte er: »Wirklich ziemlich gut, kleiner Posener. Na ja«, fügte er mit einem vielsagenden Blick nach oben hinzu, wo sich Tessenows Klasse befand, »im *Entwerfen* sind meine ja auch die besten.«

Ich traf ihn noch mehrmals wieder, nachdem ich die TH verlassen hatte, obgleich ich nicht für gut genug befunden wurde, von der Hochschule in sein Atelier – oder Büro – zu wechseln. Der Übergang von der Hochschule zur Mitarbeit in seinem Büro war eher fließend. Jene auserwählten Studenten, die er für würdig erachtete, seine persönlichen Schüler und Assistenten zu werden, setzten ihre Ausbildung neben dem Berufsleben fort. Doch da standen sie, mehr noch als wir an der Hochschule, in erster Linie unter der Aufsicht seines treuen Chefassistenten Zimmermann. Dieser kleine Mann mit seinem trockenen, typisch Berlinerischen Humor und dem starken Berliner Dialekt, den zu sprechen bei Poelzig ohnehin de rigueur war – er berlinerte selber –, hatte die Rolle des Sancho Pansa übernommen, der den zu Höhenflügen neigenden Meister immer wieder auf den Boden der Realität holte. Nicht, daß Poelzig als Lehrer der Welt entrückt gewesen wäre, aber ich erwähnte bereits die sorgfältig aufrechterhaltene Aufspaltung seines Lebens in den Lehrer und den Künstler. Als Lehrer bestand er darauf, daß eine Sache funktionieren müsse, und wenn sie es nicht tat, wenn er mit einem jener eierförmigen Poelzig-Wunder konfrontiert wurde oder mit Luftschlössern ohne Beine wie meine Synagoge, die, nebenbei bemerkt, ein entsetzlicher halborientalischer Traum gewesen ist, ließ er nüchterne Vernunft walten und nichts als nüchterne Vernunft. Und Zimmermann war noch einmal so vernünftig, schüttelte den Kopf über »ihn« und begann sofort, das Ganze im Hinblick auf Tragebalken und -pfeiler zu berechnen.

Ich sah den Meister auf dem jährlichen Poelzig-Ball, der jedes Jahr im Februar eines der großen Ereignisse in Berlin darstellte. Dort konnte man ihn mit unsteter Hand Sekt einschenken sehen, ins Glas oder einfach auf den Tisch, und krakeelen hören: »Camilla! Wieviel haben Sie mir für Ihre Abschlußprüfung bezahlt?«, und dergleichen mehr. Er wußte genau, daß er über eine Orgie erster Ordnung präsidierte, wie mir einer der wenigen Leute, denen es gelungen war, annähernd nüchtern zu bleiben, mit einem ungläubigen Kopfschütteln am nächsten Morgen sagte: »In diesen Galerien hinter den Vorhängen, Posener: Da haben sie um zwei Uhr morgens mit scharfer Munition geballert, mit scharfer Munition!« Der Poelzig-Ball und der Reimann-Ball genossen den schlechtesten Ruf im Berlin der zwanziger Jahre; und in den zwanziger Jahren mußte eine Sache schon ziemlich verrucht sein, um überhaupt einen schlechten Ruf zu haben.

Später, als ich aus Frankreich zurückkehrte, besuchte ich den Meister in dem neuen Haus, das er für seine neue Frau gebaut hatte, besser gesagt, das seine neue Frau, eine junge Schülerin von ihm, für sich und ihn entworfen hatte. Dort war Poelzig, im Alter von weit über sechzig Jahren, noch einmal Vater geworden. »Ein junger Mann von Sechzig«, hatte Mendelsohn an Poelzigs run dem Geburtstag über ihn gesagt. Man erzählte sich die Geschichte, und ich halte sie für wahr, daß sein verheirateter Sohn in der Halle stand, als sein Vater die Treppe herunterstapfte, nachdem das Baby zur Welt gekommen war. Peter Poelzig sprach seinen Glückwunsch aus, vielleicht ein wenig verlegen, da Peters Ehe bislang nicht mit Nachkommen gesegnet war. Poelzig legte seinem ältesten Sohn seine schwere Hand auf die Schulter und sagte: »Peter, ich mache meine Enkelkinder selber.«

Im Gespräch hörte Poelzig meistens zu, was der andere zu sagen hatte, und streute in dessen Redefluß hier und da kleine Epigramme ein, die ihm anscheinend spontan einfielen. Ich glaube nicht, daß er es mit Bedacht darauf anlegte, denkwürdige oder witzige Bonmots zu fabrizieren. Seine Bemerkungen schienen einfach so aus ihm herauszusprudeln, zum Beispiel, als er bei der Einweihungsfeier von Bruno Tauts neuem Haus, das die Form eines Viertelkreises hatte, fröhlich rief: »Bruno, wenn du vier von der Sorte baust, hast du ein ganzes!«; oder wenn er über Gellhorn sagte: »Ja, natürlich: das ist einer von denen, denen es nur gutgeht, wenn es ihnen nicht gutgeht.« Bemerkungen dieser Art waren nicht böse gemeint und dennoch vernichtend. Ich weiß noch, wie er von einer Ausstellung über Kunst und Architektur des Bauhauses erzählte, bei der alle Bauhaus-Leute beifallheischend um ihn herumscharwenzelt waren, und wie er von »Moholynatschki«, »dem Gropius« und »der Gropia« (Alma Mahler immerhin!) im Ton eines halb wütenden, halb amüsierten Riesen sprach, der eine Ansammlung lästiger kleiner Kreaturen mit einer Handbewegung wegwischt.

Damals, als ich ihn zum letzten Mal, in seinem neuen Haus, sah, war er nicht mehr amüsiert. Er war überdrüssig, resigniert, und der alte Schwung war weg. Das hatte einen Grund: Als Vizepräsident der Akademie der Künste hatte er die belgische Regierung eingeladen, eine Ausstellung belgischer Kunst in Berlin vorzubereiten, und keinen Anlaß gesehen, die Einladung nur wegen eines politischen Zwischenfalls wieder zurückzunehmen, bei dem ein deutscher Pfarrer – mit dem so deutsch klingenden Name »Gilles« – aus Malmédy, dem deutschen Teil Belgiens, vertrieben worden war, das die Belgier 1919 besetzt hatten. Die gesamte Nazipresse hatte in jenem Frühjahr der Schande 1933 dagegen aufgeheult wie eine Bande von »canards déchaînés« und Poelzigs Rücktritt gefordert. Die Blätter nannten ihn offen einen Juden oder zumindest einen »Judenknecht« und wollten Blut sehen. »Und, sind Sie es, Meister?« fragte ich, »sind Sie Jude?« – »Nicht, daß ich wüßte«, antwortete er, »meine jüdischen Freunde haben mich nie für einen gehalten; und die Gojim haben keinen Schimmer.« Dann, auf der Höhe der Auseinandersetzung, brach ein Journalist einer der noch halbwegs freien Zeitungen eine Lanze für ihn, natürlich nicht, indem er seine Kollegen zur Ordnung rief, sondern indem er versuchte zu beweisen, daß Poelzig schon immer Nationalist gewesen sei, er keinen Tropfen jüdischen Blutes in den Adern habe (»Ich bin der Sohn eines Bierkutschers und der Gräfin Poelzig«) und die nicht widerrufene Einladung nur ein (»natürlich bedauerliches«) Versehen gewesen sein konnte. Ich war so indiskret, ihn nach dem Zwischenfall zu fragen, und er gestand mir: »Es ist doch so, kleiner Posener: Ein Köter pinkelt mir ans Hosenbein, und dann kommt gleich jemand und versucht das wegzuwischen, wodurch der Fleck noch größer wird.« Er zuckte die Achseln; aber weder in diesem Achselzucken noch in seinem Tonfall lag viel Heiterkeit.

Ich erhielt die Nachricht von seinem Tod, als ich Deutschland bereits verlassen hatte. Poelzig hatte Vorbereitungen getroffen, dasselbe zu tun, er wollte einen Ruf nach Istanbul annehmen, was eine große Ehre bedeutete, noch dazu zu guten Konditionen; aber Poelzig brachte es nicht über sich, Deutschland zu verlassen. Er starb praktisch auf gepackten Koffern und, wie mir Marlene, seine junge Frau, schrieb: »So melodramatisch es klingt: Er starb an einem gebrochenen Herzen.« Das will ich gern glauben.

KAPITEL 18

Neue Sachlichkeit

Ich wollte gerade schreiben, wie sich mir, unter Poelzigs Einfluß, die Architektur offenbarte, als ich mich jäh bremste: Denn das wäre der natürliche Höhepunkt eines »Porträts des Meisters« gewesen, das, was der Leser erwartet hätte. Aber ganz so ist es nicht passiert, und wir haben es hier nicht mit Dichtung und Wahrheit zu tun: In der Beschreibung dieses Lebens möchte ich Fiktion und Fakten nicht vermischen; der Wert der vorliegenden Seiten besteht einzig in der ehrlichen Erinnerung.

Nein, Poelzig öffnete mir nicht die Augen für die Architektur. Zugegeben, mein Horizont wurde etwas erweitert. Seine eigenen Arbeiten begannen mir zu gefallen, nicht sofort, aber nach einiger Zeit. Nicht sofort, weil Poelzig der Lehrer sich nie auf Poelzig den Künstler berief, doch irgendwann lernte man unweigerlich seine Arbeiten lieben, weil sie so sichtlich Verkörperungen seiner Persönlichkeit waren. Natürlich gefiel mir Poelzigs Art, mit Raum zu spielen, und Raum als architektonisches Medium erschloß sich mir auch tatsächlich durch sein Werk. Aber ich war nicht etwa verärgert, als ich irgendwann hörte, wie Mendelsohn das Capitol-Kino als »Gefühl, das im Raum geistert« bezeichnete. Darin lag ein Körnchen Wahrheit. Poelzigs Werk stand zu keiner Zeit zur Diskussion, und seine Grundsätze und sogar die Art, wie er sie äußerte, waren dem, was uns mein Vater stets erzählte, ziemlich ähnlich. Meine erste Reaktion war denn auch gewesen, nachdem ich mich erst einmal an seine Eigentümlichkeiten gewöhnt hatte: Nanu, ich hatte doch einen Hollywood-Produzenten erwartet, einen Modernen, einen Radikalen, und statt dessen stoße ich auf reine Vernunft, sogar auf eine Art Vernunft, an die ich von klein auf gewöhnt bin. Was sich mir vor allem eröffnete, war nicht so sehr die Architektur, als das Unterrichten als eine Manifestation von Genie.

Zum zweiten Mal in meinem Leben lernte ich also einen großen Lehrer kennen. Aber Poelzig überragte Haacke. Dieser war ein ausgezeichneter Lehrer gewesen, seine Wahl des richtigen Zeitpunkts bemerkenswert, seine Sensibilität, seine Begeisterung anregend. Haacke hatte mir neue Horizonte aufgetan, mein Weltbild um ein Hundertfaches erweitert. Der Grund dafür mag sein, daß ich ihn im leicht entflammbaren Jugendalter kennenlernte; auch war mir der Stoff, den Haacke uns vermitteln wollte, näher als die Architektur. Aber Poelzig besaß etwas, das Haacke, der krächzende, vorsichtige kleine Mann, nicht besaß: Persönlichkeit. Nur einer der großen Männer, die ich später kennenlernte, hatte sie möglicherweise in demselben Maße, wenn auch in ganz anderer Ausprägung: Auguste Perret. Dessen Wirkung auf seine Schüler war ebenso überwältigend, aber Perret (wie Tessenow) schuf lauter kleine Perrets. Poelzig, der jedem von uns vollkommene Freiheit ließ, zeigte uns nur, daß Architektur etwas Großes ist, menschlich in dem Sinne, daß sie etwas mit dem Leben zu tun hat, nicht nur mit Formen, und daß es überaus lohnt, sich ihr zu widmen. In dieser Hinsicht offenbarte er uns in der Tat die Architektur. Aber er unterließ wahrscheinlich bewußt den Versuch, unseren Blick für diese oder jene neue Architektur zu schärfen. Es wäre ihm auch schwergefallen, denn seine eigene Kunst war etwas sehr Persönliches. Wenn ein Student sie nachzuahmen wünschte: bitte sehr; wenn nicht: auch gut. Aber wir durften nicht von ihm erwarten, daß er uns in eine der umstrittenen und noch keineswegs etablierten Strömungen der neuen Architektur einführte, die sich damals ja auch erst herausbildeten. Über Mendelsohn sagte er nur, er sei »ein wirklich feiner Kerl«, über Tessenow gar nichts; ich hatte aber das Gefühl, daß er ihn auf den Tod nicht ausstehen konnte; über Gropius (und die »Gropia«), daß sie Dogmatiker seien, die ihre kleinen Entdeckungen zu ernst nähmen. Le Corbusier und Mies kamen damals, um 1927, gerade erst auf, und ich entsinne mich nicht, daß er sie erwähnt hätte. Er empfahl niemanden zur Nachahmung, nicht einmal sich selbst; und er hatte recht.

Heutzutage befindet sich ein Architekturlehrer in einer völlig anderen Situation. Er wird sogar die Geschichte der sogenannten modernen Bewegung bis zu jenem Punkt unterrichten müssen, an dem sich jener Stil herauskristallisierte, den jetzt alle Architekten, sosehr sie ihn unterschiedlich betonen, praktizieren. Aber als wir studierten, formierten sich die Kräfte gerade erst, um zur entscheidenden Auseinandersetzung auszuholen, und aus diesem Grunde wurden die Perrets und Tessenows, die Schüler nach ihrem eigenen Abbild schufen, eines Besseren belehrt; denn auch wenn sie das glaubten, waren sie weit davon entfernt, in ihrer Arbeit jenen geheimnisvollen Kristallisationspunkt erreicht zu haben, an dem Dogmen, Techniken und persönliche Vorlieben ihre Identität verlieren und sich in etwas ganz anderem auflösen: einem Stil. Was diese Meister an ihre Schüler weitergaben, waren in der Tat Dogmen, Techniken und eigene Vorlieben. Poelzig war zu klug, um dies zu tun, und die spätere Entwicklung hat ihm in seiner Zurückhaltung recht gegeben. So hatte ich als sein Schüler die Freiheit, Muthesius und das, wofür er stand, weiterhin zu mögen oder aus einer Laune heraus einen plötzlichen Schwarm für byzantinische Innenräume oder romanische Stilformen zu entwickeln – was wiederum zweifellos eine Resonanz auf Poelzigs räumliche Kunst darstellte.

Bezeichnend ist, daß seine Schule eine Reihe herausragender Architekten hervorbrachte. Da sind zum einen diejenigen, die nach dem politischen Erdbeben in Deutschland bleiben konnten, wie Egon Eiermann, Klaus Müller-Rehm und Otto. Auch sie sind Lehrer geworden. Und unter denen, die gehen mußten – wie Hermann Zweigenthal, Fritz Jaenecke, Zdenko Strižić, Hamburger und Harry Rosenthal –, gibt es ebenfalls eine große Zahl an Dozenten. Denn während wir Poelzigs Manieriertheiten als Entwerfer schlecht übernehmen konnten, teilte sich eine seiner Qualitäten uns allen mit: die Kunst des Unterrichtens. Und jedesmal, wenn ich von einem Studenten ein Dankesschreiben erhalte, verspüre ich den Wunsch, den Umschlag mit dem Vermerk zu versehen: »Weiterleiten an Hans Poelzig!«

Ich habe eben einige Namen genannt, und ich könnte weitere hinzufügen, sehr viel mehr sogar, von denen einige bekannt, einige vergessen und eine ganze Reihe wahrscheinlich tot sind. Sie bildeten – und die Überlebenden tun es noch – die Poelzig-Familie. Als ich ein Teil von ihr wurde, begann ich endlich, nun wirklich und zum ersten Mal, in einem Kreis großartiger junger Kerle über Architektur zu diskutieren, und nicht nur über Architektur. Der »Arbeitskreis der Neuen Form«, dem ich angehört hatte, löste sich zufällig – oder besser gesagt, *gar* nicht so zufällig – in der größeren Familie auf. Urplötzlich hatte die TH für mich ihren Schrecken verloren. Zugegeben, die Vorlesungen über Baukonstruktion mied ich weiterhin wie die Pest und fiel in der Abschlußprüfung beinahe noch einmal durch; aber es kam tatsächlich vor, daß ich im Geschichtskurs ein Referat hielt, und zwar, ganz wie es meine Art war, über ein weit hergeholtes Thema, nämlich über präkolumbianische Architektur in Amerika. Ich vertiefte mich immer begeisterter in mein Studium und besuchte interessante Baustellen, vor allem die der in Berlin rasant expandierenden Wohnsiedlungen in Siemensstadt, Tempelhof und Britz, wo Projekte der aufstrebenden Architekten Bruno und Max Taut, Walter Gropius, Otto Rudolf Salvisberg, Adolf Rading und Hans Scharoun realisiert wurden. Hier gewann die neue Architektur ihre Stoßkraft. Und mochten die frühen Bauten von Taut noch ein wenig rauh und abweisend wirken, so fanden die elegante Formensprache von Salvisberg und selbst die gefälligen Skurillitäten von Rading und Scharoun allmählich Anhänger und Nachahmer. Die Leute begannen das ganz annehmbar zu finden, ja sehr gut sogar im Vergleich zu den unbeholfenen stilistischen Anfängen bei den frühen Villen Mendelsohns oder Harry Rosenthals. Am Ende der zwanziger Jahre war Eleganz die Devise, und selbst Veteranen des Neuen Bauens wie Mendelsohn und Korn legten keinen Wert mehr auf das »épater le bourgeois«. Im Gegenteil, ihre jüngsten Kreationen in Travertin, Bronze und Spiegelglas waren auch dem Auge des Bürgers gefällig. Ja, es wurde einem leichtgemacht, sich der Bewegung anzuschließen, selbst mir war das möglich. Ich mochte immer noch Muthesius schätzen und Stahlrohrstühle scheußlich finden, doch gleichzeitig auch hier eine neue Bürohausfassade im Westen Berlins, dort einen gewagten Schulneubau von Taut oder Hannes Meyer oder einen Wohnblock von Scharoun oder Salvisberg gutheißen.

Es war eine glückliche Zeit, die erste seit dem Krieg. Die Inflation war eine ferne Erinnerung, der Expressionismus tot. Sogar die Erinnerung an den Krieg selbst, die bis zu diesem Zeitpunkt wie eine monströse Leiche auf dem Schlachtfeld Europa herumgelegen hatte, war nun erstmals wieder in den Hintergrund getreten. Diese Erinnerung hatte mich seit 1918 ständig begleitet. Wenn ich schon der Ansicht gewesen war, ich könne nie wieder richtig glücklich sein, nachdem ich erfahren hatte, wie Robespierre endete, so hatte ich dies hinsichtlich des Krieges sehr ähnlich empfunden, nur viel stärker. Die Welt der Zukunft war für mich seither mit einem unbeschreiblichen Schrecken befrachtet, und Verdun und die Somme, so meinte ich, würden uns »nicht so wie früher in Gelassenheit« atmen lassen, um es mit Elizabeth Barret Browning zu sagen. Auch schienen mir jene aggressiven, wahrhaft monströsen Formen der neuen Architektur und der neuen Kunst Ausdruck eines schuldbeladenen Pessimismus zu sein, der über unsere glückliche und sorglose Vorkriegswelt hereingebrochen war.

Jetzt hatte diese Kunst zum ersten Mal wieder Gelassenheit und etwas Bejahendes an sich. Die Welt war wieder zu einem guten, lebenswerten Ort geworden, wenn auch vielleicht nicht ganz so gut wie vor der Feuer- und Wasserprobe und dem Auftritt der zwei Geharnischten (jener Zauberfuge in der »Zauberflöte«). Das Elend von Armut und Verzweiflung, das in den Bildern der expressionistischen Periode so oft dargestellt worden war, wich sauberen, weiß gestrichenen Gemeinschaftsbauten, Schulen, Krankenhäusern und Wohnsiedlungen.

Mitunter gleichwohl ließ die Erinnerung an die Qualen die Künstler nicht los. Unvergeßlich ist mir das Gemälde »Der Schützengraben« von Otto Dix, dem führenden Meister der Neuen Sachlichkeit. Aus einiger Entfernung gesehen gab die monumentale Leinwand nicht viel mehr preis als gut komponierte Farben und schöne Formen; beim Nähertreten erkannte man, daß es die Farben von Dreck und Verwesung waren und die Formen Gestalten von zerfetzten Soldaten. Man sieht einen Schädel, aus dem unter dem verrutschten Stahlhelm das Hirn heraussickert und in dem Würmer herumkriechen, die Leiche eines Mannes, der hoch über den Schützengraben geschleudert und auf einem Pfahl des Stacheldrahtzauns aufgespießt worden ist. Der Künstler hatte wenige Wochen nach der Schlacht einen Schützengraben besucht, als die Szene nicht mehr blutig war, sondern sich in etwas viel Furchtbareres verwandelt hatte. Und all dies, ja jedes kleine Detail, war mit der feinen Sorgfalt eines Dürer gezeichnet und gemalt.

Ich entsinne mich, eine Kurzgeschichte mit dem Titel »Edith Cavell« geschrieben zu haben, in der ich die historischen Ereignisse vollkommen veränderte und Edith zu einem tumben Bauernmädchen aus dem Zuckerrübengebiet von Souchez machte, dem Schauplatz einer der erbittertsten Schlachten von 1915. Die Oberste Heeresleitung hatte damals gemeldet, die Zuckerraffinerie von Souchez sei verlorengegangen, das heißt vom Feind wiedergewonnen worden, dann, daß sie wieder zurückerobert worden sei, nach etwa einer Woche, daß die Fabrikruine erneut den Besitzer gewechselt habe und schließlich, nach drei Wochen hin und her wogender Kämpfe, daß sich die »Siedeapparatur der Raffinerie« wieder in deutscher Hand befinde. Diese Nachrichten hatten mich in den Garten getrieben, wo ich einen jener Schreckensspaziergänge unternahm wie einst nach meiner Lektüre des neunten Thermidor. Nun fand ich diesen Schrecken in Otto Dix' meisterlicher, nüchterner und objektiver Zusammenstellung grausiger Objekte eingefangen. Diese Ruhe war es, die, ähnlich wie Mignets lakonische Darstellungsweise, alles so viel entsetzlicher machte, als jeder expressionistische Aufschrei es hätte bewirken können. In meiner Kurzgeschichte irrte Edith Cavell im blinden Drang, den Verwundeten zu helfen, auf dem Schlachtfeld umher und geriet dabei in einen Unterstand, in dem sie einen deutschen Soldaten antraf, der ruhig an einem Bilde malte. Edith erklärte ihm, daß sie Krankenschwester sei. »Sie verbinden also Wunden, ja?« fragte Dix. »Aber das macht dieses Bild nicht überflüssig.«

Dix folgte bald darauf dem vorherrschenden Trend und fertigte Porträts von seinen Eltern oder seiner kleinen Tochter an. Ich jedoch sah hinter diesen friedlichen Szenen immer nur den »Schützengraben«. Seine Sonnenblumen und Disteln krümmten sich in meinen Augen wie der Stacheldraht und die Würmer auf jenem Gemälde, und ich konnte mich nicht dazu durchringen, an die wiedergewonnene Gelassenheit des Künstlers zu glauben. Jedenfalls nicht ganz; und das blieb für mich für diese Periode symbolisch: Der Krieg war nicht vergessen, konnte nie vergessen werden; aber seine harten metallischen Formen wurden jetzt so weit verbogen, daß sie sich häuslichen und idyllischen Zwecken fügten.

Unsere Freunde waren uns zum Glück von der Karlstraße über das düstere Loch beim Bahnhof zu unserem neuen Glanz im Landoltweg gefolgt – so hieß die Straße, die den Park säumte. Ein paar von meinen und Ludwigs Kommilitonen hatten während dieser Jahre unseren Kreis erweitert. Ich hatte Bekanntschaft mit dem Sohn des Malers Arthur Segal gemacht. Walter war ein Poelzig-Schüler, gab sich aber alle Mühe, als Außenseiter zu erscheinen. Er hielt nicht viel vom Meister, obwohl er zugab, daß Poelzigs Doktrin, besser gesagt, dessen Mangel an Doktrin in Ordnung sei. »Er läßt mich in Ruhe, Posener, das ist die Hauptsache. Er weiß ganz genau, daß ich nicht einer seiner ›Künstler‹ bin, sondern hier nur meinen Arbeitstisch haben möchte, an dem ich meinen eigenen Studien nachgehen kann, und so gesehen respektieren wir einander.« Dies stieß er, wie alles, was er sagte, hastig und leise hervor. Er wußte genau, was er wollte, und sagte es auch. Er studierte Hausgrundrisse und legte schon als Student den Grundstein für sein späteres umfassendes Wissen im Entwerfen, ein Wissen, das übrigens im wesentlichen auf seinen eigenen Experimenten beruhte. Als er viel später in London sein Buch »Home and Environment« schrieb, mußte er nur die Hand in seine, wie er es selbst nannte, Vorratskammer stecken, um auf jede Frage des Hausbaus eine Antwort zu finden. Er zeichnete seine kleinen Häuser damals, wie auch in späteren Jahren, mit einem ruhigen, feinen und entschlossenen Strich, seine Aufrisse waren zudem von puritanischer Schlichtheit. »O nein, Posener«, pflegte er mit einem Lachen zu sagen, »kein Jazz, keine Mendelsohnsche Dynamik und auch kein Poelzig: nur Ruhe, Posener, absolute Ruhe.« Er fing schon als Student an, die Struktur seiner Dachstühle, die Abmessungen der Balken und Sparren genau auszuarbeiten, was mich mit ungläubiger Bewunderung erfüllte. Poelzig konnte ihm darin natürlich nicht helfen. Der Meister kannte nicht einmal die Grundelemente der Konstruktionstechnik. Sein Assistent Zimmermann hätte ihn vielleicht unterstützen können, aber ich glaube, daß Walter Segal nicht einmal ihn um Rat bat. Es lief tatsächlich darauf hinaus, daß dieser zielstrebige junge Mann einen Schreibtisch in demjenigen Berliner Seminar besetzte, wo er am wenigsten gestört wurde, und dort seine Studien betrieb. Segal war klein, ich glaube sogar noch kleiner als ich, mit flaumigem schwarzen Haar, einer gebogenen, fleischigen Nase und dunkelbraunen Augen unter schweren Augenlidern. Als er kahl zu werden begann, was bei ihm schon früh geschah, trat ein wahrhaft monumentaler Schädel zutage. Wir gingen gemeinsam zum Sport, hauptsächlich zum Schwimmen, was er mit derselben Ruhe und Gelassenheit absolvierte wie alles andere, was er tat. Da er sich selbst viel abverlangte und die Erwartungen, die er an sich stellte, erfüllte, ohne viel Aufhebens darum zu machen, verwunderte es nicht, daß er bei anderen Leuten nicht minder anspruchsvoll war. Nur sehr wenige genügten seinen Maßstäben. Im Haus seines Vaters hatte er seit seiner Kindheit die großen Männer der Zeit ein- und ausgehen sehen – Maler, Architekten, Schriftsteller – und mit seinem unbestechlichen Blick ihre Wichtigtuerei erkannt, ihre Aufgeblasenheit, ihre gekünstelten Attitüden, ihre innere Schwäche. Mit Ausnahme seines Vaters bewunderte er niemanden. Leute wie Emil Ludwig, der allgegenwärtige Biograph, Mendelsohn oder der Maler Marc Chagall erschienen ihm hohl, faul und prätentiös. Ich habe gesagt, daß Walter nur seinen Vater Arthur bewunderte, und dies wahrscheinlich nicht so sehr, weil dieser sein Vater war, sondern weil der Sohn dessen Eigenschaften geerbt hatte: Urteilsfähigkeit, die Bereitschaft zu harter Arbeit und eine schmunzelnde Verachtung für diejenigen, die versuchten, den Erfolg über eine Abkürzung zu erreichen. Auch Arthur war klein und stämmig, mit einem noch gewaltigeren Kopf als sein Sohn. Als ich ihn kennenlernte, hatte er bereits seine große Wende vollzogen von der geometrischen, kristallinen Malerei zu der geduldigen und wahrheitsgetreuen Wiedergabe dessen, was er sah. »Jemand hat einmal gesagt«, meinte er, »die Kunst sei Natur, durch ein Temperament gesehen. Das Temperament täuscht etwas vor. Kunst dagegen ist nur Natur, das, was das Auge sieht; und je klarer und weniger vom eigenen Willen beeinflußt das Auge ist, um so besser für das Kunstwerk.« Ich weiß, daß er davon überzeugt war; aber ich, der ich mich genau an seine Bilder erinnere, kann daran nicht glauben, denn seine Art zu malen war in hohem Maße persönlich, wie jedes Gemälde es unweigerlich sein muß. Seine Stilleben mit Früchten und Zwiebeln sind zweifellos Kompositionen, obwohl er dies mit großem Nachdruck bestritt, seine

Landschaften voller Poesie. Sein Selbstporträt aus diesen späteren Jahren, auf dem sein Kopf im Dunkeln bleibt und das Licht von hinten einfällt, ist ein überaus eindrucksvolles, experimentelles Stück Malerei.

Ich übernahm auch einen von Ludwigs Freunden und Kommilitonen, oder sagen wir lieber, er übernahm mich. Er hieß Klaus Müller, sein Vater Hans war Architekt und Baurat bei der Bewag, den Berliner Elektrizitätswerken. Hans Müller war ein kleiner, gedrungener Mann mit einem rötlichen Gesicht, einer flachen Nase und den ausdrucksvollsten, größten blauen Augen, die ich je gesehen habe. Er spielte Geige, sein Sohn Cello, und gemeinsam mit Ludwig und einem Violaspieler namens Dullo bildeten sie ein Quartett. Ich hatte während der Semesterferien vor der Zwischenprüfung in seinem Büro gearbeitet, und er hatte Ludwig gegenüber meinen Eifer gelobt. »Nun«, sagte mein Bruder, »das ist ja schließlich sein Beruf.« – »Wirklich?« fragte Müller. »Nein, Ludwig, sein wahrer Beruf ist der eines Komödianten.« Wie recht er hatte. Damals fiel es mir ziemlich leicht, bei einer Abendeinladung eine kleine Geschichte auf Berlinisch zu improvisieren, bis sich alles vor Lachen schüttelte. Obwohl ich ein schlechter Tänzer war – ich habe nie so tanzen gelernt wie mein Bruder Karl –, war ich doch auf Gesellschaften sehr beliebt und wurde wegen meines Unterhaltungstalents häufig eingeladen. Mein Trick, dessen ich mir zum Teil gar nicht bewußt war, bestand darin, in der Art von Buster Keaton eine steinerne Miene aufzusetzen, während ich diese lustigen Episoden vortrug, und wahrscheinlich war dieser Kontrast zwischen meinem von Natur aus finsteren Gesicht und dem, was ich sagte, das Geheimnis meines Erfolgs. Es konnte passieren, daß mich irgendwelche Mädchen, die mich während einer Tanzveranstaltung ziellos herumwandern sahen, am Ärmel zupften und lachend »Buster!« riefen. Meine Freundschaft mit Klaus hatte unter anderem etwas mit dieser Buster-Keaton-Rolle zu tun, denn auch Klaus war ein Spaßmacher und konnte sehr witzig sein. Er war ein dicker Junge –

und ich sage Junge, weil er mit Dreiundzwanzig immer noch ein Babygesicht hatte, und besaß einen sehr trockenen Humor, der äußerst einnehmend war. Wenn zum Beispiel von einem sehr häßlichen Mädchen die Rede war, schüttelte er den Kopf und sagte, »ja, aber ihr kennt Fräulein Sauer nicht«, die für ihn der Inbegriff an Häßlichkeit war. Notorisch pleite, wandte er sich regelmäßig mit dem Vorschlag an Ludwig, er wolle »eine Bank gründen«, und dafür brauche er eine Mark. Mein Bruder gab ihm eine und sah sie nie wieder. Wenn Ludwig ihn dann mehrmals darauf ansprach und nach einigen Wochen schließlich sagte, »wirklich Klaus, ich finde es peinlich, dich daran erinnern zu müssen«, erwiderte dieser: »Dann laß es doch!«

Aber Klaus war weitaus mehr als ein Clown, er war ein Mann von ansteckendem Enthusiasmus. Nach einem Satz Mozart konnte er gedankenverloren den Kopf schütteln und murmeln: »Wahnsinnig, absolut wahnsinnig.« Mein Beitrag zu Klaus' Heißhunger auf jede Form von Kunst war die Literatur. Ich las ihm Christopher Marlowes »Doktor Faustus« vor, während er ständig »Wahnsinnig!« dazwischenrief und mich aus großen blauen Augen staunend ansah. Er pflegte eine Geschichte zu erzählen, die bezeichnend für ihn war. Sein Vater hatte einen Gast zum Mittagessen eingeladen, einen sehr großen, athletischen Mann, der seinen kleinen Jungen mitgebracht hatte. Vor dem Essen machten die beiden Männer und die beiden Jungen einen Spaziergang, wobei die Söhne hinter ihren Vätern gingen. Eine geraume Weile schwieg Klaus, dann sagte er: »Aber *mein* Vater kann besser zeichnen.« Dieses »aber« drückte auf herrliche Weise die Kränkung des Sohnes aus, seinen geliebten Papa durch schiere Körpergröße übertroffen zu sehen, und erschien mir immer als schönster Ausdruck der Sohnestreue.

Ich hatte einen eigenen Freund, der ebenfalls Klaus Müller hieß, einen Poelzig-Mann. »Mein« Klaus Müller war schlaksig, mit langen, hellbraunen Haaren, ein begabter Mann und Bohemien. Er konnte hingebungsvoll faulenzen und dann wieder sehr hart arbeiten. Mir gegenüber besaß er den Vorteil, ein humanistisches Gymnasium besucht zu haben, und er sprach mit großer Anerkennung von seiner schulischen Bildung. »Nun«, sagte er zuweilen, »eine Seite Homer nach dem Aorist absuchen, wenn das nicht sinnvoll ist, dann weiß ich wirklich nicht, was sinnvoll ist.« Ich konnte ihm darin überhaupt nicht folgen, woraufhin er mich von oben herab behandelte, wie einen Menschen, der eine bestimmte lebenswichtige Erfahrung nicht gemacht hat. Er sprach offen über seine Liebesbeziehungen und stellte uns engeren Kommilitonen seine Hauptfreundin Irene vor, oder »Renchen«, wie er sie nannte. Klaus war weltgewandt und ließ uns stets seine Überlegenheit fühlen, und ich glaube, er hat sich diese ziemlich ungemütliche Eigenschaft bewahrt. Er lebte demonstrativ unbeschwert, nach der Devise »leben und leben lassen«, und gerade daraus ergab sich der Eindruck von Arroganz. Manche Menschen besitzen die Gabe, einen die Rolle des unterlegenen Partners neidlos und ohne Bitterkeit akzeptieren zu lassen. Ich glaube, das sind die wirklich Erfolgreichen.

Und hatte ich während dieser Jahre keine Mädchen? Nun, ja und nein. Im dem Sinne, jene bedeutende Erfahrung gemacht zu haben, die ein junger Mann meines Alters längst gemacht haben sollte, nein. In diesem Sinne hatte ich keine Mädchen. Ich war schüchtern, und obwohl ich ein ziemlich glühender Verehrer war, wagte ich nicht, ihnen auf diese Weise nahezutreten. Ich hatte viele freundschaftliche Verbindungen zum anderen Geschlecht. Es gab immer noch die treue Cousine Ulla und eine weitere entfernte Cousine, Liselotte Benjamin, eine Halbjüdin. Und da war ein kleines jüdisches Mädchen, das so orientalisch aussah, daß ihr die Jungen hinterherriefen: »Du kommst aus China!« Ich verbrachte lange Nachmittage mit der einen oder anderen in ihrem oder meinem Zimmer, aber nichts Ernsthaftes geschah. Das war wahrscheinlich nicht ausschließlich meine Schuld. Ich war immer noch von dem Glaubenssatz der Jugendbewegung beeinflußt, daß junge Männer und Mädchen Freunde sein könnten, einfach

Freunde, und hielt mich an diese seltsame Konvention. Wir konnten sogar Spiele spielen, die uns einander näherbrachten, als Leute unterschiedlichen Geschlechts dies gemeinhin aushalten können, ohne daß der gewisse Funken überspringt. Mit Liselotte beispielsweise pflegte ich zu ringen, sie war sehr stark. Und ich gestehe, daß dies bei mir etwas bewirkte – ich weiß nicht, ob es bei ihr auch so war. Dennoch verlief das Ganze wie bei der großen Abschiedsszene zwischen Shakespeares Venus und Adonis. Und ich glaube nicht einmal, daß Liselotte versuchte, den Part der Venus zu spielen. Ich jedoch blieb ganz gewiß Adonis, so wenig die Bezeichnung in jeder anderen Hinsicht auf mich zutraf. Daß das ungesund war, spürte ich. Mir wurde irgendwann klar, daß die Jugendbewegung wahrscheinlich unrecht hatte, daß eine solche Freundschaft, die »reine« Freundschaft, etwas Unnatürliches war, weil sie entweder unerfüllt blieb oder doch zu dieser anderen Sache »degenerierte«, wie wir es nannten. Bei dem Mädchen »aus China« war es etwas anders, weil ich ein klein wenig in sie verliebt war. Und sie war es auch – aber nicht in mich. Irgendwann sagte sie zu mir: »Bei den Mädchen, die du liebst, wirst du immer wieder dem Typ des großen blonden Mannes begegnen, Julius. Das ist dein Schicksal. Ich glaube, das liegt an deinem Wesen.«

Richtig verliebt war ich auch, doch in diesem Fall war der große blonde Mann sogar schon da, bevor ich auf der Bildfläche erschien. Der große blonde Mann war der Freund meiner Kindheit, Hans Kubierschky. Hans hatte mir wie ein verliebter Kater von einer gewissen Margot Kauffmann gemaunzt, die er liebte und unbedingt heiraten wollte, obwohl ich mir einigermaßen sicher bin, daß auch in dieser Liebe zu jenem Zeitpunkt noch nichts vorgefallen war. Ich wurde Margot vorgestellt und verstand ihn sofort, mehr noch, ich schloß mich ihm in seiner Liebe an. Ich glaube, ich war, zumindest anfangs, in Hans' Liebe verliebt. Margot war Halbjüdin mit krausen, rotblonden Haaren, einer Stupsnase, kräftigen, vorgestülpten Lippen und verträumten, sinnlichen braunen Augen. Ihr Kuß – denn später habe ich sie geküßt –

schmeckte bitter. Sie war nicht schön, man hätte sie sogar häßlich nennen können, aber sie besaß das gewisse Etwas, und zwar in beträchtlichem Maße. Als Hans mich mit ihr bekannt machte, verfiel ich ihr sofort, was mich in einen argen Interessenkonflikt brachte; denn schließlich war Hans einer von drei Menschen, mit denen mich eine lebenslange Freundschaft verband, die anderen beiden waren Ludwig und der Maler Hansjochen. Was soll ein junger Mann machen, der verliebt ist und seinem Freund gegenüber loyal sein will? Er hätte natürlich die Finger davonlassen sollen, aber dazu konnte ich mich nicht durchringen. Statt dessen ließ ich mich von Hans an der Leine führen, und Hans, mein kleiner Günstling aus Kindheitstagen, behandelte mich jetzt mit gönnerhafter Bevormundung. Wenn er sich mit Margot gestritten hatte, konnte es vorkommen, daß er zu mir sagte: »Du kannst sie haben, Jul«, und meine erste Reaktion war, mich zu freuen. Im Einklang mit dem Gebot der nicht-intimen Vertrautheit, das damals das Verhältnis von Jungen und Mädchen bestimmte, unternahm ich mit ihr lange Ausflüge auf den Seen in Hans' Paddelboot, wobei ich sie anstarrte oder sogar ihre krausen Haare streichelte, aber sonst ...

Nicht nur Margot, auch ihre Familie zog mich an. Die Kauffmanns waren zweifellos die nettesten Leute, die ich je kennengelernt hatte, und weil ich so entzückt war, stellte ich ihnen auch gleich meine beiden Freunde vor, Ludwig und Hansjochen, die die Familie ebenfalls sofort ins Herz schlossen. Vater Kauffmann, der Jude (oder war er selbst Halbjude?), war Bauingenieur, ein großer, stämmiger Mann mit einer kräftigen, dröhnenden Stimme. Mutter Kauffmann dagegen war ein schmächtiges Frauchen, mit rötlichem Haar und einer schmalen Hakennase. Margot hatte zwei Brüder und zwei Schwestern, sie selbst war das mittlere Kind. Das Herrliche an diesen Leuten war ihre vollkommene Ungezwungenheit. Im Vergleich dazu mußten selbst wir Poseners als förmlich gelten, und Leute wie die reichen Kubierschkys und Sedelmeiers, wo der Vater, ein Architekt, bei den gemeinsamen

Mahlzeiten einfach in brütendem Schweigen am Tisch saß, sogar als stocksteif. Im Gegensatz dazu herrschte in der Wohnung der Kauffmanns immer ein fröhliches Gedränge von Kauffmann-Kindern und ihren Freunden. Das gemischte Blut hatte sich in ihrem Fall so ausgemendelt, daß jedes der Kinder ein ganz individuelles Aussehen besaß und den anderen kaum ähnelte. Der mit Hans gleichaltrige Werner war blond, hatte aber ganz struppige Haare, und ich glaube, er ist später ein bißchen zum Nazi geworden. Der dunkle und kleine Wolfgang dagegen, der viel jüdischer aussah als wir Poseners, war Kommunist. Das älteste Mädchen, Hilda, eine Lehrerin, war blaß und zart und hatte die schmale Hakennase und die blauen Augen ihrer Mutter geerbt. Ulla, die jüngste, war brünett, mit vorstehenden Wangenknochen und weichen, vollen Lippen und leicht schrägstehenden, graublauen Augen. Sie war unbestritten die Schönheit der Familie, nicht Margot, und als ich sie sah, begann ich mich zu fragen, ob ich mich nicht lieber in sie verlieben sollte. Das hätte die Sache bestimmt einfacher gemacht. Aber ich empfand den Gedanken als Verrat und beschränkte mich daher auf einen leichten Flirt mit ihr. Sie war sanft, feminin und freundlich, und ich bin sicher, daß sie auch von allen die feinsinnigste war. Ich fand es sehr schwer, meine Augen und Ohren von ihr zu wenden, wenn wir uns im selben Raum aufhielten, eine Tatsache, die Margot bemerkte und auf die sie, so wenig sie mich auch zum Geliebten haben wollte, leicht eifersüchtig reagierte.

Ludwig, der bald auch bei Kauffmanns ein- und ausging, ließ sich in einem unbesonnenen Augenblick darauf ein, mit Hilda zu flirten, wodurch er das Herz dieser blutleeren kleinen Lehrerin im Sturm eroberte, mit dem Erfolg, daß sich das Ganze zu etwas entwickelte, was die Franzosen eine »collage« nennen. Das Mädchen klebte an ihm fest, und er selbst mühte sich, sie wieder abzuschütteln. Ich saß oft zusammen mit Margot in ihrem Zimmer und sah ihr beim Kleidermachen zu. Sie lernte Kostümbildnerin und zeigte sich in ihrem Beruf ziemlich begabt. Da saß sie dann, mit dem Mund voller Stecknadeln inmitten eines Chaos aus Stoffen und sagte plötzlich durch geschlossene Lippen: »Halt mal, Jul!« und streckte mir ihren Mund entgegen, damit ich ihr mit dem meinen die Nadeln abnehmen konnte.

Hansjochen ging zuerst nicht in das Haus. Statt dessen sah er die Kauffmann-Schwestern einmal bei uns. Das war noch in dem »düsteren Loch«, an meinem Geburtstag. Später hat er mir die Szene noch oft erzählt: »Eine weiße Flügeltür öffnete sich, und da stand sie: zierlich, mir direkt ins Gesicht schauend, mit diesen Wangenknochen unter den schrägen Augen. Mir war schlagartig klar, daß ich sie heiraten mußte.« Und er hat sie geheiratet. Und viele Jahre noch erwähnte er in seinen Geburtstagsbriefen an mich die Bedeutung, die dieser Tag »im Zeichen der weißen Tür« für ihn hatte.

KAPITEL 19

Frankreich und die Entdeckung der Freiheit

Meine langen Jahre des Studiums – ich brauchte sechs statt der vorgeschriebenen viereinhalb – neigten sich zu guter Letzt dem Ende zu. Ich hatte meine Mappe abgegeben und mit meiner Diplomarbeit begonnen. Ich wollte zusammen mit Richard Rothschild arbeiten, in dessen Wohnung. Schon vorher hatten wir eine enge Arbeitsgemeinschaft gebildet, mit Klaus Müller als drittem Mann, und einen leerstehenden Raum in jenem riesigen Gebäude in der Potsdamer Straße im »alten Westen« bezogen, in dem ich geboren worden war. Es war in den frühen Jahren des Jahrhunderts in ein Geschäfts- und Bürohaus umgewandelt worden, wobei »Geschäft« nicht ganz das richtige Wort ist. Das Erdgeschoß und die Beletage zur Straße hin und der lange Seitenflügel, der sich nach hinten ins Grundstück hinein erstreckte, enthielten riesige Ausstellungsräume, die von der großen Kunsthandlung Keller und Reiner belegt wurden, die auch mit Kunstgewerbe und Möbeln handelte. Das Haus war von Bruno Schmitz entworfen worden, einem der bekanntesten Architekten der Zeit, und zweifellos beeindruckend. Die Straßenfront bildeten drei sehr hohe Bogenfenster, mit Bronzelampen an den Stützpfeilern im Erdgeschoß, und die hohe Eingangshalle dahinter mit der breiten und großzügigen Marmortreppe, die zur Galerie in der Beletage und den sogar noch größeren Räumen im ersten Geschoß des rückwärtigen Teils führte, war gut entworfen. Die Vorderfront war dabei vergleichsweise schmal, nur etwa zwölf Meter breit, und der Hof ein enger, hoher und abweisender Steinschacht. Aber nach

127.

Chapter 19.

My long years of study - six years instead of the prescribed four
and a half - came to an end, at last. I had handed in my portfo-
lio and started on my design thesis. I decided to work for
this in conjunction with Richard Rothschild, in his flat.
Before! We had formed a close working ~~group~~ association before, with Klaus Mueller
as the third man, working in an empty room in the enormous
house in the Potsdamerstrasse , the " old West " in which I had
been born. The house had , in the early years of the century,
been changed into a shop and office building; actually, " shop"
The right word — is not quite ~~correct~~. The groundfloor and mezzanine of the
building on the street, and the deep wing going backxinto the
site ~~had~~ xxxxx contained a suite of enormous rooms for exhi-
bitions , and these were occupied by a big art dealer and dea-
ler in applied art and furniture, Keller and Reiner. The house
in this shape had been designed by one of the best known ar-
chitects of the period, Schmitz , and it certainly was impres-
sive. The front was x formed by three very tall, arched win-
dows , xxxxxxxxxxxxxxxxxxxxxxxxxx in the groundfloor with bronze
lanterns on the xxxxx piers , and the high room behind with its
xxxxxxx broad and comfortable marble staircase leading to the
mezzanine gallery and to even bigger rooms on the first floor
in the back was well designed. This frontpart was comparative-
ly narrow, only about 4o feet wide, and the courtyard was a
narrow, high, forbidding stony shaft. But behind the back-
building, the site widened , and here was one of those few remain-
ing gardens, ~~witnesses~~ reminders of the time when this part of Berlin
had been ~~was~~ a posh garden suburb . The garden, more like a park,
designed in the free, English style had beautiful old trees
in it; I particularly remember a vast copper beech, the finest
of its kind I have seen. Here we could rest from our labours
and eat our sandwiches. We were working in an empty office,
part of a string of such offices, in the backwing flanking the
narrow court. It was dusty and entirely empty except for our dr
drawing tables and a plan chest. Klaus Mueller had brought his
grammophone along, and here I made the acquaintance of the music
of Paul Whiteman, Jack Hilton , Duke Ellington , of " Old Man
River", and " The Blue Room " . I took to it immediately.
But now, this group had dissolved, I think the office had
been let again , at last, and the remaining two members, Roth-
schild and myself, continued working for the design thesis in
his flat. I had chosen a small theatre as a subject, with stalls
xxxxxx and elliptical boxes in two stories, under a slightly
domed ceiling. The scheme had quite good rooms: the auditorium
offered — itself ~~showed~~ possibilities though, in working it out, I missed
them all, and the foyer , very much under the Master's influ-
ence, was quite acceptable. But I found it impossible to
fit my rooms into a ~~case~~ , and the thing was, from the outside,
a monstrosity. Richard had planned a sort of seaside club,
with a Poelzig plan xxx but more advanced, Mendelsohnian,
in style; and there we were, standing at adjacent drawing
tables near the vast , forbidding front window ofx the
Rothschild's living room , working, discussing, listening to
the grammophone. The parents would leave us entirely and tact-
fully alone. Not so the maid, a fresh thing of not quite
twenty, from Pomerania, buxom, blonde and blue eyed . She would
fists — drift in, put her ~~arms~~ to her hips and give a deep throated
laugh looking at my scheme. " Awful, " she would pronounce.
" And what about his? " I would ask, pointing to Rothschild's
board. " Awful too; but at least his buildings are nice
and long. Yours are just lumpy. " How right she was; but I was
not,in the first place, interested in the dear girl's art
criticism. What interested me more was the way in which it
was, sometimes, offered. For she would sneak up behind us and,
suddenly, I would feel her hair against my cheek and her
lips murmuring, close to my ears: " awful still ~~", at which~~
~~she would trip away with a ringing laugh.~~
I must confess, I xx x began to like working in the Rothschild
flat. We were alone, the better part of the day, with this
appetising wench , and even I, this time, was not so dumb as
notx to see the possibilitiesx my design offered in certain ~~res~~
respects.

Seite 127 (erste Seite von Kapitel 19) des Original-Typoskripts »Autobiography« von Julius Posener hinten hinaus verbreiterte sich das Grundstück, und hier hatte sich noch einer der wenigen Gärten aus der Zeit erhalten, als dieser Teil von Berlin ein eleganter Gartenvorort gewesen war. Der Garten, mehr einem Park ähnelnd und im freien englischen Stil angelegt, hatte einen Bestand an herrlichen alten Bäumen; ich entsinne mich besonders an eine riesige Blutbuche, die schönste ihrer Art, die ich je gesehen habe. Hier konnten wir uns von unseren Anstrengungen erholen und unsere Brote essen.

Wir arbeiteten in einem Büro, das zu einer Flucht gleichartiger Räume im hinteren Seitenflügel des engen Hofs gehörte. Es war staubig und bis auf unsere Reißbretter und einen Schrank für die Pläne vollkommen leer. Klaus Müller hatte sein Grammophon mitgebracht, und in dieser Zeit machte ich Bekanntschaft mit der Musik von Paul Whiteman, Jack Hilton, Duke Ellington, mit »Ol' Man River« und »The Blue Room«. Ich war auf Anhieb begeistert. Doch nun löste sich diese Gruppe auf, ich glaube, weil das Büro irgendwann neu vermietet wurde, und Rothschild und ich, die verbliebenen beiden Mitglieder, arbeiteten an unseren Entwürfen für unsere Abschlußarbeit in seiner Wohnung weiter. Ich hatte mir als Thema ein kleines Theater ausgesucht mit zwei Reihen elliptischer Logen über dem Parkett unter einer flachen Kuppel. Der Plan enthielt recht gute Räume: Der Zuschauerraum selbst bot einige Möglichkeiten, die ich bei der Ausarbeitung sämtlich versäumte wahrzunehmen, und das Foyer, das sehr stark unter dem Einfluß des Meisters stand, war ganz annehmbar. Aber es gelang mir nicht, meine Räume in eine Schachtel zu zwängen, und von außen war das Ding ein Monstrum. Richard hatte eine Art Strandklub entworfen, mit einem Poelzig-Grundriß, aber fortschrittlicher und Mendelsohnscher im Stil; und da standen wir nun nebeneinander vor unseren Reißbrettern in der Nähe des riesigen, bedrohlichen Vorderfrontfensters im Wohnzimmer der Rothschilds, arbeiteten, diskutierten und hörten das Grammophon. Von den Eltern wurden wir vollkommen und sehr rücksichtsvoll in Ruhe gelassen. Nicht so von dem Dienstmädchen, einem frechen Ding aus Pommern von nicht einmal zwanzig Jahren, drall, blond und blauäugig. Sie schneite einfach herein, stemmte die Fäuste in die Hüften, lachte beim Anblick meines Projekts aus vollem Hals und rief: »Scheußlich«. »Und was ist mit seinem?« fragte ich dann und wies auf Rothschilds Brett. »Auch scheußlich, Aber wenigstens sind seine Gebäude schön lang. Ihre sind nur klobig.« Wie recht sie hatte; aber ich war nicht in erster Linie an der Kunstkritik des lieben Mädchens interessiert. Was mich mehr interessierte, war die Art, wie diese manchmal dargeboten wurde. Denn sie schlich sich hinter unserem Rücken heran, und plötzlich spürte ich ihr Haar an meiner Wange und ihre Lippen, die mir ins Ohr flüsterten: »Immer noch scheußlich.«

Ich gebe zu, daß mir das Arbeiten in der Wohnung der Rothschilds allmählich gefiel. Wir waren den größten Teil des Tages mit diesem appetitlichen Weibsbild zusammen, und nicht einmal ich war diesmal so dumm, die Möglichkeiten zu verkennen, die mein Entwurf in gewisser Hinsicht bot. Wenn die alten Rothschilds abends ausgingen, organisierten wir manchmal kleine Atelierfeste. Lene, das Mädchen, lud ihre Freundin ein, »damit der Rote was zum Schmusen hat« (womit sie Richard meinte), und am Ende einer dieser Abende nahm ich das gute Mädchen mit in ein angrenzendes Zimmer und ging mit ihr so weit, wie ich mich traute. Offen gestanden lag es nicht an irgendeinem Widerstand des Mädchens, daß ich nicht gleich aufs Ganze ging. Aber etwas Seltsames geschah mit mir. Ich sah zum ersten Mal eine enthüllte Weiblichkeit, und der reine und kindliche Anblick ihrer Anatomie schockierte mich, wie das mit jungen Männern geschieht, die zu lange in der Einsamkeit geschmachtet haben. Die Realität kann in diesen Fällen der Obszönität ihrer geheimen Vorstellungen nicht standhalten. Ich erinnere mich, daß ich voller Verzweiflung von diesem Abend davonwankte und immer wieder um den Bayerischen Platz irrte, in der festen Überzeugung, ich sei impotent. Dies, dachte ich, sei bestimmt ein ausreichender Grund, mich zu erschießen oder von einem hohen Turm hinabzustürzen. Aber Lene fand einen Weg. Sie bat mich eines Nachmittags, als auch »der Rote« ausgegangen war, ihr in ihrer Mädchenkammer Gedichte vorzulesen, wozu ich mich allen Ernstes anschickte! Doch der Ort, die verlockend nach Bett duftende Mädchenkammer, das Mädchen, das sich auf seinem Lager immer weiter zurücklehnte, gewannen die Oberhand, und ich machte meine erste, verwirrende Erfahrung. Verwirrend war sie tatsächlich, denn obwohl ich nun erhobenen Hauptes gehen konnte, da ich mich endlich als Mann bewiesen hatte, entsprach die Sache als solche auch hier nicht meinen Erwartungen. Regelmäßige Übung bewirkte jedoch, daß meine Mätresse und Lehrmeisterin mir eines Tages ein stolzes mütterliches Lächeln schenkte und sagte: »Julius, ich glaube, jetzt bist du soweit, daß man dich auf die Menschheit loslassen kann.«

Das andere Examen war nicht ganz so erquicklich. Wir hatten unser Abschlußprojekt eingereicht, und nun begann die eigentliche Prüfung. Den Anfang machte eine dreitägige Prüfung im Entwerfen, besser gesagt waren es drei unabhängige Prüfungen im Entwerfen, die jeweils einen Tag dauerten. Danach kam Städtebau an die Reihe. Der zuständige Professor, Hermann Jansen, war ein berühmter Mann, wenn auch vielleicht nicht ganz so großartig, wie er sich selbst empfand, hochgewachsen und sanft, mit Spitzbart und Hakennase. Er gehörte zur Schule von Camillo Sitte, Raymond Unwin et cetera, also zur Schule einer pittoresken Städteplanung oder, wie Poelzig es ziemlich unverhohlen nannte, zu denen, die ihre Städte planen, indem sie in ihrer Vorstellung mit einer Kamera die zukünftigen Straßen und Plätze abschreiten. Es gab nur eine mündliche Prüfung, wie übrigens in den meisten anderen Fächern auch. Wir saßen alle um einen Tisch herum, der Professor am Kopfende. Wenn man Jansens kleine Marotten kannte, bestand man, wenn nicht, fiel man durch. Ich kannte seine Marotten nicht, weil ich es vorgezogen hatte, seinen Vorlesungen fernzubleiben, und das Merkwürdige ist, daß ich trotzdem nicht durchfiel. Die Sitzung begann damit, daß Jansen uns etwas überraschend bat, »einen Platz mit einer Kirche« zu entwerfen. Soviel wußte ich immerhin von seinen Steckenpferden, daß ich es vermied, die Kirche mitten auf den Platz zu stellen. Nachdem wir diese harmlose Aufgabe bewältigt hatten, sagte Jansen: »Was, fertig? Dann zeichnen Sie noch einen!« Was wir taten. Daraufhin sagte er: Nun reiche jeder seine beiden Pläne seinem Nachbarn zur Rechten. Nachdem dies geschehen war, fragte er mich: »Und, was halten Sie von Bangerts Plan?« Wir waren vom Werkraum her gewohnt, uns gegenseitig zu kritisieren, aber im Examen ist das keine Frage, die man gern ehrlich beantwortet, daher murmelte ich nur etwas in der Art, ich hielte seinen Entwurf für eine sehr gute Lösung. »Finden Sie wirklich?« fragte der Sadist: »Na, dann fallen *Sie* durch.«

Die Sache hatte am folgenden Tag ein kurioses Nachspiel. Wir waren wieder um den Tisch herum versammelt, diesmal saß Tessenow vorn, und die Prüfung fand in einem Fach statt, das Gebäudelehre genannt wurde. Wir hatten gerade unseren Entwurf für ein kleines Reihenhaus fertiggestellt, und Tessenow zeigte nun meine Zeichnung einem der anderen Prüflinge mit der Aufforderung, er solle sagen, was ihm dazu einfalle. Der arme Junge beherzigte die Lehre vom Vortag und bemerkte sofort: »Also, dieser Plan ist wirklich schlecht«, worauf Tessenow zu meiner Überraschung sagte, daß er diese Meinung nicht teilen könne und mir eine Eins dafür geben würde. Wieder falsch! Aber es war ja auch bei dieser Art der Prüfung einigermaßen schwer, ganz genau zu wissen, ob gerade ein Sadist den Vorsitz führte oder ein aufgeblasener Schwachkopf, oder eben ein Gentleman. Zum Glück war jetzt alles vorbei, und als der Dekan in seiner Rede zum Abschied sagte, »nun beginnt für Sie die wahre Lehrzeit, die wahre Schulung, meine Herren«, mußte ich mich zurückhalten, um nicht zu zischen. Vor sechs Jahren hatte uns der Direktor meiner alten Schule bei einem ähnlichen Anlaß gesagt, daß wir nun »ins Leben treten« würden, und jetzt plusterte sich der alte Blunck auf und stellte uns feierlich und wehmütig eine weitere Schulzeit in Aussicht, nach sechs zermürbenden und vergeudeten Jahren, die hinter uns lagen. Denn zermürbend und vergeudet war die Zeit gewesen, bis auf die in Poelzigs Klasse. Doch nun war sie endlich vorbei.

Bevor ich jedoch der Technischen Hochschule den Rücken kehrte, ergriff ich die Gelegenheit, um einen, wie ich meinte, gewaltigen Racheakt zu begehen. Rothschild kannte einen Mann namens Hans Maison, der Schriftleiter der *Bauwelt* war. Maison hielt es für eine gute Sache, in dem Blatt einen Beitrag über notwendige Studienreformen aus der Sicht der Studenten zu bringen. Infolgedessen wurde ein Komitee gegründet, aber ich weiß nicht mehr genau, wer außer Richard und mir dazugehörte. Ich jedenfalls habe die Sache geschrieben, andere haben Ergänzungen beigesteuert. Der Artikel war eine kritische Bestandsaufnahme der Ausbildungssituation an der TH, mit Vorschlägen für deren Verbesserung. Besonders im ersten Teil legte ich mich mächtig ins Zeug und schlug einen besonders scharfen, sarkastischen Ton an. Hugo Carl Cornelius Wach, dem zimperlichen Dozenten für Freihandzeichnen, verpaßte ich eine volle Breitseite, indem ich sagte, daß eine Einführung ins Freihandzeichnen eine begrüßenswerte Sache wäre, womit ich den Eindruck entstehen ließ, daß der betreffende Kurs schlicht nicht existierte. Ich beschrieb auch ziemlich detailliert die verschiedenen Entwurfsseminare, unter anderem das des alten Blunck, nur um den Absatz mit der knappen Erwähnung enden zu lassen, es gebe »auch ein Seesselberg-Seminar«. Damit hatte ich offensichtlich Erfolg; denn als ich Seesselberg, der ein Nachbar der Kauffmanns war, am Sonntag nach dem Erscheinen des Artikels auf der Straße begegnete, warf er mir den giftigsten Blick zu, den ich je erhalten habe. Dieser Pfeil hatte also ins Schwarze getroffen. Aber ich glaube, es war der einzige spürbare Erfolg unserer eifrigen Analyse. Ansonsten hatten wir damit nur erreicht, daß – wie es ein uns wohlgesonnener Professor ausdrückte – »im Kollegium dicke Luft herrscht, vor allem, wenn die Rede auf schwarzhaarige Poelzig-Studenten kommt«. Das Ganze hatte sich als ein Schlag ins Wasser herausgestellt. Dennoch war es in einer Hinsicht wichtiger, als ich damals zu erkennen vermochte: Es war mein erster Beitrag, den ich für eine Zeitschrift verfaßte. Es sollte nicht mein letzter sein.

Ich hatte keine Ahnung, was ich mit meiner neu gewonnenen Freiheit anstellen sollte, abgesehen von einer sechswöchigen Reise nach Südfrankreich, die mir meine Eltern zur Belohnung geschenkt hatten. Ich bat Hansjochen, mich zu begleiten, und er nahm an.

Der Winter 1929 war ungewöhnlich kalt, im Februar, als ich meine Prüfungen hatte, herrschten arktische Temperaturen, gefolgt von Schnee, Eis und Graupelschauern den ganzen März hindurch. Anfang April zeigten sich an den Sträuchern die ersten grünen Triebe, die Schneeglöckchen tauchten mit zwei Monaten Verspätung in den Vorgärten auf, die Bäume waren noch vollkommen kahl, und jetzt erst begannen zaghaft die Amseln zu singen. Wir verließen Berlin am 14. April mit dem Schlafwagen Richtung Frankfurt und fuhren am nächsten Tag den Rhein hinauf nach Basel weiter. Als wir aus dem Zug stiegen, hoben wir unsere Nasen und schnupperten den Frühling. In Berlin war es bei unserer Abfahrt immer noch eisig gewesen, hier in Basel war der Himmel bedeckt, aber die Luft mild und verheißungsvoll. Den folgenden Tag verbrachten wir in Genf. Der See sah warm aus in der Nachmittagssonne. Aber die große Überraschung kam, als wir Genf verließen und der Zug das obere Rhône-Tal hinabfuhr: Es blühten die Kirsch- und Apfelbäume. Hinter Lyon war das weite Rhône-Tal ein einziger Teppich aus Mandelblüten, und als wir endlich am Spätnachmittag durch Bahnhöfe mit so märchenhaften Namen wie Tarascon, Avignon, Orange fuhren, standen die Kastanien und der Flieder in voller Blüte, und es war echter, herrlicher Frühling.

Dieser Wechsel vom deutschen Winter zum provenzalischen Frühjahr, die jubelnde Fahrt von den Ausläufern der Alpen durch das breite Rhône-Tal in vier kurzen, atemberaubenden Stunden mitten hinein in den mediterranen Süden, das entsprach ganz meinem Gefühl, aus einem langen, dunklen und kalten Alptraum erwacht zu sein. Zu meiner Bestürzung stimmte es nicht mit Hansjochens Empfindungen überein. Schon als wir den Rhein in der großen Ebene zwischen dem Schwarzwald und den Vogesen entlanggefahren waren, hatte er auf die nahe, silbrig schimmernde Linie gezeigt und gesagt: »Und dahinter, gleich da drüben am anderen Ufer, liegt Frankreich. Es ist kaum zu glauben.« Auch ich hatte einen Schauer verspürt, dem alten Feind so nah zu sein, dessen Grenzen gegen jedes Recht und jede Vernunft in dieses breite deutsche Tal vorgeschoben worden waren. Aber als wir am nächsten Morgen in der Schweiz die zweisprachigen Ortsschilder der Bahnhöfe sahen, wie in Biel (Bienne), war ich guter Dinge. Das war die Schweiz, wir waren auf dem Weg nach Frankreich, und hier war dieser Wechsel auch zu erwarten. Tatsächlich war ich zunehmend freudig erregt angesichts dieser ersten Anzeichen, richtig und wahrhaftig im Ausland zu sein, Hansjochen dagegen bemerkte mit einem traurigen Achselzucken: »Hier endet die Heimat.« »Ja, natürlich«, antwortete ich, »was hast du denn erwartet? Das wollten wir doch auch, ins Ausland reisen, nicht wahr?« – »Ich weiß, Jul. Aber verstehst du das denn nicht? Fühlst du das nicht auch?« Nein, ich fühlte es nicht. Ich ließ es mir nicht nehmen, äußerst froh darüber zu sein, die alte Heimat eine Weile zu verlassen. Ich tat es schließlich zum ersten Mal seit meinen Kinderferien in Österreich, und da spricht man immer noch deutsch. Hansjochen überwand bald sein anfängliches Unbehagen und verschlang die sich vor uns entfaltende Landschaft mit den Augen: »Ich wünschte, die Kleine könnte hier sein«, sagte er. »Sie würde sich ihr Stupsnäschen an der Scheibe plattdrücken, um das zu sehen!« Ich hatte keine Kleine, keine Verlobte Ulla, darum konnte ich in diesem Punkt nicht mitreden. Ich hätte verstehen müssen, daß Ulla wahrscheinlich mehr als alles andere der unterschwellige Grund für dieses gewisse Widerstreben war, der

Heimat den Rücken zu kehren. Und er hätte verstehen müssen, wie sehr diese Reise meinem explosiven Drang entsprach, alles endlich hinter mir zu lassen. Aber wir verstanden uns von Anfang an nicht.

Es war eine seltsame Reise. Wir waren uns in der Würdigung dessen, was wir sahen, fast immer einig, obwohl ich die Überlegenheit seines Blicks empfand und mich stark bemühte, ihm darin nicht allzusehr nachzustehen; aber in nahezu jeder anderen Hinsicht lagen wir uns in den Haaren. In Arles, wo wir in einem schmuddeligen kleinen Hotel abgestiegen waren, schlug ich vor, daß wir uns hin und wieder trennen und eigene Wege gehen sollten, um uns dann zu den Mahlzeiten wieder zu treffen, aber er beschwor mich, ihn nicht allein zu lassen. Aus Gründen, die er nicht näher erläutern, aber von mir als seinem Freunde zu Recht respektiert sehen wollte, war es ihm zum damaligen Zeitpunkt unerträglich, allein zu bleiben. Dies allerdings machte die Sache ziemlich schwierig für uns beide. Denn ich fühlte mich wie ein junges Fohlen mit einem Klotz am Bein, und er sich wie jemand, der aus seinen tiefsinnigen Betrachtungen und seiner Empfindsamkeit ständig durch ein kleines Hundchen herausgerissen wird, das an seiner Leine zerrt. Ich bestand darauf, mir alle exotischen und fremden Dinge anzusehen, die Fêtes in Beaucaire und Avignon, den Stierkampf in Arles. Er fand das alles geschmacklos und beunruhigend, während er gleichzeitig darauf bestand, mich zu begleiten. Ich glaube, die Dinge spitzten sich endgültig zu, als ich eines Nachts im Zug auf der Rückfahrt von Beaucaire nach Arles unbedingt mein holperiges Schulfranzösisch ausprobieren wollte und mit der einzigen anderen Mitreisenden in unserem Abteil ein Gespräch anfing, einer grell geschminkten Frau. Die Dame mißverstand meine Avancen ebenso, wie ich sie falsch eingeschätzt hatte, kurzum, die Sache endete damit, daß sie, die offensichtlich einiges zuviel vom ausgezeichneten Wein der Gegend getrunken hatte, immer hemmungsloser meinen unechten Marseiller Akzent und mein ganzes albernes ausländisches Wesen verhöhnte und sich schließlich in aller Seelenruhe in der Mitte des Abteils hinhockte und pißte. »Je veux pisser!« rief sie. »Je pisse, je pisse!« Hansjochen kauerte sich in seiner Ecke zusammen und zog die Füße auf den Sitz, ich verkroch mich in ähnlicher Haltung auf dem gegenüberliegenden, und wir schauten einander nicht an, nur den See auf dem Fußboden, der mit dem Schaukeln des alten Eisenbahnwaggons hin und her schwappte. Zum Glück stieg die junge Dame kurz nach ihrer Heldentat aus, und auch wir konnten das unappetitliche Abteil wenige Minuten später in Arles verlassen. Hansjochen konnte sein Entsetzen nicht verbergen, obgleich er sich tapfer bemühte, darüber zu kichern, und mir immer wieder versicherte, es sei nicht meine Schuld gewesen. Wir setzten uns in ein wie von Van Gogh gemaltes »café-terrasse«, um das Erlebte in ein paar Gläsern Rotwein und einer guten Bouillabaisse zu ertränken. Und doch hinterließ der Vorfall seinen Schatten. Insgesamt hatte es aber die gute Auswirkung, daß es mich von meinem ständigen Bedürfnis heilte, in alle möglichen und unmöglichen Richtungen ausbrechen zu wollen. Von nun an ließ ich etwas mehr Besonnenheit walten.

Abgesehen davon, daß wir kein gutes Paar bildeten, war unsere gemeinsame Reise ganz wunderbar. Für uns beide war es die erste Erfahrung mit dem Süden, und die Provence ist besonders eindrucksvoll und überzeugend in ihrer Südlichkeit, mehr noch als Norditalien. Wo sie Hansjochen die Augen für eine Farbpalette öffnete, die er möglicherweise bei Cézanne bewundert, aber in Wirklichkeit nie gesehen hatte, öffnete sie meine Augen für die Architektur, für Säulen, Gesimse, Kapitelle. Die ewige Architektur des Südens, die in Deutschland oder England, vom Nebel und Dunst verhangen, immer heimatlos wirkt, überkam mich hier wie eine Offenbarung. Ich hatte für diese Formen nie etwas empfunden, und meine »klassische Ausbildung« an der TH hatte bestimmt nicht dazu beigetragen, sie schätzenzulernen. Aber jetzt und hier, in Aix, Avignon, Arles, Beaucaire, fiel es mir wie Schuppen von den Augen, und endlich konnte ich *sehen*. So tief waren wir in dieses aufregende südliche Ambiente eingetaucht, daß wir, als wir in Lyon auf unserem Weg nach Norden wieder die erste Kathedrale der Hochgotik sahen, sie ziemlich eilig wieder verließen und uns sagten: »Jetzt noch nicht!« Denn eine Kirche in der Provence, selbst eine gotische Kirche in Avignon, ist etwas vollkommen anderes. Wenn man eintritt, nimmt man zunächst gar nichts wahr. Man steht in einer kühlen, dunklen Höhle. Dann entfaltet sich, ganz langsam, der Raum; und der ist ausnahmslos breit, kühn und besänftigend und läßt das stechende Licht nur an wenigen Punkten herein, von denen aus es in einem scharfen Strahl voller wirbelnder Staubteilchen einfällt oder verschleiert, durch tiefe Nischen gedämpft oder Ecken gebrochen. Selbst ein so steiler, schmaler Raum wie die unsterbliche St. Trôphime in Arles ist vollkommen frei von der ekstatischen, aufstrebenden Bewegung der Gotik des Nordens. Sie ist klar, sauber, großflächig, artikuliert, kurzum: klassisch. Für uns beide war es etwas gänzlich Unerwartetes. Erst vor kurzem waren die Tropen ein ebenso unerwartetes Erlebnis für mich, wie es damals die Provence war, und ich bin ziemlich sicher, daß die Arktis oder Afrika oder Japan, falls ich je das Glück haben sollte, sie zu sehen, neue und verblüffende Überraschungen für mich bereithalten. Zum Glück ist das so. Die Photographie ist eher gefährlich, weil sie versucht, mehr zu vermitteln als sie sollte, und einen halb davon überzeugt, daß das Reisen überflüssig geworden ist. Das ist es nicht, zumindest jetzt noch nicht. Damals, als wir zwei vom Süden in seiner provenzalischen Prägung überwältigt wurden, war die Photographie zum Glück noch nicht so ausgereift; Reiseführer waren im großen und ganzen unsäglich schlecht (wiederum zum Glück), so daß die volle Wirkung dieser neuen Welt unverfälscht über uns hereinbrach. Lang lebe das Unerwartete! Wir sahen Marseille, das so grausam und einfach ist wie die Musik von Bizet, Aix, dessen Adel Potsdam provinziell erscheinen läßt, die mittelalterlichen Geisterstädte Les-Saintes-Maries und Aigues Mortes, das unsterbliche Arles und Avignon, den knochenweißen

Alptraum von Herrschaft und Exil der Kirche; und unsere erste Flasche Châteauneuf-du-Pape tranken wir tatsächlich in Châteauneuf-du-Pape, bevor wir widerstrebend wieder gen Norden fuhren.

Wir verbrachten zwei Tage in Lyon, wo die Cousine eines Freundes der Familie wohnte, Bine Auguet, eine zierliche, blauäugige Brünette, die mich aus irgendeinem Grunde, der sich nur ihr erschloß, Jean-Marie nannte, nicht nur im Gespräch, sondern auch in der sich anschließenden Korrespondenz, die mehrere Jahre währte. Ich schrieb sogar noch 1945 eine Nachricht an Bine, als ich zwei Stunden in einem Armee-Lastwagen in Lyon saß und verzweifelt versuchte, den Kontakt wieder aufzunehmen, aber man erlaubte mir natürlich nicht, die Nachricht abzuschicken.

Das kühle und edle Lyon beeindruckte uns sehr durch seine maßvolle Grandeur, die sich nur an dem einen herrlichen Platz, der Place Bellecour, zu üppiger Pracht entfaltet; und Bine beeindruckte uns auch. Der Abschied fiel uns ziemlich schwer, als wir weiterfahren mußten. Ich traf sie in Paris wieder, Jahre später, Hansjochen nie.

Paris war unser Ziel, denn obwohl wir voll des Südens waren, hielten wir es irgendwie für eine Pflicht, Frankreich nicht zu verlassen, ohne wenigstens der »ville lumière« unsere Ehre erwiesen zu haben. Es war eine merkwürdige Reise: Von den Weinbergen Burgunds und der Côte d'Or, wo die Bahnhöfe, man glaubt es kaum, Chambertin und Nuits St. Georges hießen, kroch der Zug erst über die leere und graue Wasserscheide zwischen Mittelmeer und Ärmelkanal und tauchte dann ab in die stillen, von Pappeln gesäumten Täler der Yonne und der Seine, wo dieses seltsame Pariser Blau, dessen Echtheit ich in den Gemälden meines Vaters stets angezweifelt hatte, zunehmend deutlich erkennbar wurde. Ja, natürlich, sagten wir beide, als die Bahn sich an jenem leicht verhangenen Frühlingsmorgen immer mehr der Stadt näherte: Moritz Posener hat recht gehabt. Diese Farbe ist *wirklich* anders als in der Mark Brandenburg. Und noch etwas unterschied sich gegenüber der Anfahrt auf Berlin. Wenn wir aus Süddeutschland kamen, wie so oft, als ich Kind war, verfielen wir, und nicht nur wir, sondern mehr oder weniger alle im Zug, in eine Art verzagte Resignation, weil wir spürten: Also, die Landschaft ist sicherlich nicht gerade schön und die Stadt, die uns erwartet, auch nicht besonders. Aber wir sind hier nun einmal zu Hause, bald werden wir wieder Tee in unserem eigenen Garten trinken. Als wir auf Paris zufuhren, kam es uns vor, als würde der Zug von einer Art Fieber ergriffen. Ein Junge rief, »à Paris, à Paris«, wobei er es auf Pariser Weise »Pariech« aussprach. Der Zug selbst schien in einer Art langsamem Walzer durch die Vorstädte und in die weite Glashalle der Gare de Lyon hineinzugleiten.

Wir waren da. Wir stiegen aus. Wir nahmen ein Taxi, das uns über den Pont d'Austerlitz fuhr, und dort kauerte, wie ein großes Tier, wie eine monumentale Katze, die sich dunkel gegen den späten Abendhimmel abhob, Notre-Dame, die nie schöner ist als vom Osten her gesehen, so wie wir sie jetzt sahen. Das Gefühl, etwas Merkwürdigem, Jenseitigem, vollkommen Unerwartetem zu begegnen, überwältigte uns vom allerersten Moment; und es ließ uns während der Wochen unseres Aufenthalts nicht mehr los, noch hat es mich, offen gestanden, je wieder losgelassen, der ich die Stadt wirklich sehr gut kennenlernen sollte. Und das Unerwartete prägte immer einen Teil meiner Eindrücke von Paris, denn die »ville lumière« ist viel mehr noch eine »ville atmosphère«, und wie bei allen solchen Orten weiß man nie, wie sich ein Anblick, den man möglicherweise jeden Tag sieht, darstellen wird, wenn man beim nächsten Mal vorbeikommt, oder wie Entfernungen sich verändern, Plätze enger oder breiter werden, wie der Eiffelturm einmal nah und deutlich, ein andermal fern und impressionistisch ist, Teil des Himmels wird und aufhört, Stahlkonstruktion zu sein. Wie oft mußte ich in Paris ausrufen: »Das habe ich ja *nie* gesehen!« Und was ich da »nie« gesehen hatte, war etwa die Place de la Concorde. Die Faszination war da an jenem Abend, als wir ankamen und uns ein Zimmer in einem Hotel nahe der École Militaire in der Avenue Duquesne genommen hatten, auf Empfehlung Ludwigs, der dort einmal eine Woche bei seinem einzigen Parisbesuch abgestiegen war.

Paris liegt in einem Niemandsland. Es liegt überhaupt nicht in Frankreich. Wohl ist sein Himmel französisch, seine Farbe französisch, und seine Einwohner sind französischer als irgendwo anders, selbst wenn sie Taittinger oder Wogensky heißen; aber Paris hat kein Umland. Es stimmt zwar auch, daß man von jedem Winkel im Pariser Westen aus den Mont Valérien sehen kann, der sich über die gestreckte Hügelkette entlang des äußeren Bogens der Seine erhebt: Meudon, St. Cloud, Suresnes liegen dort, aber das ist bloßer Hintergrund und als Gegend enttäuschend, mit Ausnahme der großen Parks selbst, speziell von St. Cloud. Ein Park ist jedoch keine Landschaft, zumindest ein französischer nicht. St. Cloud besteht aus einer einzigen majestätischen Avenue, die stufenweise zu jenem flachen Hügel aufsteigt, und obwohl es ein kleines, geschlossenes Dorf neben dem Park mit dem sprechenden Namen Marnes la Coquette gibt, stellt dieser, wie die meisten bezaubernden Orte in der Nähe von Paris, nur eine kleine Oase inmitten einer Vielzahl konturloser Vorstädte dar. Selbst wenn man sich ins Chevreuse-Tal hinausbegibt, weicht das Wesen der Landschaft sozusagen vor einem zurück. Die Szenerie kann bezaubernd sein, aber auch durchdrungen von der alles bestimmenden Leere und Melancholie, die man in der Umgebung von Paris so häufig antrifft, je nach Wolken, Regen oder Sonne.

So wirkt Paris abgeschottet. Denn wenn diese Hügel, die am Abend so vielversprechend aussehen, im Grunde nur Kulisse sind, die man sich nie aus der Nähe anschaut, wenn das Land, anstatt zu locken, zumindest nach den ersten zehn enttäuschenden Ausflügen, einen eher wegzuscheuchen scheint, fühlt man sich von der Außenwelt isoliert. Später hat sich dieses Gefühl bei mir so verstärkt, daß ich unter der Vorstellung litt, Paris sei versunken, sei nicht Teil der alltäglichen, gesunden Welt unter dem sachlichen, zuverlässig vorhandenen Himmel, sondern lebe in einer Art Aquarium für sich allein.

Ich bestreite nicht, daß man ganz in der Nähe von Paris ausgezeichnete mittelalterliche, sogar sehr frühe Kirchen finden kann, wie die graue Kirche von Poissy, mit ihren stämmigen alten Rippen und ihrem moderigen Geruch, oder Schlösser wie Ecouen. Und da ich einer war, den es hinauszog, kannte ich die Umgebung von Paris bald besser als meine Pariser Freunde. Und doch stieß man auf diesen glücklichen Ausflügen, allein oder mit Freunden – die meistens *keine* Franzosen waren: Franzosen latschen nicht in der Landschaft herum –, immer wieder unweigerlich auf das Ende der Idylle, auf den leeren Punkt, wo wieder diese Welle von Melancholie, von Frustration aufzusteigen begann, bis man sich beeilte, in die Stadt zurückzufliehen. Franzosen latschen nicht in der Landschaft herum, und sie wissen, warum. Sie wissen, daß das Land in ungewöhnlich hohem Maße in Privatbesitz ist. Wo man auf der Karte einen See findet, was in der Nähe von Paris selten vorkommt, gehört er den Rothschilds, und alles, was man von ihm sehen wird, ist ein blauer Schimmer hinter einem eindrucksvollen schmiedeeisernen Tor, das die eintönige, hohe Steinmauer unterbricht. Man hat das Recht, auf der Route Nationale zu wandern – wenn man es riskieren will. Was mich betrifft, so waren mir schon im Jahre 1929 die Autos zuviel, und ich bin sicher, daß ich nicht einmal meine Spaziergänge jener Tage unter den gegenwärtigen Verkehrsverhältnissen wiederholen möchte. Wenn ein Franzose das Land sehen will, fährt er in die Dordogne, wo er sich eine kleine, alte Villa gekauft hat. Dort sitzt er dann in seinem Garten, bewundert die Aussicht, begibt sich sogar, mit dem Auto oder zu Fuß, ins Dorf, das als solches vielleicht nicht sonderlich viel hermacht (wenige französische Dörfer tun das), aber in dem zweifellos eine faszinierende graue Backsteinkirche aus dem zwölften Jahrhundert steht; oder er fährt in weiter entfernte Regionen, in die Landes, nach Haute Savoye, in die Pyrenäen, die Camargue, sogar an die Côte d'Azur. Dort wird er allerdings nicht an der Grande Corniche wohnen wollen, sondern in einem, wie es heißt, immer noch unberührten Tal etwas weiter im Landesinneren. Paris jedoch hat keinerlei Umland, es ist ausschließlich Stadt, in einen hochgradig pittoresken, wohlgeformten und farbenfrohen abstrakten Hintergrund hineingebaut, welcher sich etwa auf 65 Kilometer in jede Himmelsrichtung erstreckt. Und diese Tatsache macht es mehr zu einer Stadt als jede andere Stadt, die ich kenne. Sie ist vollkommen von Menschenhand erschaffen. Sie ist abstrakt. Sie ist künstlich. Desgleichen sind ihre Wonnen, wie auch ihre Schrecken, künstlich, und da es nichts gibt, was diese überwältigende Stadt aufwiegen könnte, nichts, was sich mit ihr vergleichen ließe, nichts, wohin man aus dieser großartigen Stadt fliehen könnte, kann man nur glücklich sein, wenn man sich ihr vollkommen ausliefert, und sehr unglücklich, wenn man eine Zeitlang von ihr verstoßen wird. Viel später las ich »Malte Laurids Brigge« von Rilke, das mir Hansjochen einmal zum Geburtstag geschenkt und ich jahrelang ungelesen liegengelassen hatte. Es beginnt mit diesen Worten: »So, also hierher kommen die Leute, um zu leben, ich würde eher meinen, es stürbe sich hier.« Und doch enthält es später jene Hinweise auf den Jardin du Luxembourg und Cluny. Das erschien mir seitdem immer ein viel ehrlicheres Paris-Porträt zu sein als die Bücher, die damals von den deutschen Männern des »rapprochement« geschrieben wurden oder später von den englischen Frankophilen, die meinten, ihren Lesern den speziellen Pariser Charme entdecken zu müssen. Sie bewundern gleichsam von oben herab. Den berühmten süßen Charme tragen sie so dick auf, daß noch die Seiten davon kleben. Einer von ihnen, Friedrich Sieburg, spricht sogar einem so typischen Franzosen wie Robespierre den französischen Charakter ab, weil an diesem Mann bekanntlich nur wenig Charmantes war. Aber ich renne offene Türen ein. Das wurde alles schon vor Jahren gesagt, von Arthur Koestler, obwohl natürlich kein Versuch, das vor Charme triefende Porträt von Paris zu korrigieren, je erfolgreich sein konnte: Die Herren Literaten lasen die Kritik, schüttelten das Fell und schrieben ihren nächsten süßlichen Essay. Par bleu, ich habe es selbst getan und Koestler wohl auch.*

Heißt das, daß ich Paris seinen Charme abspreche? Auf keinen Fall! Es mag Orte auf der Welt geben, die man mehr bewundert, zum Beispiel Rom, es mag Orte geben, an denen dieser oder jener, und ich gehöre dazu, lieber leben würde, zum Beispiel in Stockholm oder Kopenhagen, vielleicht sogar in Köln, Zürich, Florenz oder Genua; und London hätte ich längst erwähnen müssen. Es gibt gute, handfeste Gründe für solche Vorlieben. An einem Ort mag man die Leute, an einem anderen das Umland. Selbst die bodenständige Schönheit der einen oder anderen dieser Städte kann man Paris durchaus vorziehen, dessen immaterielle Schönheit dazu neigt, einen nicht nur im Schlaf, sondern auch am Tage zu verfolgen. Aber Paris erzeugt ein gewisses umfassendes und selbstvergessenes Wohlgefühl, das nur hier zu Hause ist. Man erlebt es vor allem und in erster Linie auf den kleinen Plätzen auf der Rive Gauche oder in den gewundenen Straßen des Faubourg St. Germain, mit den gewölbten Eingangstoren seiner vornehmen »Hôtels«, unter üppigen Kastanienbäumen. Es hat etwas von Intimität; und vor allem im September hat es eine nostalgische Süße, die einem das Gefühl gibt: Hier ist es, hier ist das, was ich – und jedermann – immer gesucht hat, hier ist das »herbstliche Gesicht ewiger Jugend«. Und von diesen intimen Orten breitet sich dieses Wohlgefühl aus, so daß sogar die strengen und großartigen Perspektiven, die Champs-Elysées, der Pont Alexandre III, der von einer Kuppel gekrönte Dome des Invalides in der Ferne, davon durchdrungen sind. Während Hansjochen und ich herumlie-

* Anmerkung: Lesern, die sich ein echtes und unemotionales Bild zumindest eines Aspekts von Paris machen wollen, kann ich nur Elliot Pauls »A Narrow Street« empfehlen. Der einzige Nachteil an Pauls Buch ist, daß es, so reich es an hervorragenden Beobachtungen auch sein mag, möglicherweise zu wissenschaftlich ist, zu ausführlich, so daß man manchmal vor lauter Bäumen den Wald nicht sieht.

fen und uns die berühmten Sehenswürdigkeiten anschauten, vertiefte sich dieser Eindruck immer mehr, obwohl wir uns dessen vielleicht noch gar nicht bewußt waren. Man muß einige Zeit in Paris gelebt haben, um zu begreifen, daß diese großartig angelegte Stadt eine Ansammlung vieler Dörfer ist, provinziell, voller Klatsch, Muße und reizendem täglichen Einerlei.

Aber etwas von dieser Wahrnehmung schlich sich sozusagen in unser Bewußtsein, während wir die »Mona Lisa« und die »Venus« bewunderten oder im Musée Carnavalet Robespierres letzte, unterbrochene Unterschrift unter der Proklamation des neunten Thermidor bestaunten. Wir unternahmen pflichtschuldigst alle vorgeschriebenen Wallfahrten, selbst zu Malte Laurids' geliebter »Dame à la licorne« im Musée de Cluny. Wir entschwanden, im flackernden Kerzenschein, in die Halbnacht von Notre-Dame, stiegen keuchend alle Stufen bis zum massigen Dach des Arc de Triomphe hinauf und fühlten uns im Zentrum dieser leeren urbanen Maschine etwas verloren; uns wurde schwindelig, als wir kreuz und quer durch das stählerne Spinnennetz des Eiffelturms emporstiegen, wir kamen heiter erlöst oben auf Flugzeughöhe an und schauten auf die zu unseren Füßen ausgebreitete Stadt und die umgebenden ausgedehnten Hügel; wir betrachteten den Porphyr-Sarkophag unter der theatralischen Kuppel des Panthéon mit seinen gelb-violetten Scheiben, und so statteten wir eben auch der »Mona Lisa« unsere fünf Schweigeminuten ab. Als wir uns abwandten, sagte Hansjochen mit seinem typischen Lächeln und einem Achselzucken: »Komisch!« Ich wußte sofort, was er meinte, denn ich hatte dasselbe empfunden. Hier standen wir, zwei kritische junge Männer, endlich vor dem Ding, von dem jeder beteuert, es sei *das* Bild schlechthin, und siehe an: So ist es! Wirklich komisch. Die Erinnerung mischt sich heute seltsamerweise mit der eines viel späteren Besuchs, nach dem Zweiten Weltkrieg. Als wir uns dem Allerheiligsten näherten, stießen wir fast mit drei jungen Amerikanerinnen zusammen, die es offenbar eilig hatten, zu ihrem nächsten Programmpunkt weiterzugehen.

Wir hörten sie sagen: »Wenn man bedenkt, daß der Typ das alles in drei Wochen geschafft hat!« Ausgerechnet Leonardo!

Nichts Denkwürdiges ereignete sich während dieser vierzehntägigen Stadtbesichtigung zweier junger Deutscher in Paris, außer daß ich zu einem bestimmten Schluß gelangte, der Hansjochen nicht besonders zu gefallen schien, jedenfalls teilte er ihn nicht, und wir hatten einen ziemlich heftigen Streit darüber. Ich hatte mich dafür entschieden, dort zu bleiben, während er nach Hause fahren, die gewonnenen Eindrücke verdauen, Ulla wiedersehen, seine Eltern sehen, sich wieder in seine Arbeit vertiefen wollte. Ich dagegen, der ich Freiheit und Abenteuer, nach denen ich Ausschau gehalten, nicht gefunden hatte, beschloß, länger in Paris zu bleiben, um es nun allein zu finden. Es bedeutete, daß ich mir eine Stelle suchen mußte, und jeder, den ich dort kannte – und man lernt immer Leute in Paris kennen, trifft sie erst regelmäßig, nach ein paar Monaten kaum noch und danach nie wieder –, jeder dieser Emigrantenfreunde, besonders unter den Architekten, sagte mir, das sei vollkommen unmöglich. Doch gewährten mir meine Eltern eine monatliche Unterstützung, was sehr großzügig von ihnen war, so daß ich mich in Ruhe nach dieser Arbeit umsehen konnte, die es angeblich nicht gab.

Ich brachte Hansjochen an die Gare du Nord zum Zug. Wir hatten uns ein wenig entfremdet, und es bedurfte in den folgenden Jahren seines ganzen Taktgefühls und seiner Treue, um diesen Bruch zu heilen und zu verhindern, daß unsere Freundschaft entzweiging. Er winkte, und sein Waggon verschwand hinter jener Kurve, über die alle Kopfbahnhöfe der Welt barmherzigerweise verfügen, um den Abschied zu verkürzen. Langsam lief ich zurück. Ich war in Paris, allein und frei.

KAPITEL 20

Ein junger deutscher Neger in Paris

Bei meiner Arbeitssuche in Paris ging ich, gelinde gesagt, einigermaßen unorthodox vor. Ich schaute nicht in die Anzeigenspalten, ich versuchte nicht, mir persönliche Empfehlungen zu besorgen. Statt dessen ging ich einfach zu den Architekten. Wie ich sie gefunden habe? Nun, als ich eines Morgens durch die Rue Marbeuf schlenderte, eine Seitenstraße der Champs-Elysées, stieß ich auf eine fünf Stockwerke aufragende Glasfront zwischen zwei Betontürmen, auf der ebenfalls in Beton »Garage Marbeuf« stand. Es war eine ungeheuer eindrucksvolle architektonische Leistung, etwas in dieser Art hatte ich noch nie gesehen. Es handelte sich um eine Ausstellungshalle für Automobile. Ebenerdig, sozusagen im Parkett, standen nur ein paar Wagen, weitaus mehr waren wie in einem Theater auf den vier »Rängen« aufgestellt, und dieses übergroße Schaufenster entsprach gewissermaßen dem Proszenium. Der kühne Effekt wurde dadurch noch gesteigert, daß nebenan gerade ein weiterer Autosalon in einem recht entschiedenen modernen Stil vollendet worden war, entworfen von Robert Mallet-Stevens. Die Garage Marbeuf jedoch ließ ihn unbedeutend erscheinen, obwohl es möglicherweise der bessere Bau war.

Mit großer Verwunderung schaute ich auf das große, klaffende Loch, diese Glaswand, die nur von zwei Stahlstützen gehalten wurde, überquerte die Straße, um den Gesamteffekt dieses in ein Schaufenster verwandelten Hauses auf mich einwirken zu lassen, ging wieder zur anderen Straßenseite zurück, um dessen Tiefe und die theatergleiche Gestalt seiner übereinanderliegenden

Galerien zu betrachten. Schließlich trat ich ein und wurde, wenn auch möglicherweise etwas argwöhnisch, von einem Verkäufer empfangen. Ich bestätigte ihm bald, daß sein Mißtrauen berechtigt war, indem ich mich nicht nach dem letzten Modell von Citroën erkundigte, wie sich jeder halbwegs weltmännische Zeitgenosse eingeführt hätte, sondern nach dem Namen des Architekten. »Laprade«, sagte der Verkäufer sehr kühl. »Laprade, ist das alles, mein Herr?« Ich sagte ja und ging. Ich glaube nicht einmal, daß ich mir Monsieur Laprades Adresse geben ließ, oder ich habe sie verlegt. Auf jeden Fall schlug ich ihn im »Didot-Bottin«, dem Telefonbuch, nach und nahm mir ein Taxi zu der dort angegebenen Adresse. Nachdem sich der Wagen durch die sehr engen Straßen bis ganz oben auf den Montmartre gewunden hatte, hielten wir am Fuß einer steilen Treppe. Der Fahrer stieg kurz aus, las den Namen der »Straße«, vergewisserte sich, daß es die von mir genannte war, lachte und zeigte dann nach oben. Ein wenig im Zweifel darüber, ob ich hier an der richtigen Adresse sei, erklomm ich langsam die Stufen; doch der Straßenname stimmte, auch die Nummer des Arrondissements, und schließlich stand ich vor einem kleinen, niedrigen Haus – es besaß außer dem Erdgeschoß nur ein weiteres Stockwerk und lag am oberen Ende der Treppe in einem Abschnitt, der zwar weiter anstieg, jedoch nicht mehr ganz so steil. Alle Häuser hier waren von derselben gedrungenen Art. So entstand der Eindruck, als habe man inmitten der öden und dunklen hohen Häuserblocks von Haussmanns Paris ein Stück Kleinstadt oder ein Dorf konserviert. Ich klingelte, und da nichts geschah, klopfte ich an die Tür. Nach einer Weile hörte ich, wie sich jemand schlurfenden Schrittes, offensichtlich in Hausschuhen, über eine schon dem Klang nach steile und knarrende Stiege näherte. Die Tür öffnete sich, und vor mir stand ein eher junger Mann in einem speckigen Morgenrock. Er war blaß und unrasiert, und obwohl es nach neun Uhr war, sah er aus, als sei er gerade erst, wenn überhaupt, aufgestanden. »Monsieur Laprade?« fragte ich. Er gab mir zu verstehen, daß dies sein Name

»Maison de Vente Marbeuf« von Albert Laprade und Léon Bazin, Paris (1929)

sei. Daraufhin sagte ich mein vorbereitetes Sprüchlein auf: »Ich habe in der Rue Marbeuf Ihren hervorragenden Autosalon gesehen und immens bewundert, Monsieur«, hob ich an, »die zweifellos *berühmte* Garage Marbeuf.« Er starrte mich wortlos an, was mich verwirrte, und ich hielt inne. »Aber Sie *heißen* doch Laprade?« fuhr ich schließlich zögernd fort. »C'est l'autre«, sagte der Mann, den ich aus dem Schlaf gerissen hatte, »c'est l'autre Laprade«, schlug mir die Tür vor der Nase zu, und ich war abermals der Gnade des »Didot-Bottin« ausgeliefert.

Es gelang mir trotzdem, den richtigen Laprade zu finden; er war sogar noch in seinem Büro, als ich dort eintraf, und empfing mich überdies. Ich sagte ihm, bei wem ich studiert hatte – was ihn nicht besonders zu beeindrucken schien –, und zeigte ihm die spärliche Kollektion von Photographien meiner Hochschulprojekte, die ich bei mir führte und die ihn kein bißchen mehr zu beeindrucken schien. Aber zu meiner Überraschung sagte er: »Versuchen wir es. Können Sie morgen früh anfangen? Wir sitzen hier an einem Wettbewerb, den ich in zwei Wochen abgeben muß. Ich zahle Ihnen tausendfünfhundert Francs im Monat.«

Ich empfand, als ich ihn das sagen hörte, nicht einmal Triumph – oder sagen wir, Triumph nur insoweit, als ich all diejenigen eines Besseren belehrt hatte, die behauptet hatten, es sei unmöglich, Arbeit zu finden, und als der Erfolg meine unorthodoxen Methoden rechtfertigte. Diese waren im übrigen die einzigen, welche überhaupt annähernd Aussicht auf Erfolg hatten. In diesem Fall beruhte der Erfolg offensichtlich auf dem Wettbewerb, für den ihm jeder Zeichner willkommen war. Das war mir in dem Augenblick noch nicht einmal ganz klar, und es mischte sich in meine vollkommene Überraschung auch ein wenig Angst, daß ich der Aufgabe vielleicht nicht gewachsen sein könnte.

Auf jeden Fall hatte ich mich nun verpflichtet, und am nächsten Morgen erschien ich im Büro. Hier traf ich nicht Monsieur Laprade an, sondern dessen Chefassistenten, Monsieur Bazin, der mir meine Arbeit zuteilte. Es handelte sich um das Flachdach eines Büro- oder Kaufhauses, so genau weiß ich es nicht mehr, das als Dachgarten angelegt werden sollte. Das meiste daran war im Grunde schon vorhanden, so daß meine Arbeit praktisch nur noch darin bestand, die Reinzeichnungen anzufertigen. Aber die Art, wie das Ganze ausgearbeitet worden war, überraschte mich nicht weniger als mein Erfolg am Vortag, denn es war beileibe kein kühner und moderner Entwurf im Geiste jenes gewaltigen Schaufensters, das mich hierhergeführt hatte, sondern ein einziges Tralala mit kleinen Blumenkästen für jeden kleinen Baum, aus Beton, aber mit roséfarbenem Kalkstein verkleidet, und das in süßlichen, symmetrischen Arrangements. Jener gezuckerte und leere Charme, der die unterste Stufe der französischen Architektur jener Zeit auszeichnete, sprach aus dem Entwurf, falls das Wort »Entwurf« nicht überhaupt zu dynamisch ist für diesen seichten Versuch einer Dachgestaltung. Ich traute meinen Augen kaum. Laprade selbst machte mir nicht den Eindruck eines Architekten mit kühnen und neuartigen Konzeptionen. Er war sehr »soigné«, ein großer, aber weicher Mann, mit schlaffen Lippen und einer ziemlich ausgeprägten Adlernase, wobei selbst diese noch ein wenig weich wirkte. Und seine Stimme erinnerte mich stark an die jenes Pedanten, Martin Lampel, der mich an der Schule in Französisch und Englisch unterrichtet hatte. Man konnte diese Persönlichkeit – falls das Wort nicht zu stark ist – schwer mit der Architektur in Einklang bringen, die ich vor ein paar Tagen bewundert hatte. Mir fiel außerdem auf, daß auf den Photographien, die ich mir angesehen hatte, während ich darauf wartete, vom Meister empfangen zu werden, wie auch auf denen, die in seinem Zimmer hingen, lauter idyllische Landvillen abgebildet waren, entweder neu gebaut in jenem kitschigen Stil – und wieder mit dem »bac-à-fleurs« rechts und links vom Eingang – oder umgebaut: jene entzückenden kleinen oder gar nicht so kleinen Häuser in der Dordogne oder im Poitou, wo die wohlhabenden Pariser ihre Sommerferien verbrachten.

Des Rätsels Lösung erfolgte bald durch Monsieur Bazin, der ganz offen zugab, er selbst sei für den Entwurf des Autohauses verantwortlich gewesen. Laprade habe ihn übernommen, obwohl er ihm im Grunde seines Herzens vielleicht sogar mißfallen habe. Denn Laprade, den ich erst viel später näher kennenlernte, war ein Romantiker, ein Verfechter des Liebreizes, ein unermüdlicher laudator temporis acti, ein Mann, der zwar – dank Bazin – als moderner Architekt bekannt war, der aber im Vorwort zu der Sondernummer einer Architekturzeitschrift über moderne Krankenhäuser einen historischen Überblick mit malerischen alten Stichen von anheimelnden alten »Hôtels de Dieu« beisteuerte, in dem er nachwies, daß deren Grundrisse denen unserer zeitgenössischen Hospitäler eindeutig überlegen seien.

Also war Bazin mein Mann. Deshalb versuchte ich, ihn näher kennenzulernen und mich, wenn möglich, mit ihm anzufreunden. Bazin war recht jung, viel jünger als Laprade, der etwa Ende Vierzig, vielleicht auch älter, gewesen sein muß, und machte einen fähigen, kühlen, fast ein bißchen schroffen Eindruck. Aus meinem Wunsch, seine Bekanntschaft zu machen, wurde auch nichts. Schon am zweiten Tag meiner neuen Arbeit nahm mich Bazin beiseite und sagte: »Benehmen Sie sich gut, Posener, und arbeiten Sie fleißig. Ich verlasse das Büro in zwei Tagen und belege einen Kurs, meinen letzten, an der École des Beaux Arts.« – »Aber sind Sie nicht der Chefassistent von Monsieur Laprade?« – »Sicher.« - »Aber dann können Sie doch kaum noch Student sein?« – »Wollen Sie damit sagen, Posener«, sagte Bazin, »daß man dort, wo Sie herkommen, das ganze Architekturstudium in einem Zug absolviert? Das ist doch absolut lächerlich! In Frankreich studiert und arbeitet man, studiert und arbeitet man, und ich bin seit zehn Jahren Student an der École. Wohl bin ich jetzt, während meines Studiums, die rechte Hand von Laprade geworden und habe mir sogar einen gewissen Namen gemacht. Aber von Zeit zu Zeit kehre ich immer noch an die École zurück.«

Während der vierzehn Tage Arbeit für den Wettbewerb habe ich von Moniseur Laprade sehr wenig gesehen. Ich weiß noch, daß er mich bat, auch am Sonntag zu kommen, weil die Zeit drängte, und daß er mich am Dienstag nach dieser Strapaze, als wir alle mehr oder weniger keuchend nach Luft schnappten, zu sich rief und mir meinen ersten Scheck gab. Es war das erste selbstverdiente Geld meines Lebens – in Frankreich obendrein. Leider wurde der stolze Augenblick dadurch ziemlich getrübt, daß die Summe, die ich in Händen hielt, nur die Hälfte dessen war, was wir vorher ausgemacht hatten. Ich kehrte noch einmal in sein Büro zurück und sagte: »Da muß ein kleiner Irrtum vorliegen, Monsieur.« Aber er meinte, das sei kein Irrtum, ich sei ja sehr jung, ein Anfänger, und das erste Angebot sei für die Arbeit, die zu leisten ich imstande war, mit Sicherheit zu hoch gewesen. Nun hatte er zwar ganz recht, und das war mir in dem Moment sogar bewußt, aber ich machte mir und meinen Freunden vor – und in einem ziemlich zerknirschten Brief auch meinen Eltern –, daß es mit meinem Stolz nicht zu vereinbaren sei, irgend etwas unter der mir zugesagten Summe zu akzeptieren, und kündigte. Das war es wahrscheinlich, was Laprade ohnehin wollte. Und es war ganz bestimmt, was ich wollte, denn ich war mir darüber im klaren, daß ich immer noch eine Menge zu lernen hatte, bevor ich ein guter Entwurfszeichner sein würde, und das machte mir ziemlich angst. Außerdem war ich ganz und gar nicht begeistert von Laprades wahren Vorlieben in der Architektur, von denen die Garage Marbeuf lediglich eine verblüffende Abweichung darstellte. Ich packte daher meinen Zeichenkasten zusammen und ging zum Hotel Duquesne zurück, wo ich noch immer wohnte.

Natürlich war man in jenem Kreis, mit dem ich allabendlich in dem Hotel-Restaurant zu essen pflegte, über die Sache mit Laprade sehr entrüstet. Mademoiselle Hélène, ein sehr dunkler Typ mit dem typisch unförmigen Mund, der das Gesicht so vieler ansonsten schöner Französinnen entstellt, schimpfte besonders lautstark über meinen ehemaligen Chef. Mademoiselle Mado, ein ältliches Mädchen aus Cannes, belegte einen guten zweiten Platz. Sie konnte meinem Bericht sofort eine in der Tat haarsträubende Ungerechtigkeit entgegenhalten, die ihr selbst vor ein paar Tagen erst widerfahren war. Da hatte ihr der taktvolle Geschäftsführer des »atelier de coûture«, in dem sie arbeitete, nämlich mitgeteilt, daß sie wegen ihres »entsetzlichen Akzents« keine Kunden mehr bedienen dürfe. Als sie uns die Geschichte erzählte, stiegen ihr die Tränen in die Augen und liefen ungehindert über ihre verwitterten Wangen herunter, was ihren Akzent eher noch deutlicher hervortreten ließ. Ich hörte ihr leidenschaftlich gern zu. Sie erinnerte mich so sehr an Marseille, meine erste, geliebte französische Stadt; und ich hielt es für den Gipfel des Snobismus, dem armen Mädchen zu verbieten, mit den Kunden zu sprechen, die »den Akzent vielleicht nicht mochten« oder, schlimmer noch, »sich sogar beschwert hatten«.

Außerdem gab es in unserer Runde noch Greg, einen Industriedesigner, einen Schweizer namens Weitzel, Mademoiselle Hélènes Freund, zwei weitere, jüngere »modistes« und noch ein paar junge Männer, deren Namen und Aussehen ich vergessen habe. Alle kamen sie von ihren verschiedenen Arbeitsstellen am Nachmittag nach Hause, um sich um Punkt halb acht um den Eßtisch zu versammeln, wo ich bald ausschließlich als »Monsieur Jules« bekannt und herzlich aufgenommen war. Solche Kreise existieren in allen kleinen Familienpensionen in Paris. Die Leute wohnen jahrelang dort, das Hotelzimmer mit den furchtbaren Wasserrohren und der deprimierenden Einrichtung wird ihr Zuhause, der Kreis um den Eßtisch zu einer Art Familie. Für mich war diese Gesellschaft ungeheuer wichtig, da sie mich zwang, die ganze Zeit Französisch zu sprechen, obwohl das Französisch, das ich dort lernte, bestimmt nicht das der Académie française war. Auch brachten mir meine Hausgenossen soviel Warmherzigkeit und Fröhlichkeit entgegen, flößten mir soviel Vertrauen in die fremde Stadt ein, daß ich mich nie unglücklich fühlte, was sonst wahrscheinlich der Fall gewesen wäre. Und so wurde ich auch jetzt, nach dem unrühmlichen Verlust meiner Stellung, die ich vor vierzehn Tagen so glorreich angekündigt hatte, getröstet und ermutigt. Selbst Monsieur Maurice, der Wirt persönlich, kam zu uns an den Tisch, an den er lautstark von Mademoiselle Mado gerufen worden war, und protestierte kopfschüttelnd über das himmelschreiende Unrecht, das Monsieur Jules hatte erdulden müssen. Wir beschlossen jedoch, daß Monsieur Jules nach diesem anfänglichen Rückschlag *nicht* nach Berlin zurückkehren, sondern standhaft bleiben solle. Er hatte mit der Arbeitssuche ja noch nicht einmal richtig angefangen; der Erfolg bei Laprade mußte als reiner Zufallstreffer gelten. Von allen Seiten dermaßen begeistert angefeuert, nahm sich Monsieur Jules vor, es noch einmal ernsthaft zu versuchen, und zwar am nächsten Morgen.

Diesmal ging ich gleich zu den Besten. Ich betrat ohne jede Empfehlung das Souterrain-Atelier in der Rue Franklin, wo Auguste Perret die erste große Betonarchitektur geschaffen hatte.

Das saubere Büro aus Glas, Stahl und Beton, fortschrittlicher als die irgendwie beengte Fassade, die immer abgebildet wird, beeindruckte mich, ja flößte mir sogar ein bißchen Angst ein. Ohne lange warten zu müssen, wurde ich zu ihm vorgelassen. Perret war ein stämmiger Mann mit dem edelsten Kopf, den ich je gesehen habe, Poelzig eingeschlossen. Sein Schädel bildete einen vollkommenen Halbkreis, sein breites Gesicht mit humorvollen blauen Augen und einer starken Entenschnabelnase war von einem Seemannsbart eingerahmt. Aber das Zwinkern in diesen Augen konnte nicht eine Sekunde den Eindruck der majestätischen Stirn und der altrömischen Würde dieses Mannes verdrängen. Es war nicht mehr als ein Hinweis, daß auch Auguste Perret ein Mensch war. Perret empfing mich mit vollkommener Offenheit, sah mich an, sah meine Zeichnungen an, nickte, murmelte »pas mal« (was alles aufwog, was eine weiche, unbedeutende Kreatur wie Laprade dazu gesagt haben mochte) und fragte: »Möchten Sie in Algerien arbeiten?« Und ich – wofür ich mich heute noch ohrfeigen könnte – sagte nicht: »Ja, Meister, schicken Sie mich schon morgen dorthin!«, sondern erwiderte, ich wolle es mir überlegen: *Ich* mir ein Angebot überlegen, das Auguste Perret mir machte! Und ich ging nach Hause und schrieb meinen Eltern einen absolut kriecherischen, sentimentalen Brief, in dem ich ihnen erklärte, Paris sei in meinen Augen schon Abenteuer genug und Algerien definitiv zu weit weg von Berlin.

Als ich Perrets Büro verließ, noch immer glückstrunken von der Begegnung mit dem Mann und dem Angebot, das er mir gemacht hatte, traf ich einen jungen englischen Juden, John Levy, der für Perret arbeitete und dem ich irgendwann schon einmal vorgestellt worden war. John Levy war zu dem Zeitpunkt noch nicht lange in Paris und fand, daß sein Französisch nicht ausreichte, um eine ernsthafte Unterhaltung zu führen. Auch konnte er kein Wort Deutsch. Da ich in der Schule meinen Shakespeare auswendig gelernt hatte, erbot ich mich stolz, unsere Unterhaltung in seiner Muttersprache zu führen: »Faith«, sagte ich, »faith, good fellow, I would fain work for your master Perret«, woraufhin sich John Levy mitten auf die rauhen Pflastersteine der Rue Franklin setzte, mich aus fassungslosen blauen Augen anschaute und nach einer geraumen Weile fragte: »Um Himmels willen, wo haben Sie denn das her?« – »Warum«, sagte ich, einigermaßen verblüfft, »ist es denn nicht Englisch?« – »Englisch ist es schon. Nur wird es seit dreihundert Jahren so nicht mehr gesprochen.«

Von der Rue Franklin begab ich mich in die Rue de Sèvres 35, wo ich zunächst von einem ziemlich glatten und kühlen jungen Mann empfangen wurde, Pierre Jeanneret. Das Haus war überhaupt nicht so, wie ich es mir vorgestellt hatte. Kein sachliches Atelier aus Glas, Stahl und Beton bildete hier den Rahmen für die Reißbretter, auf denen die neue Architektur entstand. Von der Straße aus durchquerte man einen langen und hohen Durchgang. Und tatsächlich, das Gebäude ist – oder war – eigentlich ein russisches Kloster. Die Arbeitsräume waren alle sehr hoch, mit schmalen hohen Fenstern, und nicht besonders gut belichtet. Jeanneret machte mir nicht unbedingt Mut, rief aber doch seinen berühmten Vetter Charles Édouard Jeanneret, genannt Le Corbusier, herbei. »Ja«, sagte Le Corbusier, »warum nicht. Wir haben hier viele ausländische Architekten, Russen, Südamerikaner, Japaner, auch Deutsche, natürlich.« Er werde niemanden zurückweisen, ganz gleich, woher er komme, solange er bereit sei zu arbeiten – aus Idealismus zu arbeiten. Ich wies ihn darauf hin, daß Idealismus eine löbliche Sache sei, der Mensch jedoch auch essen und zumindest ich meinen Unterhalt verdienen müsse. Strenggenommen stimmte das nicht. Ich hätte genausogut die Gelegenheit ergreifen können, Le Corbusiers Schüler zu werden. Es nicht zu tun, bewies, wie ich heute weiß, sogar schlechten Geschäftssinn. Aber ich war einerseits stolz und hatte den Wunsch, in Paris von selbstverdientem Geld zu leben, andererseits mißfiel mir auch der selbstgefällige Ton, in dem das Wort Idealismus hier für die Geisteshaltung jener jungen Müßiggänger verwendet wurde, die es sich leisten konnten, unentgeltlich zu arbeiten. Als er meinen Einwand hörte, schenkte mir Le Corbusier plötzlich jenes herzliche Lächeln, das sein asketisches Gesicht schlagartig aufleuchten ließ, und notierte mir auf einem Zettel die Namen von modernen Architekten, die mir Arbeit geben und dafür bezahlen würden. Das war zum Teil Freundlichkeit, zum Teil Veräppelung, wobei eigentlich nicht ich veräppelt wurde, sondern die Architekten auf der Liste, die Siclis und Debat-Ponsan, die seit langem in Vergessenheit geraten waren und die er, wie ich deutlich spürte, verachtete. Er beendete mein Bewerbungsgespräch mit dem sehr nützlichen Hinweis, daß er sein Atelier für die Dauer der Sommerferien schließen werde, so daß mir mein Idealismus, selbst wenn ich ihn mir hätte leisten können, ohnehin nicht unmittelbar von Nutzen gewesen wäre.

Ich ging sofort zum ersten Architekten auf der Liste, Charles Siclis, der in der Nähe der Garage Marbeuf in der Rue de Marignan wohnte, und hielt ihm folgende kleine Rede: »Ich komme soeben von Le Corbusier, für den ich eine Empfehlung hatte. Le Corbusier sagte mir, daß er für den Moment bedauern müsse, da er gerade im Begriff ist, sein Atelier über die Sommerferien zu schließen. Aber wenn ich für einen Architekten arbeiten wolle, von dem ich sehr viel lernen und bei dem ich mir gleichzeitig mein ›biftek‹ verdienen könne, wären Sie, mein Herr, der richtige.«

»Wieviel wollen Sie?« fragte Charles Siclis.

»Tausend«, sagte ich, aus der Erfahrung bei Laprade klug geworden. Siclis packte mich ohne Umschweife an der Hand, öffnete mit der anderen die Tür zu seinem Zeichenbüro und rief denen, die drinnen waren, zu: »J'ai ici un jeune nègre boche. Il est envoyé ici par Le Corbusier. Il veut mille. Prends-le, Bourgogne!« Der Angesprochene war einer jener Franzosen, deren glattes und jungenhaftes Gesicht und sanfte Stimme die Energie kaschiert, die man in Paris so häufig antrifft, wo die Menschen drei Tage und drei Nächte durcharbeiten und das für völlig normal halten. Er stand in seinem blauen Kittel über seinen Zeichentisch gebeugt und starrte mich mit offenem Mund an. Der andere Anwesende, ein großer, kräftig gebauter junger Mann mit schwarzem, lockigem Haar und einer jüdischen Nase – er hieß Neumann – tat es ihm gleich. Nach einer Weile fragte Bourgogne: »Tiens, c'est vrai? Tu viens du Corbusier?« Und als ich sagte, daß dies der Fall sei, bekamen sie beide einen Lachanfall, der beunruhigend lange anhielt. Daraus schloß ich, daß dieses Büro auch wieder keines war, in dem ich viel lernen könnte. Das sagte ich auch und fügte hinzu, daß es wohl besser sei, wenn ich ginge. »Lernen?« fragte Bourgogne: »Du kannst hier viel lernen. Zum Beispiel französische Lieder. Und auch, wie man Französisch spricht. Du sagst ›viens‹ wie ein Mädchen: Sprich es wie ein Mann aus! Es ist Juli. In Paris kann man im Moment nirgendwo etwas lernen. »T'en fais pas, mon petit: tu resteras!«

Und ich blieb. Ich stellte bald fest, daß er ganz recht hatte. Im Büro lernte ich nichts. Als erstes gaben sie mir auf, die Ansicht eines Hotels zu zeichnen, die ich vermasselte. Dann kam Siclis eines Morgens auf die Idee, mich zum Vermessen des Siemens-France-Gebäudes loszuschicken, das wir umbauen sollten. Ich verbrachte einige sehr langweilige und sehr, sehr staubige Tage in diesem Hause. Aber in der Zwischenzeit lernte ich tatsächlich französische Lieder, und mein »viens« nahm einen männlicheren Akzent an; mehr noch, ich lernte etwas über Perrets Arbeit in Algerien, denn Neumann war dort gewesen, über die École des Beaux Arts, über die mir zu erzählen Bazin keine Zeit gehabt hatte, und vor allem über die Bruderschaft der »nègres«, deren Mitglied ich geworden war. Es war eine internationale Bruderschaft, und jeder, der wie ich ein oder zwei Anstellungen in Paris gehabt hatte, gehörte dazu: Studenten und Hochschulabsolventen, die arbeiteten, weil sie die Kunst des Konstruktionszeichnens erlernen wollten und weil sie das Geld brauchten, um studieren und arbeiten zu können. Die Müßiggänger bei »Corb« waren keine Neger, ein Neger hatte kein Geld. Sie duzten sich alle untereinander, da sie Mitglieder einer Bruderschaft waren, und es kam häufig vor, daß einer von ihnen hereinkam und, nachdem er sich vorgestellt hatte, Bourgogne fragte, wo ein bißchen »boulot« zu finden sei, und Bourgogne versuchte zu helfen. Selbst für einen Neuankömmling wie mich vergrößerte sich der Bekanntenkreis erstaunlich schnell. Traf ich etwa auf jemanden in einer Ausstellung oder bei einer Tanzveranstaltung und mein Name wurde genannt, schüttelte er mir sofort herzlich die Hand und sagte, wie sehr er sich freue, endlich diesen nègre von Siclis kennenzulernen. Vielleicht war es ein Nobody, vielleicht aber auch ein André Szivessy, ein Ernö Goldfinger oder ein Pierre Forestier, vielversprechende Architekten, die sich später einen Namen gemacht haben. Sie alle waren in gewisser Weise Studenten und gleichzeitig Handwerksgesellen. Die Neuen unterzogen sie den uralten Studentenstreichen, und ich wurde, nach drei Wochen bei Siclis, auf die Suche nach einem »compas à volutes« kreuz und quer durch Paris geschickt, einem Werkzeug, das es nicht gibt, das mir aber Bourgogne in Form einer obszönen Skizze aufgemalt hatte, deren Bedeutung mir jedoch in meiner eifrigen Unschuld nicht aufgegangen war. Und so reproduzierte ich sie, um mein Anliegen zu verdeutlichen, in ungefähr sieben Läden für Zeichenbedarf vor den ausdruckslosen Gesichtern hübscher blonder junger Verkäuferinnen. Die kannten den Witz natürlich und schickten mich mit dem Ausdruck des Bedauerns zu einem Geschäft am anderen Ende der Stadt weiter, »wo man sie, wie ich weiß, kürzlich bestellt hat«.

Während ich eines Morgens das große Gebäude von Siemens-France ausmaß und meine Lungen mit uraltem Staub füllte, fiel ich einem der Geschäftsführer auf, der mich fragte, wer ich sei und was ich dort triebe. Als ich ihm in blütenreinem und akzentfreiem Deutsch antwortete, bat mich der Herr in die Etage der Geschäftsleitung und begann zu toben: »Sagen Sie Ihrem Herrn Siclis, daß diese Trödelei vollkommen unangemessen ist. Wir sind ein wichtiges Unternehmen. Wir sind Siemens! Wenn er nichts als sein Théâtre Pigalle im Kopf hat, nun, dann werden wir ihm den Auftrag entziehen.« Ich sagte, daß ich die Nachricht überbringen würde. Aber ich bat ihn auch anzuerkennen, wie rücksichtsvoll es von Siclis gewesen sei, einen Deutschen speziell für Siemens einzustellen. Ich fand es komisch und typisch, daß der Herr Direktor, anstatt einen Brief an seinen Architekten Monsieur Charles Siclis zu schreiben, auf einen hergelaufenen Assistenten losging, irgendeinen »Neger«, in diesem Fall einen »deutschen Neger«, der zufällig mit einem Bandmaß in seinem Gebäude herumkroch. Auch mußte ich (insgeheim) über seinen breiten und gutturalen Akzent lachen, denn zu meiner eigenen Überraschung schaute ich, sozusagen, schon von außen auf Deutschland, was natürlich so typisch deutsch ist wie nur etwas. Wie oft habe ich in den vielen Jahren meiner Emigration erlebt, daß Deutsche nach zwei Wochen im Ausland ihre eigene Muttersprache schon fehlerhaft sprechen oder stolz verkünden, sie hätten des Nachts auf Französisch geträumt. Ich träumte nicht auf Französisch, und falls ich es doch tat, erwähnte ich es nicht. Ich legte auch Wert darauf, weiterhin Briefe auf Deutsch zu schreiben, und das in einem Deutsch, das nicht mit fremdsprachigen Ausdrücken durchsetzt war; doch auch ich war jenem typisch deutschen Gefühl erlegen, nicht mehr ganz zu Deutschland zu gehören, nachdem ich einige Zeit in einem fremden Milieu verbracht hatte.

Das eigentlich Wichtige an diesem Gespräch war jedoch die Erwähnung des Theaters. Von diesem hatte ich noch nie etwas gehört. Während ich über meiner Hotel-Zeichnung brütete und im Staub von Siemens-France herumkroch, hatte ich keine Ahnung gehabt, daß der Meister eines der wichtigsten modernen Theater in Paris entwarf oder schon entworfen hatte. Ich fragte Bourgogne danach, der mir daraufhin die Zeichnungen und auch Photos zeigte, denn das Gebäude war so gut wie fertig. Er meinte, es sei gar kein übler Entwurf. Ich besichtigte es noch am selben Abend, nach der Arbeit, und kroch nun hier im Foyer herum, dann in dem großen, holzgetäfelten Zuschauerraum und in der

Kunstausstellung unter dem Boden der steil ansteigenden Sitzreihen, der zu einer leuchtenden Decke geformt worden war, eine Idee, die übrigens zwanzig Jahre später im größeren Stil im Foyer der Royal Festival Hall in London wieder aufgegriffen wurde. Ich muß gestehen, daß ich vom Können des Mannes, in dessen Büro ich arbeitete, sehr beeindruckt war. Siclis war, wenn ich mich nicht täusche, ein spanischer Jude, Jude war er ganz bestimmt. Er war groß, mit einem ausgeprägten Embonpoint, die Nase ragte fröhlich hervor, der Mund war klein und lebhaft. Es war etwas Elegantes und angenehm Gepolstertes an dem Mann und all seinen Arbeiten. Entspannt setzte er das moderne architektonische Idiom ein und baute Cafés und Theater, und zwar sehr gute Theater (das Théâtre St. Georges war noch besser als das Pigalle). Siclis hatte das Flair eines Architekten der eleganten Gesellschaft, was sich schon unten auf seinem Messingschild zeigte, auf dem von Büros in Paris, Biarritz, Madrid und New York die Rede war. Als ich einmal fragte, ob das New Yorker Büro existiere, gab Charles Siclis unumwunden zu, daß dies nicht der Fall sei: »Mais cela sent bon, n'est-ce pas, mon vieux?«

Nachdem ich mir von dem Mann, dessen nègre ich war, nun endlich ein genaues Bild gemacht hatte, beschloß ich, mich um ihn zu kümmern, und legte ihm die *Bauwelt* auf den Schreibtisch, die Architektur-Wochenzeitschrift, die damals unseren Artikel über die Reform der Architektenausbildung abgedruckt hatte. Siclis schluckte den Köder sofort. Er erschien mit dem grünen Heft in der Hand in unserem Zeichensaal, fächerte sich damit Luft zu und fragte: »De quoi parle-t-on là-dedans, Posener?« »De l'architecture, naturellement.« – »Vous les connaissez?« – »Bien sûr que je les connais.« – »Faut donner le Théâtre.« – »Bien oui.«

Am nächsten Tag fand ich einen Satz guter Photographien auf meinem Schreibtisch und die Pläne ebenfalls. Ich ergänzte meinen Bericht mit Material über das Théâtre St. Georges, das ich für überlegen hielt – und immer noch halte –, und sandte alles mit einem Begleitartikel an die *Bauwelt*. Ein ähnliches Konvolut

Läden in Paris

Der Ladenbau ist wohl derjenige Zweig der Pariser Baukunst, der dem Kreise der jüngeren Architekten bisher am meisten Gelegenheit gab, sein Können zu zeigen; und zwar sowohl deshalb, weil zu größeren Aufgaben, wie Wohnhausblöcken, im allgemeinen noch die finanziellen Möglichkeiten fehlen, als auch weil die Ladenbauten der Begabung der jungen Franzosen sehr weit entgegenkommen. Unsere Beispiele zeigen recht deutlich, wie diese Architekten jeden Laden der besonderen Aufgabe gemäß, die jedesmal aus Art, Größe, Farbe und Struktur der Ware erwächst, zu lösen versuchen. Sie gelangen dabei zu einer Freiheit vom Schematischen, die anderswo noch recht oft vermißt wird.

Dipl.-Ing. J. Posner, Berlin

Le Fashionable, Herrenkonfektion, Paris, Boulevard Poissonnière

Arch. R. u. A. Deschanel, Paris

Diese Schauseite ist ganz und gar auf Fernwirkung angelegt. — Hinter dem schmalen Band zwischen Schrift und Schaufenster befinden sich Hochstrahler für den Schriftgrund und Tiefstrahler für die Ware; außerdem die Lüftung. Die jetzige hölzerne Fassade soll im kommenden Jahr durch eine metallene ersetzt werden.

9

Bauwelt Heft 20/1930

Schuhhaus Enzel, Paris, Rue du Faubg. St. Honoré

Arch. Raymond Nikolas, Paris

Außen und innen wird wenig Ware wirkungsvoll gezeigt. Der Hintergrund der Schaufenster scheint nach dem Bild unruhig. In Wahrheit wirkt er jedoch lebhaft ohne abzulenken. Ebenso setzen sich im Innnenraum die erleuchteten Schaukästen gegen die Lichtbänder und das reichlich angewandte Metall mehr durch als nach dem Bild anzunehmen ist. Keine Regale. Farben im Innenraum: Wände und Fußbodenbelag gelblich, Sitze grün velours, Lichtband Mattglas und Weißmetall.

Foto: Chevojan, Paris

Ausschnitte aus einem Artikel von Julius Posener über Pariser Läden in der »Bauwelt«, Heft 20 (1930)

schickte ich an die *Baugilde*, die Zeitschrift des Bundes Deutscher Architekten. Nicht nur wurde mein Artikel von beiden Zeitschriften genommen, die Redakteure der *Baugilde* machten sich sogar die Mühe, mir zu schreiben, daß ich der beste Mann sei, den sie im Moment in Paris hätten, und baten mich um weiteres Material.

Die Bedingungen für eine Berichterstattung aus Paris, gleich welcher Art, waren zu jener Zeit in Deutschland sehr günstig. »Rapprochement« wurde immer noch großgeschrieben, Paris war der letzte Schrei in Berlin; doch während eine ganze Reihe von Literaten von der »Frankreich-Hausse« profitierten – fairerweise muß man sagen, daß einige von ihnen diese »Hausse« erst herbeigeführt hatten –, wußte man in Deutschland über die zeitgenössische französische Architektur so gut wie nichts. Die Namen, die man kannte, waren diejenigen, die auch mir bei meiner Ankunft in Paris geläufig gewesen waren: Perret, Le Corbusier, Mallet-Stevens. Aber die Liste, die Le Corbusier mir gegeben hatte, enthielt die ganze Avantgarde, Leute, die schon zum damaligen Zeitpunkt Anhänger der modernen Bewegung waren; und von der beträchtlichen Zahl von Bauwerken, die diese Leute entwarfen, hatte man jenseits des Rheins keine Ahnung.

Ich war mithin zur rechten Zeit am rechten Ort und nutzte meinen Vorteil. Jeden Abend, wenn ich von der Rue de Marignan kam, schlenderte ich über die Boulevards oder in der Gegend um die Rue Bonaparte an der Rive Gauche entlang und sah mich nach neuen Läden um. Es gab nämlich eine Reihe interessanter Geschäfte, die damals gerade fertiggestellt wurden. Mallets »stahlgepanzertes« Bally-Schuhgeschäft auf dem Boulevard des Capucines war schon sehr bekannt. Neu daran war, daß hier eine kleine Zahl ausgewählter Objekte auf Augenhöhe ausgestellt wurde; und das war äußerst erfolgreich. In den Läden der Weinhändler Nicolas präsentierte man ebenfalls nicht mehr als eine Flasche in jedem ihrer schmalen, senkrechten Fenster. Das Spielzeuggeschäft »Au paradis des enfants« wiederum wählte den entgegengesetzten Ansatz: Hinter einem hohen und breiten Schaufenster tauchten die Blicke der Kinder in Berge von Spielzeug jeder Art und Größe. Ich betrat diese Geschäfte einerseits, um mir das Innere anzuschauen, in erster Linie jedoch, um mich nach dem Architekten zu erkundigen; und bald hatte ich genügend Material für einen zweiten Artikel in der *Baugilde* zusammen: über Schaufenster in Paris. Während meiner Streifzüge stieß ich in der Rue Bonaparte auf die schlichte und gut gemachte Ladenfront einer kleinen Kunstgalerie, Galéries Arp. Ich trat ein und wiederholte mein Sprüchlein, wie sehr mir der Laden gefalle, ordentlich, grau und geschmackvoll, wie er war, und erkundigte mich nach dem Architekten. »Ich habe sie entworfen«, sagte der Mann, den ich angesprochen hatte, ein adretter kleiner, alter Jude, mit besonders feinen Zügen und einem gütigen Lächeln. Er fragte mich, wozu ich die Information benötige, und als ich es ihm erklärte, sah er mich genauer an: »Das ist überaus interessant«, sagte er. »Wären Sie bereit, dasselbe umgekehrt zu tun und deutsches Material für uns zu beschaffen? Ich bin dabei, unter dem Namen ›Construire‹ eine Fachzeitschrift für Architektur ins Leben zu rufen. Hier ist meine Karte. Bitte lassen Sie uns in Verbindung bleiben.« Ich las »Marcel Eugène Cahen«, er war studierter Ingenieur und Mitglied der Légion d'honneur, wie ich an der kleinen roten Rosette in seinem Knopfloch erkennen konnte. Ich nannte ihm meinen Namen und hatte das Vergnügen, ein paar Tage später nach Boulogne in das Haus André Blocs eingeladen zu werden, seines Freundes und Partners bei diesem Zeitschriftenprojekt. Bei einem sehr guten Diner erläuterten sie mir ihre Pläne für die neue Zeitschrift. Es sei durchaus Bedarf an einer solchen Publikation vorhanden, sagten sie. *La Construction Moderne* sei reaktionär, und Zeitschriften wie *Art et Décoration* seien zu spezialisiert. Was in Frankreich fehle, und zwar schmerzlich fehle, sei ein gutes, kühnes, konsequentes und gleichzeitig zuverlässiges Organ für moderne Architektur. Und für dieses könnte ich der deutsche Korrespondent sein. Um mich mit meiner Arbeit vorzustellen, hatte ich die Artikel über Siclis' Theaterhäuser mitgebracht; sie machten einen hinreichend seriösen Eindruck.

Als nächstes erfuhr ich, daß sie den Namen »Construire« fallenlassen mußten, an dem beide, Cahen und Bloc, offenbar sehr hingen, weil sie ihn für programmatisch hielten. Ein Käseblatt war kürzlich unter genau diesem Namen aufgetaucht und hatte Le Corbusier – »L'Obusier« (Die Haubitze), wie sie ihn nannten – angegriffen. Von dieser Publikation mußte sich das Unternehmen natürlich distanzieren. Der neue Name lautete *L'Architecture d'Aujourd'hui*, und unter diesem Namen kam die Zeitschrift zu internationalem Ruf. Ich war dabei, als das Kind aus der Taufe gehoben wurde, falls dieser Ausdruck bei einem Kind angebracht ist, dessen Eltern so vollkommen jüdisch waren. Denn da gab es nicht nur die Gründungsväter Cahen und Bloc sowie Posener als ersten Deutschland-Korrespondenten; später, als die Zeitschrift sich durchgesetzt hatte, übernahm mit Pierre Vago ein ursprünglich ungarischer Jude die Chefredaktion, und der jetzige Leiter heißt Alexandre Persitz. Damals hatte ich natürlich keine Ahnung, daß ich der Gründung einer wichtigen Zeitschrift beiwohnte. Ich fand diese kleinen Erfolge als Journalist einfach recht amüsant.

Ich glaube, ich beendete meine Anstellung bei Siclis nur, weil es eigentlich nichts zu tun gab; außerdem hatte ich das Gefühl, warum, weiß ich nicht genau, daß ich mir einen Sommerurlaub verdient hätte. Ich machte sogar zweimal Ferien: Zuerst traf ich meinen Onkel Paul, der zum ersten Mal seit dem Krieg wieder in sein geliebtes Frankreich gefahren war, nach Luc-sur-Mer, einem kleinen Badeort in der Nähe von Caen. Die spätromanischen Kirchen Caens und auch die absonderliche Renaissancekirche St. Pierre sah ich damals zum ersten Mal und versuchte sie meinem Onkel zu »erklären«. In Wahrheit war ich weit davon entfernt, diese in Frankreich in jeder Beziehung einzigartigen Bauten zu verstehen, denn man kann sie nur – mutatis mutandis – als englisch-normannische Bauten auf französischem Boden begreifen. Ich tat aber mein Bestes, und Onkel Paul, der mehr und mehr in eine entspannte Reisestimmung kam, war auf großspurige Weise spendabel und freundlich; tatsächlich hatten wir uns seit der Zeit, als ich noch Fossilien sammelte, nicht mehr so gut verstanden.

Anscheinend waren mir diese wenigen Tage in Luc nicht genug, denn kaum war ich wieder in Paris, begab ich mich wieder zur Gare St. Lazare und erkundigte mich nach einem guten und preiswerten Seebad unweit des Mont St. Michel, das aber auch eigene Reize bieten sollte. Das Mädchen am Schalter musterte mich und schätzte mich mit einem Blick richtig ein. Sie empfahl eine kleine Pension in St. Malo, und als ich ging, nickte sie und sagte. »Oui, Monsieur, là vouz serez heureux sans aucun doute.« Und sie hatte vollkommen recht. St. Malo, eine echte alte Festungsstadt aus dem siebzehnten Jahrhundert und ganz aus Granit gebaut, gefiel mir sogar noch mehr als das leicht theatralische und schon damals kommerzialisierte Mont St. Michel, so großartig dessen Bauten auch sind.

Mitte September traf ich wieder in Paris ein. Die tote Zeit war vorüber – niemand bleibt im August dort –, und ich fand die Stadt im intensiven und milden Herbstlicht »épatante», genau wie Bourgogne es mir vorausgesagt hatte. Ich hatte das Duquesne ziemlich übereilt und in einiger Ungnade verlassen müssen und wohnte jetzt gleich um die Ecke vom Odéon, mitten im Herzen des Luxembourg-Paris; doch haben weitaus bessere Autoren als ich vergeblich versucht, den Zauber dieses Paris besonders jetzt, im Herbst, zu beschreiben.

Aus dem Etablissement von Monsieur Maurice hatte ich ausziehen müssen, weil ich eines frühen Morgens indiskret gewesen war. Ich meine nicht »indiskret« in dem Sinne, wie der Leser, besonders wenn von der Stadt der Liebe die Rede ist, vielleicht vermuten wird. Um die Wahrheit zu sagen, war ich auch in dieser Hinsicht indiskret gewesen, und zwar mit Mademoiselle Hélène, die offenbar sehr mit dem Kursus einverstanden war, den ich bei der anderen Helene, dem Dienstmädchen der Rothschilds, absolviert hatte. Wir setzten diese reizenden intimen Treffen eine Zeitlang in meinem neuen Hotel fort, bis Hélène und ihr Schweizer Designer, viel zu früh, aus Paris fortzogen. Nein: Indiskret war ich gewesen, als ich eines Morgens früh um halb sieben mein Zimmer verließ, um die Toilette auf halber Treppe aufzusuchen. Ich hatte den Schlüssel innen steckenlassen, und mit einem plötzlichen Windstoß fiel die Tür ins Schloß und ließ sich von außen nicht mehr öffnen. Ich rüttelte an der Tür und versuchte dies und jenes, aber ohne Erfolg. In meiner Notlage lehnte ich mich über das Treppengeländer und hörte dort unten, in der Nähe des kleinen, kreisrunden Fußbodenausschnitts, wie er in der Perspektive von sechs Etagen eines spiralförmigen Treppenhauses entsteht, das gleichmäßige, leise und irgendwie träge Kehrgeräusch, das der garçon unten beim Fegen des Teppichs in der Halle erzeugte. Ich rief in einem sehr lauten Flüsterton: »Garçon!«, aber nichts geschah. Ich rief erneut, und man konnte es kaum noch Flüstern nennen. Inzwischen hatten sich einige Nachbartüren geöffnet, und da stand ich nun in meinem Nachthemd, das zu tragen ich von Kindheit an gewohnt war und das ich, wie ich gestehen muß, bis heute nicht aufgegeben habe, und drückte mich, in dem vergeblichen Versuch, mich unsichtbar zu machen, gegen die Wand. Wieder rief ich (diesmal wirklich) »Garçon!«, und nun endlich vernahm ich aus der Ferne ein »Monsieur?«, wobei ein winziger Kopf den kleinen Kreis dort unten verdunkelte. Ich versuchte zu erklären, was geschehen war, und der Kerl sagte: »On vous viendra« und fuhr friedlich fort, seine schleppenden Kehrgeräusche zu produzieren. Nach weiteren zehn Minuten – der Treppenabsatz war mittlerweile ziemlich bevölkert, und nicht nur von Messieurs – wiederholte ich meine Aufforderung. Die Szene war eine exakte Kopie der ersten und das Ergebnis dasselbe. Ich glaube, daß ich an diesem Punkt die Geduld verlor; und als nach einer langen Zeit, die mir wie eine gute halbe Stunde vorkam, Monsieur Maurice persönlich erschien, war ich außer mir, wie man so schön sagt. »D'abord, Monsieur Posener«, begann Monsieur Maurice, »dites-moi ce que vouz faites ici, à cette heure du matin, en chemise de nuit?« – »D'abord, Monsieur Maurice«, entgegnete ich, »dites-moi pourquoi vouz avez pris ce foutu temps pour venir me délivrer?« Das heiße Blut des Midi färbte die normalerweise fahlen Wangen des Monsieur Maurice. Doch er regelte die Angelegenheit mit kühler Entschlossenheit, indem er mir nahelegte, falls mir seine Wahl des Zeitpunkts nicht gefalle, selbst zum Schlosser zu gehen, »comme vous êtes, Monsieur!« Woraufhin ich ihm, immer noch im chemise en nuit, kündigte, was er mit Freuden akzeptierte.

Als ich an diesem Abend zu meinem Kreis im Restaurant stieß, erzählte ich meine Geschichte, aber sie hatte sich bereits herumgesprochen, und die Atmosphäre war spürbar abgekühlt. »Aber hört doch mal, Freunde«, rief ich, »dieser böse kleine Mann hat mich, wer weiß, wie lange, warten lassen – en chemise de nuit (Kichern), nur um mir, als er endlich aufkreuzte, eine unverschämte Frage zu stellen« (kein Kichern mehr). Statt dessen sagte irgend jemand: »Mais, Monsieur Jules, vous avez dit ›foutu‹.« Diese Antwort erhielt ich auf alle meine Klagen: vous avez dit »foutu«, Monsieur Jules! Da war wirklich nichts zu machen, ich hatte »foutu« zum Pensionswirt gesagt, und ich hatte die Konsequenzen zu tragen. Die Konsequenzen waren ein viel schöneres Zimmer im Hôtel de la Place de l'Odéon, mit noch mehr französischen Wasserrohren und ohne Restaurant. Die Konsequenz war auch die langsame Trennung von dem vertrauten Kreis. Wir trafen uns immer noch hin und wieder einmal zu einem opulenten Abend im chinesischen Restaurant, wo wir Carpe à la Chinoise und Litschis bestellten, aber diese Phase meines Pariser Lebens ging tatsächlich zu Ende. Ohne ein Restaurant in dem neuen Hotel war ich häufig allein. Ich ging jeden Tag zu einem anderen »Prix fixe, dix francs, vin compris« am Boul-Mich' oder vorzugsweise am Boulevard St. Germain oder ins Deux Magots gegenüber St. Germain des Prés, wo man Picasso, Ozenfant und Cocteau sehen konnte und ich sie wahrscheinlich auch alle gesehen habe, ohne zu wissen, wer sie waren.

Der einzige Ort, den ich täglich aufsuchte, war das Café, in dem ich meine Schale Milchkaffee und zwei Croissants bekam. Es befand sich in einem der letzten Häuser vor den hohen Zäunen des Jardin de Luxembourg, in einer Straße, die sich weit wie eine Flußmündung hin zu diesem Meer aus Rasenflächen und Kastanienbäumen ergießt. Es hieß »Café de la Poste et du Sénat«, was mich sofort für es einnahm, denn ich fand es nur gerecht, daß die Hauptkunden des Etablissements, die Angestellten des kleinen Postamts nebenan, im Namenszug des Cafés den Vorrang haben sollten. Ich kann mich nicht entsinnen, dort je einen Senator angetroffen zu haben, aber andererseits war das Senatsgebäude viel zu nah und viel zu wichtig, um gänzlich unterschlagen zu werden. Der erzielte Kompromiß war urfranzösisch, urpariserisch, und ich betrat die kleine Bar voller Bewunderung, wobei ich beim ersten Mal fast die beiden Stufen hinter der Tür hinuntergestolpert wäre. Im Schaufenster waren Äpfel, Tabakwaren der Régie française und eine Katze ausgestellt. Ich sah auch einen langen Tresen, mit vielen Regalen dahinter, eine große, dunkle und stämmige Frau wie die Bäuerin mit dem Krug im Gemälde von Le Nain, den unvermeidlichen, so viel kleineren, mausgrauen und unbedeutend aussehenden Mann und, genau in der Mitte des Holzfußbodens, die zweijährige Marie-Odile, die sich im Tanz mit ihrer einbeinigen Stoffpuppe wild im Kreise drehte. Sie hatte blondes, welliges Haar, eine breite und eigenwillige Stirn und dunkle Augen, die sehr groß waren und ewig finster dreinschauten. Man brauchte sich nicht lang zu fragen, wer in diesem kleinen Café den Ton angab. Alle Stammgäste, vor allem die Briefträger, spielten mit Marie-Odile. Ich hingegen starrte sie anfangs nur an, da ich einfach nicht die Augen von ihr wenden konnte, bis sie sich eines Morgens direkt vor mir aufbaute und sagte: »Non, Monsieur!«

Marie-Odile verhalf mir übrigens ein wenig später zu hundert Mark, meinem ersten Honorar für einen Essay, der in der angesehenen *Vossischen Zeitung* veröffentlicht wurde. Ich hatte über das Mädchen und das Café geschrieben, und wenn es damals einen Ort gab, wo man gerne »charmante« kleine Geschichten aus Paris las, dann war es, wie ich bereits erwähnte, ganz bestimmt Berlin. Mein Marie-Odile-Artikel besaß alle erforderlichen Zutaten: die malerische kleine Ecke auf der Rive Gauche, nett beschrieben, der sentimentale Ton, die Liebe zu Paris beziehungsweise die »kleine Liebe«. Denn es war die Zeit, in der eine ganze Reihe von Büchern das Wort »klein« im Titel führte. Manfred Hausmanns »Kleine Liebe zu Amerika« von 1932 war das bekannteste. Im gleichen Jahr sollte »Kleiner Mann, was nun?« von Hans Fallada folgen, aber inzwischen war die Zeit ernster geworden und das »klein« hier eine gesellschaftliche Aussage, keine neutrale Verniedlichung wie in den putzigen Titeln jener »goldenen« Epoche kurz vor dem Anfang vom Ende.

Ich weiß nicht mehr, ob ich Le Corbusier noch einmal aufsuchte, um ihm, diesmal aus »Idealismus«, meine Dienste anzubieten, ich glaube nicht. Statt dessen fing ich zu denselben Bedingungen – also gar keinen – bei einer viel unbedeutenderen Persönlichkeit an, André Lurçat, der mir zu jener Zeit – und nicht nur mir – eine große Zukunft zu haben schien. Lurçat, dessen Büro sich im Erdgeschoß eines Hinterhofs in der Rue Bonaparte befand, wo auch die École des Beaux Arts ihren Sitz hat, war ein ernster und hart arbeitender und zugleich ungemein charmanter Mann. Ich war nicht sein einziger Schüler; außer mir arbeiteten damals noch zwei andere bei ihm, ein trockener, hagerer Kerl aus der Schweiz namens Sauter und ein heißblütiger, enthusiastischer Pariser namens Pierre Pinsard, der sich später einen Namen gemacht hat. Pierre hatte eine breite Stirn unter einer Mähne dichten braunen Haars, eine breite Nase und rissige Lippen. Während der kühle und tüchtige Sauter unentwegt dieselbe fade Melodie bei der Arbeit vor sich hin summte, pflegte Pierre Pinsard »I can give you anything but love, Baby« zu singen, wobei er plötzlich abbrach und die Worte mit einem übertriebenen Pariser Akzent aussprach: »Écoute, Posener, mais écoute donc: Écoute Julius! I! can! (ausgesprochen wie Can-can) give! (mit einem weichen ›g‹ und sehr langem ›i‹, wie: schiiv), you! anitin! Mais, dis donc: ›anitin‹ est superbe, c'est fou! but! (wie das französische ›butte‹), love, Babeech!« Das »Babeech« war die Krönung der Darbietung, danach begann er unvermittelt wieder zu singen, mit seiner gefühlvollen Stimme und in einem durchaus passablen Englisch. Ich habe später noch eine geraume Zeit mit Pierre Pinsard eine Art Korrespondenz geführt; das letzte, was ich von ihm hörte, stand in einem lakonischen Brief, den er mir im Herbst 1938 unter dem Eindruck des Münchner Abkommens schrieb. »J'ai fait«, schrieb Pierre Pinsard, »la glorieuse campagne de 1938. J'en ai failli mourir de dégoût.« Dies, muß ich gestehen, gab mir zu denken. Es gab mir im folgenden Jahr, während der gesamten Zeit des »Sitzkriegs« zu denken und fiel mir schlagartig wieder ein, als Frankreich im Frühling 1940 zusammenbrach.

Lurçat, der sich in einem sehr sauberen, ruhigen und durchaus originellen modernen Idiom ausdrückte, hatte eine merkwürdige Arbeitsweise. Er zeichnete seine Pläne sehr groß mit Tusche, um sie dann in stark verkleinerter Form in seinen Büchern zu veröffentlichen, wo sie sehr filigran aussahen, während die Originalzeichnungen in dicken schwarzen Linien angefertigt waren.

Ich entsinne mich, einmal das Tintenfaß umgeworfen und mir regelmäßig Tintenfinger geholt zu haben, aber am Ende hatte ich mir eine leidliche Technik in dieser Art des Zeichnens zugelegt. Lurçat arbeitete gelegentlich auch Details aus, was man von den meisten französischen Architekten, jedenfalls zur damaligen Zeit, nicht behaupten konnte; denn Details waren die Sache des Bauunternehmers, der Architekt lieferte lediglich die Grundlinien des Entwurfs vor. In dieser Frage war die französische – auch die moderne – Architektur ziemlich konservativ, obwohl wir zur Zeit wieder überall anfangen, zu einer solchen Aufgabenverteilung zurückzukehren. Dank der intensiven Bemühungen der

Architekten in den letzten fünfzig Jahren – Mendelsohns Detailversessenheit habe ich ja bereits erwähnt – hat man inzwischen allerdings eine große Zahl von ausgezeichneten Standarddetails parat. Aber die französischen Architekten vernachlässigten die Details nicht etwa deshalb, weil sie sicher sein konnten, daß gute Details auf dem Markt vorhanden waren oder selbstverständlich vom Bauunternehmer entworfen werden konnten. Im Gegenteil, die Standardfenster, Standardtüren und so weiter, die damals auf dem französischen Markt angeboten wurden, waren von sehr schlechter Qualität, denn die Bauunternehmer hatten schon seit vielen Jahren, seit hundert Jahren genaugenommen, die Fähigkeit verloren, gute Details zu konstruieren. Aber dieser Verlust, der in England die Arts-and-Crafts-Bewegung von William Morris und in Deutschland den Werkbund aufkommen ließ, war in Frankreich irgendwie nicht als solcher empfunden worden oder folgenlos geblieben. In der Tradition der Beaux Arts, die sogar unter den französischen Pionieren der modernen Bewegung viel stärker verwurzelt war, als man angesichts ihrer Tiraden gegen die alte Dame in der Rue Bonaparte vermuten durfte, betrachtete man den Architekten als Entwerfer eines Generalplans und Gestalter des Baukörpers, der die dekorativen Elemente und so nebensächliche Dinge wie Türen und Fenster ruhig Subunternehmern überlassen durfte. Im Prinzip ist das ein vernünftiger Ansatz. Die Architektur der großen Epochen ist so entstanden. Michelangelo, Wren, Perrault haben sich nie um etwas anderes als um das Gebäude selbst gekümmert. Auch die Schüler der Beaux Arts haben großzügig entworfen, ohne sich in den Abmessungen einer Küchenspüle zu verlieren, wie einige deutsche Architekten der damaligen Zeit. Heute wissen wir jedoch, daß jenen Architekten, die sich mit jedem einzelnen Gegenstand unserer unmittelbaren Umgebung unendlich abmühten, die Aufgabe zufiel, nicht nur die Öffentlichkeit, sondern auch die Industriellen und vielleicht auch die Bauunternehmer zu erziehen, und daß die neue Architektur bis zum letzten Türknauf ihren eigenen vollständigen Kanon erschaffen und Dinge entwerfen mußte, wie sie in allen guten Epochen für die Ewigkeit entworfen wurden, aber während der letzten hundert Jahre unkontrollierter Industrieproduktion degeneriert waren und nun erlöst werden mußten.

Lurçat war sich über diesen Zustand mehr im klaren als die meisten anderen französischen Architekten. Doch seine Standarddetails waren zu schlicht, und seine Häuser mit Außenwänden aus angestrichenem Sichtbeton, ohne Gesims, wiesen die gleichen Fehler auf wie Le Corbusiers frühe Villen und überhaupt die meisten Villen aus der Schule Corbusiers. Keiner dieser Architekten verstand genug vom Bauen. Sie waren Dilettanten, geniale Dilettanten wie eben Le Corbusier, talentierte Dilettanten wie Lurçat und Guévrékian, aber keiner von ihnen war Handwerker. Fröhlich verkündeten sie ihre Theorie, der Stahlbeton habe den Architekten davon befreit, in Kategorien komplexer Konstruktionselemente denken zu müssen. Ihre Häuser besaßen auf dem Reißbrett eine Leichtigkeit, die sie wie kleine Spielzeughäuser wirken ließ. Und genauso wurden sie auch gebaut: Solange sie neu waren, funkelten sie wie neues Spielzeug, wenig später jedoch sahen sie aus wie schmutziges und abgenutztes Spielzeug. Gerade Le Corbusiers Villen in Auteuil und Boulogne wirkten schon zwei, drei Jahre, nachdem sie in ihrem nagelneuen Zustand photographiert worden waren und junge Architekten in ganz Europa und bald auch in aller Welt in Entzücken versetzt hatten, ganz besonders verfallen. Ich glaube, das war es, was mich hinderte, mich seinem Mitarbeiterstab anzuschließen. Lurçats Arbeit war da doch wesentlich solider. Zwar war auch er kein Handwerker, aber immerhin mehr Handwerker als Le Corbusier, den Frank Lloyd Wright, zu Recht, »jenen Journalisten« nennt.

Als der Herbst in den Winter überging und ich in Paris nichts verdiente, also nichts zu verlieren hatte, wenn ich eine Weile fortging, beschloß ich, über Weihnachten nach Hause zu fahren, mein Land wiederzusehen und meine Erfahrungen des Jahres

1929 loszuwerden. Auch waren die Nachrichten aus der Heimat ziemlich beunruhigend. Mein Vater hatte im Sommer einen Hitzschlag erlitten, von dem er sich nur langsam erholte. Die Familie hielt sich strikt an die Sprachregelung »Hitzschlag«, obwohl der Patient selbst eines Tages mit einem traurigen Lächeln zu Hansjochen sagte: »Ja, lieber Freund, das möchten wir alle gern glauben.« Mit Hansjochens eigenem Vater ging es rapide bergab, und unter dem Eindruck seines Todes, ich glaube, im November, beschwor mich Hansjochen, nach Hause zu kommen und in der Nähe meines Vaters zu sein. Der alte Kauffmann, der Vater von Margot und Ulla, war ebenfalls und ganz plötzlich zuvor im selben Herbst gestorben.

Ich erhielt Hansjochens Brief, in dem er mich vom Tod seines Vaters unterrichtete, als ich gerade dabei war, mich für eine Tanzveranstaltung umzuziehen. Es war die einzige, die zu besuchen ich mich während meines gesamten Aufenthalts in Paris entschlossen hatte. Obwohl nichts an seinem Äußeren, auch kein schwarzer Rand, von seinem Inhalt kündete, wog ich den Umschlag in meiner Hand und dachte: Morgen ist auch noch ein Tag. Schließlich gewannen Neugierde und so etwas wie Pflichtgefühl doch die Oberhand, und ich öffnete ihn. Das Schreiben löste gemischte Gefühle aus. Einerseits empfand ich starkes Mitleid für Hansjochen in seiner Trauer. Ich wußte, wie sehr er seinen Vater liebte und bewunderte, den Architekten mit dem Römerkopf. Nichtsdestotrotz fand ich, daß ich diese Störung meiner festlichen Vorbereitungen nicht dulden könne, und wie der Jude in dem Witz tat ich den Brief mit einem Kopfschütteln ab: »Da werde ich ja einen mächtigen Schock kriegen, wenn ich das morgen lese.« Weil ich mich verspätet hatte, bestellte ich ein Taxi und begab mich mit schlechtem Gewissen zu meinem Ball. Auf einmal sah ich, wie der Fahrer die Arme hochwarf und hielt. Im selben Moment hörte ich einen dumpfen Knall, mein Fahrer lief zu den Autos hinüber, die sich an der Straßenecke ineinander verkeilt hatten, kehrte wieder zurück und sagte mit einem Achselzucken:

»Ça y est.« Ich verstand. Ich bat ihn, wieder umzukehren, ich konnte jetzt unmöglich tanzen gehen. Statt dessen setzte ich mich hin und schrieb an Hansjochen. Ein paar Tage später fing ich an zu packen. Als der Zug in Aachen hielt, begegneten mir zum ersten Mal meine Landsleute wieder. Ein Vater mit einem Gesicht voller Schmisse lotste seinen kleinen Jungen den Gang entlang und sagte: »Immer schön rechts bleiben, Fritzchen!«

KAPITEL 21

Tod des Vaters

Es war schön, wieder zu Hause zu sein; doch die Stimmung in den Häusern unserer Freunde war überschattet von ihren jüngsten Verlusten. Ich besuchte die Kauffmanns und fand dort eine große Photographie des alten Kauffmann mit einer schwarzen Schleife vor. Er schien etwas vorwurfsvoll auf den Wohnzimmertisch herabzuschauen, von dem sich, trotz einer gewissen gedrückten Atmosphäre, die Fröhlichkeit nicht restlos verbannen ließ. Der alte Kauffmann wäre allerdings der letzte gewesen, der dies gewollt hätte. Aber das ist die Tragikomik des Sterbens, daß man sich von Herzen wünscht, in Erinnerung behalten zu werden – ich bin sicher, das wünscht sich jeder –, während man andererseits auf keinen Fall will, daß diese Erinnerung den normalen Fortgang des Lebens irgendwie beeinträchtigt. Denn zurückbleiben soll ja nur die heitere und gelassene Erinnerung an jene glücklichen Zeiten – wenn es sie gegeben hat –, die man den Nahestehenden beschert hat. Doch hat bezeugte oder unbezeugte Trauer (unbezeugte übrigens mehr als bezeugte) die Eigenart, sich zwischen den Menschen, der einem im Leben lieb und nahe war, und denjenigen zu schieben, der ihn überlebt hat. Sie befleckt sein Andenken und macht es sogar ein wenig unheimlich, so daß man, anstatt es unbeschwert aufzurufen, eher dazu neigt, vor diesem Andenken zurückzuschrecken, weil man den Schmerz und die feierliche Trauer, die der Tod auslöste, nicht mehr vergessen kann. Ich fand Margot niedergeschlagen und Ulla schlicht untröstlich vor. Sie besaß das ehrlichere und glücklichere Gemüt, ein

Gemüt, das stark und in der richtigen Weise reagiert, was in solchen Fällen ein Segen ist, wo häufig der größte Kummer nicht vom Ableben eines geliebten Menschen rührt, sondern von der Angst, nicht das Richtige zu empfinden.

Im Fall von Hansjochen war das anders. Als ich ihn traf, sah er beängstigend bleich aus. Blaß war er schon immer gewesen. Doch jetzt war er von einer wächsernen Blässe, als habe er gerade selber eine schwere Krankheit überwunden. Hansjochen hatte dem kleinen, verbitterten Architekten mit den altrömischen Zügen immer sehr starke Gefühle entgegengebracht. Er bewunderte ihn ungemein und sah in dem Mann aus Lindau, das seit vielen hundert Jahren Familiensitz gewesen war, den wahren Repräsentanten der Familie. Ich weiß bis heute nicht, was er für seine Mutter empfand, eine gewaltige rothaarige Frau aus Norddeutschland, die den definitiven Bruch in der Sedelmeierschen Tradition verkörperte. Unter Hansjochens Gefühle für den alten Jakob mischte sich auch ein Körnchen Mitleid – oder Bedauern, um es etwas respektvoller auszudrücken. Denn er wußte – der Vater hatte es nie verhehlt –, daß Jakob Sedelmeier seine eigene Berufswahl für falsch hielt. Seit ewigen Zeiten waren die Sedelmeiers entweder Kunsthandwerker, und zwar Goldschmiede, oder Mediziner gewesen. Darin wechselten sich mehr oder minder regelmäßig die Väter mit den Söhnen ab. Jakob hätte eigentlich wieder Arzt werden sollen, wurde aber, aufgrund welcher Umstände weiß ich nicht, »Handwerker«, nämlich Architekt; und bis zu seinem Tod war er überzeugt, daß er ein besserer Arzt gewesen wäre. Es kam vor, daß er dasaß und den Grundriß oder Aufriß eines seiner zahlreichen Kaufhäuser betrachtete, dann eine Grimasse schnitt und achselzuckend sagte: »Verfehlt.« Er hatte seinen Beruf verfehlt, und was er da vor sich sah, konnte den Mediziner, der er hätte sein sollen, nicht zufriedenstellen. Auch sein Sterben war so verbissen wie sein Leben. Sein starkes Herz machte ihm das Ende schwer, und er weigerte sich lange, sein Schicksal anzunehmen; er wehrte sich mit aller Macht, und in seinem Todeskampf zerbrach er Ge-

genstände in seinen starken Händen. Hansjochen berichtete mir mit gedämpfter Stimme von diesem Kampf. Bei dieser Gelegenheit beging er eine der erstaunlichsten Freudschen Fehlleistungen, die ich je gehört habe. Als von den Tagen des Todeskampfes seines Vaters die Rede war, sagte er: »Samstag war nicht ganz so schlimm. Aber die Nacht von Samstag auf Montag war entsetzlich.« Die Nacht von Samstag auf Montag: Dieser Sonntag, welcher der schlimmste Tag in seinem Leben gewesen sein muß, wurde von dieser Nacht verschluckt und nicht erwähnt.

Als ich meinen eigenen Vater wiedersah, mußte ich feststellen, daß er dünn geworden war und eine welke Haut bekommen hatte. Manchmal hatte er starke Kopfschmerzen und klagte auch darüber, was ich besonders beunruhigend fand. Einmal gestand er mir mit Tränen in den Augen, er habe vor gar nicht langer Zeit furchtbare Schmerzen gelitten. Auch gefiel ihm meine Absicht nicht, nach Paris zurückzugehen. Er hatte sich in der Tat sehr verändert, und ich glaube, er war sich dessen bewußt. Ein Zeichen seiner Krankheit, dessen Bedeutung mir mein Bruder Karl, der Arzt, erschloß, machte sich deutlich bemerkbar: Er vertauschte Konsonanten und machte beim Sprechen oder Singen unfreiwillige Schüttelreime. Da ich nun wußte, was das hieß, bekam ich Angst.

Trotzdem bereitete man sich in den Familien unserer Freunde und bei den Poseners auf Weihnachten vor; und unser Heiligabend war sogar besonders gelungen. Ludwig hatte ein Mädchen eingeladen, das er vorübergehend sehr geliebt hatte, ein russisch-jüdisches, sehr begabtes Mädchen namens Shura Winitzky. Sie zeichnete sehr gut auf eine eigenwillige und lässige Art. Daß etwas »langwei« sei – so ihre faule Art, das Wort »langweilig« auszusprechen –, war für sie das Schlimmste, was man über eine Sache sagen konnte. Sie nahm zum Beispiel ein Blatt Papier zur Hand und zeichnete zehnmal die gängigen Umrisse einer expressionistischen Madonna, einer Madonna von Hansjochens ehemaligem Leitstern Jaeckel, um zu zeigen, wie leicht das ging, verzog ihre vollen Lippen zu einer angeödeten Grimasse und sagte: »langwei«. Ich glaube bis heute, daß sie, was sie selbst betrifft, einen großen Fehler begangen hat, als sie Ludwigs Leidenschaft nicht erwiderte, obwohl es für meinen Bruder ein Segen war, wie sich später herausstellte, daß sie ihn abgewiesen hat. Inzwischen war sein Liebeskummer so gut wie ausgestanden und Shura eine Freundin der Familie geworden, die zu Weihnachten in unserem Hause sehr willkommen war.

Über Shura lernte Ludwig – lernten wir alle – zum ersten Mal etwas über die Ostjuden. Die Bezeichnung »Ostjude« war damals in Deutschland ein Schimpfwort. Die guten alten Antisemiten aus der Kaiserzeit, die sich dann widerstandslos ergaben, als Hitler seine Posaunen vor Jericho tönen ließ, pflegten mit dem ihnen eigenen Fingerspitzengefühl und Einfühlungsvermögen zu sagen: »Gegen Juden wie Sie haben wir ja gar nichts, Herr Posener, aber diese Ostjuden ...« Nach dem Krieg, und stärker noch Mitte der zwanziger Jahre, hatte es einen starken Zufluß von diesen »Unerwünschten« ins Reich gegeben, was dem latenten Antisemitismus dort nur weiteren Auftrieb gab und die deutschen Juden in Verlegenheit brachte. Diese empfingen ihre Brüder aus dem Osten, die nicht der schönen Reise wegen nach Berlin gekommen waren, sondern weil sie in ihren Heimatprovinzen gnadenlos verfolgt wurden, keineswegs mit offenen Armen. Zwischen der unmittelbaren Nachkriegszeit, als Simon Petljura die Juden in der Ukraine abschlachtete, und den von der Endecja-Partei angeheizten Pogromen in Polen Anfang der dreißiger Jahre gab es keinen Augenblick, in dem man die Juden östlich von Deutschland in Ruhe gelassen hätte. Die deutschen Juden wußten bis zu einem gewissen Grade davon, schauten jedoch beharrlich weg. Aber sie fühlten, zu Recht, nehme ich an, ihre eigene Position durch den Zustrom eines noch nicht assimilierten Elements gefährdet, von Juden im Naturzustand, echten Juden. Wir deutschen Juden, fast alle von uns, versuchten unsere Nachbarn vergessen zu lassen und selber zu vergessen, daß auch wir vor gar nicht langer Zeit in der

Mehrzahl »Ostjuden« gewesen waren. Mein Großvater Josef Posener, der Schneiderlehrling, der die Reise von Wirsitz nach Rio de Janeiro gemacht hatte, war eindeutig Ostjude, und die komischen Geschichten über die Tanten meines Vaters und ihren Papagei kündeten davon, aus was für einer Art Familie wir stammten, zumindest auf der Seite der Poseners.

Und doch waren wir, die jüngere Generation, ganz bestimmt keine Ostjuden, wir waren ja kaum Juden. Wir wußten nichts von diesen ostjüdischen Familien und ihrer Art zu leben, obwohl auch unsere eigenen Familien vor nicht mehr als zwei Generationen genau so gelebt hatten. Da wir das bewußte Bedürfnis hatten, uns zu assimilieren, da wir leugneten, daß es einen grundlegenden Unterschied zwischen uns und »denen«, den Klaus Müllers, Hans Kubierschkys, Ulrich Haackes, gebe, waren uns diese echten Juden aus dem Osten tatsächlich nicht willkommen. Wir fanden, vielleicht nicht ganz zu Unrecht, daß wir *nicht* zu ihnen gehörten, wir hatten nicht den Wunsch, zu ihnen zu gehören, und waren der Meinung, daß die Schlußfolgerung der Antisemiten, wir seien alle von derselben Art, ein Trugschluß war. In Hitlers »Mein Kampf«, das Mitte der zwanziger Jahre erschien und das ich kurz darauf gelesen habe, findet sich eine aufschlußreiche Passage. Darin erzählt Hitler, daß er als junger Mann in Wien mit den Juden der Wiener Cafés ein durchaus freundschaftliches Verhältnis hatte und mit ihnen zu diskutieren pflegte. Er hatte das Gefühl, daß sie intellektuell überlegen seien und daß er von den Gesprächen mit ihnen profitieren könne. Dann habe er eines Tages eine Gruppe von Menschen mit Kaftanen, Korkenzieherlocken und Pelzmützen gesehen und sich gefragt: Sind das auch Juden? Und sich sogleich gesagt: Aber das sind doch keine Deutschen! Woraus er den Schluß zog, daß seine Freunde in den Wiener Cafés ebenfalls keine Deutschen sein konnten, da sie Juden waren. Wir deutschen Juden hatten große Angst davor, daß unsere Freunde – und erst recht unsere Feinde – zu diesem Schluß gelangen könnten, daß sie uns die Bürgerrechte verwehren könnten, weil sie uns fälschlicherweise für Brüder dieser Leute hielten, die »keine Deutschen« waren.

Nun will ich aber nicht so tun, als würde ich Hitlers Geschichte, wie er von einem Freund der Wiener Kaffeehausjuden zu einem tollwütigen Antisemiten wurde, auch nur eine Sekunde ernst nehmen. Falls er seine Geschichte selber glaubte, was durchaus sein kann, war er sich nicht bewußt, daß diese, für ihn zweifellos schockierende Begegnung seinem innewohnenden starken latenten Antisemitismus lediglich »einen Grund« geliefert hatte. Wir Juden verstanden etwas vom latenten Antisemitismus, und wir wollten nicht den Schock provozieren, der einen militanten Antisemitismus auslöste. Dies erklärt unsere Haltung gegenüber der Masse der Ostjuden, rechtfertigt sie allerdings nicht. Einige von uns fühlten sich sogar geschmeichelt, wenn jene konservativen Antisemiten einen Unterschied zwischen Herrn Cohn aus der Bamberger Straße und den Ostjuden machten. Und einige besonders patriotische deutsche Juden gingen leider noch weiter und setzten eine gewisse Petition auf, in der sie dafür plädierten, die Ostgrenzen zu schließen.

Ludwigs Zionismus hatte ihn vor solchen Haltungen bewahrt; auch waren die Winitzkys keine Ostjuden jener befremdlichen Art, die im Kaftan und mit Fellmütze durch die Gegend liefen. Sie waren sehr zivilisierte Menschen, aus Wilna, glaube ich, einem Ort, der bei den Juden aus dem Osten hohes Ansehen genoß. Ludwig hatte auf einem großen Blau-Weiß-Treffen in Zoppot bei Danzig Shuras Bruder Basia kennengelernt und war anschließend bei den Winitzkys eingeladen gewesen. Nein, die Winitzkys waren nicht so fremd, daß ein jüdischer Jüngling aus Berlin sie nicht verstehen konnte, aber sie waren in ihrer impulsiven, östlichen Art, ihrem Künstlertum, ihrer Würde, ihrer humorvollen Duldung des Leids und ihrer herzlichen Gastlichkeit fremd genug, um Ludwig einen vollkommen neuen Horizont zu eröffnen. Durch sie bekam das Wort »Ostjude« in seinen Ohren einen ganz anderen Klang. Speziell Shuras Anziehungskraft konnten wir alle sehr gut verstehen. Meine Eltern liebten sie, obwohl sie kein Bedürfnis verspürten, sie in einem wörtlicheren Sinne Tochter zu nennen, als mein Vater das tat. Moritz Posener sprach ja jedes attraktive junge Ding mit »meine Tochter« an, was den »Töchtern« zu gefallen schien.

So kam es, daß Shura den Heiligabend mit uns verbrachte; wir blieben alle lange auf, waren fröhlich und gingen ziemlich aufgekratzt zu Bett. Mein Vater zeigte Shura auch eine Serie von Bildern, die er in diesem Jahr gemalt hatte und die alle ein Fenster mit einer Aussicht zum Thema hatten. Eines davon zeigte ein sehr hohes Atelierfenster, dessen oberes Ende man nicht mehr sah. Davor saß ein alter Mann, dessen Kopf von dem Licht erhellt war, das durch eine offene Tür in das dunkle Atelier einfiel. Draußen war im ersten Vorfrühling, der Lieblingsjahreszeit meines Vaters, ein blauer Himmel in der letzten Abenddämmerung über kahlen Bäumen zu erkennen. Die anderen Fensterbilder waren in der Komposition ähnlich, und auch im Stil. Der Impressionismus seiner früheren Landschaften war der eher harten und präzisen Darstellungsweise der deutschen romantischen Maler des neunzehnten Jahrhunderts gewichen. Die Botschaft dieser Gemälde war unverkennbar: die Sehnsucht nach etwas Jenseitigem. Ich bin mir inzwischen ziemlich sicher, daß mein Vater selbst die Bedeutung dieser Bilder damals so deutlich erfaßte, wie wir sie erst später zu erfassen lernten.

Der alte Mann übrigens, der eigentlich einen in seinem Atelier arbeitenden Künstler darstellen sollte, ähnelte seinem Vater. Und nicht nur darin, sondern auch in manchem, was mein Vater damals sagte, drückte sich eine »Heimkehr« aus. Er begann sich endlich als Jude zu fühlen. Dieses Gefühl war weder sehr stark, noch wurde es besonders häufig artikuliert. Es mag sogar nicht mehr als eine Reaktion auf die anschwellende Flut des Nationalsozialismus gewesen sein. In weniger als einem Jahr, bei den Reichstagswahlen im September 1930, sollte Hitler zehn Millionen Stimmen bekommen. In den Augen meines Vaters war der

Antisemitismus der Nazis absolut lächerlich. Aber die Tatsache, daß er sich auf beängstigende Weise verbreitete, machte ihn zu einer Sache, mit der man sich auseinandersetzen mußte; und eine mögliche Reaktion darauf war die Bejahung der alten Bindungen.

Wir kamen am ersten Weihnachtsfeiertag in gehobener Stimmung zum Frühstück herunter, und besonders mein Vater war vergnügt und sang Shura mit Tränen in den Augen kleine französische Chansons vor. Ich bemerkte zu meinem nackten Entsetzen, daß ihm ein- oder zweimal jene unfreiwilligen Buchstabenverdreher unterliefen, aber die Beobachtung ging in der allgemeinen Heiterkeit des Morgens unter, der für meinen Vater immer der herrlichste des Jahres war. Sei es, daß ich durch meine kleine Beobachtung abgelenkt war oder weil Shura mir dabei zusah, jedenfalls knöpfte ich meine Jacke verkehrt zu, als ich vor ihr stand und mich zum Ausgehen bereit machte, und sie kommentierte das auf ihre Art: »Ich wußte, Julius, daß du die Jacke falsch zuknöpfen würdest ...« Unter derart fröhlichem Geplänkel brachen Ludwig und ich auf, um unsere gemeinsamen Freunde, zuerst die Kauffmanns, zu besuchen und zu schauen, was sie sich gegenseitig zu Weihnachten geschenkt hatten. Shura, die die Kauffmanns nicht kannte, muß bei uns zu Hause geblieben sein, denn ich bin sicher, daß sie zum Mittagessen eingeladen war. Während wir über dünnen Neuschnee den langen Weg zu den Kauffmanns liefen, summte Ludwig den neuesten Schlager, »In einer kleinen Konditorei«, dessen Text – und Melodie – Ludwig entzückend albern fand. Die Kauffmanns hatten sich, obwohl sie noch in Trauer waren, ein recht lustiges Weihnachtsfest bereitet, und wir verbrachten dort eine äußerst angenehme und sorglose Stunde, bis das Telefon klingelte.

Es war für die Poseners. Jemand, ich glaube, es war die Frau des Gärtners, sagte, daß Herr Ludwig und Herr Julius sofort nach Hause kommen sollten, meinem Vater sei etwas zugestoßen. Ich entsinne mich, wie verständnisvoll verlegen die Kauffmanns wirkten und wie sie beteuerten, es müsse nicht gleich das Schlimmste bedeuten. Wir nahmen ein Taxi. Die »kleine Konditorei« spielte ständig in meinem Kopf herum. Frau Kaminski ließ uns herein und sagte: »Keine Angst, Herr Julius!« Im Haus kam uns unsere Mutter mit schreckgeweiteten Augen und in heller Panik entgegen und wiederholte andauernd: »Jetzt ist es soweit, jetzt hat es auch uns erreicht.«

Mein Vater lag in meinem kleinen grünen Zimmer auf dem Sofa und atmete schwer. Seine Augen waren geschlossen, aber er schien nachzudenken; irgendwie war seinem Gesicht deutlich das Bemühen um Gedanken und Sprache anzusehen. Dennoch lag er vollkommen reglos da, und nichts Erschreckendes war in seinen Zügen. Karl hatte eine Ambulanz bestellt, und man brachte meinen Vater ins Städtische Krankenhaus Moabit, wo Karl arbeitete. Wir alle fuhren im Taxi hinterher. Mein Vater wurde auf ein Bett in einem Einzelzimmer gelegt. An seinem Zustand änderte sich während des langen Nachmittags und auch am nächsten Tag nichts. Am zweiten Weihnachtsfeiertag kamen Freunde, und Ludwig Oppenheimer verkündete feierlich, wenn mein Vater die astrologische Krise, die in der kommenden Nacht über ihm schwebte, überstehen würde, bestünde Hoffnung. Meine Mutter erwiderte, sie wünsche nicht, daß er überlebe, wenn er als Krüppel oder Schwachsinniger wiedererwache. Nicht *er*.

Folgendes war geschehen: Als wir bei den Kauffmanns gewesen waren, wollte mein Vater meinen Zeichentisch, den wir als Gabentisch für Heiligabend benutzt hatten, wieder in mein Zimmer bringen. Er bat das Dienstmädchen, den Tisch mit ihm gemeinsam die Treppe zu meinem Zimmer hinaufzutragen, doch das Mädchen wandte ein, dafür sei der Herr doch zu alt. Das kam bei meinem Vater gar nicht gut an, und er befahl ihr, als ihr Herr, zu tun, wie ihr geheißen war. Dann trugen sie den schweren Tisch, ohne ihn einmal abzusetzen, die Treppe hinauf, und mein Vater sagte, als sie oben ankamen: »Nun sehen Sie, wie jung ich bin.« Es waren seine letzten Worte.

Dies ist zumindest die Geschichte, die man uns erzählte, und ich habe keinen Grund, an ihr zu zweifeln, denn meine Mutter war zu dieser Zeit irgendwoanders im Haus beschäftigt oder möglicherweise sogar außerhalb, und das Mädchen war zu verängstigt und voller Selbstvorwürfe, um sich für uns irgend etwas auszudenken. Ich muß gestehen, daß die Geschichte eine tröstliche Wirkung auf mich hatte. Es schien mir so überaus zu meinem Vater zu passen, unsere Welt auf diese Weise zu verlassen, und falls es wirklich seine letzten Worte gewesen sein sollten, dann waren sie typisch für ihn – sogar um sein Sterben war er zu beneiden.

Ludwig und ich gingen in den melancholischen Stadtpark von Moabit hinaus, der nicht mehr ist als eine schmale Grünfläche zwischen zwei Straßen, wo an jenem früh hereinbrechenden Winterabend die erleuchteten Weihnachtsbäume in allen Fenstern zu sehen waren, und aßen in einem kleinen, für die Feiertage herausgeputzten Restaurant zu Abend, in dem Gefühl, daß entweder unser Kummer unpassend war oder die festliche Stimmung um uns herum. Um etwas zu sagen, erklärte Ludwig, dies sei wohl nun das Ende unserer Jugend, worauf ich aggressiv erwiderte, es sei auch an der Zeit, daß unsere ausgedehnte Kindheit zu Ende ginge. Wir waren allein. Karl war mit meiner Mutter in seinem Arztzimmer im Krankenhaus geblieben.

Als wir zurückkamen, gingen wir alle über den dunklen Hof des Krankenhauses, um uns wieder am Bett meines Vaters zu versammeln, der immer noch röchelnd dalag. Ludwig versuchte, ein Glas im Waschbecken auszuspülen, und schnitt sich dabei ziemlich schlimm, und das Blut im Waschbecken schien mir ein böses Omen zu sein.

In dieser Nacht ruhten Karl und ich neben dem Krankenzimmer, während Ludwig und meine Mutter im vorderen Gebäude des Krankenhauses schliefen, wo die Ärzte wohnten. Kurz nach zwei Uhr bat mich Karl, meinen Mantel anzuziehen und Mutter und Ludwig zu holen. Im Hof lag ein leichter Nebel. Ich stieg die Treppe zu Karls Zimmer hoch und klopfte. Es war nicht angenehm, dieses Klopfen auszuführen, dessen Bedeutung sofort verstanden würde. Vater hatte während der letzten halben Stunde nur noch flach geatmet. Wir kamen rechtzeitig zurück, aber nur eben so. Sein Atem schien die Lungen kaum noch zu erreichen. Dann atmete er tief ein und mit einem langen Seufzer wieder aus, während sein Gesicht zusammensackte und plötzlich seltsam klein wurde. Ich hatte noch nie jemanden sterben sehen.

Wir wandten uns ab und setzten uns im Nebenzimmer zusammen. Es wurde sehr wenig gesprochen. Karl richtete in dem Gefühl, nun der Verantwortliche zu sein, das Wort an seine jüngeren Brüder: »Kein Vater!« Ich setzte an zu sagen, daß Vater in dem Versuch gestorben sei, mir Gutes zu tun, als Karl mich unterbrach und anfuhr: »Um Himmels willen, Jul, kein Zuckerguß!«, was mich, unpassenderweise, wieder an die kleine Konditorei erinnerte, die mir während all der Tage nie ganz aus dem Sinn gegangen war.

Wir müssen etwa eine Stunde so gesessen haben. Karl gab uns allen ein Schlafmittel. Wir schliefen sogar ein wenig.

Der nächste Morgen war sonnig und äußerst mild, ein Wintermorgen von der Art, der schon nach Frühling riecht. Karl blieb in Moabit. Wir fuhren zunächst nach Lichterfelde, wo gewisse Vorkehrungen getroffen werden mußten. Freunde und Bekannte kamen auf uns zu und drückten uns die Hand. Ich kann nicht behaupten, wirklich tiefe Trauer empfunden zu haben.

Als wir nach Hause kamen und meine Mutter das Sofa sah, auf dem mein Vater gelegen hatte, schrie sie auf. Am gleichen Abend machte sie sich am Gasboiler zu schaffen, und es gelang ihr nicht, ihn zu bedienen, was sie in eine Urangst versetzte, die sie als demütigend empfand. »Wie fürchterlich, in diesen Dingen so hilflos zu sein, vollkommen hilflos, und daß er einem wegen so einer Sache fehlt, wenn man eigentlich ...« Vaters jäher Tod hatte sie verstört, und diese Verstörung sollte noch lange anhalten. Einige Tage später suchte sie unter seinen Sachen die Briefe, die sie ihm geschrieben hatte, doch sie konnte keinen einzigen finden. Bei dem Gedanken, daß er, der sich offensichtlich seines wahren Zustands bewußt war, diese Zeugnisse ihrer gemeinsamen Liebe wissentlich vernichtet hatte, weil er nicht wollte, daß irgend jemand sie sah, wurde sie untröstlich.

Am Tag nach seinem Tod fuhren wir wieder nach Moabit. Mein Vater lag in einer Art Kapelle. Das kleine Gesicht, das ich gesehen hatte, als er sein Leben aushauchte, war nicht mehr da. Sein Gesicht war friedlich, großartig und sehr edel. Ich war glücklich, ihn noch einmal so gesehen zu haben.

Mein Vater wurde in den ersten Tagen des neuen Jahres auf dem Parkfriedhof Lichterfelde beerdigt. Ich entwarf den Grabstein. Es war meine erste Arbeit als Architekt. In der Kapelle, die wie der ganze Friedhof nicht konfessionsgebunden war, hielt mein Vetter Heinz eine warmherzige Rede, und Ludwig spielte den langsamen Satz eines Bach-Konzerts in a-Moll. Es bewirkte, daß meine Mutter und ich ein paar Tränen vergossen. Aber wir litten beide stark darunter, daß unsere Augen die meiste Zeit trocken blieben.

Karl, der Arzt, der vom ersten Moment an die Verantwortung übernehmen mußte, hatte sich während all dieser Zeit zusammengenommen. Als wir vom Friedhof nach Hause zurückkehrten, öffnete er die Tür zum Atelier, in dem noch der Geruch von Ölfarben, Lack und Pfeifenrauch hing und die Aura meines Vaters spürbar war. Karl betrat das Zimmer, stand ein paar Sekunden da, warf sich dann aufs Sofa und heulte wie ein Hund. Nie habe ich einen Mann so weinen hören.

KAPITEL 22

Wie man keine Doktorarbeit schreibt

Ich schrieb an Lurçat, daß ich nicht zurückkommen würde. Er hatte dafür Verständnis. Alle hatten Verständnis. Ich hatte bei Lurçat im Büro ja nicht einmal Geld verdient. Mein Bruder Ludwig unterrichtete damals an einer Schule in Brandenburg, etwa sechzig Kilometer von Berlin entfernt, Karl arbeitete im Städtischen Krankenhaus Moabit. Meine Mutter war, zumindest während der Woche, in dem großen, leeren Haus ganz allein. Ich wollte mir in Berlin eine Stelle suchen und ihr fürs erste Gesellschaft leisten.

Mir war allerdings nicht klar, daß es nicht so einfach sein würde, in Berlin Arbeit zu finden. Das Leben war hier schon nicht mehr sorglos gewesen, als ich ein Jahr zuvor nach Frankreich aufgebrochen war. Die Blütezeit der Weimarer Republik war vorbei. Sie hatte 1924 begonnen, als sich die Währung nach der Inflation wieder stabilisiert hatte, und dauerte bis zum Oktober 1929, als der Börsenkrach des Schwarzen Freitag in New York eine Depression auslöste, die letztlich dazu führte, daß Hitler Reichskanzler wurde. Nun, zu Beginn des Jahres 1930, traten die Symptome dessen, was kommen sollte, deutlich zutage. Im September sollten die Nazis zehn Millionen Stimmen erhalten. Es war der Anfang vom Ende der Weimarer Republik. Ich suchte Arbeit und konnte keine finden. Es wäre wohl durchaus möglich gewesen, in Paris eine andere Stelle als Entwurfszeichner, als »jeune nègre boche«, zu finden. Schließlich war ich dort in den Beruf eingeführt worden und bereits »Neger« gewesen. In Berlin war ich, so seltsam es klingt, Berufsanfänger.

Vielleicht habe ich bei meiner Arbeitssuche nicht genügend Aufwand betrieben, aber ich bezweifle sehr, daß ich etwas gefunden hätte, selbst wenn ich mich stärker bemüht hätte. So blieb ich einfach zu Hause und leistete meiner Mutter Gesellschaft, ohne allerdings ein besonders angenehmer Umgang für sie zu sein. Ich war frustriert, weil ich über Vaters Tod nicht traurig genug war. Ich trug den Verlust wie eine Art Auszeichnung, wobei ich die ganze Zeit das Gefühl nicht los wurde, ich hätte sie nicht verdient und sei nicht in der Lage, mich ihrer würdig zu erweisen. Ich war unentschlossen, faul, antriebslos, und meine Mutter, der das keineswegs entging, machte sich Sorgen. Tatsächlich durchschaute sie mich, wie schon früher und auch später noch so oft, mehr als mir lieb war. Sie litt ähnlich wie ich, weil auch sie den Manen des Moritz Posener nicht die erforderlichen rituellen Opfer bringen konnte. Wir waren als Familie so innig verbunden, und die Vorstellung, daß Vater unersetzlich sei, war so tief in uns verankert, daß sein Tod fast ein bißchen enttäuschend wirkte. Denn wir überlebten ja den Verlust, gingen sogar unseren Interessen nach. Im Grunde unseres Herzens wußten wir, daß Väter sterben müssen, aber daß der Tod dieses Vaters so wenig Verzweiflung in der Familie auslöste, die tatsächlich in ungewöhnlichem Maße sein Werk gewesen war, deprimierte beide sehr, Mutter wie Sohn. Hinzu kam, daß jeder den anderen verdächtigte, nicht seine volle Trauerschuld zu entrichten; und doch war es uns unmöglich, dem anderen gegenüber dies zuzugeben.

Es gab einen weiteren Grund, weshalb ich, wie meine Freunde fanden, »seltsam gefaßt und gefühllos« auf das reagierte, was mir zugestoßen war. Ich hatte den Tod vorher noch nicht gesehen; und dieser Tod war mir so überraschend leicht erschienen, so vollkommen anders als in meiner Vorstellung oder den Beschreibungen eines langen, qualvollen Sterbens, die ich in Büchern wie Thomas Manns »Buddenbrooks« gelesen hatte, daß ich mit einer Art Erleichterung an ihn denken konnte. Der Gedanke, daß das Hinscheiden für meinen Vater leicht gewesen sein muß, machte den Gedanken an meinen und unseren Verlust zweitrangig.

Daß mein Vater am ersten Weihnachtsfeiertag gestorben war (denn das war sein eigentliches Todesdatum, danach hatte er das Bewußtsein nicht mehr wiedererlangt), bedeutete unter anderem das Ende unseres jüdisch-deutschen Weihnachten. Dieses Fest würde von nun an von Erinnerungen überschattet sein, die es uns unmöglich machten, uns zusammen mit unseren christlichen Nachbarn und Freunden daran zu erfreuen. Da wir diese liebgewonnene Gewohnheit der Posener-Familie ohnehin zunehmend als lächerlich empfunden hatten, waren wir einigermaßen erleichtert, daß uns Vaters Tod von dieser Heuchelei befreite. Vielleicht gaben Empfindungen ähnlicher Art ebensosehr wie das Bedürfnis, das Andenken von Moritz zu ehren, den Ausschlag, jedenfalls leistete die ganze Familie denselben Verzicht. Mit dem Anschwellen der nationalsozialistischen Flut war unsere gute deutsche und die – nun ja – von Wunschdenken getragene christliche Haltung unhaltbar geworden.

Wir nahmen diesen Ausdruck der Loyalität von seiten unserer Verwandten mit Befriedigung, jedoch ohne Überraschung zur Kenntnis, da wir überzeugt waren, daß sie unserem Vater gebührte. Meine Mutter war sogar irritiert, als sie von einer Feier erfuhr, die im Garten ihres Bruders Paul stattgefunden und mit einem singenden Paul und einigen geleerten Gläschen geendet hatte. Es war kein angekündigtes Fest gewesen, die Gäste, Verwandte und Bekannte, waren einfach eines Abends zu Frühlingsbeginn im Garten der Sternstraße aufgetaucht. Die Tage waren angenehm mild geworden, und nun saßen sie da, und Paul fühlte, wie seine Lebensgeister wieder erwachten und sein alterndes Herz erwärmten. Ich bin sicher, daß sich in sein Wohlgefühl auch die Zufriedenheit mischte, daß er, wie meine Mutter es ausdrückte, »hier oben war und Moritz da unten«, denn schließlich war Moritz der gesunde gewesen, von einer überbordenden Vitalität und nicht wenig Verachtung für diejenigen, die sich den Wehwehchen ihres anbrechenden Lebensherbstes hingaben, wie Paul es gern tat. Meine Mutter hatte wahrscheinlich recht, aber die unheimliche Art, mit der sie diese gemischten Gefühle diagnostizierte, machte mich traurig, wenn auch nicht aus den richtigen Gründen. Es hätte mich traurig machen müssen, weil es so deutlich zeigte, daß die existentielle Sicherheit meiner Mutter – womit ich nicht die materielle Sicherheit meine – durch den Verlust ihres Mannes zerstört worden war und sie aus diesem Grunde solche Respektsbezeugungen bei ihren eigenen Leuten einklagen mußte. Das erkannte ich nicht. Statt dessen ärgerte ich mich, weil sie nicht jeden nach seiner Fasson selig werden ließ, daß sie auf ihrem – oder Moritz' – gebührenden Anteil an zeremoniellem Trübsinn pochte, daß sie darauf achtete, ob diese Bezeugungen nicht irgendwo vernachlässigt wurden.

Als es wieder Weihnachten wurde, berichtete ihr das Dienstmädchen von einem Verrat der schlimmsten Sorte: Anscheinend, nein, bestimmt hatte Änny einfach einen Weihnachtsbaum in ihrem Wohnzimmer aufgestellt. Meine Mutter, die sich noch nie hatte beherrschen können, eilte zu ihrer Schwägerin und sagte ihr, was sie von ihr hielt, während sich die Angeklagte unter Tränen mit dem Einwand verteidigte: »Es war doch nur ein klitzekleines Bäumchen!« Der klitzekleine Weihnachtsbaum wurde von nun an für uns zu einer stehenden Redewendung, wann immer jemand einen Prinzipienbruch damit rechtfertigte, daß es nur ein kleiner Prinzipienbruch sei. Fast zwanzig Jahre später noch, in Palästina, kam sie mir angesichts jener »Pazifisten im Grunde ihres Herzens« in den Sinn, die sich dennoch anschickten, Krieg gegen die Araber zu führen. »Aber das kann man doch keinen Krieg nennen«, sagten sie, und ich entgegnete: »Nur ein klitzekleines Weihnachtsbäumchen!«

Anstatt mich ernsthaft nach Arbeit umzusehen, knüpfte ich an meine Erfolge im Architekturjournalismus an. Man empfing mich in den Redaktionen beider Zeitschriften, die ich von Paris aus mit Material versorgt hatte, mit einer Haltung, die ich nur als ehrerbietig empfinden konnte. Obwohl ich meinen Beobachtungsposten im Ausland aufgegeben hatte, bat man mich um Beiträge. Aber ich nahm die neue französische Zeitschrift noch ernster. Die Nachricht von Eugène Cahens Tod erreichte mich zusammen mit der Ankündigung, daß das Projekt nicht fallengelassen würde. Bald darauf erhielt ich von André Bloc, dem neuen Geschäftsführer, das Angebot, als »Korrespondent für Mitteleuropa« zu fungieren, und ich begann sofort, jeden Architekten anzuschreiben, der einen Namen hatte, ob ich ihn nun kannte oder nicht. Ich schrieb natürlich an Poelzig, ich erneuerte meine flüchtige Bekanntschaft mit Mendelsohn, aber ich schrieb auch solchen Riesen der Zunft wie Peter Behrens, den ich noch nie gesehen hatte. Meine Briefe waren reines französisch-deutsches »rapprochement«. Ich sah mich in der Rolle des Vermittlers zwischen beiden Nationen in rebus architectonicis, und meine Briefe atmeten den Geist dieser Mission. Sie waren auf der ganzen Linie erfolgreich. Ich kann mich nicht an einen einzigen Architekten erinnern, der sich weigerte, in der neuen französischen Fachzeitschrift veröffentlicht zu werden. Ich machte auch eine Reihe interessanter neuer Bekanntschaften, wie zum Beispiel mit Behrens, den Brüdern Taut, Hans Scharoun und Adolf Rading, aus denen in den meisten Fällen langjährige Freundschaften hervorgingen. Der Besuch, der mir das meiste bedeuten sollte, war aber der bei Mendelsohn.

Mir gefiel zwar seine Einstellung gegenüber meinem Anliegen nicht, gleichzeitig faszinierte er mich wieder einmal als Mensch. Mendelsohn war, glaube ich, der einzige Architekt, der Bedingungen stellte. Er verlangte, daß er für jedes Photo, für das er eine Abdruckgenehmigung erteilte, einen guten Preis erhielt; außerdem wünschte er meinen Text zu sehen, bevor ich ihn einschickte. Die finanzielle Forderung konnte er leicht begründen. Viele Bilder gingen verloren, sagte er, und er müsse eine große und ständig wachsende Nachfrage an Photos seiner Arbeiten befriedigen. Er sagte dies sichtlich, um mich zu beeindrucken, obwohl ich nicht ganz verstehe, warum er einem Anfänger wie mir imponieren wollte. Wohl aus demselben Grunde hatte er mich ein wenig länger warten lassen, als strenggenommen nötig gewesen wäre, und die erhoffte Wirkung gleich wieder mit der Bemerkung zunichte gemacht: »Gar nicht so einfach, mich zu erwischen, nicht wahr?« Die andere Bedingung fand ich lästig, und ich berief mich auf die Freiheit des Kritikers, worauf Mendelsohn nur sagte: »Sie haben die Wahl: Entweder Sie zeigen mir Ihren Text oder Sie veröffentlichen meine Arbeit nicht: das ist *meine* Freiheit.« Von dieser Haltung ist er nie abgerückt, und ich bin nicht der einzige Kritiker, der unter seiner Vorstellung leiden mußte, den Journalisten als Agenten zu benutzen. Ich bin sicher, daß dies der Grund ist, warum die Würdigungen, die zu seinen Lebzeiten veröffentlicht wurden, so peinlich voreingenommen sind, und wohl auch, warum nach seiner Emigration in die Vereinigten Staaten die befreiten Kritiker in England größtenteils so negativ über ihn schrieben. Bei mir ging er eines Tages sogar so weit, »vollkommene Loyalität und Ergebenheit« zu verlangen. Dieses Maß an Loyalität und Ergebenheit bekam er von seinem Biographen Arnold Whittick, was man nur bedauern kann. Mendelsohn hätte eine vitalere Biographie verdient. Ich entsinne mich an eine Auseinandersetzung, die ich viel später mit ihm hatte, als ich sein Haus für Chaim Weizmann erst in der schweizerischen Zeitschrift *Werk* und dann in einer Fachzeitschrift in Palästina veröffentlichte. Beide Male hatte Mendelsohn es mir durchgehen lassen, daß ich ihm meinen Text vorher nicht gezeigt hatte; doch jedesmal, nachdem er die Publikation gesehen hatte, äußerte er sich ablehnend gegenüber meiner Kritik. »Es gibt Gründe, warum ich die Treppe so und nicht anders gestaltet habe«, sagte er streng, als er meinen *Werk*-Artikel gelesen hatte, »und Sie hätten mich danach fragen sollen. Nun gut, man kann diese Treppe mögen oder es sein lassen. Ein grober Schnitzer ist es aber, daß Sie die Kritik außerhalb Palästinas publik gemacht haben.« Als dieselbe Kritik in dem palästinensischen Blatt erschien, schloß er seine Standpauke mit den

Worten: »Ich hätte es verstanden, solange Sie dieses Detail im Ausland kritisieren. Da hätte es nichts gemacht; aber in Palästina? Hier versuche ich den guten Leuten Geschmack beizubringen, und dann kommen Sie daher und sagen: ›Mendelsohn ist auch nicht gut.‹« Tatsächlich waren das weder meine Worte noch meine Ansichten gewesen. Ich habe nie aufgehört, Mendelsohn zu bewundern, und das Weizmann-Haus ist eins meiner Lieblingsbauten; aber seine Reaktion zeigt, wie wenig er Kritik vertragen konnte.

Gerechterweise muß ich hinzufügen, daß er, wie jeder große Künstler, die Literaten verachtete. Er schrieb mir einmal, er habe nicht die Absicht, auch nur eines seiner Werke von meinem »Gesinnungsschmalz einfetten zu lassen«. Auf der anderen Seite hat er, trotz der Streitereien über die Freiheit der Kritik und die Freiheit, seine Arbeit vor Kritik zu schützen, nie tatsächlich darauf gedrungen, eine Veröffentlichung zurückzuziehen, nicht einmal bei jenen Artikeln aus meiner Feder, bei denen ich mir, wie er ganz genau wußte, wenigstens ein Minimum an Freiheit bewahren wollte. Und obgleich er mich als Angehörigen der Literatenzunft verdammte, mochte er mich offensichtlich als Mensch.

Als ich an diesem Morgen des Jahres 1930 zum ersten Mal in sein Büro kam, erkannte er in mir sofort einen der Studenten wieder, die er fünf Jahre zuvor empfangen hatte. Auch erteilte er mir Ratschläge: »Versuchen Sie zu arbeiten, Herr Posener. Ich werde sehen, was ich für Sie tun kann. Der Architekt denkt nicht mit der Feder, sondern mit dem Bleistift. Wenn Sie allzulange warten, verblaßt die innere Vision. Sie hören auf, Architektur vor Ihrem geistigen Auge zu sehen. Ich habe selber das Gefühl, mich dieser Krise zu nähern.« Ich sagte, daß ich keine Dinge vor meinem geistigen Auge sähe, sondern Musik und Worte in meinem geistigen Ohr hörte. Er warf mir einen aufmerksamen Blick zu und nickte: »Ah«, sagte er, »daran liegt es wohl ...«

Da ich vorhatte, über sein Werk zu schreiben, sprach er offen mit mir über seine Arbeit und sein Leben. Er erzählte mir, daß er bis zu seiner Zwischenprüfung in München nicht studiert, sondern wie in seiner ostpreußischen Heimat weiter gemalt habe; daß er dann seine Studienbögen einem älteren Kommilitonen abgekauft habe, der bereits bestanden hatte. Auch im Hauptstudium habe er sich als schlechter Student erwiesen, bis er von einem Sommerurlaub aus Italien zurückkehrte. »In Rom habe ich die Skizzenbücher von Michelangelo durchgeblättert: Pilaster, Kapitelle und was noch so dazugehört: alles Krakeleien. Das war mir eine Offenbarung. Als der Meister, der alte und berühmte Theodor Fischer, das nächste Mal zu mir ans Zeichenbrett trat, bemerkte er, wieviel schwungvoller und freier meine Arbeit geworden sei. ›Oh‹, sagte ich, ›das läßt sich leicht erklären: Was Michelangelo kann, das kann ich auch.‹« Mendelsohns letztes Projekt an der Hochschule war ein Rathaus für Frankfurt. Fischer betrachtete es, schüttelte den Kopf und meinte: »Nein, Mendelsohn, das ist nicht das Frankfurter Rathaus: Das ist der Bahnhof von Bagdad«, worauf Mendelsohn erwiderte, er sei ja auch ein »Orientale aus Ostpreußen«.

Er zeigte mir Briefe, die er während des Krieges von der russischen Front geschrieben hatte. Sie enthielten frühe Skizzen, die seine Idee frei formbarer Betongebilde ebenso illustrierten wie seine Vorstellung ungebrochener Konturen, die in seinen besten Bauten verwirklicht wurde, nicht zuletzt durch jene Massenanordnung, die er »Schnittkäse« nannte.

Ich hatte genügend Material beisammen, um eine längere Würdigung für *L'Architecture d'Aujourd'hui* zu verfassen, und gemäß unserer Abmachung legte ich sie ihm vor. Er war ausgesprochen großzügig und ließ das Ding im wesentlichen durchgehen. Er hatte seinen Willen durchgesetzt, und nun erlaubte er mir, zumindest bis zu einem gewissen Punkt, meinen durchzusetzen, und so begann unsere bis zum Ende seltsame, ambivalente Beziehung. Ich bewunderte ihn, aber nicht so sehr, wie ihm seiner Meinung nach zustand. Ich fürchtete ihn, obwohl er damals nicht mehr zu vergeben oder zu verweigern hatte als gegebenenfalls die

Zustimmung zu Artikeln über sein Werk. Er faszinierte mich und weckte in mir gleichzeitig Gefühle von Liebe und Haß oder, um es etwas gelassener zu formulieren, von Sympathie und Antipathie, die beide sehr stark waren. Daß er in mir von Anfang an einen Ersatz für den Sohn sah, den ihm die Natur verwehrt hatte, konnte ich damals nicht erkennen. Aber Mendelsohn hatte immer jüngere Anhänger, in die er ein ziemlich hohes Maß an Vertrauen setzte und um deren absolute Sohnestreue er nie aufhörte zu kämpfen. In einigen wenigen Fällen bekam er die rückhaltlose Ergebenheit, die er sich wünschte. In anderen gelang es ihm nie, die Distanz ganz zu überbrücken. Er war von Leuten umgeben, deren Haltung von den unterschiedlichen Abstufungen der Kapitulation ihm gegenüber kündeten, und obwohl unsere Beziehung im Laufe der Jahre enger wurde, bewegte ich mich wohl an der Peripherie dieses Kreises.

Eines ist gewiß: Niemand konnte sich ihm nähern, ohne von seiner Persönlichkeit beeindruckt zu sein. Es ist wahr, daß er bei der Mehrzahl derer, die ihn umgaben, Gefühle der Bewunderung, Zuneigung und Ablehnung zugleich hervorrief. Doch habe ich nie jemanden getroffen, der ihn kannte und ihm gegenüber gleichgültig blieb.

Dennoch war ich mir durchaus darüber im klaren, daß der Journalismus allein, vor allem als Korrespondent einer Zeitschrift, die es noch gar nicht gab, für eine dauerhafte Beschäftigung nicht genug hergeben würde, geschweige denn für die Sicherung des Lebensunterhalts. Immerhin druckte schon die *Vossische Zeitung* erste Artikel von mir. Als meine sentimentale kleine Geschichte über Marie-Odile erschienen war, fuhr ich zum großen Ullsteinhaus, dem Sitz dieser Zeitung und einer beachtlichen Reihe anderer Publikationen, und es gelang mir sogar, den Feuilletonchef für Beiträge über Architektur und verwandte Themen zu interessieren. Wenn die politischen Ereignisse anders verlaufen wären, hätte ich mir im Journalismus, vorwiegend in der Architekturkritik, bei der *Vossischen Zeitung*, ein paar anderen liberalen Tages-

oder Wochenzeitungen sowie bei Fachzeitschriften vielleicht einen Namen machen können. Aber ich erschien zu kurz vor dem Ende auf der Bildfläche. Ohnehin war ich erstaunt über den Empfang, den mir dieser Redakteur bereitete, als ich ihn in seinem Büro aufsuchte. Ein bekannter Schriftsteller war anwesend, ein älterer Jude namens Georg Hermann, dessen im jüdischen Berliner Milieu spielenden Roman »Jettchen Gebert« meine Eltern mit großem Genuß gelesen hatten. Es war ein ausgezeichneter Roman, in der Tradition eines Dickens, trotz der süßlichen Liebesgeschichte, die ich als junger Mann allerdings ungemein ernst nahm. Ich wurde dem großen Schriftsteller mit sehr schmeichelhaften Worten vorgestellt, und er gratulierte mir zu meiner Pariser Skizze. Ich konnte auch einen Blick auf Klaus Mann erhaschen, den etwas peinlichen Sohn des großen Thomas, der mit irgendeiner Beschwerde hereinstürzte und den man mit ein paar besänftigenden Bemerkungen abspeiste: »Aber schau doch, Klaus«, und »Also wirklich, Klaus«. Solch eine Atmosphäre wie in diesem Redaktionsbüro, wo man einander beim Vornamen nannte, war ich überhaupt nicht gewohnt. Noch hatte sich dieser Umgangston nicht durch das Radio mit seinen Diskussionsforen und Fragestunden eingebürgert, so daß ich gehörig beeindruckt war und das Gefühl hatte, nun allmählich »anzukommen«. Ebenfalls beeindruckt war ich von dem Honorar, das man mir für diese kurze Geschichte zahlte, die zu Papier zu bringen mich nicht mehr als einen müßigen Nachmittag gekostet hatte. Ich machte darüber im Redaktionsbüro eine Bemerkung und erntete einen mitleidigen Blick: »Offenbar ist Ihnen der Wert des Wortes nicht ausreichend bewußt!«

Aber der Journalismus würde zum Leben schwerlich genügen, und ich hatte es aufgegeben, nach einer Stelle zu suchen. Daher beschlossen wir, meine Mutter und ich, daß ich meine Freizeit dahingehend nutzen sollte, eine Doktorarbeit zu schreiben. Zuerst hatte ich Einwände. Ein Doktor der Architektur, ein »Dr. Ing.«, schien mir kaum der Mühe wert zu sein. Ich irrte mich, heute würde ich mehr verdienen, könnte ich diesen Titel vor meinen Namen setzen. Da ich nichts Besseres zu tun hatte, erklärte ich mich schließlich bereit, darüber nachzudenken, und machte mich auf die Suche nach einem Thema. Diese Tatsache allein, daß ich mir überhaupt etwas suchen mußte, worüber ich schreiben könnte, anstatt etwas im Sinn zu haben, worüber ich schreiben wollte, und den Doktortitel sozusagen nebenbei mitzunehmen, das machte mich schon wieder wütend. Dennoch versuchte ich mich für das eine oder andere Thema zu interessieren und erwog ernsthaft, über das Entwerfen von Theaterhäusern zu schreiben. Ich besuchte sogar einen Mann, der kurz zuvor ein repräsentatives Werk über Theater und Lichtspielhäuser vorgelegt hatte, Dr. (Ing.!) Paul Zucker, einen intelligenten und kultivierten Juden, der sich freundlicherweise erbot, mir ein paar Tips zu geben. Aber ich verfolgte sie nicht weiter. Denn zu guter Letzt stieß ich auf ein außergewöhnlich interessantes Thema, die Geschichte der Architektenausbildung. Ich ging sogar so weit, den einführenden Absatz meiner Dissertation niederzuschreiben: »Das Ziel dieser Doktorarbeit ist es, aufzuzeigen, daß der Titel ›Doktor der Architektur‹ (ganz zu schweigen vom ›Dr. Ing.‹ des Architekten) Unsinn ist.« Ich war begeistert von dieser kühnen Herausforderung und diesem Paradoxon; aber der Gedanke hinter meiner Theorie war ernst gemeint.

Nach dem, was ich über Muthesius und den Einfluß gesagt habe, den sein Werk und seine Bücher auf mich hatten, überrascht es wohl kaum, daß ich die Entwicklung des Architektenberufs von der Blütezeit des mittelalterlichen Baumeisters zum akademischen Architekten, zum Künstler und Geistesarbeiter als Niedergang und nicht als sozialen Aufstieg behandeln wollte. Ich fand, daß die Architektenausbildung, wie sie zu meiner Zeit praktiziert wurde – eben die Art Ausbildung, die ich gerade selbst erlitten hatte –, von Grund auf falsch war. Ein Architekt sollte nie an einer Hochschule oder Universität lernen, wie ein Jurist oder Altphilologe. Er sei dem Wesen nach Handwerker, ein Mann, der einer praktischen Beschäftigung nachginge, und wenn man ihn in die allgemeine universitäre Gußform preßte, mit Examen, Dissertation, Vorlesungen und so weiter, deformiere man ihn fürs Leben. Wie war es soweit gekommen? Und wann? Welche waren die entscheidenden Schritte gewesen, die zur Auflösung der mittelalterlichen Lehre geführt und den Architekten zum Gelehrten, zum Künstler und zu einem vornehmen Herrn gemacht hatten? Und wie wirkten sich diese Veränderungen auf seine Berufspraxis aus, auf seine Arbeit als Baumeister und Handwerker, was er im Grunde immer noch sei und der zu sein er nie hätte aufhören dürfen? Durch welches Mißgeschick war er – und damit kamen wir der Sache schon näher – in einer derart widersinnigen Institution wie einer »Technischen Universität« mit dem Ingenieur in einen Topf geworfen worden, wenn er doch weder ein Techniker war, in dem Sinne, wie der Ingenieur einer ist, noch ein Gelehrter im Sinne der Universität? Ich neigte damals dazu, alles, was an der Architektur während der letzten drei-, vierhundert Jahre falsch gewesen war, und ganz besonders jeden Klassizismus, jede trockene, imitative, gelehrte Phase in der Architektur dieses Zeitraums, der »Akademie«, wie ich sie nannte, vorzuwerfen. Ich war auch geneigt, ihr alles vorzuwerfen, was an der modernen Bewegung falsch war. Gropius war in meinen Augen ein Erzakademiker. Wie hätte er sonst den Architekten, einen von Grund auf bodenständigen Mann, zu so einem monströsen Philosophen, Pädagogen, Wissenschaftler, Ingenieur, Gesundheitsinspektor und Soziologen verbiegen und verzerren können, wie er es in seinen Schriften über das Bauhaus tat? Die Akademie sei von Anfang an ein Nährboden für den Dilettantismus gewesen, und hier, beim Bauhaus, hätten wir es mit einem Dilettantismus à outrance zu tun; denn hätten die Bauhaus-Leute, wie Gropius, eine klare Vorstellung von dem gewaltigen Umfang des Spezialwissens gehabt, das in jeder einzelnen dieser Disziplinen erforderlich ist, hätten sie für keines dieser Fächer auch nur die geringsten Kenntnisse für sich reklamieren können, und schon gar nicht für alle Fächer zusammen. Hier habe der Dilettantismus seinen allertiefsten Punkt erreicht, und der Architekt entlarve sich als Journalist, Schulmeister und Demagoge. Und dieser Dilettantismus – mit all seinen Auswirkungen und endgültigen Ausprägungen – sei eine direkte Folge der Akademie, wie auch das berufliche Selbstverständnis des Architekten, seine Arroganz, so etwas wie der »Bauberater des Kunden« zu sein, der »Dirigent eines Orchesters niedriger Handwerker«, ein Mann von Rang und Geschäftsmann (obwohl *dieser* Aspekt kaum je zugegeben wurde).

Das Thema ist ein weites Feld, und bedenkt man, daß ich von Anfang an vorhatte, auch Lösungsvorschläge für das Problem anzubieten, muß man einsehen, daß das Ganze ein Lebenswerk geworden wäre – wenn nicht zwei. Auch packte ich es auf die umständlichste Art und Weise an. Anstatt zuerst einmal Bücher wie Martin Briggs' »The Architect in History« zu lesen oder mich über die Geschichte der frühen italienischen Gelehrtengesellschaften und der Académie Française zu informieren, begann ich Hippolyte Taines »Origines de la France contemporaine« zu lesen, das ich mir aus Paris mitgebracht hatte. Kein Werk hätte aufschlußreicher sein können als dieses, um die tiefste und gefährlichste Bedeutung des Klassizismus – und der Akademie – zu verstehen. Jede Seite bestätigte mir meine Meinung und gewährte mir zugleich neue und erstaunliche Einsichten: Wie die Gelehrsamkeit domestiziert und zu einem gesellschaftlichen Zeitvertreib gemacht wurde; wie man versuchte, alles in der einfachsten, allgemeinsten Weise auszudrücken, und dabei die Darstellung besonderer Bedeutungen vermied; wie man es schaffte, mit dem Begriff »la raison«, dem gesunden Menschenverstand in seiner »gemeinsten« Gestalt, und mit der in dieser gemeinen und allgemeinen Vernunftlehre angelegten Gesellschaftslehre den Respekt vor jeglichem besonderen Können, jeder traditionellen Form und jeder Tiefe zu zerstören, bis alles in der platten Demagogie aufging, von der die Reden Robespierres widerhallen: le cœur tendre, la vertu opprimée, les tyrans, la patrie, le genre humain und all die anderen Klischees, banal, süßlich und dennoch hinreichend überzeugend, um eine Gesellschaft zu zerstören.

Diese akademische Säure, die alles zersetzt, was spezifisch ist, und jede geistige Aktivität letztlich auf das Maß eines doktrinären Journalismus reduziert, wird in Taines Opus magnum bloßgestellt, aber das Buch enthält noch viel mehr, und ich war viel zu sehr an seinem Porträt von Robespierre interessiert, seiner Beschreibung von Versailles vor der Revolution, seinen Statistiken über das Leben in der Provinz zur Zeit des Ancien régime, um mein Interesse auf jene Abschnitte seines Buches zu beschränken, die ich vielleicht als sehr allgemeinen Hintergrund für meine Doktorarbeit hätte verwenden können. Auch ermüdete ich schnell, und nachdem ich vielleicht eine Stunde auf dem Sofa gelegen hatte, fand ich, daß es an der Zeit sei, einen kleinen Spaziergang im Dahlemer Park zu machen oder einen Freund zu besuchen. Dies, verbunden mit meiner ungemein langsamen Lesegeschwindigkeit, machte aus den ein oder zwei Lebenswerken, die ich mir vorgenommen hatte, eher gute zwanzig, und das war mir schon in einer frühen Phase bewußt, obwohl ich mir ständig einredete, daß ich arbeitete, wenn ich auf meiner Couch lag und zum fünften Mal vollkommen hingerissen war von den letzten, bedeutungsschwangeren Worten im Porträt des Robespierre: »Et, du cuistre, sort le bourreau.« Um die Wahrheit zu gestehen, hat mich diese Dissertation einige Jahre beschäftigt, und trotzdem habe ich »Les Origines« bis heute nicht ausgelesen. Ich habe das Buch vor kurzem wieder einmal zur Hand genommen, war wieder verzaubert und legte es am Ende wieder zur Seite, obwohl ich es diesmal ohne weitergehende Absicht las.

Ich habe die Freunde erwähnt. Ich fand sie alle wieder; aber mit den einen war es leichter, mit den anderen schwerer, den Kontakt zu erneuern. Oftmals machte ich es mir selber schwer, wenn ich von ihnen die Anteilnahme erwartete, die mir, wie ich fand, nach allem, was geschehen war, zustand. Von Helene Krause bekam ich sie nicht und hätte sie nicht erwarten dürfen. Lene war von den Rothschilds entlassen worden, ich weiß nicht genau, ob durch meine Schuld. Indirekt hatte ich sicherlich Anteil daran; denn wenn sie frech, und zwar reizend frech gewesen war, bevor unsere Affäre sich entwickelt hatte, war sie hinterher regelrecht unverschämt und aufsässig geworden, so daß Madame Rothschild, die es lange mit ihr ausgehalten hatte, ihr schließlich kündigen mußte. Vorher war sie proper gewesen, jetzt war sie fett, anmaßend und gewöhnlich. Ich bildete mir immer noch ein, sie zu lieben, und wir wurden wieder intim, obgleich nicht mehr so oft wie früher. Ich entsinne mich, wie sie mich einmal, als ich krank war, zu Hause zu sehen wünschte. Sie war natürlich nie in der Villa in Dahlem eingeführt worden, doch nun bat ich meine Mutter unvernünftigerweise, ihr einen Besuch zu gestatten, und machte eine Szene, als meine Mutter sagte, das käme überhaupt nicht in Frage, wobei sie sich ihres Lieblingsausdrucks bediente: »Ich würde nicht einmal im Traum daran denken.« Am Ende wurde ein schmerzlicher Kompromiß erzielt, nachdem ich meiner Mutter Snobismus vorgeworfen und mich als Sozialist aufgespielt hatte. Lene durfte mich besuchen, aber nur, wenn alle anderen aus dem Haus waren, und auch dann nur im Wintergarten, der nicht als Teil des eigentlichen Hauses galt. Ich fand das erniedrigend, und Lene ebenfalls, und beide verfluchten wir »diese Spießbürger«, doch ich hielt mich an die merkwürdige Vereinbarung.

Diese Auseinandersetzung nutzte ich, um meiner Forderung nach einer eigenen Wohnung in der Stadt Nachdruck zu verleihen. Es war nicht gerade die taktvollste Art und Weise, diese Forderung zu stellen. Ich hätte auch sagen können, daß ich gern ein Zimmer haben wollte, in dem ich arbeiten könnte, ohne nachts wieder nach Hause fahren zu müssen. Doch meine Mutter war ziemlich aufgeschlossen, was meine körperlichen Bedürfnisse betraf. Was sie viel mehr störte, war die Tatsache, daß ich das Haus zu verlassen wünschte, wenn auch nur vorübergehend, »das Haus, das wir Eltern erst vor kurzem gebaut haben, in erster Linie zu eurer Bequemlichkeit«. Auch das war ein falsches Argument, und es entspann sich ein hin- und herwogender, zäher Kampf. Am Ende bekam ich mein Zimmer, zwei Zimmer sogar, leerstehende Räume im Seitenflügel des Hauses, in dem ich zur Welt gekommen war und wo Rothschild, Klaus Müller-Rehm und ich zusammen vor unserem Hauptexamen gearbeitet hatten. Diese Räume bildeten sogar eine kleine abgeschlossene Wohnung. Ich hatte meinen eigenen Waschraum mit Toilette, und ich kaufte mir einen Elektrokocher, auf dem ich einfache Mahlzeiten für mich und meine Freunde zubereitete. Es gefiel mir dort sehr, besonders der Blick auf den alten Garten, der sich seit der Zeit, als das noch ein Haus des »alten Westens« gewesen war, der Zeit meiner Geburt, nicht verändert hatte. Durch eine Dachluke und über eine Eisenleiter konnte man auf das Flachdach steigen, auf dem wir wunderbare Sommerpicknicke veranstalteten. Ich nahm meinen Taine mit nach oben und fuhr fort, an meiner Dissertation zu »arbeiten«.

Zwischen Hansjochen und mir herrschte seit unserem Frankreichurlaub, der unter einem schlechten Stern gestanden hatte, eine gewisse Entfremdung. Und obwohl unser jeweiliger schmerzlicher Verlust dazu beitrug, uns einander wieder näherzubringen, wirkte mein Treiben mit Lene dem wieder entgegen. Hansjochen hielt es eines Tages für nötig, mir mitzuteilen, daß meine Freunde sich fragten, ob es ihnen nicht bald schwerfallen würde, mich vollends zu verstehen – was bei Hansjochen schon das Äußerste an Mißbilligung bedeutete.

Die merkwürdigste Begegnung fand mit Haacke, meinem geliebten Lehrer, statt. Ich hatte während meiner Studientage immer den Kontakt mit Haacke gehalten, und so ging ich, aus Frankreich zurückgekehrt, ihn nun besuchen. Natürlich hatte ich ihm regelmäßig von dort geschrieben, und vielleicht hatte einer dieser Briefe bewirkt, daß er seinen Schüler in einem anderen Licht sah. Ich hatte mir nicht verkneifen können, ihm aus Frankreich einen ganzen Stapel Postkarten von Kirchen mit sehr spitzen Türmen zu schicken, zum Beispiel von der Kreisker-Kathedrale in der Bretagne. Haacke hatte uns in der Schule erzählt, nur die Deutschen mit ihrer »himmelstürmenden Begeisterung« seien in der Lage gewesen, sich den Spitzturm auszudenken, jenen vollendeten Ausdruck gotischer »Jenseitigkeit«, während die Franzosen, obwohl sie zugegebenermaßen die Mathematik erfunden hätten, die der Struktur der Gotik zugrunde lag, immer maßvoll, zahm und erdgebunden geblieben seien. »Es bedurfte der Deutschen«, sagte er, »um den konsequenten Schluß aus der logischen französischen Erfindung zu ziehen!« Darum hatte ich ihm die Karten von französischen Kirchtürmen geschickt, die so spitz und himmelstürmend waren, wie irgendein Teutone sich nur wünschen konnte. Ich hatte mir damals nicht eingebildet, daß er diese anschaulichen Gegenbeweise begrüßen würde. Er war äußerst herzlich, als wir uns nach meiner großen Auslandsreise wiedersahen, und seine kleine Gattin schüttelte mir so fest die Hand, daß ich schon befürchtete, sie würde sie mir abreißen. Es gab Tee und einen von Madame Haackes trockenen englischen Kuchen. Haackes Gesicht war voller Lachfältchen aus Freude über unser Wiedersehen, und als wir uns dann in seinem Wohnzimmer in bequemen Sesseln niederließen, wo wie immer die Bücher und Artikel seines wißbegierigen Lebens in wüster Unordnung herumlagen, diskutierten wir. Haacke, der damals Materialien zu einem Beitrag für ein neues Schulbuch für den Geschichtsunterricht sammelte, erzählte mir, er habe die Vorgeschichte des Krieges studiert und Beweise gefunden, die ganz klar den zweideutigen, ja zweifelhaften und sogar schuldigen Part aufzeigten, den Frankreich auf dem Weg in die Katastrophe gespielt habe. »Das ist ohne jeden Zweifel wahr, Marquis«, sagte er. »Ihnen als Franzose wird das vielleicht nicht schmecken.« – »Mir als Franzose?« Ich war vollkommen verblüfft, und das Blut schoß mir ins Gesicht. »Die Tatsache, daß ich einige Zeit in Frankreich gelebt habe, mir Land und Leute gefallen haben und ich gewisse Mißverständnisse, mit denen ich aufgewachsen bin, revidieren mußte, macht mich doch wohl nicht zum

Franzosen«, gab ich zurück. Er murmelte kleinlaut irgend etwas in dem Sinne, so habe er es nicht gemeint, aber die Bemerkung blieb mir im Gedächtnis haften. Glaubte er, daß ich, als Jude, mich so mühelos von dem Deutschen, der ich war, in etwas anderes verwandeln konnte? Ich wußte, daß Haacke von Antisemitismus nie ganz frei gewesen war. Die Art und Weise, wie er einmal meinen Vetter Manfred beschrieb, den Bruder von Ulla Philip, der zufällig auch sein Schüler war (übrigens durch meinen Einfluß: Manfred war an diese Schule gegangen, weil sie mir so sehr gefiel), machte dies ziemlich deutlich. »Rein intellektuell«, nannte er ihn, »ohne jede Tiefe und Seele«. Und daraufhin gestand er mir, daß ich, Julius Posener, der einzige Jude sei, den er kannte, der die Kultur Deutschlands vollkommen, mit Intellekt *und* Geist aufgenommen habe, unbehindert von jener Tendenz zum »reinen Denken« – anstatt zum Denken *und* zum Fühlen –, die den Juden im Weg stünde, selbst den Juden, die sich um ein echtes Verständnis bemühten. Es war ein Antisemitismus, der vom Pöbelhaften weit entfernt war, der geistig, aber trotzdem Antisemitismus war; und nun, da ich mich so leicht als Franzose abgeschrieben sah, wurde mir klar, daß nicht einmal mein Beispiel eine Änderung bewirken konnte. Ich war ein wenig pikiert. Ich hätte Haackes Antisemitismus, wie durchgeistigt er auch sein mochte, gern durch mein Beispiel widerlegt. Ich blieb verwirrt und verletzt.

Ludwig hatte es so eingerichtet, daß er sich eine Arbeit in Berlin suchte, um zu Hause wohnen zu können. Er fand, weder ich noch Karl seien die passendste Gesellschaft für unsere Mutter; er ging sogar so weit, dies eines Tages laut zu sagen: »Ich weiß nicht«, brummte er, »diese Dame – ich bin der einzige, der das notwendige Verständnis für sie hat.« Und er hatte recht. Karls enge Beziehung zu »jenem Mädchen« paßte meiner Mutter nicht, und Karl ergriff in den Streitereien, die sich daraus ergaben, natürlich Partei für seine zukünftige Frau. Ich selbst fühlte mich ans Haus und an Berlin gefesselt, wo ich zumindest im Augenblick für meine Arbeit keine Zukunft sah. Beide waren wir von unserer Unsicherheit ganz in Anspruch genommen. Ich war frustriert, und Karl war krank.

Karl hatte den Schaden nie ganz überwunden, der ihm im Krieg zugefügt worden war. Lilo nahm sich seiner nervösen Störungen so erfolgreich an, daß selbst unsere Mutter dies anerkennen mußte. Aber diese Tatsache spitzte den Konflikt zwischen der zukünftigen Schwiegermutter und Schwiegertochter noch mehr zu. Gerade weil sie die Frau gerechterweise nicht als wertlos abtun konnte, litt Mutter unter dieser unpassenden Liaison ihres ältesten Sohnes doppelt. Karls körperliche Probleme rührten immer noch von dem Granatsplitter her, der ihn am Anfang seines Kriegsdienstes in Posen in den Rücken getroffen hatte. Sie waren nie richtig behandelt worden. Die Folge war ein chronisches Nierenleiden, für die sein Lebenswandel als junger Internist nicht gerade die beste Medizin war. Andererseits weigerte sich Karl, sich selbst als Patienten zu sehen, genauer gesagt, er weigerte sich, wie ein Patient behandelt zu werden. Er war sich seines Gesundheitszustands durchaus bewußt und machte auch keinen Hehl daraus, daß er starke Schmerzen litt, aber er wollte sich partout nicht helfen lassen. Einige Jahre nach der Zeit, die ich hier beschreibe, boten ihm Ludwigs Schwiegereltern, die sehr wohlhabend waren, eine Summe Geld an, als Darlehen zu großzügigen Konditionen. Er sollte ein halbes Jahr pausieren und einen langen Urlaub in Ägypten verbringen, einem Land mit einem für Nierenleiden besonders günstigen Klima. Karl lehnte ab. Er sagte, er habe zuviel zu tun, er habe die Absicht, seine Zukunft als Arzt und Wissenschaftler auf ein solides Fundament zu stellen, kurzum, »im Moment« könne er gerade unmöglich aufhören. Dieses »im Moment« wurde zur stehenden Redewendung, nie schien er Zeit zu finden, sich um sich selbst zu kümmern. War ihm vielleicht schon vor allen anderen klar, daß sein Leiden nicht kuriert werden konnte? Aber stimmte das überhaupt? Wäre es nicht doch heilbar gewesen, wenn er nur zu einem relativ frühen Zeitpunkt diesen notwendigen Urlaub genommen hätte? Hans Rosenberg, sein bester

Freund, war dieser Ansicht. Wenn Karl es mit dem, was er sagte, wirklich ernst meinte, daß nämlich sein beruflicher Ehrgeiz ihn von dem Versuch abhielt, gesund zu werden, dann war sein Fall im Licht der kommenden Ereignisse besonders tragisch: Seiner Zukunft als Arzt bereiteten drei Jahre später die Nazis ein Ende. Doch die Gründe für seine permanente Grausamkeit gegen sich selbst waren komplex. Als ich ihn einmal stark bedrängte, sich Zeit für die Behandlung seines Leidens zu nehmen, antwortete er: »Stell dir einen Mann vor, der jede Nacht träumt, er wird hingerichtet. Diese Zwangsvorstellung nimmt er auch nach Ägypten mit, oder Timbuktu. Eine Luftveränderung würde daran nichts ändern.« Das war, bevor Lilo ihn weitgehend von seinen Zwangsvorstellungen befreit hatte. Aber von allen hatte sie ihn nicht befreien können. Man könnte sogar sagen, daß im Gegenteil ein gemeinsames Leiden neurotischer Natur ein starkes Band zwischen ihnen schuf. Vorübergehend waren sie beide in Therapie, die aber, anstatt die Last von ihnen zu nehmen, beide Patienten in eine noch intensivere Beschäftigung mit ihrem Leiden stürzte. Wie tief Karl vom Tod unseres Vaters getroffen war, habe ich schon angesprochen. Ludwig hatte recht, wenn er sagte, Karl sei keine Stütze für meine Mutter. Und sie brauchte doch dringend eine Stütze. Was mich betraf, so muß dem Leser dieses Berichts klargeworden sein, daß ich dafür weder die nötige Kraft noch Liebe besaß.

Also war Ludwig zurückgekehrt. Er hatte eine Lehrerstelle in einer Schule am anderen Ende von Berlin gefunden, aber er bestand darauf, zu Hause zu wohnen. Er holte sein altes Fahrrad heraus und fuhr jeden Tag zehn Kilometer hin und zehn zurück. Die Stelle entsprach eigentlich einer etwas höheren Rangstufe, als sie einem zustand, der gerade erst seine Ausbildung abgeschlossen hatte, und beim Einstellungsgespräch hatte der Direktor auch den Einwand gemacht, daß er doch recht jung sei. »Ich kann Ihnen versichern, mein Herr«, hatte Ludwig geantwortet, »daß dieser Fehler im Lauf der Zeit korrigiert werden kann.« Ich glaube, daß er seine Anstellung mehr dieser Schlagfertigkeit als seinen ausgezeichneten Leistungen verdankte.

Er hatte, wie ich, die Beziehungen zu all seinen alten Freunden erneuert und eine neue Bekanntschaft gemacht. Lotte Neumann war ein jüdisches Mädchen aus guter Familie, vollkommen selbstbewußt und ausgeglichen und an ein Leben gewöhnt, in dem Sorglosigkeit und Sicherheit etwas Selbstverständliches sind. Ihr Vater war ein angesehener Anwalt, ein Mann von immensem Wissen, einer jener Menschen, deren hoher moralischer Standard offenkundig ist, ohne daß sie ein Wort darüber verlieren müssen. Gleichzeitig war er ein wenig pedantisch, zögerlich, heikel. Seine lebhafte und sozial engagierte Frau Lily stammte aus einer Familie reicher böhmischer Fabrikanten. Sie besaßen eine Papiermühle in Krumau, einer kleinen und sehr charmanten Stadt in Böhmen. Es war eine dieser Familien, die in jeder Generation bemerkenswerte Frauen hervorbringen. Lily Neumanns Mutter, die »Ommi« Spiro, war selbst noch im Alter eine gebieterische Person. Wenn sie an ihrem Stock durch die Stadt Krumau spazierte, die ihre Prosperität allein der Papierfabrik der Spiros verdankte, trat sie auf wie eine Prinzessin. Sie wurde von jedem gegrüßt und nahm diese Begrüßungen mit einem langsamen und recht majestätischen »Grüß Gott« entgegen. Sie war klein und gedrungen, mit einem Quadratschädel, in dem das Auffälligste ihre wunderbar herzlichen und lebendigen Augen waren. Ihr Stil war der einer großen Dame, ein Stil, der jetzt ausstirbt. Lily selbst war, ohne ganz das Ehrfurchtgebietende von Ommi zu erreichen, erstaunlich stark, warmherzig und ebenfalls eine eindrucksvolle Frau. Tochter Lotte hatte von der Ommi den Kopf und die Figur sowie jene bewundernswerte Mischung aus Sensibilität und Stärke geerbt, die dieser Familie offenbar im Blut lag. Sie besaß den Geist und den Intellekt eines Mannes und war zugleich sehr feminin. Von alledem nahm ich jedoch nichts wahr. Alles, was ich bei jenem Spaziergang im Dahlemer Park registrierte, als Ludwig mich seiner neuesten Freundin vorstellte, war ein ziemlich stämmiges und, wie ich damals fand, reizloses Weibsbild, das ausgezeichnete Manieren hatte und gut gekleidet war. Daß irgend etwas anderes als eine Kameradschaft unter Kommilitonen zwischen den beiden existierte, erkannte ich nicht. Gegen seine sonstige Gewohnheit verschwieg mir Ludwig die Details seiner Beziehung. In diesem Frühling fuhr er nach Prag, um an einem Physikerkongreß teilzunehmen, und nach seiner Rückkehr erwähnte er beiläufig, daß Lotte Neumann auch dort gewesen sei. Sie hatte ihm Prag gezeigt, das sie natürlich gut kannte, und die Stadt hatte ihn ungemein beeindruckt. Er konnte ausführlich über Prag berichten und zeigte mir Bilder von der gotischen und barocken Architektur. Beiläufig erwähnte er auch, daß er im Mondschein mit Fräulein Neumann auf dem Hradschin gewesen sei. »Oh«, sagte ich, »mit Fräulein Neumann ...« Ich ging nicht so weit zu sagen: »Ach, mit der!« Aber gemeint habe ich es so.

Eines Tages erschien Ludwig leicht humpelnd an der Tür, er schob sein Fahrrad und blutete überall. Er rief mich und bat mich darum, diskret sein Jackett verschwinden zu lassen, das zerrissen und blutverschmiert war. Um meinen Fragen zuvorzukommen, sagte er: »Ich hatte eine Auseinandersetzung.« So sah er auch aus. Im vornehmen Vorort Grunewald, der auf seinem Heimweg von der Schule lag, hatte er einen anderen Radfahrer getroffen, genauer gesagt, war in ihn hineingefahren, und es hatte den üblichen Austausch von Höflichkeiten gegeben. Irgendwann hatte der andere Kerl Ludwig gefragt, ob er einen Kampf wünsche, und Ludwig hatte ja gesagt. Das war mutig von ihm, aber unüberlegt. Der andere Mann war ein Boxertyp der Mittelgewichtsklasse, und das Ergebnis war, daß Ludwig mit einer gebrochenen Nase im Rinnstein landete. Daß er es schaffte, sich selbst und sein Fahrrad über eine Strecke von gut dreieinhalb Kilometern nach Hause zu befördern, spricht für ihn. Es gelang ihm auch noch, sich einigermaßen sauberzumachen, bevor er sich ins Bett legte, um sich in einem Zustand zu präsentieren, der unsere Mutter nicht allzusehr erschrecken würde. Der Arzt kam und richtete das gebrochene

Nasenbein. Ludwig hatte eine leichte Gehirnerschütterung und Fieber, und Fräulein Neumann, mit der er eine Verabredung gehabt hatte, wurde informiert, daß er sie nicht einhalten könnte.

Als ich eine Stunde später aus meinem Zimmer nach unten kam, fand ich meine Mutter auf einem Stuhl sitzend in Ludwigs Zimmer vor, dazu einen im Bett liegenden, grinsenden Ludwig und Fräulein Neumann, ebenfalls auf einem Stuhl. Meine Mutter machte ein vollkommen bestürztes Gesicht, es bedurfte keiner weiteren Fragen: »Da haben wir's«, sagte sie mit etwas tragischem Unterton. »Was denn?« fragte ich. »Nun«, sagte sie, »da haben wir's: Sie sind verlobt.« Ich setzte mich auf den Tisch, der mitten im Zimmer stand, und sagte nichts. Nach einer Weile beglückwünschte ich die beiden. Man hätte nicht gedacht, daß es der Anfang einer lebenslangen Freundschaft sein sollte. Genaugenommen stimmt das auch nicht: Unsere Freundschaft begann nicht hier, sondern einige Wochen später, als sie mir während einer Abendgesellschaft im Haus ihrer Eltern bei Lachs und Weißwein eine köstliche, dreckige kleine Geschichte erzählte. Es war eine dieser dreckigen Geschichten, die gut sind, weil es bei ihnen nicht bloß darauf ankommt, daß sie vom Bordell, vom Bett oder vom Geschlechtsakt handeln, sondern auf die Absurdität der Situation. Sie konnte sich nicht verkneifen, mir diesen Witz zu erzählen, und schüttelte sich vor Lachen. Da sah ich sie erstmals mit anderen Augen. Nebenbei war es keine Berechnung, obwohl es überaus klug von ihr gewesen ist: Wer gemeinsam lacht, gewinnt des anderen Vertrauen, man gehört zur selben Partei.

Während der folgenden Besuche, bei denen sie den weiteren Mitgliedern meiner Familie vorgestellt wurde, haben wir häufig zusammen gelacht, herzlich und hemmungslos. Merkwürdigerweise zeigten sich die Leute, von denen man geglaubt hätte, daß sie sich bemühen würden, einen guten Eindruck auf den Neuankömmling in der Familie zu machen, durch die Bank von ihrer peinlichsten Seite. Onkel Paul war großspurig und präsentierte ihr die unvermeidliche Orchidee aus seiner riesigen Sammlung mit seinem üblichen Gehabe, ein unverdientes Kleinod zu verleihen. Allerdings muß ich sagen, daß er von unserem Haufen noch die beste Figur machte. Seiner pompösen Art fehlte nie die Würde; und mit einer jungen Dame konnte er galant sein und war es Lotte gegenüber auch. Mein Vetter Ludwig Oppenheimer dagegen hatte gerade seine Leidenschaft für die Astrologie entdeckt. Ernst, die breite Stirn im Bemühen gerunzelt, Konversation zu machen und zu gefallen, fragte er Lotte nach ihrem Geburtsdatum und kniff dann, nachdem sie es ihm gesagt hatte, angestrengt die Augen zusammen. Dann begannen sie hinter den Brillengläsern zu leuchten, und er stieß ein einziges Wort hervor: »Krebs!« Das machte Lotte zunächst sprachlos und ließ sie später, als sie mit uns Brüdern allein war, in schallendes, heiteres Gelächter ausbrechen. Ludwigs Mutter, meine Tante Martha, bedrängte Lotte ebenfalls mit einem liebgewonnenen Hobby, dem Radio, das damals eine relativ neue Sache war. Martha war eine wirklich musikalische Person, obwohl ihr Klavierspiel und Gesang uns Neffen stets so erschien, als wolle sie unsere Mutter karikieren. Meine Mutter spielte mit eiserner Disziplin und behandelte das Klavier, besonders bei Beethovens letzten Sonaten, wie ein Dirigent sein Orchester behandelt; aber sie konnte Chopin, Brahms und Schubert auch mit einer Verträumtheit und schwebenden Zärtlichkeit spielen, wie ich sie sonst nie gehört habe. Martha heischte nach Effekten und übertrieb; sie suchte sich Stücke aus, die »wie Wellen« klangen, und ihr Gesang war von einem unangenehm dünnen Tremolo geprägt. Die Persönlichkeiten der beiden Schwestern zeigten sich in ihrem Vortrag. Dennoch war Martha ohne Zweifel zutiefst musikalisch. Das hinderte sie nicht daran, ihr neues Spielzeug, das Radio, wie eine Trickkiste vorzuführen. Sie fummelte an den Knöpfen herum und strahlte: »Rom!«, und anstatt uns nun die erklingenden Töne einer Verdi-Oper hören zu lassen, drehte sie weiter und rief »Paris!« und »Mailand!« und »Prag!«, immer wieder die wundersame Wirkung heraufbeschwörend, mit der so fernen Welt kommunizieren zu können. Ein Adagio von Mozart schwoll an, feierlich und ruhig, nur um sogleich wieder von einer jähen Kaskade Jazz oder der Stimme eines Professors vertrieben zu werden, der in spanischer Sprache über Wirtschaft dozierte. »Barcelona«, sagte Tante Martha und schüttelte bewundernd den Kopf.

Es bedurfte einer Stunde geduldiger Erklärungen, als wir wieder allein waren, bis Lotte einsah, daß sie wirklich *nicht* in einem Irrenhaus zu Gast gewesen war. Der Eindruck blieb jedoch haften und erwies sich als bleibend. Die Ursache für diese hemmungslos lächerliche Vorstellung war zum Teil der Stolz der Oppenheims. Lotte Neumann war zwar sicherlich akzeptabel, ziemlich akzeptabel jedenfalls; aber sie war nicht »eine von uns« und konnte dankbar sein, diese Vorführung unserer Vortrefflichkeit erhalten zu haben. Doch Lotte hatte bessere Manieren – trotz der Geschichte, die sie mir beim Lachs erzählt hatte – als eine ganze Bande von Oppenheims zusammengenommen, und war sich, wie ich fürchte, darüber vollkommen im klaren, wie auch Ludwig, der nach und nach gutes Benehmen von ihr lernte und dem Gelernten bald ein Gefühl der Überlegenheit hinzufügte. Zumindest hatte er eingesehen, daß wir Poseners über keine nennenswerten Umgangsformen verfügten: er schon, ich aber nicht. Natürlich hatte er vollkommen recht. Gleichwohl war und blieb sein Verhalten insofern pubertär, als er jeden neuen Einfluß schnell, und allzu schnell, übernahm. Er lieferte sich neuen Einflüssen bereitwillig aus und blickte dann auf die anderen herab, die nicht dieselbe Erfahrung gemacht hatten. Dies erwähne ich und erwähnte es auch damals – sehr am Rande: Seitdem ich Lotte selber entdeckt hatte, wurde meine Bewunderung und Treue gegenüber Ludwig beträchtlich gefestigt. Klug zu lieben und klug zu heiraten ist eine seltene Gabe. Auch Ludwig hatte, wie wir alle, früher unklug geliebt. Als er jedoch die wichtige Entscheidung treffen mußte, handelte er schnell, diskret und erwachsen. Ein wenig später, als er schon verheiratet war, drückte er es mir gegenüber so aus: »Eine Ehefrau«, sagte er, »muß eine gewisse Größe haben. Schließlich besitzt sie unsere Mutter auch.«

Dem gutbürgerlichen Vorbild entsprechend, heirateten sie erst im November jenes Jahres 1930. In der Zwischenzeit hatte ich Berlin wieder verlassen, um nach Paris zu gehen. Ich konnte es ruhigen Gewissens tun, da ich Ludwig an Ort und Stelle wußte. Ein Brief eines Freundes von André Lurçat hatte mich erreicht. Jean-Charles Moreux suchte einen Entwurfszeichner, und auf Lurçats Empfehlung hin lud er mich ein, bei ihm anzufangen.

KAPITEL 23

Absolute Architektur

Ich kam im Frühling 1930 in Paris an und lief mit stolzgeschwellter Brust die Rue du Faubourg St. Denis entlang. Ich hatte eine Stelle, ich fühlte mich wie ein Eroberer. Paris lag mir zu Füßen. Ich nahm mir eine kleine Dachstube im Kutscherhotel gegenüber der großen Plaza Athéné, in der Avenue Henri VIII. Das Haus befand sich direkt gegenüber vom Théâtre des Champs-Elysées, dem schönen Perret-Bau, und ich konnte jeden Abend zusehen, wie die eleganten Wagen vorfuhren und später in der Nacht wieder verschwanden. Es war Mai, die Kastanien standen in voller Blüte, und im Hinterhof des kleinen Hotels, einem tiefen, geschlossenen Schacht, der vom Hof nebenan durch ein riesiges, glyzinienbehangenes hölzernes Spalier getrennt war, blühte der Flieder.

Das Haus war alt, Mitte des neunzehnten Jahrhunderts gebaut, mit den üblichen Balkontüren in jedem Zimmer und Holzjalousien. Ich glaube, ich habe die Adresse über ehemalige Kommilitonen erhalten, die sich dort in den anderen Dachzimmern eingerichtet hatten, und bald pflegten wir engen geselligen Umgang miteinander. Zum Abendbrot kauften wir französische Baguettes, die langen »flûtes«, Wurst, Sardinen, Gurken, Tomaten und das obligatorische »quart de rouge« und verzehrten es, auf dem Bett sitzend, in einem unserer Zimmer, während wir die große Vorfahrt der Autos gegenüber beim Théâtre beobachteten. Dort führten sie eine Komödie von Giraudoux auf, »Amphitryon 37« (es hieß so, weil es das siebenunddreißigste Stück dieses Namens war), wunderbar gespielt von Mademoiselle Tessier und dem unvergeßlichen Jouvet. Zum ersten Mal betrat ich das noble Foyer mit seinen weiten Bögen und schwungvollen Treppen und dem kreisrunden Auditorium, das an die französische Tradition des achtzehnten Jahrhunderts anknüpfte. Von einer der Galerien schaute eine Porträtbüste Auguste Perrets auf die festliche Versammlung hinab.

Zu meinen Mitbewohnern im Hotel gehörte ein Mann namens Mau, ein etwas hitziger junger Deutscher mit prophetischen Neigungen – damals gab es viele von der Sorte –, der die verächtlichsten Ansichten über unsere Kunst unverblümt aussprach. Ein anderer war Adolf Drexler, den ich noch vom »Arbeitskreis der Neuen Form« kannte. Drexler war ein ungarischer Jude mit einer breiten Nase, aufgeworfenen Lippen, spitzen diabolischen Brauen über schweren Lidern und braunen, zutiefst melancholischen Augen. Seine breite Stirn zierte eine gewaltige schwarze Haartolle. Auch er hatte sehr entschiedene Ansichten über unsere Kunst, und zwar widersprach er allem, was Herrn Mau lieb und heilig war. Bei ihren heftigen Diskussionen kam ich mir vor wie Goethe: »Prophete rechts, Prophete links, das Weltkind in der Mitten.« Ich ergriff mal für diesen, mal für jenen Partei. Maus Ideen und seine Person fand ich ziemlich abstoßend; aber es war auch gar nicht einfach, einen gemeinsamen Nenner mit Drexler zu finden, weil er kein bißchen weniger dogmatisch war als der Deutsche und viel weniger wortgewandt. Wenn wir zum Beispiel durch die Säle des Louvre spazierten, blieb Drexler voller Bewunderung vor einer von Paulus Potters Landschaften mit Kühen stehen und schwärmte: »Ah, z... z... zu herrlich ... hier haben wir einen Mann, der sagt: So ist die Welt, eine Wiese mit Dingen wie Kühen, die darauf weiden, mit großen Kühen, sonst gar nichts, z... z... ah, ich sage Ihnen, Posener, das ist das beste niederländische Gemälde!« – »Das beste, Drexler?« – »Das beste!!!« Und man hatte es zu akzeptieren. Mau kam dazu, brummte etwas über alberne, bürgerliche Kühe, und was denn mit Rembrandt sei, aber Drexler beharrte darauf, es – sei – das – beste – niederländische –

Gemälde, und damit hatte es sich. Dann zog Mau verärgert ab, und ich wandte mich wieder Drexler zu: »Aber warum? Sagen Sie mir, warum? Mit ein paar Geräuschen wie ›z... z... ah, tja ...‹ ist es doch nicht getan!« Drexler wußte auf diese taktlose Kritik nichts zu erwidern, sondern warf mir nur einen tieftraurigen Blick zu und wiederholte nochmals seufzend, was er vorher gesagt hatte.

Und warum ging ich nicht allein in den Louvre? Warum fuhren wir fort, uns zu streiten und einander zu verletzen, unsere frugalen und köstlichen Mahlzeiten auf dem Bett einzunehmen, auf den Strom der Theaterautos hinunterzublicken und die Dinge, die wir sahen, zu diskutieren – und zu genießen? Was mich betrifft, so ist das leicht zu beantworten: Ich liebte Drexler. Ich wußte auch, wieviel ich von ihm lernen konnte und wie sehr ich von seinen tiefen und leidenschaftlichen Einblicken profitierte. Die längste und erbittertste Diskussion führten wir nach einem gemeinsamen Besuch in der Villa Savoye, die damals noch brandneu und schon wieder weitgehend unbewohnt war. Wir fuhren mit der Bahn zu dem kleinen Ort Poissy an der Seine, einer gottverlassenen Kleinstadt, die so wüstenhaft und verdreckt war, daß sie genausogut in Nordafrika hätte liegen können, die aber trotz allem über eine der schönsten frühgotischen Kirchen der Ile de France verfügte. Wir besichtigten diese Kirche und bestaunten sie gemeinsam. Soweit ging alles gut. Dann liefen wir die steile Straße bis zum Hügel hinauf, wo, wie wir wußten, Le Corbusiers letzte Kreation zu finden war. Bald erreichten wir das weite, verwahrloste Grasland, wo das Ungetüm auf seinen dünnen weißen Beinen stand, vielmehr rannte, wie es schien, ein großer weißer Würfel, der von seinem durchgehenden »fenêtre en longueur« zerschnitten wurde. Das war zweifellos auf andere Weise beeindruckend als die kleinen Villen, die ich ein Jahr zuvor in Auteuil gesehen hatte.

Als wir uns näherten, sah ich mit Erstaunen und Entzücken, daß das Erdgeschoß, ein zurückgesetzter, runder Baukörper dunkelgrün gestrichen, mit anderen Worten, unkenntlich gemacht worden war, um den frei stehenden Stützen nicht die Schau zu stehlen. Wir betraten das Labyrinth der kontrastierenden, organischen, nie streng rechtwinkligen Formen: Wir schritten die schräge Rampe neben der Wendeltreppe hinauf, bis uns schließlich die Wirkung des »jardin suspendu« mit seiner ganzen Wucht traf, ein durchgeformter Raum, eine kleine schwebende Einfassung von strenger und komplexer Ordnung, gelassene, vollkommen domestizierte und humanisierte Natur, aus der riesigen, ungeschlachten Natur herausgehoben, jener Steppenlandschaft, die unten durch das Fensterband zu sehen war. Steigt man über die letzte Rampe hoch zum Dachgarten, sieht man nur die Öffnung, die in die Wand vor der Rampe geschnitten ist. Zuerst erscheint in diesem glaslosen Fenster nur Himmel, dann, während man weitersteigt, füllt allmählich die große Mauer dunkler Bäume den Rahmen, bis man auf dem Dach steht und wie auf einem Bild die sanfte und leicht dunstige Flußlandschaft in diesem kompromißlosen Betonrahmen eingefaßt sieht. Von dieser oberen Ebene erschien der hängende Garten darunter als eine geordnete Welt inmitten jener wüsten, ungeformten Tallandschaft.

»Das ist natürlich ein herrlicher Ort für eine Wochenendgesellschaft«, sagte ich. »Aber ist es ein Haus? Kann man hier im Winter ebensogut wohnen wie im Sommer? Kann man sich daran gewöhnen, kann man sich in diesem Rahmen exaltierter Poesie wirklich gemütlich einrichten?« Darüber diskutierten wir heftig während der Heimfahrt, bei den »flûtes« mit Wurst und dem »quart de rouge« beim Abendessen auf meinem Bett, und noch die halbe Nacht hindurch. »Posener! Ganz und gar nicht, Posener! Ein Haus ... nun, ich sage Ihnen: Das hier wird bleiben. Dieser quadratische Kasten wird Folgen haben, ungeheure Folgen. Was? ... Posener! Ganz und gar nicht! Ich sage Ihnen, ein Haus *muß* nicht bewohnbar sein! Mit diesem Bau ist das letzte Wort gesprochen ... Posener, nein!« und so weiter und so fort, in immer weniger artikulierten prophetischen Ausbrüchen. Wir führten diese

Villa Savoye in Poissy von Le Corbusier, Dachgarten und Eingangshalle mit dem Anfang der Rampe (vorne) und der frei eingestellten Wendeltreppe (hinten)

Diskussion, als die Villa Savoye neu war, und ich bin versucht, mit ihrem Schöpfer zu sagen, »quand la cathédrale fut blanche«. Denn weiß ist sie nicht mehr, sie war nie bewohnt, ihre Besitzerin, diese lächerliche, kunstgewerblerisch angehauchte Frau, die selbst schwerste, hochpolierte Möbel entwarf, ahnte nicht einmal, was ihr da geschenkt worden war. Die verlassene Kathedrale verfiel, verkam als Schuppen für landwirtschaftliches Gerät und ist heute vielleicht ein Museum oder möglicherweise eine Ruine, von der nichts mehr geblieben ist als ein paar hervorragende Photos und Le Corbusiers sprechende Skizzen. Und natürlich die ungeheuren Folgen, die mein Freund Adolf Drexler damals vorausgesagt hatte. Diese Diskussion ist mir lebhaft in Erinnerung und kommt mir immer wieder in den Sinn, weil sie prinzipiell war, und sie wird noch heute geführt. Noch vor kurzem hat ein Architektenkollege das Wort geprägt: »Wenn ein Haus ein Kunstwerk ist, hört es auf, ein Haus zu sein.«

Wohl wahr. Das hat man von Mies' Farnsworth House gesagt, auf das diese Kritik noch mehr zutrifft, denn Farnsworth bietet nicht einmal eine passende Hülle für eine Wochenendgesellschaft, es ist eine unveränderliche Bühne, wo die Gegenwart von Menschen nur stören kann. Verrückt man einen Stuhl von seinem Standort, den ihm der Architekt zugewiesen hat, bricht das in empfindlicher Schwebe gehaltene Gleichgewicht der Komposition zusammen. Und trotzdem hatte Drexler vielleicht recht und hätte vielleicht mit Recht das gleiche gesagt, auch wenn wir das Farnsworth House besichtigt hätten statt der Villa Savoye. Es war ein Haus, das wahrscheinlich nicht zum Wohnen bestimmt, sondern als Teil einer Utopie gedacht war, und in dieser Phase unserer Revolution in der Architektur war es wohl am wichtigsten, jenes Stück Utopie zu verwirklichen, wobei ein beliebiger Kunde als Versuchskaninchen, als williges Opfer herhalten mußte. Le Corbusier beklagte sich später einmal mir gegenüber, es sei ihm nie vergönnt gewesen, »für junge Leute zu bauen, Leute, die begreifen«. Da ist etwas dran. Aber letzten Endes war Le Corbusier, war der revolutionäre Architekt, rücksichtslos und scherte sich um das wirkliche Wohlbefinden seines Kunden nicht die Bohne, ebenso wie Beethoven alles gleichgültig war, wenn er »mit seinem Schöpfer sprach«.

Nicht lange danach beschlossen Drexler und ich, zusammen nach Reims zu fahren. Mau war nach Deutschland zurückgekehrt, was die ständig aufgeladene Stimmung deutlich entspannte. Wir beide zogen an einem Sonntag früh am Morgen los. Drexler hatte die Kathedrale schon gesehen, ich noch nicht, und er war voller Vorfreude, sie mir zeigen zu können. Die Bahn fuhr das friedliche Marne-Tal hinauf, und Drexler, der als Kind in Ungarn, nach der ersten Schlacht von Lemberg, Szenen des herannahenden Krieges miterlebt hatte, setzte sein trauriges Gesicht auf und sann darüber nach, wie es in diesem Tal, über dem ein sanfter Nebelschleier lag, gewesen sein mochte, als die Straßen von Flüchtlingskarren mit hastig gerettetem Hab und Gut verstopft waren. Er machte »ts, ts« und sah aus wie ein mitleidiger Teufel. Endlich tauchte das große Tier auf, das Ungeheuer mit den beiden aufgerichteten Ohren, den unfertigen, stumpfen Türmen, die über den dichtgedrängten Häusern der Stadt Reims schwebten. Unsere Herzen schlugen höher. Wir schlenderten durch die gesichtslosen Straßen, die zu dem Bau führten, und plötzlich stand er da, am Ende eines kurzen Anstiegs rechts von der Hauptstraße. Wir blieben stehen und näherten uns dann ganz langsam der großartigen Westfront. Sofort fiel mir etwas auf, was ich auf Photos nie wahrgenommen hatte: Unterhalb der Türme, neben der Rose, war die Front durch große unverglaste Fenster durchbrochen, so daß man einen Einblick in den Viertelkreisraum bekam und beide Seiten des hohen Längsschiffs mit seinen Strebebögen erkannte. So wurde die Konstruktion also bereits in der Fassade sichtbar gemacht, die nicht einfach dem Bau vorgeblendet war wie bei Notre-Dame in Paris, sondern das Dahinterliegende zugleich verschleierte und offenbarte – »chiuso e parvente«, um es mit Dante zu sagen. Ich war so überrascht und, ja, so überwältigt, daß ich nur noch wirre Laute ausstieß: »Tja«, stammelte ich, »t... tja. O...rrr. Also, das ... also wirklich ... t... t...« Der mitleidige Teufel neben mir schaute mich mit einem breiten Grinsen an. »Jetzt kennte ich Sie kissen, Posener: Immer haben Sie sich über Drexler lustig gemacht mit seinem tj... tj... tj..., und nun sollten Sie sich mal hören!«

Nach diesem Wortwechsel, der unsere Freundschaft mehr festigte als alles andere zuvor, traten wir durch die vom Krieg verstümmelte Vorderseite in das Innere der Kathedrale, deren Chor wegen der Schäden nach wie vor durch eine nackte Backsteinmauer vom Schiff abgeteilt war. Doch vielleicht steigerte das sogar die reine Anmut dessen, was wir sahen, und eines offenbarte sich mir sofort: Daß dies ein Gebäude war, das nur von denen geschätzt werden konnte, die ein Auge für die Architektur hatten; denn keine Stimmung, kein romantisches Halbdunkel, keine unbestimmten, hohen, in lichtere Sphären aufsteigenden Pfeiler gab es hier, welche die pure Darstellung der Form verschleierten und sie suggestiv mit Gefühlen überzogen. Wer keinen Sinn für Architektur besaß, würde Bauwerke anderer Art vorziehen, wie den Mailänder Dom oder die riesigen, unüberschaubaren Innenräume deutscher Hallenkirchen. Das hier war reine Architektur, so etwas wie reine Musik; ja, es war Mozart. Ich habe die Kathedrale von Reims nie wiedergesehen, obwohl ich sie später wesentlich intensiver studiert habe als jedes andere Bauwerk, das ich kenne. Und ich fand, je mehr ich mich mit ihr beschäftigte, wie passend dieser Vergleich ist. Denn das Ganze lebt von chromatischen Übergängen, von scheinbar einfachen, jedoch in Wirklichkeit profunden und subtilen Lösungen für all die zahllosen Probleme und unvermittelbaren Gegensätze, die der gotischen Architektur innewohnen. Wenn Goethe über Raffael sagte, er habe getan, was alle anderen tun wollten, so ist in Reims verwirklicht, was alle anderen gotischen Bauten anstreben – und häufig gewaltiger, und ganz bestimmt düsterer anstreben; hier tritt es zutage, greifbar, scheinbar mühelos und spielerisch gelungen.

»Zwar ist es leicht, doch ist das Leichte schwer.« Das berühmte

Lächeln von Reims liegt nicht nur im Antlitz des Engels. Es erstrahlt aus dem ganzen Gebäude. Um Dantes herrliches, oben zur Hälfte zitiertes Wort zu vervollständigen, es ist »chiuso e parvente del suo proprio riso«.

Nie hat mich ein Kunstwerk so vollkommen glücklich gemacht, seitdem ich als Kind zum ersten Mal den »Figaro« gehört habe. Ich glaube, Reims war meine Weihe zur Architektur.

Das könnte die Feindseligkeit meiner Reaktion auf Walter Gropius' deutschen Beitrag zum Salon des Arts Décoratifs erklären, über den ich einen Bericht für die *Baugilde* schreiben sollte. Denn hier war alles voller Absicht und Schwere, zwanghaft organisiert, dogmatisch, von der strikt durchgesetzten Einbahnstraße des Rundgangs durch die Schau, der von blinkenden Pfeilen markiert war (klick: hierher!, klack: dorthin!, klick: hierher!, klack ...), über die Stühle, die auf einer stark geneigten Oberfläche ausgestellt wurden, bis hin zu den mit Bauhausschrift bedruckten Seiten, auf denen ad nauseam der Satz:

wir schreiben klein, denn wir sparen zeit
wir schreiben klein, denn wir sparen zeit
wir schreiben klein, denn wir sparen zeit

wiederholt wurde (wie ausgesprochen zeitsparend!). Das brachte mich so auf, daß ich sogar die schale Eleganz von Jacques Emile Ruhlmanns Möbeln lobte, weil sie wenigstens französisch und frei von jeder Doktrin waren. Später erfuhr ich, daß Gropius über meine Kritik sehr erbost war. »Und wer«, fragte er den Chefredakteur, »ist überhaupt dieser Herr Julius Posener?« – »So etwas sollten Sie nicht sagen, nicht Sie, Herr Gropius«, erwiderte der Redakteur. »Herr Posener ist ein junger Kritiker, den wir entdeckt haben. Darum ist er natürlich noch ein Unbekannter.«

Ich war jedoch nicht zum zweiten Mal nach Paris gekommen, um mir Architektur anzusehen und darüber zu diskutieren. Ich hatte Arbeit, und am Morgen, nachdem ich mich in der Avenue

Henri VIII. einquartiert hatte, meldete ich mich im Erdgeschoß eines Hauses nahe der Gare St. Lazare im Büro von Monsieur Jean-Charles Moreux. Moreux empfing mich herzlich. Er war ein schwerfälliger, großer Mann mit einem feinen, freundlichen Gesicht und einer bemerkenswert menschlichen, tiefen Stimme. Tatsächlich schien mir seine Stimme die herausragendste und angenehmste Eigenschaft des Monsieur Moreux zu sein. Er war ein Freund von Lurçat und irgendwann einmal Vorkämpfer der modernen Bewegung gewesen. Zum Zeitpunkt, als ich ihn kennenlernte, hatte er die neue Architektur schon aufgegeben und war zu einem strengen, trockenen und kühlen Klassizismus zurückgekehrt, der ein Minimum an ornamentalen Formen einsetzte, aber dessen Grundrisse und Fassaden streng dem Kanon folgten. Ich sollte an einer Villa arbeiten, in deren Längsachse ein elliptischer Salon lag, der symmetrisch von Eßzimmer und Bibliothek flankiert wurde. Moreux ist später aus zwei Gründen berühmt geworden: Er entwarf den regelmäßig angelegten Garten hinter der Statue von Marschall Foch vor der Victoria Station in London, mit seinen geschwungenen Pfaden, die Muster ergaben, und den beiden mit Muscheln verzierten Pavillons; und er verfaßte Bücher über Architekturtheorie und das maßgebliche Werk über Claude Nicolas Ledoux, einen Architekten, dem er sich verwandt fühlte. In allem, was er tat, war er ein zutiefst ernsthafter Mann, der nach einem eigenen Zugang zu den Geheimnissen seiner Kunst suchte und seinen Weg allein ging.

Ihm zur Seite stand ein Zeichensklave und Schüler, ein kleiner, dünner, hellblonder Knabe mit scharf geschnittenen Gesichtszügen, dessen Stimme so unangenehm krächzte, wie die seines Herrn angenehm dröhnte. Ich mußte bei diesem hart arbeitenden, nüchternen und überzeugten Kerl an Robespierre denken. Ich habe schon erwähnt, daß sich der deutsche Biograph Friedrich Sieburg, ein echter Frankreichliebhaber, um das Problem Robespierre herumdrückte: Der sei kein Franzose, hatte er geschrieben. Doch nachdem ich Moreux' Gehilfen kennengelernt hatte, wußte

Julius Posener in Frankreich in den dreißiger Jahren

ich, daß er unrecht hatte. Er hatte den Pedanten übersehen, den energischen kleinen Doktrinär, der auch Franzose ist. Also machte ich mich an der Seite Robespierres, der mir von Anfang an die giftigsten Blicke zuwarf und mich sichtlich für unfähig hielt, an die Arbeit.

Zum Trost hielt ich mich an die Reinemachefrau, die jeden Morgen hereinkam, um aufzuräumen, eine stämmige französische Matrone mit üppigem Busen, dunkel und staubig, die in einem schnellen und undeutlichen Argot sprach. Eines Morgens kam ich ziemlich aufgeregt ins Büro. Ich hatte einen alten Freund getroffen, Ernö Goldfinger, der nicht weit vom Boulevard Arago in Montparnasse in einem schönen, weitläufigen Dachatelier wohnte, von dem aus man die vierfach mit Kastanien gesäumte Avenue sehen konnte. Ich gab meiner Bewunderung dieser schönen Allee Ausdruck. »Boulevard Arago?« fragte er. »Mitunter morgens um vier nicht sonderlich gesund.« Ich verstand nicht, und sein Lächeln wurde zu einem Grinsen: «La guillotine, mon vieux!« – »Das kann nicht Ihr Ernst sein«, sagte ich, »man wird ja wohl nicht in Paris noch öffentlich Köpfe abschlagen!« – »Aber doch! Wollen Sie einmal hingehen?« Darum erkundigte ich mich bei unserer Reinemachefrau, ob das tatsächlich so sei. »Gewiß«, erwiderte sie mit ihrem gedämpften Bellen, »meine Eltern haben mich mitgenommen, als ich noch ein kleines Mädchen war.« – »Nein! Und wie war es?« – »J'ai chié des deux côtés«, brummte sie. »Was?« – »J'ai chié des deux côtés«, brummte sie noch einmal, genauso schnell wie beim ersten Mal. »Aber warum?« wollte ich wissen. »C'est bon pour les enfants«, sagte sie: »Ça leur montre.« Robespierre grinste und nickte.

Aber Robespierre hatte recht gehabt, was mich betraf: Ich war in der Tat unfähig. Für einen akribischen Entwurfszeichner wie Moreux war ich nutzlos. Wir waren uns darüber beide bald im klaren und beschlossen einvernehmlich, daß es keinen Sinn hatte weiterzumachen. So kam es, daß ich einen Monat, nachdem ich in Paris angekommen und beschwingt die Fauborg St. Denis entlanggeschlendert war, schon wieder keine Arbeit mehr hatte; und ich bemühte mich auch nicht besonders, mir etwas Neues zu suchen. Ich traf Lurçat, der peinlich berührt war und nur ein Achselzucken für mich hatte. Ich verlängerte meinen Besuch um einen weiteren Monat, um Aufträge meiner deutschen Zeitungen zu erfüllen, und auch, um meine Beziehungen zu der Zeitschrift *L'Architecture d'Aujourd'hui* zu erneuern. Ich traf mich mit André Bloc, der zusammen mit Marcel Eugène Cahens Witwe beschlossen hatte, das Projekt weiterzuführen. Im August war ich wieder in Berlin, gescheitert und ohne die geringste Aussicht, eine Stelle zu finden.

KAPITEL 24

Mendelsohn und das Columbus-Haus

Der Herbst und der Winter des Jahres 1930 zählen zu den schlimmsten meines Lebens. Denn mein zweiter Parisbesuch war meine letzte Hoffnung gewesen, und nun mußte ich mich mit nichts zufriedengeben. Von diesem Nichts habe ich bereits viel in dem Kapitel berichtet, das die unmittelbar auf den Tod meines Vaters folgenden Monate beschreibt; doch war es jetzt noch viel schlimmer, denn ich hatte mein Pulver verschossen, und ein Hoffnungsschimmer war nirgends in Sicht.

Bei den Wahlen im September erhielten die Nazis zehn Millionen Stimmen, und mein Vetter Ludwig Oppenheimer erwog ernsthaft, das Land zu verlassen, »wo Hitler morgen Kaiser sein wird«. Die Braunhemden in ihren den Hintern betonenden Kniebundhosen, Schaftstiefeln und französisch aussehenden Mützen flanierten auf dem breiten Trottoir der Potsdamer Straße, wo ich meine Absteige hatte. Des Nachts hatten sie ihre kleinen Auseinandersetzungen mit den Kommunisten in den Arbeitervierteln im Norden Berlins, und zum ersten Mal erfuhren wir von Mord, Folter und Menschen, die zusammengeschlagen wurden. Kanzler Brüning regierte zunehmend durch »Notverordnungen«, das heißt ohne Parlament, und bereitete so die Diktatur vor. Wir Juden und Liberale waren durchaus bereit, unter der Diktatur dieses wohlmeinenden Katholiken Zuflucht zu suchen, solange das die drohende Diktatur der Nazis abwehren würde. Diese arbeitslosen jungen Männer, die bei der SA unterkrochen, besaßen wenigstens eine Uniform und sahen aus, als hätten sie etwas zu tun. Aber von ihnen abgesehen wimmelten die Straßen von arbeitslosen Zivilisten, Millionen und immer weiteren Millionen, bis dann 1932 die erschütternde Zahl von sechs Millionen erreicht wurde. Die Kinos öffneten schon am frühen Morgen, und ich erinnere mich an mindestens zwei Gelegenheiten, bei denen ich, da ich nichts Besseres zu tun hatte, zwei Vorstellungen an einem Nachmittag besuchte. Ich machte mir ständig etwas vor und bildete mir ein, an meiner Dissertation zu »arbeiten«, indem ich wieder in meinem Taine las, aber in Wirklichkeit tat ich gar nichts. Und vom Nichtstun ermüdete ich schnell, lag auf meinem Sofa oder, wenn ich in der Potsdamer Straße war, auf meinem Bett, machte lange Spaziergänge, besuchte alte Freunde, schlief mit Lene. Es war ein vollkommen leeres, hoffnungsloses Leben, und die Beschäftigungen, denen ich weiterhin nachging, das Verfassen von Artikeln, die Besuche bei Architekten und die Teilnahme an den Treffen einer neugegründeten »Gruppe junger Architekten«, alles ehemalige Poelzig-Schüler, änderten kaum etwas daran. Das Schlimmste war, daß es zumindest einigen dieser jungen Architekten gelungen war, sich Aufträge zu beschaffen, und Egon Eiermann, der fleißigste und ernsthafteste von allen, sagte: »Diejenigen unter Ihnen, die ernsthaft behaupten, sie könnten in dieser Lage nicht zu arbeiten anfangen und die in den zwei Jahren, seitdem sie von der Hochschule fort sind, nichts getan haben, werden es sicherlich fertigbringen, weitere zwei Jahre nichts zu tun, und möglicherweise nie etwas tun.« Wie recht er hatte. Es war ein bedrückendes, finsteres Echo auf das, was Elkouken, ein Pole unter den neuen Männern in Paris, zu mir gesagt hatte: »Sie schreiben, Posener? Sie mögen gut schreiben, aber ich habe zu viele hoffnungsvolle junge Architekten gesehen, die se sont foutus par terre par le journalisme.« Doch war schreiben das einzige, was ich tat, und auch das zu wenig. Im November kam mein Geburtstag, ich wurde sechsundzwanzig und hatte für mein Alter nichts vorzuweisen. Ich war noch niedergeschlagener als sonst, und meine Mutter strich mir über die Wange und fragte: »Sag mir, Julchen, warum bist du so deprimiert?« Es war das Schlimmste, was sie hätte sagen können, auch wenn sie das nicht wissen konnte; denn in meinen Grübeleien hatte ich, ohne die geringste Berechtigung, *sie* für meine Misere verantwortlich gemacht. Das tat ich immer: Ich lief um den Tisch herum oder auf dem Bürgersteig auf und ab, oder im Garten umher und sprach mit einem imaginären Widersacher, dem oder, besser gesagt, der ich alles sagte, was ich von ihrem finsteren Einfluß auf mein Leben hielt, wobei ich durchblicken ließ, daß all mein Scheitern von irgendeinem äußerlichen Hindernis verursacht worden sei, für das irgendeine Person zur Verantwortung gezogen werden sollte.

Nun tat ich es alto voce. Anstatt den gutgemeinten Trost anzunehmen, den mir meine Mutter an diesem traurigen Geburstag spenden wollte, beantwortete ich ihre Frage, indem ich ihr sagte, daß sie, sie allein, mir all mein Unglück bereitete, indem sie mich daran hinderte, wieder in die Welt hinauszuziehen, zurück nach Paris, zum Beispiel, und mich an diese sinnlose Doktorarbeit kettete. Was sollte an dieser Promotion, an einem Doktor der Architektur, überhaupt gut sein, setzte ich nach. Und ich gab ihr ziemlich deutlich zu verstehen, daß ich hier herumsitzen und ihr Gesellschaft leisten mußte, weil es mein Pech war, verfügbar zu sein. Das war der ungerechteste von allen möglichen Vorwürfen, wie ich 1933 feststellen sollte. Ludwig war nicht da, es war Nachmittag, und meine Mutter war dieser scheußlichen Attacke vollkommen hilflos ausgeliefert. Sie fing an zu weinen, und ich weinte auch, vor Wut und Selbstmitleid, und beide befanden wir uns in diesem Stadium der Auflösung, als Ludwig zurückkehrte. Ich schämte mich und ging mit ihm ins Zimmer nebenan, wo ich mich in Selbstvorwürfen erging, die so heftig waren wie die Vorwürfe, die ich eben noch meiner Mutter gemacht hatte. Aber kein Selbstvorwurf konnte eine schlimmere Wirkung haben als ihr Aufschrei, als Ludwig, der die Szene erst voller verständnisloser Überraschung auf sich hatte wirken lassen, fragte, was los sei. »Was los ist?« gab sie zurück, »nun, frag *ihn*! Das ist los: Er hat mir an genau dem Tag, an dem ich ihn unter Wehen und Schmerzen geboren habe, offen und ehrlich gesagt, was er von mir hält.« Ludwig gelang es, uns beide zu beruhigen, und sagte zu mir, es sei nicht meine Schuld. »Guck dir doch den armen Jungen an«, sagte er zu meiner Mutter, »worauf kann er sich schon freuen an dem Tag, an dem er sein volles Mannesalter erreicht hat?« Aber als wir später über die Szene sprachen und ich ihn daran erinnerte, daß er mich damals für unschuldig erklärt hatte, sagte er: »Was hätte ich denn sagen sollen, nachdem ich dich so vorgefunden habe, halb verrückt vor Selbstvorwürfen?«

Zehn Tage darauf heirateten Ludwig und Lotte. Es war eine stille, ja allzu stille Hochzeit, aber wir waren immer noch in unserem Trauerjahr. Wir fuhren in einem schäbigen alten Taxi zum Standesamt, ich war Trauzeuge. Ludwig brachte sein Jawort etwas gedämpft hervor, Lotte gab ihres klar und deutlich, die trockenen Formalitäten wurden geregelt, und dann fuhren wir, in einem anderen schäbigen alten Taxi, wieder zu unserer Villa in Dahlem zurück. Auf dem Weg kamen wir an der Wohnung von Lottes Eltern vorbei, und Ludwig sagte: »Guck mal, deine Wohnung!« – »Gewesene!« erwiderte Lotte wegwerfend. Als wir in Dahlem ankamen, wartete meine Mutter in der Tür mit einem Geschenk in der Hand, das während unserer Abwesenheit eingetroffen war. Aber als Lotte es auspackte, stellte sich heraus, daß es kein Geschenk, sondern eine Klosettbürste war, die sie bestellt hatten. Wir lachten alle herzlich, und trotzdem empfanden wir, daß es zum schäbigen Drumherum dieser Hochzeit paßte. Heute werde ich das Gefühl nicht los, daß es überaus unfair gegenüber Lotte und selbst Ludwig war, diese Hochzeit so still und heimlich stattfinden zu lassen. Konnten wir uns nicht einmal einen Urlaub von der Trübsal gönnen, nur für diesen einen Tag, und uns an diesem besonderen, glücklichen Ereignis erfreuen?

Am Nachmittag brach das junge Paar zu seiner Hochzeitsreise auf, nach Dresden, Prag und Krumau, wo Lottes Großeltern wohnten. Ludwig erzählte mir später, daß er sich in ihrem Dresdener Hotelzimmer am Morgen nach der Hochzeit einen Scherz mit seiner jungen Frau erlaubt und ihr gesagt hatte, er liebe sie nicht mehr, woraufhin sie prompt in Tränen ausgebrochen sei.

Man hatte beschlossen, daß die beiden im Hause wohnen würden, und sie hatten auch sehr hübsche Zimmer, die durch das herrliche alte Wiener Porzellan aus dem böhmischen Familienbesitz noch hübscher wurden, das Lotte stolz in ihrem Wohnzimmer zur Schau stellte. Ludwig hatte auf diesem Arrangement bestanden, für das es keine finanzielle Rechtfertigung gab, denn das Paar hätte sich leicht eine eigene Wohnung leisten können, und Lotte hatte sich einverstanden erklärt, wenn ich auch nicht weiß, ob sie es gern tat. Das Arrangement wurde natürlich getroffen, weil Ludwig wünschte, daß meine Mutter wieder ein volles Haus hätte, anstatt mit ihrem jüngsten Sohn allein gelassen zu werden, und die Szene, die sich an meinem Geburtstag abgespielt hatte, schien seine Befürchtungen voll und ganz zu bestätigen. Jedoch funktioniert ein solches Zusammenleben zwischen Frischvermählten und einer alten Mutter nie, und auch hier funktionierte es nicht. Schwiegermütter haben immer etwas auszusetzen. Lotte war kein »Schneckchen«, und meine Mutter konnte sich schlecht beklagen, ihr Sohn habe nicht standesgemäß geheiratet, obwohl sie, auf andere Art, genau das tat. Sie fand Lotte großspurig, snobistisch, zu selbstbewußt und pflegte mir mit einem Kopfschütteln ganz offen zu erklären, daß Lotte bei aller vornehmen Herkunft sich noch lange nicht mit der Herkunft einer Trude Oppenheim messen könne. Und die jungen Leute waren sensibel genug, diese nadelstichartige Kritik zu spüren, obwohl sie nur mir gegenüber artikuliert wurde. Meine eigene Position war nicht gerade angenehm, denn ich mochte Lotte immer mehr und bewunderte sie ungeheuer. Sie setzte ihr Studium fort, blieb körperlich in Form, indem sie, obgleich nur sporadisch, Tennis spielte, war aktiv, lebendig und glücklich. Ludwig begann bald über die Manieren zu dozieren, die wir nie gelernt hatten, und über die gesellschaftlichen Kenntnisse und Aktivitäten, die in unserer Erziehung vernachlässigt worden waren und die wir selbst vernachlässigt hatten. Wie so oft paßte er sich einem Einfluß an und verbreitete ihn als gute Doktrin weiter; und während unsere Mutter ein wenig die Nase über die nicht ganz befriedigende Herkunft ihrer neuen Schwiegertochter rümpfte, begann Ludwig seinerseits unsere eigene familiäre Umgebung mit der seiner Frau zu vergleichen und zu kritisieren.

Alles in allem jedoch verbrachten wir den Rest dieses tristen Winters ein wenig fröhlicher, wenn auch nicht hoffnungsvoller, was mich betraf, und als mich Mendelsohn etwa im März 1931 einlud, als Hilfsbauführer am Columbus-Haus zu arbeiten, das damals am Potsdamer Platz gebaut wurde, spürte ich eine große Erleichterung. Ich weiß nicht mehr genau, wie mir diese Arbeit zufiel; es war auch keine Arbeit, sondern nur eine Beschäftigung. Ich glaube, es war so, daß ich Mendelsohn im Zusammenhang mit einem Artikel aufsuchte, den ich über sein Werk für *L'Architecture d'Aujourd'hui* verfaßte, und ihn bei dieser Gelegenheit fragte, ob er nichts für mich zu tun hätte. Er schlug mir vor, zunächst in seinem Entwurfsbüro zu arbeiten und später auf seiner Baustelle. Er bot mir allerdings keine Entlohnung, sondern forderte mich auf, mich als Lehrling zu verstehen. In unserer Familie waren wir alle der Meinung, daß ich annehmen sollte. Zum Teil gründete unsere Entscheidung auf der Erwägung des damit verknüpften Prestiges: Mit dem zum damaligen Zeitpunkt führenden Architekten Berlins, möglicherweise Deutschlands, in Verbindung gebracht zu werden, ganz gleich, in welcher Form, müßte sich, so dachten wir, später auszahlen. In jedem Fall würde ich beschäftigt sein und etwas lernen. So betrat ich im Frühjahr 1931 das Entwurfsbüro in der Kastanienallee in Westend, im Erdgeschoß einer Gründerzeitvilla, in der Mendelsohn, seine Frau und ihr einziges Kind Esther das erste Stockwerk bewohnten.

Der Verantwortliche, dem ich bei meiner Ankunft vorgestellt wurde, war ein Herr Schreiner, ein melancholischer Mann aus Böhmen, der ein wenig finster dreinschaute und bei jeder Gelegenheit seiner Abneigung gegenüber dem Chef Ausdruck gab. Merkwürdigerweise war Schreiner jedoch der treueste Anhänger Mendelsohns und blieb es auch später. Beim Anblick der Bleistifte im Büro, die den Aufdruck »Erich Mendelsohn« trugen, verzog Schreiner das Gesicht und sagte in seiner ungehobelten Art mit breitestem böhmischen Akzent: »Das macht er, damit wir sie nicht klauen. Seht ihr, wie geizig er ist?« Er ließ sich auch über Mendelsohn als Architekten aus: »Sie, Sie schreiben doch. Sagen Sie mal, finden Sie, Erich ist ein großer Architekt? Ich werde Ihnen was sagen: Ist er nicht. Ein guter Architekt ist er bestimmt, aber ein großer? Das glaubt nur *er*. Den Anschluß hat Erich jedenfalls verpaßt. Heute sind sie alle Funktionalisten, aber Erich, na ja, das muß man ihm lassen, ehrlich ist er: Er meint, er wäre Künstler und die Architektur eine Kunst. Er sagt, er wäre der letzte Michelangelo. Na ja (mit einem bösen kleinen Lachen), da hat er recht: Denn mit den Michelangelos ist es wohl aus und vorbei, oder nicht? (Pause – dann wieder, mit diesem bösen Lachen) ›Erich der Letzte‹, haha.«

Johannes Schreiner war der ideale Chefkonstrukteur, schnell und fleißig, präzis, kenntnisreich, ein unglaublich guter Entwurfszeichner, sorgfältiger Organisator und bei alledem bar jeder Originalität. Mendelsohn neigte dazu, solche Leute anzuziehen, und der Mangel an Originalität war ebenso Voraussetzung für den Erfolg in seinen Diensten wie die anderen, positiven Eigenschaften. Ich habe ihn nur bei einem Mann eine Ausnahme machen sehen, aber dessen Rolle in Mendelsohns Mitarbeiterstab blieb mir ein Rätsel. Ich sah ihn fast nie im Büro; wenn er erschien, nahm er weder von mir noch von irgendeinem anderen, mit Ausnahme manchmal von Schreiner, die leiseste Notiz. Schreiner nannte ihn »sein großes Heimattier«, weil Charles Duvinage aus demselben Ort in Ostpreußen stammte wie Mendelsohn und sie seit ihrer Kindheit Freunde gewesen waren. Was sein Einfluß auf Mendelsohns Arbeit gewesen ist, wenn es überhaupt einen gab, kann ich nicht beurteilen.

Schreiner zuzuhören war eine etwas entmutigende Erfahrung, denn erst viel später merkte ich, daß er immer dann, wenn es wirklich darauf ankam, eine abfällige Bemerkung über Mendelsohn durch ein Lob abschwächte. Als er Jahre später Mendelsohns Büro in Jerusalem verließ, hielt er eine halbstündige Rede voller Widersprüche, in der er zwischen leidenschaftlicher Ablehnung und heftiger Bewunderung hin- und herwechselte, und seine Bewunderung galt nicht nur dem Architekten, sondern auch dem Menschen Mendelsohn. Aber zu der Zeit, als das Columbus-Haus gebaut wurde, waren seine Kommentare meistens von einer feindseligen und leicht resignierten Verdrießlichkeit geprägt, und nachdem ich Mendelsohn als Student gefürchtet und bewundert und später als Journalist sein Werk studiert und weiterhin bewundert hatte, mußte ich mir plötzlich in seinem Büro dieses ewige dumme Grummeln und Nörgeln anhören – denn das gehörte dort zum guten Ton, und Schreiner war durchaus nicht der einzige Unzufriedene. Das schlimmste Merkmal dieses Nörgelns war eine larmoyante Trauer über vergangene Größe, die unwiederbringlich verlorengegangen war. Ich hätte meine Ohren besser spitzen und mehr darauf achten sollen, wie Schreiner über andere Helden unseres und des gerade zu Ende gegangenen Zeitalters sprach. Als ich ihn fragte, wo er gearbeitet hatte, bevor er zu Erich kam, sagte er: »Ach, da war ich in Wien und habe meine Zeit mit ›Kitschiers‹ wie Peter Behrens verschwendet.« Behrens war also ein »Kitschier« und der »arme Erich« passé, ein Künstler, und auf dem absteigenden Ast; und wenn man auch – wie Reyner Banham – mit einiger Berechtigung behaupten kann, er habe vor 1930 seine beste Arbeit geleistet, so sollten noch starke und gelungene Entwürfe folgen. Das Columbus-Haus selbst, mit dem Mendelsohn übrigens dem Funktionalismus näher kam als mit allen anderen Arbeiten, ist einer seiner besten Bauten; und das war immerhin das Projekt, mit dem wir gerade zu tun hatten.

Doch Schreiners Kritik tat ihre Wirkung, und Mendelsohn verlor in meinen Augen entschieden an Format. Auch wurde

Das Columbus-Haus von Erich Mendelsohn im Bau (Sommer 1931)

mein Blick auf unangenehme Weise für die Unzulänglichkeiten seiner Person geschärft, wie seine unleugbare Tendenz zur Gemeinheit. Und bald gewann ich den Eindruck, einen alternden Künstler vor mir zu haben – er konnte damals manchmal wie eine alte Frau aussehen –, der ein schwindendes Selbstvertrauen unter einem Mantel der Arroganz verbarg. Darüber hinaus kam mir das, was ich später in meinem Artikel für *L'Architecture d'Aujourd'hui* als sein Preußentum bezeichnete, zunehmend wie ein Bluff vor, wenigstens teilweise. Er betrat erhobenen Hauptes das Büro, mit dem zackigen Auftreten und der zackigen Sprechweise eines befehlshabenden Offiziers, der eine Batterie inspiziert, eines Offiziers allerdings, dessen preußisch-stählerner Tonfall von einer jüdischen Clownerie gefärbt war. Trotzdem hatte ich nach wie vor immer ein wenig Angst vor ihm. Er wirkte wie ein Mann, der gefährlich werden konnte. Das Seltsame ist, daß ich ihn später auch gefährlich erlebt habe, doch nie ohne daß er die Sache anschließend überdacht und bereinigt hätte. Sein Preußentum wurde nicht nur durch jüdische Clownerie abgemildert, sondern auch durch eine jüdische Menschlichkeit.

Nach wenigen Wochen im Büro wurde ich in die Baracke des Bauleiters auf der Baustelle des Columbus-Hauses versetzt, eines Stahlskelettbaus, von dem damals gerade erst das Fundament stand. Auf dem riesigen Baugrund direkt am Potsdamer Platz, dem Verkehrsknotenpunkt Berlins, bewegte sich ein Heer von Arbeitern zwischen wuchtigen Fundamenten hin und her und montierte Stahlbeton. Ich glaube nicht, daß ich beim Columbus-Haus sehr viel an praktischem Wissen erworben habe, was wie immer meine Schuld war. Anstatt mir die Freiheit zunutze zu machen, die einem Mann zustand, der ja immerhin nicht bezahlt wurde, und auf der Baustelle herumzulaufen, bei der Montage zuzuschauen, den Fortgang mit den Plänen in der Baubude zu vergleichen und mir Notizen zu machen, beschäftigte ich mich damit, die Detailzeichnungen anzufertigen, die man mir auftrug. Wahrscheinlich tat ich dies aufgrund einer falsch verstandenen Gewissenhaftigkeit, aus purer Faulheit und Unfähigkeit, selber nachzusehen und die viel anstrengendere Bürde auf mich zu nehmen, mein Notizbuch über das Columbus-Haus zu füllen. Trotzdem konnte es nicht ausbleiben, daß der bloße tägliche Kontakt mit einem Bauprojekt dieser Größe, das unter Einsatz der neuesten Stahlbauweise verwirklicht wurde, meinen Horizont erweiterte. Schließlich hatte ich so etwas noch nie gesehen. Ich erlag auch jener beständigen Faszination der Arbeit auf der Baustelle: zu beobachten, wie das Gebäude wächst, und jeden Abend gespannt zu sein auf das, was man am nächsten Tag sehen wird.

Das Columbus-Haus war ein Stahlskelettbau. Solche Bauten sind heute gang und gäbe, aber damals waren sie es noch nicht; soweit ich weiß, war das Columbus-Haus sogar das erste seiner Art. Die typisch Mendelsohnschen Merkmale innerhalb dieses nüchternen Konzepts waren das gewaltig ausgekragte Dach über dem im obersten Geschoß geplanten Dachrestaurant und die durchgehenden horizontalen Bänder aus hellem Travertin, welche die engstehenden Vertikalen des im Rohbau fertigen Stahlskeletts in übereinanderliegende Stockwerkscheiben verwandelte. Ich sagte zu Mendelsohn, als er die Baustelle kurz vor der Vollendung des Gebäudes besichtigen kam, daß mir die Wirkung der Vertikalen besser gefalle. Er sagte: »Oh, man lernt immer vom Rohbau, wie man es beim nächsten Mal machen muß« (was er aber nie tat), und warf mir einen wütenden Blick zu. Erst gestern habe ich zufällig einen Blick in Arnold Whitticks Buch über die Architektur des zwanzigsten Jahrhunderts geworfen, und dort fand ich, unter anderen Bauten der Zeit, das Columbus-Haus. Es war auf diesen Seiten das einzige Gebäude von architektonischer Qualität.

Den engen Raum in der Baubaracke teilte ich mit Herrn Karweik, dem fröhlichen, derben und charakterlosen Bauleiter, und mit dem »eigentlichen« Assistenten, dessen Namen ich vergessen habe, einem anständigen und soliden Baumenschen, für den ich großen Respekt hatte. Dieser Mann war meistens draußen auf der Baustelle, wobei ich ihn, wie gesagt, viel zu selten begleitete. Manchmal kam ein schlanker, dünner, blonder Herr hereingeweht, ein Mann namens Sagebiel, der kurz darauf berühmt – oder sollte ich lieber sagen: berüchtigt – werden sollte, als Architekt des riesigen Luftfahrtministeriums in der Wilhelmstraße. Berüchtigt nicht deshalb, weil das Gebäude von den Nazis in Auftrag gegeben wurde und weil dieser so friedliche, so gehorsame Angestellte Mendelsohns seit Jahren gewaltig mit ihnen im Bunde gewesen sein muß, um so plötzlich aufsteigen zu können; Dinge dieser Art habe ich in den folgenden Jahren zu oft mit angesehen, als daß ich den armen Sagebiel allzu scharf verurteilen könnte. Ich nenne ihn deshalb einen berüchtigten Architekten, weil das Gebäude mit seiner Pseudo-Strenge eines der übelsten Beispiele eines diktatorischen Klassizismus ist, und ich konnte nie begreifen, wie jemand, der sich im Umfeld Mendelsohns bewegt hat, so gründlich vergessen konnte, was er dort gesehen hat. Aber andererseits hat er es auch wahrscheinlich nie richtig wahrgenommen.

Unter den Ereignissen, die Aufregung in die insgesamt eher langweilige Zeit meiner Arbeit auf der Baustelle am Columbus-Haus brachten, war eines, das ich nicht so schnell vergessen werde. Ich saß in der Baracke, als es plötzlich einen dumpfen Aufprall gab, der die Baubude erschütterte, woraufhin sich sofort ein Durcheinander von Schreien und Rufen erhob. Bevor ich hinauslaufen konnte, tauchte der stellvertretende Bauleiter in der Tür der Baracke auf und sagte: »Notieren, Posener: Unfall, Vormittag, 11:38 Uhr!« Dann verschwand er wieder, um zu helfen. Ich fand seine Gelassenheit beeindruckend. Mit wesentlich weniger kühlem Kopf rannte ich zur Unfallstelle, wo sich die ganze Baustelle versammelt hatte. Dort stand eine von den großen Betonmischmaschinen, und jetzt sah ich, daß einer der riesigen Träger für das Restaurantdach auf die Maschine gestürzt war und sie einfach in der Mitte gespalten hatte. Man trug gerade eine graue Gestalt fort, einen Moment lang sah ich das Gesicht, das die eigentümliche bläuliche Färbung eines Schwerverletzten kurz vor dem Tode angenommen hatte. Ich lief, um Branntwein zu holen, doch dann wagten wir nicht, dem Mann, den man vorübergehend in die Arbeiterkantine gebracht hatte, davon zu geben, weil wir nicht wußten, wie stark seine inneren Verletzungen waren. Äußerlich jedenfalls blutete er nicht. Bevor er überhaupt ins Krankenhaus gebracht wurde, waren schon drei Reporter zur Stelle, die mich nach der Zahl der Toten und Verletzten, der Unfallursache und so weiter fragten, doch ich gab wohlweislich keine Auskunft. Was den Unfall so besonders bitter machte, war, daß der Bruder des verletzten Mannes an der Winde eingesetzt war, die plötzlich nachgegeben hatte. Er besaß die Geistesgegenwart, »Nicht abspringen!« zu rufen, und sein Bruder, der sich gerade auf dem schweren Stahlteil auf dem Weg nach oben befand, befolgte den Rat, preßte sich gegen den Kragträger und stürzte gemeinsam mit diesem in die zu Bruch gehende Betonmischmaschine. Trotzdem machten wir uns keine großen Hoffnungen, daß er überleben würde. Nur vierundzwanzig Stunden später betrat ein blasser, junger Mann die Arbeiterkantine und wurde mit dem verblüfften Ausruf begrüßt: »Aber du bist doch tot!« – »Ja«, sagte er, sehr langsam und in jenem traurigen Tonfall der Mark Brandenburg, den ich so gut kenne, »ja, stimmt, ich bin tot; war ich jedenfalls, sollte ich jedenfalls sein ...« Ein halbes Wunder – er war unversehrt davongekommen.

Die Stimmung in der Baracke war meistens nicht sehr angenehm. Karweik hatte immer schon die Morgenzeitung gelesen, bevor er hereinkam, und wetterte gegen die Regierung. »Wir brauchen eine Diktatur«, sagte er einmal, »ob von links oder von rechts, ist ganz egal.« Ich bin überzeugt, daß er unter seiner Diktatur glücklich war. Ich bin genauso überzeugt, daß er heute ein guter Demokrat »und immer einer gewesen« ist«.

Vielleicht kann man sagen, daß 1931 das letzte Jahr eines relativ langsamen Verfalls und 1932 das Jahr der Krise war, einer so kontinuierlichen Krise, daß viele Leute, und nicht einmal unbedingt schlechte, die Lösung, den 30. Januar 1933, mit einiger Erleichterung willkommen hießen. Gleichzeitig war 1931 das letzte Jahr, das immer noch vorgab, zur Weimarer Zeit zu gehören, nur daß es eine Art reaktionäres Nachglühen von Weimar war, eine süßliche Verklärung. Eskapismus und Sentimentalität machten sich in den Auslagen der Buchhandlungen breit, es erschien »Abel mit der Mundharmonika«, das man nicht gelesen haben mußte, um zu wissen, was für eine Art Buch es war; und sogar der Meister der Satire, Kurt Tucholsky, erlaubte sich »Schloß Gripsholm«. Währenddessen marschierte die SA, gab es beinahe allnächtlich blutige Schlägereien im Norden Berlins. Sonnenuntergang in Kitsch.

Gegen Ende des Sommers bemerkten wir, daß sich unsere Mutter mehr als üblich Sorgen um ihre Finanzen machte. Wir boten ihr keine Hilfe an. Wohl hatte Ludwig gut geheiratet, auch materiell, und Karl konnte als Krankenhausarzt gut selbst für sich sorgen. Ich war immer noch abhängig von dem, was ich für das

Vermögen der Familie hielt. Aber wenn ich sage, daß wir unserer Mutter nicht halfen, meine ich folgendes: daß wir uns nie auch nur im geringsten für die materielle Seite unserer Familienexistenz interessierten. Sie langweilte uns. Wir wollten mit den damit verbundenen Familienfehden und emotionalen Verzerrungen nichts zu tun haben, fanden die ganze »Oppenheimsche Erbengemeinschaft« schlicht unfunktional, und einzig ihre längst fällige Auflösung hätte uns zufriedengestellt. Aber wenn es je eine Zeit gegeben hat, die dafür nicht geeignet war, dann die Depression der frühen dreißiger Jahre. Statt dessen wurden immer wieder neue Hypotheken aufgenommen, damit die Mitglieder der Erbengemeinschaft über liquide Mittel verfügen konnten, während sie gleichzeitig an ihren so deutlich überbewerteten Immobilien festhielten. Besonders meine Mutter, die ihren Bedarf an Bargeld wahrscheinlich schmerzlicher spürte als ihre Geschwister, drängte immer wieder darauf, eine weitere Hypothek aufzunehmen. Sie tat dies mit der ihr eigenen Reizbarkeit und zog die Sache ins Persönliche, indem sie darauf bestand, nicht nur mehr davon zu verstehen, sondern auch menschlicher zu empfinden als die Miterben. Da ich vollkommen uninformiert, aber von einem vagen Gefühl der Loyalität durchdrungen war, ging ich einmal zu einer Familienversammlung mit, an der außer den Posener-Brüdern mein Vetter Heinz und Tante Martha teilnahmen. Ich hatte die einseitigen Auskünfte, die mir meine Mutter gegeben hatte, akzeptiert, teilweise, weil es mir egal war, und teilweise, weil ich dachte, in einem Streit zwischen ihr und dieser Tante müsse meine Mutter recht haben, weil sie meine Mutter war, und teilweise sogar aus Angst, weil sie keinen Widerspruch duldete. Ich war unhöflich zu Martha, woraufhin Heinz sie verteidigte, wenn auch mit der etwas schwülstigen Ermahnung, ich möge »das graue Haupt seiner Mutter« respektieren. Ich hatte das Gefühl, nichts erreicht und mich lächerlich gemacht zu haben, und weiß nicht einmal mehr, ob man sich auf eine Hypothek einigen konnte, ich glaube, nicht.

Als ich eines Tages von der Baubaracke nach Hause kam, fand ich meine Mutter in Tränen aufgelöst vor. Sie war zutiefst besorgt und zugleich voller verzweifelter Wut. Man hatte sie ziemlich brüsk mit der nackten wirtschaftlichen Tatsache konfrontiert, daß schlicht kein Geld mehr in der Kasse sei. Ihr war schon seit langem klar, daß die zweite Villa eigentlich unsere Verhältnisse überstieg, und hatte auch schon zaghaft Verkaufsverhandlungen aufgenommen, doch schien ihr jedes Preisangebot im Vergleich zu den Vorstellungen, die sie sich vom Wert einer gut gebauten, modernen Villa in einer besonders guten Lage gemacht hatte, viel zu niedrig zu sein. Paul, der die »Posenersche Extravaganz«, wie er sie – zugegeben, nicht ganz ohne Grund – nannte, nie gebilligt hatte, verbarg kaum sein Vergnügen, Trudchen in der Klemme zu sehen, und verweigerte die schnelle Nothilfe, um die ihn meine Mutter gebeten hatte. Am schlimmsten war für sie in dieser Situation jedoch nicht die alte, sondern die neue Familie – Ludwigs Familie. Meine Mutter kam sich vor wie eine Hochstaplerin, wie eine Person, die vorgab, wohlhabender zu sein, als sie in Wirklichkeit war. Und das verletzte ihren Oppenheim-Stolz auf eine Weise, die ihr unerträglich war.

Wir hatten versucht, sie während des Mittagessens zu beruhigen, aber ohne großen Erfolg. Dann hatte sie sich zu ihrer Nachmittagsruhe zurückgezogen, und wir waren ausgegangen. Als wir wiederkamen, klopfte ich an ihre Tür, erhielt aber keine Antwort. Ich klopfte nochmals. Ich rief ihren Namen, und schließlich kam Ludwig dazu und tat dasselbe. Wir schauten uns an und beschlossen schließlich, die Tür aufzubrechen. Meine Mutter lag ohnmächtig auf ihrem Sofa, auf dem Nachttisch sahen wir einen Brief. Wir riefen sofort Karl an und brachten sie in sein Krankenhaus, wo man ihren Magen von den Schlaftabletten leerte, die sie geschluckt hatte, und ihr Leben rettete.

Ich sah sie dort in ihrem Krankenhausbett liegen, das graue Haar zersaust, sah ihren Atem wieder ruhiger gehen, und dann öffnete sie kurz die Augen und stöhnte. Später, als sie allmählich ihr Bewußtsein zurückerlangte, gab sie ihrem Stöhnen sprachlichen Ausdruck. Sie kehrte nicht gern wieder ins Leben zurück, wo sie wieder Seelenqualen und, was schlimmer war, Selbstvorwürfe, Scham und Reue gegenüber ihren Kindern ertragen mußte, und – was nicht weniger peinigend war – auch gegenüber ihrer Schwiegertochter, die ein Kind erwartete und der sie diesen Schock nicht hätte zufügen dürfen. Das Wiedererlangen vollkommener Klarheit vollzog sich schmerzlich langsam, einerseits, weil sie tatsächlich eine sehr starke Dosis genommen hatte, andererseits, und ich hoffe, dies sagen zu können, ohne ihr Unrecht zu tun, weil sie es in ihrer verzweifelten Zwangslage, obgleich nicht bewußt, vorzog, in einem Zustand der Verantwortungslosigkeit zu verharren. Milder ausgedrückt, sie sah sich außerstande, sich den Folgen einer Handlung zu stellen, die wir alle nur zu gut verstehen konnten, obwohl es übertrieben wäre zu sagen, daß wir sie irgendwie billigten. Sie war mehr als dreißig Jahre mit dem geduldigsten, verständnisvollsten und liebevollsten Mann verheiratet gewesen. Sie hatte auf seinen plötzlichen Tod – falls ihr je so ein Gedanke an etwas Unwirkliches gekommen war, bevor es dann geschah – nicht so reagiert, wie sie es von sich erwartet hätte: Es »brach ihr nicht das Herz«. Statt dessen war sie in einer Weise betroffen, die viel schwerer zu ertragen war als Trauer: Sie war hilflos. Sie war sogar hilflos in dem Versuch, ihre Gefühle im Zusammenhang mit seinem Tod zu verstehen. Mein Vater hätte sie ihr erklären können, wahrscheinlich in wenigen Worten, allein konnte sie mit der Situation nicht umgehen. Und ihre Söhne? Sie waren keine große Hilfe gewesen. Karl war mit einem Mädchen verlobt, das sie nicht akzeptierte. Ludwig, ein guter und verständnisvoller Sohn, hatte gerade geheiratet, und obwohl das junge Paar das Haus mit ihr teilte, war ein verheirateter Sohn, und ein frischverheirateter dazu, ein Sohn weniger. Julius war verzweifelt und machte für sein eigenes Versagen die Tatsache verantwortlich, daß er an seine verwitwete Mutter gekettet war; und obwohl sie wußte, daß es Unsinn war, tat ihr die Tatsache, daß er so fühlte, weh.

Mit Moritz' Tod war die letzte Illusion jener Welt der Illusionen, war die kurze, glückliche Periode beständigen Fortschritts und erneuter Prosperität, des Friedens, des Akzeptierens und Heilens von Wunden, welche die zweite Hälfte der zwanziger Jahre und der Weimarer Republik gekennzeichnet hatte, vorbei. Es war in der Tat so, als seien die Ereignisse in dieser deutsch-jüdischen Familie mit den größeren Ereignissen im Lande wie mit der Uhr abgestimmt. Nicht einmal ein Jahr, nachdem Moritz nicht mehr da war, folgte das politische Erdbeben, das sich als Vorbote des Endes erweisen sollte. »Er hatte Glück«, pflegte meine Mutter zu sagen, »daß er sich zu diesem Zeitpunkt verabschiedet hat. Er mit seinen deutschen Gefühlen würde jetzt unsäglich leiden.« Sie war nie eine deutsche Patriotin gewesen. Aber sie litt schrecklich, daß mit ihrem Mann eine Welt verschwunden war, in der sie gemeinsam gelebt hatten. Das Auseinanderfallen ihrer sicheren Existenz im materiellen Sinne besiegelte bloß eine viel größere Verwirrung, die von ihr Besitz ergriffen hatte.

Natürlich war mir damals nichts von alledem bewußt. Sosehr ich auch zur Selbstprüfung neigte – wie auch zu starken Selbstvorwürfen und Schuldgefühlen –, konnte oder wollte ich wahrscheinlich nicht erkennen, daß ich irgendeinen Anteil an der Tragödie hatte. Wäre es mir vorher bewußt gewesen, hätte ich vielleicht helfen können, das Ganze zu verhindern. Hätte ich wenigstens versucht, nachzuvollziehen, was in ihr vorging, hätte ich ihr vielleicht helfen können, schneller darüber hinwegzukommen. Das sage ich nicht, weil ich mir in nachträglicher Reue Asche aufs Haupt streuen, sondern weil ich nüchtern konstatieren will, was die reine Wahrheit ist, wie ich heute weiß. Zum Zeitpunkt, als es passierte, war ich natürlich erschüttert. Ich zerfloß vor Mitleid, was ebenso natürlich war. Aber es gab noch etwas anderes, was mir Schuldgefühle machte, die loszuwerden ich mich nicht einmal bemühte:

Mein eigenes Leben war natürlich durch das Geschehene mehr betroffen als das meiner Brüder. Ich schrieb sofort an Mendelsohn und deutete ernste Schwierigkeiten an, einen Nervenzusammenbruch meiner verwitweten Mutter, und bat ihn, mich von meiner »Stelle« beim Columbus-Haus zu entbinden. Es war nicht mehr als ein Akt der Höflichkeit, denn Mendelsohn scherte sich nicht im mindesten darum, ob ich meine Zeit auf seiner Baustelle oder anderswo verschwendete. Da ich nun frei von allen Verpflichtungen war, verbrachte ich einen Monat damit, die besonderen Speisen einzukaufen, die meine Mutter benötigte, und sie ihr ins Krankenhaus zu bringen, und anstatt diese Gelegenheit willkommen zu heißen, alles wiedergutmachen zu können, was ich ihr zuvor angetan hatte, kochte ich vor Ungeduld. Ihr gegenüber ließ ich es mir nicht anmerken, aber Karl zeigte ich es ganz deutlich, der mir dann bei einer Gelegenheit unmißverständlich sagte, was er davon hielt. Trotzdem ist es auch wahr und nicht nur ein mildernder Umstand, daß Karl es leichter hatte und daß es für mich nicht leicht war.

Nun ist es zwar so, daß ich zur Panik neige, und wenn die Dinge nicht so laufen, wie ich will, bin ich unfähig, einen Ausweg zu erkennen. Aber in diesem Fall war ein gewisser Grad an Verzweiflung nicht vollkommen unangebracht. Würde ich denn, dachte ich, immer derjenige sein, der verfügbar ist, immer nur ein Sohn, während meine Brüder wenigstens ihr Berufsleben weiterführen konnten? In welchem Maße meine Verzweiflung berechtigt war, wurde mir eine Weile später klar, als ich Mendelsohn bat, mir bei der Suche nach einer neuen Arbeit behilflich zu sein. Die Vertragsfirma, die das Columbus-Haus baute, mußte zu dem Zeitpunkt Arbeiten in Belgien ausführen, immer noch als Wiedergutmachungsleistung für den Krieg, und man brauchte Hilfsarbeiter, die Erde schaufeln sollten. Ich fragte Mendelsohn, ob er nicht bei der Firma, einer der größten in Deutschland, ein Wort für mich einlegen und mir eine Stelle als Bauarbeiter verschaffen könnte. Er gab mir ein Empfehlungsschreiben für einen der Direktoren, Herrn Boswau, mit, der mich sah und sagte: »Nun ja, ich schaue, was ich für Sie tun kann. Aber natürlich muß ich erst die Zustimmung der Gewerkschaft einholen.« Die Gewerkschaft lehnte mich aus verständlichen Gründen ab. Zu einer Zeit, als zehn Millionen stempeln gingen, war es unmöglich, einem Herrn Julius Posener die Stelle eines Arbeiters zu geben, der sie schließlich nicht nötig hatte. Ich verfluchte die Tatsache, daß überhaupt noch Geld übrig war, sie entband mich von der Notwendigkeit, meinen Lebensunterhalt zu verdienen. Jetzt war ich endgültig arbeitslos, und nicht einmal eine Beschäftigung als einer, der Erde buddelte, stand mir offen. Und keiner soll sagen, es sei mir nicht ernst damit gewesen und ich hätte mit dieser Idee, mit der Schaufel zu arbeiten und in einer Bauhütte zu wohnen, nur gespielt. Hätte man mir die Arbeit angeboten, ich hätte sie ohne zu zögern ergriffen.

Meine Mutter brauchte ein Jahr, um sich zu erholen. Während sie noch im Krankenhaus war, verkauften wir das Haus in Dahlem. Wir verkauften es zum Preis der Hypothek, so daß wir wenigstens hinterher ohne Schulden dastanden. Mehr konnten wir nicht erreichen. Karl hatte ein Zimmer in seinem Krankenhaus. Ich zog in mein Absteigequartier in der Potsdamer Straße. Ludwig und Lotte nahmen sich eine Wohnung in einem neuen Häuserblock mit Luxuswohnungen, die einen weiten Blick über die Außenbezirke boten und wo sie nun endlich anfangen konnten, ihr eigenes Leben zu führen. Sie baten mich, mehr aus Barmherzigkeit als aus einer Notwendigkeit heraus, um meinen Rat bei der Einrichtung ihres ersten Heims, und ich entwarf ein paar Möbelstücke für sie, von denen das eine, ein Bücherregal, so groß war, daß man es fast nicht in Ludwigs Arbeitszimmer hineinbekam. Es war eine unbeholfene Entwurfsarbeit, aber Ludwig beteuerte, wie sehr er das Regal mochte. Es muß der zweite Entwurf von mir gewesen sein, der umgesetzt wurde, wobei der erste, der Grabstein meines Vaters auf dem Parkfriedhof von Lichterfelde, nicht einmal schlecht war.

Als meine Mutter aus dem Krankenhaus kam, lud man sie ein, in der Villa von Ulla Philips Eltern in Lichterfelde ein Zimmer zu beziehen, und es war Hedwig, die sie mit ihrer resoluten, pragmatischen Liebe und Geduld pflegte, bis sie seelisch wieder stabil war. Aber, wie gesagt, es dauerte ein Jahr. An ihrem sechzigsten Geburtstag im folgenden August fuhren wir beide ein paar Tage nach Saarow-Pieskow, einem Kurort an einem großen See südlich von Berlin. Meiner Mutter gegenüber machte ich kaum einen Hehl daraus, daß mir vor dieser Reise grauste, und sie wußte es ohnehin. Als wir dann am Ufer des Sees unter dem klaren Spätsommerhimmel spazierengingen, fanden wir endlich zueinander. Ich glaube, wir haben uns nie nähergestanden. Es waren drei wunderbare Tage. Als wir von Saarow zurückkehrten, war meine Mutter wieder sie selbst.

KAPITEL 25

Untergang mit Kitsch

Nun war ich allein. Karl heiratete irgendwann im Jahre 1932. Ich habe nur eine schwache Erinnerung an die Hochzeit, die selbst so eine trübe Veranstaltung war, daß Lilo viel später, nachdem sie die jüdische Religion angenommen hatte, darauf bestand, nach den Riten dieses Glaubens ein zweites Mal zu heiraten. Ich kann mich, wie gesagt, an die Feier nur schwach erinnern, entsinne mich aber noch, daß Leute, die absolut »keine von uns« waren, sich in einer besonders häßlichen Wohnung im Arbeiterbezirk Moabit versammelten, wo Karl weiterhin wohnte, um in der Nähe des Krankenhauses sein zu können, ferner an Wein, der zu süß war, an den sehr weichen Busen der »Schnecke«, als sie mich drückte, an Karl, der halb verlegen, halb sentimental dreinschaute, an einen herzlichen – zu herzlichen – Händedruck von Lilos Bruder, einem jungen Mann mit einem Gesicht, wie aus einem groben Holzklotz gehauen, und an ihren Vater, einen Postangestellten, der auch danach aussah.

Ludwig und Lotte waren in ihrer Luxuswohnung.

Mutter war in ihrem Zimmer in der Villa von Hedwig Philip.

Ich war allein.

Meine Freundin Lene hatte mir zu Weihnachten 1931 ein schwarzes Kätzchen geschenkt, das einen kleinen weißen Fleck auf der Kehle hatte, und das war mein Gefährte. Es schlief in meinem Bett, es naschte von meinem Teller, wenn ich zu Hause aß, Spiegeleier mit Tomaten, die ich auf meiner elektrischen Kochplatte briet; es saß auf meiner Schulter, wenn ich schrieb. Ich liebte es über die Maßen, zum einen, weil ich schon immer ein Bewunderer von Katzen gewesen bin, zum anderen, weil es mein Gefährte war.

Das Seltsame am sozialen Abstieg ist, daß man ihn nicht bemerkt, selbst dann nicht, wenn das Ereignis wie in unserem Fall mit einem Drama einhergeht. Als Ludwig XVI. gewaltsam nach Paris gebracht wurde, notierte er in seinem Tagebuch lediglich die Jagdtrophäen des Tages, und der Eintrag schließt lakonisch: »interrompu par les évènements«. Der provisorische Beigeschmack dieses »interrompu« ist besonders bemerkenswert, aber gewiß nicht weil er zeigt, wie dumm Ludwig war, sondern weil jedermann sich seines Status sicher ist und dessen Veränderung für kaum mehr als eine Unterbrechung hält.

Zwar kann es vorkommen, wie ich sagte, daß das Ereignis mit einem Drama einhergeht. Aber Katastrophen dieser Art kommen eigentlich nie ganz plötzlich. Schon lange, bevor Mutter mit ihrem verzweifelten Wehklagen begonnen hatte und wir aus der trügerischen Sicherheit dieser Dahlemer Villa auszogen, waren wir deklassiert worden, ähnlich wie Ludwig XVI. seinen Status längst eingebüßt hatte, als er aus Versailles entfernt wurde. Nur das Drama ist wahrhaft dramatisch: Im letzten Akt einer Shakespeare-Tragödie endet eine Welt, und alle Protagonisten gehen mit ihr unter. Aber das richtige Leben geht weiter, und es braucht einige Zeit, bis man sich des Zusammenbruchs bewußt wird, bis man auf ein bestimmtes Datum hinweisen und sagen kann: Da ist es passiert.

Außerdem relativierten die Geschehnisse des Jahres 1932 das Gewicht unserer kleinen Familientragödie. Was uns alle in Atem hielt, war nämlich die Politik: Reichskanzler Brüning wurde entlassen, kurz nachdem sein Präsident, dem er getraut hatte, der alte Feldmarschall, mit den Stimmen der Liberalen und Sozialisten wiedergewählt worden und dieser Haufen von Aristokraten in der Wilhelmstraße aufgetaucht war, Franz von Papen, Wilhelm von Gayl, Lutz Graf Schwerin von Krosigk, mit ihren durch und durch »lichterfeldischen« Erklärungen zu Disziplin und Tugend, ihren Tiraden gegen Jazz, Sex und moderne Kunst. Der Innenminister dieses Kabinetts ging so weit, zur Wahrung des öffentlichen Anstands die Maße von Badeanzügen festzuschreiben. Ich selbst war immer noch derart »lichterfeldisch«, daß das Ganze einen seltsamen Reiz auf mich ausübte, als wäre mit Franz von Papen ein Hauch der alten Monarchie zurückgekehrt.

Wie dem auch sei, mit der Regierung von Papen hatte etwas viel Aufregenderes begonnen. Er unternahm einen letzten Versuch, die steigende Flut des Nazitums einzudämmen, und man muß ihm zugestehen, daß er dafür die stärksten und dramatischsten Mittel einsetzte. Als von Papen im August 1932 den Reichstag auflöste, hatte er Hermann Göring eindeutig ausgestochen, der als Parlamentspräsident versucht hatte, die alten Taktiken des neunten Thermidor anzuwenden, um den Kanzler am Reden zu hindern. Im Gegensatz zu Robespierre wurde von Papen nicht verhaftet, sondern statt dessen der Reichstag aufgelöst; und ich erinnere mich an von Papens Stimme an jenem Abend im Rundfunk, die voller Entrüstung war über »dieses unhöfliche Haus«. Auch erwies sich die Auflösung als einmaliger Erfolg: Bei den neuen Reichstagswahlen im November büßten die Nazis etwa zwei Millionen Stimmen ein. Die SA-Leute standen an den Straßenecken und klapperten mit ihren Sammelbüchsen »für die Reise nach Jerusalem ohne Rückfahrkarte«, aber sie wirkten niedergeschlagen. Wenn wir nach Brünings Entlassung böse Vorahnungen gehabt hatten, so standen wir nun alle, Liberale, Juden und selbst Sozialisten, fest hinter von Papen, nachdem wir die Ergebnisse der Novemberwahlen erfahren hatten. Wir hatten das Gefühl, daß das Schlimmste verhindert werden könnte. Das dachten wir sogar noch, nachdem von Papen seinerseits entlassen und durch seinen eigenen Reichswehrminister General Kurt von Schleicher ersetzt worden war, denn der hatte erkennen lassen, daß er eine breite Front von Politikern aufbauen wollte, die keine Nazis waren, von den Gewerkschaften bis hin zu den Jungkonser-

L'ARCHITECTURE DU TROISIÈME REICH

PAR JULES POSENER

« L'Architecture d'Aujourd'hui » veut essayer de tracer l'image de l'architecture du Troisième Reich.

Nous croyons qu'une telle « vue d'ensemble » n'a pas encore été réalisée, ni à l'étranger, ni en Allemagne même. Au contraire, à l'étranger, on s'est borné à regretter l'architecture de la Neue Sachlichkeit et à négliger les efforts actuels. En Allemagne, les revues sont encore en pleine polémique: climat particulièrement peu favorable à la présentation calme, large sine ira et studio.

« L'Architecture d'Aujourd'hui » veut donc essayer de combler cette lacune. Elle veut présenter à ses lecteurs les raisons qui ont amené la chute de l'architecture du Bauhaus; les tendances de l'architecture actuelle; le changement des tâches. Elle veut montrer les projets et réalisations qui peuvent être considérés comme les plus caractéristiques de l'architecture du Troisième Reich.

Nous devons une grande partie de notre documentation à l'obligeance de la Comtesse Elisabeth de Mondésir, qui a bien voulu mettre à notre disposition la très importante collection de documents photographiques qu'elle a recueillis au cours d'un récent et long voyage en Allemagne.

On trouvera, en matière de conclusion à cette étude, les impressions de Madame de Mondésir sur les tendances actuelles de la peinture et de la sculpture en Allemagne.

»L'Architecture du Troisième Reich« von »Jules« Posener in »L'Architecture d'Aujourd'hui«, 7. Jg. (1936), H. 4

vativen und den Katholiken. Selbst während der zweimonatigen Krise von Schleichers Rücktritt bis zum 30. Januar waren wir ziemlich zuversichtlich, was die weitere Entwicklung betraf. Hitler hatte sich im Hotel Kaiserhof einquartiert, einen Steinwurf von der Reichskanzlei entfernt. Er sprach mehrfach bei dem alten Feldmarschall vor und beschwor ihn unter Tränen, er solle ihm erlauben, Deutschland zu retten. Aber der alte Mann teilte ihm mit, daß er ihn nicht mochte und ihm nicht traute. Damit, so glaubte ich, hätte der Mann erledigt sein müssen. Das wäre in manchen Ländern auch so gewesen; nicht so hier. Aber selbst als Hitler schließlich wirklich Reichskanzler wurde, mit von Papen als Vizekanzler, weiß ich noch, wie ich mit meinem alten Lehrer Haacke darin übereinstimmte, daß damit Hitler endlich eingefangen worden war. »Das ist nicht gerecht«, sagte Haacke. Als ich jedoch meine Theorie ausbreitete, die wahrscheinlich auch die von Papens war, daß Hitler, der vage Visionär, dem Weg folgen müsse, den die entschlossenen Reaktionäre in seinem Kabinett einschlugen, wiegte Haacke den Kopf, was er zu tun pflegte, wenn er etwas bezweifelte, und sagte: »Ich weiß nicht, Marquis: Ich glaube nicht, daß Ihnen die innere Siegesgewißheit Hitlers und seiner Anhänger richtig klar ist.« Natürlich hatte er recht.

Der 30. Januar war einer jener klaren Spätwintertage, an denen es am frühen Nachmittag schon recht warm sein kann. Die Ernennung Hitlers zum Reichskanzler war gerade in den Mittagsausgaben gemeldet worden, die düstere Potsdamer Straße war mit Hakenkreuzfahnen festlich geschmückt, und Braunhemden stolzierten mit geschwellter Brust zu Ketten untergehakt auf dem breiten Trottoir entlang. Das Merkwürdige war, daß die Stimmung ansteckte. Ich entsinne mich eines Ereignisses wenig später im selben Jahr: Mein Vetter Manfred Philip, der Bruder von Ulla, hatte mich eingeladen, den 1. Mai mit ihm in seinem Paddelboot auf der Havel zu verbringen. Für Berlin war ein riesiges Festprogramm geplant, um Hitlers Maifeiertag zu begehen, den »Feiertag der nationalen Arbeit«. Es war ein herrlicher Frühlingstag, und ich stieg am frühen Morgen auf das Dach des Hauses in der Potsdamer Straße, von wo ich ein gewaltiges und beständiges Summen hörte: Die ganze Stadt bewegte sich zum Tempelhofer Feld, wo die Festveranstaltung stattfinden sollte. Eine halbe Stunde später tauchte Manfred auf, und ich folgte ihm leicht widerstrebend. Ich fragte mich, ob ich nicht lieber die Gelegenheit ergreifen sollte, mir ein so gigantisches politisches Spektakel anzusehen. Doch ich ging mit ihm, wir fuhren nach Potsdam, bauten das Boot zusammen und paddelten zu den südlich von Potsdam gelegenen Obstdörfern Caputh und Werder, die im Frühling wie große Portionen Erdbeereis aussahen, welche man am Rande des blauen Wassers fallen gelassen hatte. Die Baumblüte war fast schon vorüber, aber die Dörfer sahen mit ihren Bootshäusern und den kleinen Villen direkt am Seeufer immer noch sehr hübsch aus, und ich erzählte Manfred, wie ich einmal den ganzen Weg nach Caputh geradelt war, um meine geliebte Kittie zu sehen, die ein paar Tage bei ihrer Tante in deren Sommerhaus am See verbrachte. Das Dorf machte einen ungewöhnlich stillen, ja verlassenen Eindruck, und wir nahmen an, daß eine ganze Reihe seiner Bewohner nach Berlin gefahren war, um die große Maifeier zu sehen. »Nun« sagte ich, »es ist friedlich hier, geradezu einsam.« – »Ja«, sagte Manfred. Es entstand eine Pause. Wie ich wußte, war Manfred Kommunist, oder sagen wir lieber, er war hauptsächlich aus Protest Kommunist geworden. Nach einer Weile sagte er: »Ja, Julius, sehr ruhig und friedlich. Und jetzt will ich dir sagen, warum ich heute hierhergekommen bin.« – »Nun?« – »Weil ich nicht selber ›Heil Hitler!‹ rufen wollte«, sagte er. Ich sah ihn an. Er hatte meine eigenen, uneingestandenen Gefühle in Worte gefaßt, und weil er es getan hatte, gestand ich ihm, was ich kaum mir selber gestanden hätte.

Dem Leser dieser Erinnerungen kann nicht ganz entgangen sein, daß ein gewisser Nährboden für den Nationalsozialismus in mir selbst vorhanden war. Zuerst hatte es Robespierre gegeben. Nachdem ich meinen anfänglichen Horror überwunden hatte, blieb in mir die Erkennnis zurück, daß hier ein Mann von Prinzipien war, der den Mut hatte, für seine Überzeugung einzutreten. Er ging aufs Ganze, und ich fand, daß er in seiner Verachtung der bürgerlichen Revolutionäre, der Girondisten, die dies nicht taten, vollkommen recht hatte. Ich glaubte fest daran, daß der Zweck die Mittel heilige, und zögerte nicht, einen Mann zu bewundern, der nicht davor zurückschreckte, strenge und furchtbare Maßnahmen zu ergreifen, sobald er einmal überzeugt war, daß nur diese Maßnahmen zu dem angestrebten Ergebnis führen würden. Ich stand bestehenden Institutionen ohnehin kritisch gegenüber und fand, wie so viele meiner Landsleute, daß die Republik, das parlamentarische System und die Demokratie nie irgend etwas bewirken könnten. Eines meiner Lieblingszitate über viele Jahre stammte von Saint-Just: »Republiken entstehen nicht aus Rücksichtnahme und Respekt gegenüber dem Bestehenden«; ein anderes Zitat, das mir sehr gefiel,war der Leitsatz Robespierres, die revolutionäre Regierung sei die Despotie der Freiheit gegenüber der Tyrannei. Als ich diesen Spruch eines Tages Lene vorlas, fragte sie: »Wann hat Adolf das gesagt?« Ich war also damals ganz offensichtlich bereit für den Mann Adolf, der wie mein Held Robespierre aufs Ganze ging, ohne vor den schauderhaften Notwendigkeiten zurückzuschrecken.

Aber ich war in einem noch spezifischeren Sinne auf den Nationalsozialismus vorbereitet. Die Vorstellung, daß eine neue, in Stände unterteilte Gesellschaft den egalitären Sumpf unserer bürgerlichen Gesellschaft ersetzen würde, eine Gesellschaft, deren Mitglieder gegenüber dem Staat, gegenüber der Ordnung ihrer gewählten Führer und insbesondere gegenüber dem *Führer* selbst Loyalität empfänden und keinerlei Loyalität gegenüber diesen kleinen Leuten, ihren Eltern mit ihren kleinen Geschäften und Büros, ihren Profiten und Doktortiteln – diese Vorstellung war mir schon bei Blau-Weiß, der zionistischen Jugendbewegung, begegnet. Die Gestalt, die sich diese Bewegung Anfang der zwanziger Jahre bei ihrer Generalversammlung in Prunn gab und die von den Mitgliedern fortan »Prunner Gesetze« genannte wurde, kam dem ziemlich nahe, worauf die besten Kreise innerhalb des Nationalsozialismus abzielten. Man darf nicht vergessen, daß die Nazis fast die Gesamtheit der alten deutschen Jugendbewegung in ihre Reihen aufnahm und daß viele dieser Leute, junge Männer, vielmehr zu dem Zeitpunkt schon nicht mehr ganz so junge Männer, aus purem Idealismus glaubten,

[Ende des Manuskripts]

ANHANG

In Germany Again

1933 wird aus der Heimat die Fremde, aus der Fremde das Exil: Frankreich bis 1935, dann Palästina. Als auch diese letzte Zuflucht der Juden von den in Nordafrika vorrückenden deutschen Streitkräften bedroht wird, meldet sich mein Vater freiwillig zur britischen Armee. Vier Jahre später, am 6. April 1945, überquert er als Leutnant der Royal Engineers und »als erster Palästinenser«, wie er stolz an die Familie in Jerusalem schreibt, den Rhein. Über seine Zeit als Offizier der Besatzungsarmee schreibt er den Bericht »In Deutschland 1945 bis 1946«, der 1947 in Palästina erscheint und erst 2002 bei Siedler neu herausgegeben wird.

Während seiner Dienstzeit in Deutschland wächst in ihm der Gedanke, ja der geradezu obsessive Wunsch, beim Aufbau einer neuen Gesellschaft in Deutschland mitzuhelfen, und zwar nicht als Architekt, sondern am liebsten als Lehrer an einer Oberschule oder Volkshochschule, allenfalls als Journalist. Dieser Wunsch entstammt erstens dem verzweifelten Ärger über das Versagen der Militärverwaltung bei der Versorgung der deutschen Zivilbevölkerung, beim Aufbau politischer Strukturen und bei der so genannten Reeducation; zweitens der Frustration über die Nichtbeförderung innerhalb der Armee und das Scheitern seiner Versuche, einen Posten bei der britischen Control Commission for Germany zu bekommen (in beiden Fällen meint er einen unterschwelligen Antisemitismus bei den britischen Stellen zu erkennen); und drittens der Begegnung mit Kreisen der politischen Linken bei einigen Besuchen in England. Dort kommt er auf Vermittlung seiner entfernten Cousine und engen Freundin Ulla Philip, die inzwischen als Genetikerin bei J.B.S. Haldane in London arbeitet, mit der »Progressive League« in Verbindung.

Die League, zu deren Unterstützern Aldous und Julian Huxley, A.S. Neill, Olaf Stapledon und Leonard Woolf gehören, befürwortet die unter Intellektuellen üblichen Ideen der Zeit: Internationale Regierung, Abrüstung, Sozialismus, Planung und so weiter; aber auch freie Liebe, Sexualerziehung, Legalisierung der Abtreibung, Anerkennung der Mutterschaft auch außerhalb der Ehe und wissenschaftliche Bevölkerungssteuerung einschließlich freiwillige Eugenik.

Letztlich wird gerade der sexualpolitische und lebensreformerische Aspekt der League, und vor allem der Eifer, mit dem diese Ziele verfolgt werden, meinen Vater abstoßen; doch bis Ende der vierziger Jahre sympathisiert er mit der Organisation, lernt in ihrem Umfeld viele Politiker der Labour-Partei kennen. So reist er auf der Suche nach einer sinnvollen Arbeit mit einer Liste prominenter Sozialdemokraten und Gewerkschafter in der Tasche und als ausgewiesener Anhänger »unserer Bewegung«, wie es ein Gewerkschaftsfunktionär formulieren wird, 1948 wieder nach Deutschland. Umso bitterer sind die Erfahrungen, die er bei seiner Arbeitssuche im Umkreis eben dieser Bewegung machen wird.

Der hier zum ersten Mal abgedruckte Bericht »In Germany Again« fasst diese bedrückenden Erfahrungen zusammen; er ist vor allem an die politischen Freunde in Großbritannien gerichtet – das Dokument einer Desillusionierung. Angesichts der Erfolgsgeschichte der Bundesrepublik Deutschland mag der Bericht im Nachhinein ungerecht und überpessimistisch erscheinen. Das muss der Leser beurteilen.

Alan Posener

Das folgende ist ein persönlicher Bericht. Drei Wochen lang, zwischen dem 11. März und dem 1. April [1948], bin ich durch Deutschland gereist. Ich war weder in offizieller Funktion noch als Journalist, sondern auf eigene Faust unterwegs. Wenn ich mit hohen Beamten zusammentraf, unterhielten wir uns über meine persönlichen Angelegenheiten. Mein Fortbewegungsmittel war die deutsche Eisenbahn. Diese Voraussetzungen mögen meinen Schilderungen den Anstrich des unmittelbar Erlebten verleihen, doch schränken sie den Rahmen der Erfahrungen, die ich gemacht habe, auch ein. Im Gegensatz zum Jahr 1945/46, als ich bei der Besatzungsarmee diente und für die C.C.G. [Control Commission for Germany] arbeitete, konnte ich mir diesmal keinen umfassenden Überblick über die allgemeine Lage und die Politik in Deutschland verschaffen.

Das war auch nicht der Zweck meiner Reise. Sie war mir genehmigt worden, damit ich herausfinden könnte, ob es für mich irgendwelche Möglichkeiten gibt, in Deutschland als Lehrer oder Journalist zu arbeiten. Meine Arbeit bei der C.C.G. im Jahre 1946 hatte mich auf die Idee gebracht, daß ich für eine solche Beschäftigung geeignet sein könnte und daß es überdies eine nützliche Aufgabe wäre.

Erste Eindrücke

Auch wer die hier in England erscheinenden Artikel und Aufrufe zur Hilfe gelesen hat, mag allzu leicht vergessen, daß in Deutschland das Elend unvermindert fortbesteht, während sich unsere Aufmerksamkeit von Deutschland abwendet und nach Indien und Palästina verlagert; auch haben wir selbst genügend Sorgen, die uns tagaus, tagein beschäftigen. Aber die Menschen in Deutschland leiden Not wie vor zwei Jahren, nur noch viel schlimmer. Darum überfällt einen als erstes Staunen und Entsetzen, wenn man in Düsseldorf aus dem Zug steigt und wieder mit dieser Not konfrontiert wird. Das Ausmaß der Verwüstung, an das man sich 1946 in Deutschland gewöhnt hatte, macht heute fassungslos, eben weil es noch dasselbe ist. Die Straßen sind jetzt geräumt, denn der Schutt ist in die Keller unter den Ruinen gekehrt worden, wo man ihn nicht mehr sieht, was diese Ruinen um so unbegreiflicher macht, als sie nun den Eindruck des Endgültigen vermitteln. Man macht sich nicht einmal Gedanken darüber – weder der Besucher noch die Deutschen selbst –, was getan werden könnte, um die Häuser wieder aufzubauen oder wenigstens die Ruinen erst einmal einzureißen. Gras wächst auf den vom Regen zweier Jahre und dem Staub der Zeit verwitterten Trümmern, und allem Anschein nach hat sich diese Generation mit deren Anblick abgefunden.

Als ich den Bahnsteig betrat, wurde ich von einer wogenden grauen Menschenmenge eingeschlossen, die in den Zug drängte. Es waren abgehärmte, verwahrloste und ungepflegte Gestalten, die ihre zusammengeklaubte Habe auf unterschiedlichste Art und Weise mit sich trugen: in Taschen, mit Rucksäcken oder einfach nur in Bündeln, die sie aus alter Kleidung zusammengeflickt hatten. Ich starrte und wurde – wie ich mit einem unbehaglichen Gefühl registrierte – meinerseits angestarrt: Da stieg ein gutgekleideter, wohlgenährter Mann mit rosigen Wangen aus dem Zug, noch dazu mit einem neuen Lederkoffer in der Hand. Ein paar Kinder berührten den Koffer und schauten aus fragenden Augen zu mir auf.

An die Ruinen hatte ich mich nur nicht mehr richtig erinnert; aber dies war neu: Die Menschen sehen jetzt schlechter aus als vor fünfzehn Monaten. In den dunklen Eingeweiden des Bahnhofs stieß ich auf ein weiteres Gewühl von Menschen, die dort herumstreunten, auf ihren Habseligkeiten saßen oder in trostlosen, unendlich langen Reihen Schlange standen, die sich vor jedem Fahrkartenschalter bilden. Andere verschwanden in der Bahnhofsgaststätte, wo offenbar zu jeder Tages- und Nachtzeit Menschen sitzen, auf dem Fußboden liegen, sich vor der Theke drängen und darauf warten, daß die zehn dort vorhandenen

Blechbecher wieder in Umlauf kommen und mit der dünnen Brühe gefüllt werden können, die offiziell »Kaffee« und im Volksmund »Muckefuck« genannt wird. Eines Nachts habe ich gesehen, daß Leute zwischen den Gepäckständern vor den Fahrkartenschaltern schliefen beziehungsweise es versuchten.

Così sen vanno su per l'onda bruna
E avanti che sien di là discese,
Anche di qua nuova schiera s'aduna.

Ja, die Erinnerung an diese Zeilen drängt sich auf: Dantes Eintritt ins Inferno. Keine irdische Erfahrung, die ich je gemacht habe, ließe sich mit den ziellosen Menschenhorden vergleichen, die hier umherwandelten wie die Verdammten.

Sich einrichten

Aber im Unterschied zu Dante vernahm ich kein Wimmern und Schreien. Alle gehen schweigend ihrer Wege. Sie haben sich daran gewöhnt, haben sich im Unbehausten häuslich eingerichtet. Es ist nämlich nicht nur die alte deutsche Disziplin, die sich an solcherlei Orten behauptet, in Lokalen, Warteschlangen, Bahnhöfen, Zügen, wo mitunter sogar eine gewisse Freundlichkeit aufkeimt, ein Geist gegenseitiger Hilfsbereitschaft, der mir vorher nicht als etwas besonders Deutsches aufgefallen wäre; da stellen sich etwa Leute in den zum Bersten gefüllten, pechschwarzen Abteilen – es gibt kein Licht in deutschen Zügen – auf ein Bein, damit sich noch einer mit seiner unförmigen Tasche zwischen die dunklen, dichtgedrängten Reisenden quetschen kann. Es ist vor allem eine Apathie, eine Hinnahme des Unvermeidlichen, die aber nie ganz frei ist von verbitterten, abfälligen Bemerkungen über jene, denen man ziemlich einhellig unterstellt, dieses trostlose Elend über das deutsche Volk gebracht zu haben: die Besatzungsmächte. Beim

Anblick des hell erleuchteten C.C.G.-Expreßzugs, der sanft in den Bahnhof gleitet, wo der düstere und überfüllte Zug schon eine Stunde gewartet hat, erhebt sich ein Murren, während unter zustimmendem Schweigen ein oder zwei gallige Bemerkungen fallen. Man hört Sätze wie: »An meinen Eßtisch kommt mir kein Engländer, das habe ich mir geschworen, und auch kein Amerikaner.« Russen und Franzosen werden nicht erwähnt, weil es sich von selbst versteht, daß man sie nicht einladen würde. Daß das Dritte Reich oder die deutsche Aggression diese Misere herbeigeführt haben könnten, ist längst vergessen, sofern der Zusammenhang überhaupt je klar erkannt wurde. Die Deutschen verabscheuen einander zwar von ganzem Herzen, wie sie es schon immer taten, aber gerade die Tatsache, daß sie im Alltag auf Schritt und Tritt diskriminiert werden (»11 Uhr 26, Zug nach Kopenhagen über Hamburg und Flensburg: für Deutsche nur bis Osnabrück«, »Auf Gleis drei fährt ein der D-Zug nach Koblenz: Für Deutsche ist eine Sondererlaubnis erforderlich«), wetzt fortwährend die stumpfe Klinge ihres Nationalismus. Jeder Deutsche gehört einer unterdrückten Gemeinschaft an. Man braucht die Gesichter dieser Menschen gar nicht [unleserlich] lange zu betrachten, die ein deutscher Leitartikler als »wie gezeichnet« beschrieben hat: Knapp drei Jahre haben ihnen einen Ausdruck verliehen, den man nur als jüdisch beschreiben kann:

»Denn Dulden ist das Erbteil unsers Stammes« (Shylock)

Hier möchte ich eine Beobachtung hinzufügen, die zu machen ich reichlich Gelegenheit hatte. Die Schwierigkeiten der langen, umständlichen Wege bei der Beschaffung der dürftigen Nahrung, die einem zusteht, und bei der Bewältigung der eigenen alltäglichen Angelegenheiten sind so immens, daß sie alle Kraft und Zeit aufzehren, die ein einzelner Deutscher aufbringen kann. Wenn ich heute auf meine Reise zurückschaue, die mich von Flensburg nach Lindau quer durchs Land führte, muß ich feststellen, daß die

Begleitumstände dieses ausgedehnten Reisens – sich ohne Auto in einer Großstadt fortzubewegen, das heißt, zu Fuß zu gehen oder in überfüllten Straßenbahnen zu fahren, sich seine Mahlzeiten und eine Unterkunft für die Nacht zu verschaffen, eine Fahrkarte zu ergattern und noch rechtzeitig den jeweiligen Zug zu erreichen –, daß dies alles meine eigentliche Leistung darstellt. Danach war nur noch wenig Raum für die eigentlichen Gespräche, derentwegen ich nach Deutschland gefahren war, und ich kann stolz sein, daß es mir gelang, etwa zwei Drittel der Leute zu treffen, die auf meiner Liste standen. Am Ende war mir das Ankommen wichtiger als diese Verabredungen: Ich war froh, überhaupt Hannover, Dortmund oder Köln *erreicht* zu haben. Und im Gegensatz zu den Menschen dort konnte ich mich meinen Unternehmungen mit der ungebrochenen Energie eines gutgenährten Körpers und unbelasteten Geistes widmen.

Im Verlauf der Reise entwickelte ich bald die deutsche Angewohnheit, mich überall dort hineinzudrängen, wo ich eigentlich nichts zu suchen hatte. Frech betrat ich ein T-Force-Hotel oder einen Alliiertenzug, ein anderes Mal eine deutsche Lebensmittelstelle, wobei ich dort meinen abgelaufenen Militärpaß, hier meinen britischen Paß zückte, ein Dokument, mit dem in Deutschland alles möglich wird. Es schmerzt, mit ansehen zu müssen, wie selbst ein despotischer Fahrkartenkontrolleur noch heute angesichts eines ausländischen Dokuments zu katzbuckeln beginnt: »Das ist einer von den anderen, den Herren«, denkt er, »keiner aus unserer Gemeinschaft der Unterdrückten.« So wie ein Jude sagen würde: »Na klar, als Nichtjude …« Hier wie dort ist die Folge ein vehementer Nationalismus, ein Nationalismus des ewigen Verlierers.

Ich erledigte meine Angelegenheiten »schwarz«, wie alle Deutschen. Man gewöhnt sich ziemlich schnell daran, und irgendwie fängt es sogar an, einem zu gefallen. Mit nichts anderem sind all die Leute beschäftigt, die man nach wie vor in jeder Stadt in großen Gruppen herumstehen sieht. Die Deutschen leben auf der Straße, auf dem Bahnhof und im Zug, und sie führen mit sich, was immer sie in den mühseligen Prozeß des Ringtausches einbringen können: eine Kamera gegen Zigaretten, Zigaretten gegen Kaffee, Kaffee gegen einen Koffer, den Koffer gegen Eier und Fett. Manchmal ist die Kette noch länger. Was dabei herauskommt, läßt sich beobachten, wann immer man in einem Restaurant sitzt, besonders zur Frühstückszeit in einem Hotelrestaurant. Die Leute erscheinen mit ihren Taschen und Bündeln, packen die Blechdose mit Butter aus, die gekochten Eier, das Glas Marmelade oder sogar den Kaffee, den sie dem Kellner zum Aufbrühen oder zum abermaligen Tauschen übergeben. Nur wenige Menschen essen die Restaurantkost ausschließlich auf Lebensmittelmarken. Ich habe es einige Tage lang versucht, und obwohl es mir meistens gelang, an irgendeinem anderen Ort eine weitere Mahlzeit zu ergattern, die mir eigentlich nicht zustand, und obwohl ich darüber hinaus innerhalb eines Tages die Marken verbrauchte, die drei Tage reichen sollten, war ich während meines gesamten Aufenthalts in Deutschland sehr hungrig, manchmal unerträglich hungrig. Ich weiß, daß sich die Menschen auch damit abgefunden haben; man sieht sie ganz vergnügt ihre riesigen Schalen Brühe essen, die keinerlei Fett, Gemüse oder Fleisch enthält, und vielleicht fangen ja ihre Mägen nicht gleich wieder an zu knurren wie der meine, nachdem ihnen diese Unmenge heißen Wassers durch den Leib gerauscht ist. Sie haben sich eingerichtet, aber ihre fahlen Wangen sprechen eine andere Sprache.

Ziemlich oft begegnet man – um dem Bild des blanken Elends nur noch diese eine Beobachtung hinzuzufügen – einem auffallenden Mangel an Konzentration. In meinem Hotel in Hannover konnte ich nie nach meinem Schlüssel fragen, ohne daß man die falsche Zimmernummer wiederholte:

»Nummer 44, bitte.«

»45, der Herr.«

»Nein, 44.«

Und wenn ich dann hinsah, hielt ich den Schlüssel für Nummer 47 in der Hand.

Folgende Unterhaltung habe ich mit einem anderen Hotelportier im selben Haus geführt:

»Sie reisen heute ab, nicht wahr, mein Herr?«

»Nein. Mein Zimmer ist für drei Tage gebucht.«

»Das kann aber nicht sein.«

»Doch, ganz sicher, bitte schauen Sie sich den Buchungsbeleg an.«

»Der Buchungsbeleg, der von wem ausgefüllt wurde ...?«

»Von der SPD-Parteizentrale.«

»Ach ja. So, wo haben wir ihn denn? (kramt in einigen Papierstapeln herum) Wann sind Sie eingetroffen?«

»Am Sonnabend.«

»Wieviel Uhr?«

»Am Nachmittag, nach drei.«

»Und Sie hatten einen Buchungsbeleg dabei?«

»Ja.«

»Schauen wir mal. (durchsucht wieder dieselben Papiere) Sie möchten vier Tage bleiben?«

»Drei.«

»Und sind am Freitag angekommen?«

»Sonnabend.«

»Am Vormittag?«

»Nachmittags.«

»Und wer hat Ihre Buchung vorgenommen?«

»Die Parteizentrale der SPD.«

»Am Freitag?«

»Am Sonnabend.«

»Und Sie wollen zwei Tage bleiben?«

»Verdammt noch mal, wie oft soll ich das noch sagen?«

»Bitte regen Sie sich nicht auf. Man wird ja wohl noch fragen dürfen. Also, jetzt noch einmal ganz genau: Sie sind am Donnerstag gekommen und wünschen vier Tage zu bleiben, und Ihr Buchungsbeleg ... ja, wo *ist* er denn eigentlich ...« (sucht wieder in denselben Unterlagen). Solche Fälle sind durchaus keine Seltenheit.

Gespräche im Zug

Die Feindseligkeit, die ich im letzten Abschnitt erwähnte, wird häufig vollkommen unumwunden artikuliert. Man muß das Gespräch darüber gar nicht in diese Richtung lenken, es wird einem in der Eisenbahn aufgedrängt, wobei diese Unterhaltungen eher noch von der gehobenen Sorte sind. Was sich die Leute gewöhnlich zu sagen haben, dreht sich um Fett, Fleisch und Zigaretten oder um die tausendundein Formulare, Einschränkungen, Vorschriften, mit denen man sich herumschlagen muß. Eine typische politische Unterhaltung entspinnt sich etwa so:

A: »Ein feiner Anblick, der sich einem in Hannover jetzt bietet. Daß hier immer noch diese Leute herumlaufen, diese Flüchtlinge und die anderen. Wahrscheinlich wird sich das nie ändern. Kann sich gar nicht ändern. Die anderen wollen nicht, daß es sich ändert; und wir haben uns daran gewöhnt. Vor drei Jahren hat es hier noch viel guten Willen gegeben. Soviel guten Willen! Hätte man uns nur machen lassen, dann würden die Dinge heute ganz anders aussehen, besser für uns und auch für Europa und die Welt. Es war ja soviel guter Wille im deutschen Volke vorhanden! Die Engländer haben ihn in den Abfluß gekippt. Hatten keinen Gebrauch dafür. Er hat ihnen nicht in den Kram gepaßt.«

B: »Genau. Sie haben den Krieg geführt, um uns kleinzukriegen, und jetzt sehen sie zu, daß es so bleibt. Das haben wir damals nicht gewußt. Was hat man uns alles für Versprechungen gemacht! Natürlich hätten wir es besser wissen müssen. Als der Krieg vorbei war, hatten wir ja reichlich Erfahrung damit, was wir von Versprechungen zu halten haben. Nur haben wir geglaubt, daß die deutsche Propaganda faul gewesen sei und daß die Versprechen der anderen vielleicht ein bißchen mehr sein könnten als Propaganda. Na ja, heute wissen wir Bescheid.«

A: »Und jetzt kriegen wir Propaganda von beiden Seiten. Der Russe verbreitet seine in Berlin und die Engländer und Amis ihre hier bei uns. Die Franzosen machen sich nicht einmal die Mühe mit Propaganda. Die genießen nur ihre Rache. Vielleicht sind sie die Ehrlichsten von der ganzen Bagage. Die Engländer nennen es ›Demokratie‹ und denken, wir würden ihnen das abkaufen. Nun, wenigstens in dem Punkt haben sie sich geirrt. Ganz so doof sind die Deutschen auch wieder nicht.«

Es folgen die üblichen Beschwerden, die sich als einzelne Glieder zu der Kette der britischen Strangulierung Deutschlands aneinanderreihen. In dieser Sicht der Dinge verfahren die Briten nach einem ausgeklügelten Plan, dessen Etappen etwa so aussehen: zuerst Einkreisung und Niederschlagung Deutschlands, als nächstes Beseitigung des landwirtschaftlichen Potentials des Landes durch Abtretung der Gebiete östlich von Oder und Neiße, schließlich Ausschaltung der deutschen Industriekonkurrenz durch Demontage friedlicher Fabrikanlagen und Diebstahl deutscher Patente. Dies trägt zusammen mit dem Zustrom von Flüchtlingen (mehr Mäuler, die mit weniger Getreide gestopft werden müssen), dem Export von Rohmaterial wie Kohle und Holz »für Geld, das nicht das Papier wert ist, auf dem es gedruckt wurde«, und sogar von Lebensmitteln (»Ich erzähle Ihnen keine Schauermärchen, mein Herr, als Polizist mußte ich solche Lebensmittelzüge nach Bremerhaven begleiten, ich habe es mit eigenen Augen gesehen«) sowie dem vorsätzlichen Kuddelmuddel in der Verwaltung und dem gleichermaßen vorsätzlichen Durcheinander der Entnazifizierung zur Erfüllung des Generalstabsplans bei: der langsamen Vernichtung der Menschen in Westdeutschland.

A: »Aber wir brauchen uns keine Sorgen zu machen: Die Atombombe wird schon alles richten, wenn die lieben Alliierten von '39 bis '45 sie über der Leiche Deutschlands gegeneinander einsetzen. Und das wäre eine gute Sache.«

B: »Sehr richtig. Ich wünschte, die Engländer wären so aufrichtig wie die Nazis. Die haben die Juden in die Gaskammern gesteckt – behauptet zumindest die Propaganda der Alliierten. Na und? Die Gaskammer ist eine sehr humane Art, ein Volk auszulöschen. Nicht zu vergleichen mit dem langsamen Tod, dem das deutsche Volk jetzt ausgesetzt ist.«

Ich: »Glauben Sie nicht, das deutsche Volk könnte möglicherweise einen Teil dieses Leidens selbst über sich gebracht haben? Hat sich das deutsche Volk – das schnell dazu bereit zu sein scheint, andere für seine Not verantwortlich zu machen – selbst denn gar nichts vorzuwerfen?«

B: »Wenn Sie damit sagen wollen, daß die Deutschen unmenschlich gewesen wären, wenn wir den Teil von alledem betrachten, der vielleicht wahr ist – und man muß ja zugeben, daß überall Fehler gemacht wurden . . .«

Ich: »Bloß Fehler?«

B: ». . . daß Grausamkeiten begangen wurden, selbst in *unseren* Reihen – dann wird das aber von hundertmal so heimtückischen Verbrechen in den Schatten gestellt, welche die Alliierten während des Krieges und im Anschluß daran begangen haben. Aber wenn Sie fragen, ob das deutsche Volk an seinem Schicksal schuld hat: Ja, o ja, es hat schuld. Es hat die Front sabotiert, die Generäle, die nicht [an den Sieg] glaubten, die Waffenfabrikanten, die nicht das richtige Gerät geliefert haben, die Arbeiter, die unter dem Einfluß verantwortungsloser Demagogen standen, jawohl, mein Herr, dieselben Leute, die sich heute auf dem Höhepunkt unserer Not als ›Widerstandshelden‹ aufspielen. Ich habe in der Scheiße gesessen, in Stalingrad und Falaise und in Arnheim. Ich habe die Blindgänger gesehen, die sie uns als Munition geschickt haben, die schlecht montierten Flugzeuge, die beim Testflug auseinandergebrochen sind. (Schon wieder die Dolchstoßlegende!) Ich habe sie gesehen. Ich plappere keine Propaganda nach. Denn so etwas machen die Deutschen heute nicht mehr. Sie halten schön die Augen auf und gucken genau hin, und was sie da unter den neuen Parolen wiederfinden, ist die alte Scheiße: nur schlimmer, viel schlimmer. Von wegen Demokratie. Welche eigentlich, wenn ich Sie fragen darf, die russische oder die amerikanische? Von den armen Schweinen, den Engländern, will ich gar nicht sprechen.

Ja, jetzt können wir uns wohl eine aussuchen. Von wegen Vereinte Nationen. Nein, mein Herr, die können Sie beide behalten, Ihre Demokratien.«

Ich: »Und, was glauben Sie, wie wird es weitergehen?«

A: »Alles ist möglich. Aber so geht es jedenfalls nicht. Der Tag wird kommen, und der ist gar nicht so fern, an dem es bestimmten Leuten noch mal sehr leid tun wird.«

Zitate von Persönlichkeiten des öffentlichen britischen Lebens fließen leicht in solche Unterhaltungen ein und erhalten darin eine Funktion, die nicht unbedingt dem intendierten Sinn ihrer Äußerungen entspricht, zum Beispiel wenn sie folgendermaßen wiedergegeben werden: »Jetzt schämt er sich, der Sir Hartley Shawcross, weil er die Nazigrößen aufknüpfen ließ und inzwischen einsehen muß, daß die Führer im Kreml genauso schlimm sind. Wenn ich mich recht entsinne, haben wir das schon viel eher gesagt.«

Oder: »Und daß England die Deutschen vorsätzlich aushungert, dafür hat Gollancz kürzlich den Beweis geliefert.«

Ich: »Gollancz?«

»Gollancz hat gesagt, er findet es schlimm, daß in England zu Ostern die Fettrationen erhöht werden sollen, während die Menschen in Deutschland verhungern. Nun, die Zuteilung *wurde* erhöht. Gollancz kann denen da drüben noch so sehr die volle Wahrheit erzählen, es beeindruckt sie einfach nicht. Sie essen *trotzdem* mehr Fett, ganz gleich, wie sehr die Deutschen hungern. Sie halten es für ihre patriotische Pflicht, uns verhungern zu lassen, das ist nach dem, was Gollancz gesagt hat, ganz offensichtlich.«

Der Leser könnte nun meinen, ich sei auf einige besonders widerliche Exemplare von überlebenden Nazis gestoßen. Daß das Nazitum wieder *auf*lebt, nicht *über*lebt, davon wird später noch die Rede sein. Fürs erste möchte ich hier nur die Ergebnisse eines Diskussionsabends zusammenfassen, der in Krefeld von den Freien Demokraten, einer gemäßigten Partei, organisiert wurde.

Es handelte sich um eine öffentliche Versammlung, die nicht nur von FDP-Mitgliedern, sondern, nach Angaben der Veranstalter, von mehr als hundert Menschen aller Altersgruppen besucht wurde, unter ihnen Kriegsversehrte, Heimatvertriebene aus dem Osten und so weiter. Hier einige der Fragen und Antworten:

Frage: »Glauben Sie, daß die tägliche Hungerration von 1500 Kalorien für Deutsche – die in der Realität nicht einmal erreicht wird – eine Strafaktion gegen das deutsche Volk darstellt?«

Antwort: 85 Ja. 11 Nein. 8 Weiß nicht.

Frage: »Glauben Sie, es verbirgt sich dahinter im Grunde die kaltblütige und vorsätzliche Absicht, das deutsche Volk auszurotten?«

Antwort: 45 Ja. 57 Nein. 6 Weiß nicht.

Frage: »Glauben Sie, die Nahrungsmittel auf der Welt sind tatsächlich so knapp, wie man uns weismachen will?«

Antwort: 6 Ja. 97 Nein. 4 Weiß nicht.

Etwas mehr Hoffnung gibt gleichwohl die Antwort auf die folgende Frage:

Frage: »Können wir Deutschen selbst irgend etwas tun, um unser Elend zu überwinden?«

Antwort: 77 Ja. 19 Nein. 8 Weiß nicht.

Und der Vollständigkeit halber noch einige Fragen und Antworten, die damit im Zusammenhang stehen:

Frage: »Glauben Sie, daß unsere derzeitigen politischen Parteien die tatsächlichen Ansichten unseres Volkes repräsentieren?«

Antwort: 9 Ja. 85 Nein. 6 Weiß nicht.

Frage: »Glauben Sie, daß der Landtag von Nordrhein-Westfalen erfolgreich gearbeitet hat?«

Antwort: 2 Ja. 96 Nein. 4 Weiß nicht.

Frage: »Glauben Sie, daß ein Krieg nötig ist?« (Diese Frage wurde von vielen Anwesenden im Sinne von »Glauben Sie, ein Krieg ist unvermeidlich?« aufgefaßt.)

Antwort: 28 Ja. 54 Nein. 8 Weiß nicht.

Man muß das Resultat nicht als typisch ansehen. Es handelte

sich nicht um eine repräsentative Meinungsumfrage, und einige Fragen wurden sogar als Suggestivfragen gestellt. Dennoch ist das Ergebnis insofern interessant, als es nahelegt, daß das, was ich im Zug gehört habe, nicht bloß die Meinung einiger besonders fanatischer ehemaliger SS-Männer gewesen ist.

Politik

1946 hatte ich ziemlich viel Gelegenheit, das parteipolitische Leben in Deutschland zu beobachten. Ich konnte mich schon damals des Verdachts nicht erwehren, daß all das wilde Getöse in den Parteiblättern nicht wiedergab, was das Gros der Bevölkerung wirklich dachte. Und die Befragung, die ich im letzten Abschnitt aufgeführt habe, scheint in die Richtung zu weisen, daß dies heute noch weniger der Fall ist und daß die Parteien den Volkswillen keineswegs repräsentieren. Die Unterschiede zwischen den beiden großen Parteien im Westen, der SPD und CDU, beschäftigen die deutschen Gemüter offenbar nicht. Beide sind sich nach Meinung des kleinen Mannes einig im Kampf gegen die Kommunisten, und dieser Kampf ist eher eine Sache der Außenpolitik denn der politischen Ideologie. Die Kommunisten, das ist der Russe. Daran ist nichts Erstaunliches: Es stand zu erwarten, daß sich Westdeutschland einer westeuropäischen Entwicklung nicht entziehen könnte. In Westdeutschland erscheint der weltpolitische Kampf in einem besonders deprimierenden Licht. Das Land liegt der Front am nächsten und ist zugleich am wenigsten aktiv. Es hat das Gefühl, Schauplatz und Spielball der internationalen Machtpolitik zu sein. Und dieses Volk, das sich in seinem Alltag und seiner Umgebung mit so vielen irrsinnigen Dingen abgefunden hat, scheint sich auch mit der Teilung Deutschlands abgefunden zu haben. Wie es aussieht, ist den Menschen allenfalls daran gelegen, ihr Land im Westen aufzubauen und wieder einen halbwegs annehmbaren Lebensstandard herzustellen, viel weniger daran, die deutsche Frage zu lösen. Natürlich wuchern Gerüchte um einen möglichen Krieg. Werden die Rationen erhöht, wird das häufig als »Maßnahme« aufgefaßt, um »uns für den Krieg zu mästen«, der ausnahmslos als »*deren* Krieg« bezeichnet wird. Sollte es zum Krieg kommen, hält man es für sicher, daß Rußland Westdeutschland und den Rest Europas überrollen wird: »Die Engländer und die Amis können den Russen nicht aufhalten, und diese verweichlichten Franzosen sowieso nicht.« Ferner kursieren Gerüchte, man beabsichtige, die alte Wehrmacht und SS einzubinden, was man achselzuckend als Beweis dafür nimmt, daß die Ideale, für die die Alliierten im letzten Krieg zu kämpfen vorgaben, nichts weiter waren als Propaganda, »wofür wir sie die ganze Zeit ohnehin gehalten haben«. Dieses Achselzucken, dieses Gefühl, die Täuschungsversuche der Alliierten inzwischen (spätestens jetzt) durchschaut und erkannt zu haben, daß sie nicht besser sind als die Naziparolen – wenn überhaupt annähernd so gut –, ist heute eine sehr verbreitete Haltung. Bislang ist der deutsche Nationalismus ein negativer: Die Deutschen sehen sich als die wahren Opfer der Machtpolitik, und sie können nichts dagegen tun. Unter diesen Umständen betrachtet man die deutsche Einheit nicht als unmittelbares Anliegen, und ich glaube kaum, daß sich die Deutschen im Westen ernsthaft für Ostdeutschland interessieren, genausowenig wie sie sich im allgemeinen für Politik interessieren. Die Zeitschrift *Denkendes Volk*, das Organ der Volkshochschulen (wie mir deren Herausgeber sagte, sei »der Name Hoffnung und nicht Tatbestand«), hat ihre Leser befragt, welche Themen sie im Blatt bevorzugen würden. Ganz oben auf der Liste stand die Literatur. Wirtschaft und Politik kamen an letzter Stelle. Dieselbe Beobachtung machten die Redakteure von *Blick in die Welt*, die vom Central Office of Information in London herausgegeben wird. Hier rangierte zwar die Technik an erster Stelle, aber wieder bildeten Wirtschaft und Politik die Schlußlichter.

Wenn die Menschen für die Tagespolitik nur ein Achselzucken übrig haben, heißt das nicht, daß sich ihr Interesse auf ihre

Mägen beschränkt. Mit dem Beginn der Besatzung wich das Interesse am politischen Gesamtgeschehen einem sehr starken, von Verbitterung geprägten Interesse an lokalpolitischen Themen. Diese unterscheiden sich in allen Besatzungszonen und auch von Land zu Land. In Schleswig fiel mir auf, daß die dänische und die ostpreußische Frage die Menschen am meisten beschäftigte. Ein Volksbildungsbeauftragter der SPD in Schleswig, der mit den dänischen Ansprüchen sympathisierte, war über die Anwesenheit von mehr als einer Million Flüchtlingen aus dem Osten besonders verbittert: »Die Militärregierung hätte diese Leute gleichmäßiger über die Besatzungszonen verteilen sollen. Ich habe erfahren, daß sie in Wiedenbrück und anderen Kreisen Ostwestfalens nur fünf Prozent ausmachen, während sich hier infolge der Aufnahme von Flüchtlingen die Bevölkerung verdoppelt hat«, sagte er. »Sie stellen einen Fremdkörper dar, und die Eltern machen sich Sorgen um ihre Kinder, wenn sie aus der Schule kommen und statt ihres heimischen Schleswiger ›Plattdütsch‹ den ostpreußischen Dialekt sprechen. Manche verstehen nicht einmal mehr, was der Lehrer sagt. Die ostpreußischen Lehrer sind arrogant und halten sich für eine bessere Rasse, dabei sind sie in Wirklichkeit weit unterlegen.« Ein Däne, der seit zwanzig Jahren in Schleswig lebte, drückte es so aus: »Die Schleswiger haben keinen Kampfgeist. Wäre das in Jütland passiert, hätten die Jüten diese Eindringlinge hinausgejagt.« – »Aber wohin sollen sie gehen?« – »Das ist nicht unser Problem. Sie müssen weg, soviel steht fest, sonst ändert sich der Charakter unseres Landes. Das wäre dann nicht mehr Schleswig.« Bei einer Diskussion über Mischehen, die unter der Schirmherrschaft des Central Office of Information veranstaltet und von meinem Freund, dem Volksbildungsbeauftragten, geleitet wurde, stellte einer der Vortragenden, nachdem die Mischehen zwischen Negern und Weißen abgehandelt worden waren, allen Ernstes die Frage, ob eine Heirat zwischen Ostpreußen und Schleswigern wirklich etwas Wünschenswertes sei, wo doch die Ostpreußen ein »artfremdes Element« darstellten. »Die ostpreußischen Mädchen«, sagte einer der Redner, »üben auf unsere Burschen den Reiz des Fremdländischen aus. Sie sind von der lockeren Art, nicht besonders streng in ihrer Moralauffassung, so daß sich unsere Burschen leicht von ihnen einfangen lassen.« Ostpreußen-Witze dieser Art machen die Runde: »Diese armen Menschen, haben alles verloren, sogar ihr Parteibuch!« Oder: »Wenn's hart auf hart kommt, kann ich immer noch Hitler-Postkarten an die Ostpreußen verkaufen. Die kaufen immer, weil sie ja noch nie ein Bild vom Führer gesehen haben.«

In Lindau, am anderen Ende Deutschlands, sagte ein Freund zu mir: »Ja, die Deutschen sind ein verderbtes Volk. Aber ich hege immer noch die Hoffnung, daß die Menschen südlich der Donau anders beschaffen sind.« – »Südlich des Mains, meinst du wohl?« – »Nein, südlich der Donau.«

Wohin man in Deutschland geht, die Leute werden einem immer erzählen, daß gerade die eigene unmittelbare Umgebung nicht so schlimm von der allgemeinen deutschen Pest angesteckt gewesen sei. Das Gefühl ist verständlich. Wenn einem Volk gesagt wird, es sei als ganze Nation der Welt ein Schrecken und sich selbst eine Schande gewesen, versuchen die Menschen wenigstens bei denen eine Ausnahme zu machen, die ihnen am nächsten sind und denen sie all die Scheußlichkeiten nicht zutrauen können, die dem Volk als Ganzes angelastet werden. Das ist eine Begleiterscheinung der These von der Kollektivschuld, die man den Deutschen vorgesetzt hat. Was diese These und die Diskriminierung alles Deutschen im täglichen Leben dem Selbstwertgefühl der Nation zugefügt haben, was für einen Komplex sie verursachten, was für Folgen daraus in der Zukunft zu erwarten sind, das alles ist ein so weites und qualvolles Thema, daß ich zu der Einsicht gelangt bin, ein beträchtlicher Teil bei den Bemühungen um eine Umerziehung sollte dem Streben gelten, diese Nebelwolke, die auf das deutsche Gemüt drückt, zu verscheuchen.

Eine der Folgen, mit denen wir uns hier auseinandersetzen, scheint mir zu sein, daß obgleich partikularistische oder separatistische Bewegungen eine sehr begrenzte Anhängerschaft haben, der Partikularismus derzeit eine der stärksten Kräfte in Deutschland ist. Zu den Faktoren, die den Partikularismus begünstigen, gehören die Unterschiede in der Politik und Einstellung der westlichen Besatzungsmächte, die unterschiedliche Probleme nach sich ziehen und beim unterworfenen Volk unterschiedliche Reaktionen auslösen. Aber der Partikularismus beschränkt sich nicht auf die drei Zonen. Die Regionen, welche die Menschen zu ihrer Heimat auserkoren haben und die das einzige Land darstellen, das wirklich für sie zählt, sind viel kleiner als die Zonen oder selbst die Länder. Das politische Leben in Deutschland hat die Tendenz, sich in seine kleinsten Bestandteile aufzulösen.

Mangel an Persönlichkeiten

Ich war als Arbeitssuchender in Deutschland unterwegs. Da ich wußte, daß im ganzen Lande Lehrer fehlen, rechnete ich mir meine Chancen folgendermaßen aus: Ich habe einiges von der Welt gesehen und beherrsche ausreichend Englisch und Französisch, um diese Sprachen und verwandte Fächer unterrichten zu können. Ich bin von Beruf Architekt und habe während eines Großteils meines Lebens ein gewisses Maß an professionellem Schreiben praktiziert. Mir ist auch das Fach Kunstgeschichte, besonders die Architekturgeschichte, nicht gänzlich fremd. Ich bilde mir ein, über genügend guten Willen und Kenntnisse der deutschen Verhältnisse zu verfügen, um versuchen zu können, den soeben erwähnten Komplex zu lindern und meinen Schülern ein Verständnis für ihre eigene Nation und die europäische Lage zu vermitteln. Es herrscht ein Mangel an tüchtigen Lehrern beziehungsweise an Lehrern überhaupt. Klassen mit sechzig Schülern sind keineswegs die Ausnahme. Mein Platz wäre daher offensichtlich irgendwo an einer Oberschule gewesen, in einer Stelle als ganz normaler Lehrer.

Als erstes fand ich in Deutschland heraus, daß es keine Lehrerstelle für mich gab. Nicht, weil ich Ausländer war. Der Fall liegt noch einfacher: Ein Lehrer im Nachkriegsdeutschland muß ein fünfjähriges Universitätsstudium absolviert und ein offiziell anerkanntes Examen abgelegt haben. Diese Prüfungen stehen nur Hochschulstudenten offen. Selbst zum jetzigen Zeitpunkt, da ein verzweifelter Lehrermangel die maßgeblichen Stellen eigentlich bewegen müßte, besondere Prüfungen für Aushilfslehrer anzubieten, wird in keinem einzigen deutschen Land eine solche Maßnahme ins Auge gefaßt. Ich habe darüber mit einem ehemaligen Minister in Niedersachsen diskutiert, einem Sozialdemokraten, der dort eine Verwaltungsakademie aufbaute. »In der Ostzone«, lautete seine Antwort, »sind die Bestimmungen nicht so starr. Auch unter den Nazis waren sie nicht so streng, bei ihnen genügte es, daß man Scharführer bei der Hitlerjugend war, um eine Lehrerstelle zu erhalten. Die Resultate haben möglicherweise dazu geführt, daß wir etwas vorsichtiger geworden sind.« – »Ich finde eigentlich nicht, daß die Beispiele, die Sie nennen, auf die Lage hier übertragbar sind.« – »Doch, das sind sie. Ein Fall wie der Ihre ist einzigartig.« – »Das ist er nicht. Lockern Sie die Bestimmungen, und Sie werden sehen, daß sich Hunderte von Anwärtern melden, die nur jetzt nicht vortreten, weil sie wissen, daß sie keine Chance haben.« – »Vielleicht. Aber so sind nun einmal die Vorschriften.« Dasselbe wurde mir in Nordrhein-Westfalen und Schleswig mitgeteilt, entweder vom Minister persönlich oder seinem Stellvertreter. Ein SPD-Minister in Nordrhein-Westfalen fügte hinzu: »Die Lehrerknappheit ist mittlerweile nicht mehr so schlimm wie am Anfang; und über eins müssen Sie sich im klaren sein: Die Behörden sind viel eher bereit, einen ehemaligen Nazilehrer wieder einzustellen als jemanden wie Sie.«

Dies wurde mir bestätigt, wohin ich auch kam. Der Volksbildungsbeamte in Schleswig, den ich bereits erwähnt habe, zeigte mir Bewerbungsunterlagen von Kandidaten, die auch die ehemaligen Anträge enthielten, die sie aufgrund ihrer Aktivitäten als politische Führungsoffiziere in der SS an die Naziregierung gestellt hatten. Mein Freund weigert sich nach wie vor, Anwärter dieser Art in Betracht zu ziehen, aber er steht auf einsamem und, wie ich fürchte, verlorenem Posten. Seine Kollegen im Ministerium, sogar solche von der SPD, drängen ihn, weniger streng zu sein. Der Minister im Rheinland, mit dem ich gesprochen habe, sagte: »Selbst wenn es Ihnen gelingen sollte, als Lehrer genommen zu werden, können Sie sich nur Hoffnung auf eine befristete Stelle machen, die Sie sofort wieder aufgeben müssen, sobald wieder Bewerber von den Universitäten kommen, ganz gleich, ob sie Nazis sind oder nicht. Aber Sie werden ohnehin nichts finden.«

Während mir also der Zugang zu der bescheidenen Beschäftigung verwehrt wurde, die ich anstrebte, waren die Stellen, die man mir statt dessen anbot, in anderer Hinsicht bezeichnend:

Ein großes, sogar eins der führenden staatlichen Wirtschaftsunternehmen bot mir die Stelle eines Pressereferenten, also eines Referenten für Öffentlichkeitsarbeit, an, ja drängte mich förmlich, sie anzunehmen. »Es wäre bestimmt eine befriedigende Aufgabe, sich auf diese Weise um die Interessen eines Konzerns zu kümmern, der heute das größte Industrieunternehmen der Welt ist«, sagte mir einer der Geschäftsführer. »Und es wäre eine lohnende Herausforderung obendrein. Wir werden selbst von unseren eigenen Parteifreunden mißverstanden (wieder die SPD). Unsere Presseleute sind gute, solide Arbeiter, aber einfach nicht in der Lage, unseren Standpunkt zu vermitteln. Es wäre genau das richtige für Sie.«

Ich: »Aber, schauen Sie, mein Herr, ich habe zwar als Journalist gearbeitet und weiß daher, daß Journalisten manchmal über Themenbereiche berichten müssen, die sie nicht vollkommen beherrschen. Es sollte jedoch Grenzen geben; und was die Wirtschaft angeht: Auf diesem Gebiet habe ich nicht die leiseste Ahnung.«

Er: »Das lernen Sie schon. Dafür sorgen wir. Bitte, nehmen Sie an.«

Ich: »Aber warum? Es muß doch Hunderte von Leuten geben, die eine solche Aufgabe leichter bewältigen können als ich.«

Er: »Sie können schreiben.«

Ich: »Mag sein; aber das ist doch die geringste Voraussetzung für diese Art von Arbeit, würde ich meinen.«

Er: »Sie täuschen sich. Wir finden keine Leute, die schreiben können. Wir finden keine Leute, die etwas von der Welt gesehen haben. Wenn wir kompetente Leute finden, was gar nicht einfach ist, dann fehlt ihnen Ihr Horizont. Sie haben keine Vorstellung, wie engstirnig die Menschen in diesem Lande geworden sind.«

Hinterher sagte mir sein Adlatus, ein hochintelligenter junger Gewerkschaftler: »Ich verstehe Sie nicht ganz. Sie haben vielleicht gute Gründe, das Angebot abzulehnen; aber wenn Sie glauben, Sie würden mit der Arbeit nicht fertigwerden, weil Sie zu wenig von der Sache verstehen, so schlagen Sie sich das bitte aus dem Kopf. Sie scheinen sich nicht bewußt zu sein, wie sehr wir Leute brauchen, die über die noch so rudimentäre Fähigkeit verfügen, einen Sachverhalt klar und deutlich auszudrücken.«

Am nächsten Tag bot mir ein weiterer Gewerkschaftler einen ähnlichen, noch verantwortungsvolleren Posten beim Deutschen Gewerkschaftsbund an. »Unserer Zeitung *Der Bund* fehlt es an Attraktivität und Vision. Selbst unsere eigenen Leute finden sie langweilig und trocken. Gleichzeitig ist es das Blatt mit der bei weitem größten Auflage in der Zone. Die Gewerkschaften entwickeln sich zu einer Körperschaft, die eine größere Bedeutung hat als jede politische Partei. Wenn ich recht verstehe, fühlen Sie sich der Gewerkschaftsbewegung in diesem Lande verbunden. Sie verfügt über eine einzige starke Persönlichkeit, ihren Vorsitzenden (Hans Böckler), und der wird leider alt. Er ist jetzt 72, und die letzten beiden Jahre unermüdlicher Plackerei haben stark an seinen Kräften gezehrt. Alle anderen sind tapfere kleine Männer, sicherlich tüchtig auf ihrem jeweiligen Gebiet, aber ohne jedes Feuer. Es fehlt in unserem Getriebe ein wichtiges Rädchen. Sie sind der Mann, der dieses Rädchen sein könnte.« – »Wenn Sie mir eine Stelle im Bereich der gewerkschaftlichen Bildung anbieten würden, wo, wie ich verstanden habe, die Allgemeinbildung zukünftig eine größere Rolle spielen wird, dann bin ich Ihr Mann. Ich glaube, ich weiß, wo ich mich in Ihrer Bewegung [unleserlich] nützlich machen könnte. Aber in leitender Position, als rechte Hand Böcklers und in der Öffentlichkeitsarbeit, nein. Ich habe mich bei Böckler um eine Dozentenstelle beworben, und ich beabsichtige, mein Gesuch aufrechtzuerhalten.« – »Das ist schade. Sie machen einen Fehler, nicht so sehr, was Sie selbst, als vielmehr die Bewegung betrifft. Ich werde mit Böckler reden müssen. Ich will Ihnen gar nicht schmeicheln. Ich gehe davon aus, daß Sie über eine gewisse Grundbildung und genau das normale Maß an Intelligenz verfügen, das man braucht, um Dinge anschaulich vermitteln zu können. Nichts Außergewöhnliches, wenn ich einmal so sagen darf. Aber genau diese bescheidenen Fähigkeiten sind es, die wir in unserem eigenen Umfeld vergeblich suchen.«

Wenn man sich die deutschen Zeitungen ansieht oder die Reden von Männern bei der SPD hört, die nicht so berühmt sind wie gerade Kurt Schumacher, Victor Agartz oder Hans Böckler, gewinnt man den Eindruck, daß mein Freund nicht ganz unrecht hatte.

Ich kann nicht sagen, ob sich dieser Mangel an Persönlichkeiten auf den höheren Ebenen auf dieselben Ursachen zurückführen läßt, die in den Schulen dafür veranwortlich sind, nämlich die selbst auferlegten Beschränkungen in allen Bereichen des öffentlichen Lebens, die den zweifellos reichlich vorhandenen Persönlichkeiten im deutschen Volk den Zugang gerade zu jener Arbeit verwehren, die sie am erfolgreichsten bewältigen könnten. Die Tatsache bleibt bestehen, daß die richtigen Leute nicht auf den Stellen anzutreffen sind, für die sie geeignet wären, und daß Persönlichkeiten, die in der Lage wären, die vorherrschende Apathie zu überwinden und dem öffentlichen Leben, vom Klassenzimmer bis zur Parteiversammlung, neue Impulse zu geben, im öffentlichen Leben Deutschlands fehlen.

Das entspricht einem Phänomen, dem man in Deutschland auf Schritt und Tritt begegnet, daß nämlich die gegenwärtigen Institutionen, seien es Regierungen, Parteien, Gewerkschaften oder Schulen, das Volk nicht repräsentieren: Sie bewegen sich in einem Vakuum. Es besteht durchaus die Möglichkeit, daß frustrierte Personen sich aus der falschen Ecke wieder zu Wort zu melden und für Dinge stark machen, welche die Befürworter einer deutschen Demokratie nicht unbedingt wünschenswert nennen würden.

*Deutsche – Ausländer**

Daß die vorherrschende Einstellung gegenüber allem und jedem Fremden feindlich ist, habe ich bereits erwähnt. Für den Mann auf der Straße ist der Ausländer ein Herrscher, und obendrein kein gütiger, er gehört zur besseren Sorte, reist in komfortablen, hell erleuchteten Zügen und übernachtet in Hotels, die für die Besatzer reserviert sind. Er gehört zur Gemeinschaft derer, die nicht »schuldig« sind, »obwohl sich die anderen in Wirklichkeit viel mehr Schuld aufgeladen haben, als es die Deutschen jemals getan haben«. Er gehört zu denen, die wissen, wie man Dinge erledigt. In seiner niedrigsten Form, als Displaced Person, ehemaliger Lagerinsasse oder Zwangsarbeiter, ist er ein Pensionär der Außenwelt, einquartiert in Deutschland, vollgepfropft mit Essen aus einem nicht enden wollenden Strom von Paketen oder aus Plünderungen und Schwarzmarktgeschäften. In all diesen Formen ist er überlegen und vor allem – nach dem, was er selbst denkt und sagt – moralisch überlegen, selbst wenn er als Geschäftsmann im Auftrag der Besatzer deutsche Patente stiehlt oder als Zwangsarbeiter tatsächlich einer jener Freiwilligen aus dem Osten für die

* Auszüge des folgenden Textes erschienen bereits in der Zeitung *Die Welt* vom 1. Juni 2002

Sache der Nazis ist, die es plötzlich bequem finden, als Märtyrer zu posieren. Der deutsche Mann auf der Straße reagiert in der Tat sehr empfindlich, wenn Ausländer erwähnt werden.

In einer Umfrage des Volkshochschulorgans *Denkendes Volk* konnten die Leser verschiedenen Artikeln Plus- oder Minuspunkte als Zensuren geben. Ein bekannter Autor bekam ein überwältigendes Plus-Ergebnis für einen seiner üblichen unterhaltsamen Artikel. Sein nächster Beitrag hieß: »Wie man kleine Dinge mit Bedacht tut«, das Reinigen einer Pfeife etwa, und er war als Brief aus England geschrieben. Der Artikel war, wie der andere, schlichte Unterhaltung, aber der Leser bekam das Gefühl, daß darin der Engländer als Vorbild hingestellt wurde. Das reichte aus, um ihn zu disqualifizieren: Er wurde regelrecht mit Minuspunkten eingedeckt. Was passierte, als ein anderer bekannter Autor einen Artikel schrieb mit dem Titel »Die Juden und die deutsche Schuld«, kann man sich vorstellen.

Der Antisemitismus ist in allen Schichten der Gesellschaft sehr präsent. Ich fragte den Chefredakteur einer SPD-Zeitung in Niedersachsen, ob er nicht Angst habe, daß seine Leser Anstoß nähmen an einem Namen wie dem meinigen, wenn er unter einem Artikel in seiner Zeitung auftauchte. »Ich selbst«, antwortete er, »bin zwar reinrassiger Arier, aber kein Antisemit; obwohl die hiesigen Juden mich immer als einen solchen attackieren, wenn ich etwas über bestimmte unangenehme Fakten betreffs jüdischer Lager in der Umgebung sagen muß. Unsere Leserschaft? Nun, ich glaube nicht, daß es sie stören würde. Aber um Sie zu beruhigen: Lassen Sie uns die Meinung meines Stellvertreters einholen.«

Der stellvertretende Chefredakteur sagte: »Ich hoffe, daß ich offen sprechen kann. Ich selbst betrachte, dadurch, daß ich viele Jahre im Nahen Osten gelebt habe, jeden Orientalen mit Sympathie. Ich denke, wir könnten leicht eine Verständigungsbasis finden für den Fall, daß Sie in diese Redaktion kommen sollten. Das gleiche, denke ich, dürfte auch für die anderen Mitarbeiter gelten, obwohl Sie wahrscheinlich wissen, daß der Antisemitismus nicht unbedingt vor der SPD haltmacht. Was die Leser betrifft: Nun, darf ich ganz offen sprechen? Wenn ein Jude, der wie einer aussieht, in ihrer Stadt auftaucht, fragen sich die Menschen: ›Wo kommt dieser Kerl eigentlich her? Bestimmt haben die Alliierten den Deutschen dieses Geschenk gegeben, zusammen mit all ihren anderen Gaben.‹ In der eher exklusiven Gesellschaft dieser Stadt würden Sie Ihren Weg auch nicht machen, Herr Posener. Ihr Freundeskreis würde sich auf den Kollegenkreis beschränken müssen. Ehrlich gesagt, wenn ich Sie wäre, ich wüßte nicht, ob ich die Charakterstärke besäße, die notwendig ist, um wieder hier zu leben. Selbst in Ihrem eigenen kleinen Kreis, wenn Sie als Redakteur oder Lehrer arbeiteten, würden Sie, als Jude, eine gewisse Probezeit bestehen müssen.«

»Wenn ich nun Deutscher wäre«, antwortete ich, »und ein Mann aus Palästina würde kommen, der seine Arbeit dort aufgegeben hat und nun versuchte, unter Aufbietung nicht unbeträchtlicher Mühe, Zeit, Mittel und Energie, diesem Land eine helfende Hand zu geben, und der das Leben unter deutschen Bedingungen akzeptiert – ich denke, ich wäre geneigt, die Tatsache, daß er Jude ist, auf der Guthabenseite zu vermerken, statt es ihm als Makel anzukreiden, der mit etwas gutem Willen überwunden werden könnte.« – »Schauen Sie, Herr Posener«, sagte er, »wenn Sie mit dieser Geschichte kommen, werden Sie nicht viel Sympathie ernten. Die Menschen werden entweder denken, der Mann ist verrückt, und das ist schlecht, oder, da steckt noch etwas anderes dahinter, und das ist wahrscheinlich noch schlechter.«

Um es noch einmal zu betonen: Ich würde meine Erfahrung mit dieser Zeitung nicht als typisch einordnen. Ich habe viele verschiedene Antworten in anderen Redaktionen bekommen; aber daß diese Antwort in einer SPD-Zeitung gegeben wurde, gibt einem doch zu denken. Ein anderes Beispiel: Der Direktor einer wichtigen Volkshochschule ist Jude, ein glühender und talentierter Sozialist und Lehrer. Einer der Dozenten (wieder SPD) bemerkte gegenüber dem Landesverantwortlichen für das Volkshochschulwesen: »Finden Sie es nicht etwas merkwürdig, daß die Erziehung der deutschen Jugend wieder einem Juden anvertraut wird?« Und diese Worte, darauf muß ich bestehen, kommen nicht von einem Mann auf der Straße. Was er meint, kann einer Bemerkung entnommen werden, die ich im Zug mitgehört habe: »Wenn sich das Volk eines Tages wieder gegen die Parasiten der Welt aufbäumt, dann werden alle anderen Völker ihre Hände in frommer Abscheu erheben. Aber wenn man sieht, was in Polen und selbst in England passiert, haben sie keinen Grund zu sagen, daß nur wir die Juden nicht leiden können.«

Interessanter als diese Gefühle des Volkes gegenüber Ausländern im allgemeinen und Juden im besonderen sind die Beziehungen der Bevölkerung zu den Besatzungsmächten. Ich sagte, daß sie meist feindlich sind, und ich möchte hinzufügen, daß selbst persönliche Beziehungen seltener geworden sind, als sie das 1945 waren. Damals war der Empfang, der den Alliierten, zumindest den westlichen Alliierten (die Franzosen wahrscheinlich ausgenommen), gegeben wurde, erstaunlich herzlich; nun ist die Atmosphäre eher unterkühlt. Freundschaften existieren natürlich noch und, öfter noch, gute Arbeitsbeziehungen, allerdings in keinem Fall ohne eine gewisse Kritik an den Methoden und Persönlichkeiten der Kontrollratsorgane. Ein Redakteur erzählte mir stolz, wie er einen übereifrigen alliierten Zensor gezähmt habe. Ein Beispiel intelligenter und wohlwollender Kritik, die von einem jungen Freund aus der Gewerkschaftsbewegung kam, mag hier zitiert werden: »Es ist enttäuschend«, sagte er, »wie wenig die gewöhnlichen Kontrollratsbeamten von Menschen und Dingen verstehen, selbst die Höhergestellten. Wäre ich ein englischer Geschäftsmann, der mit der C.C.G. ins Land kommt, dann würde ich versuchen, die Leute kennenzulernen, die sich später einmal als die zukünftigen Köpfe der deutschen Wirtschaft hervortun könnten – Leute, wohlgemerkt, die sich während des Dritten Reichs bedeckt hielten und nun nach und nach in führenden Positionen an die Öffentlichkeit treten. Ich würde versuchen, mit jenen Firmen Kontakt aufzunehmen, bei denen man davon ausgehen kann, daß sie in den zukünftigen Geschäftsbeziehungen mit meinem eigenen Land eine Rolle spielen werden; es ist heute keineswegs unmöglich, diese Männer und Firmen aufzuspüren; das war es schon vor einem Jahr nicht. Aber die Offiziere der C.C.G. verkehren fast ausschließlich mit Leuten eines Milieus, das ich als wirtschaftliche Halbwelt bezeichnen würde, mit Leuten, die ihnen eine Kamera oder einen Lederkoffer verschaffen, Schieber von einer ziemlich zwielichtigen und großspurigen Sorte; Sie wissen, welchen Typ ich meine.

Noch etwas: Ich habe nicht wenige britische Journalisten und selbst Parlamentsabgeordnete herumgeführt, ich habe gesehen, wie sie Fragen stellten und sich Notizen machten, und ich habe anschließend ihre Berichte gelesen. In den meisten Fällen konnte ich mich des Gedankens nicht erwehren, daß die meisten eher unspezifisch bleiben wollten. Ihre Berichte geben natürlich ein sehr ehrliches und gründliches Bild der Bedingungen, bei denen der Schmerz überwiegt; aber es ist ein Schmerz, der genauso in China gefunden werden könnte, wenn Sie verstehen, was ich meine. Seine besondere Färbung, das eigentlich Deutsche an den Reaktionen, Zielen, Problemen, wird von diesen wohlwollenden Reportern oft nicht erfaßt.«

Wie sieht nun die Situation aus Sicht der anderen Seite aus? Ich hatte nicht viel Gelegenheit, mich mit Mitgliedern der C.C.G. zu unterhalten. Das, was ich in der französischen Zone zu hören bekam, entsprach, offen gestanden, ganz meinen Erwartungen und beinhaltete im wesentlichen, daß die Franzosen schwach seien und dafür nicht einmal die Ausrede besäßen, welche die Engländer in ihrer Ideologie gefunden hatten. Die Franzosen waren nicht aus Überzeugung schwach im Umgang mit dem Boche; wenn es ihnen den Deutschen gegenüber an Durchsetzungsfähigkeit fehlte, dann weil sie einfach dumm waren oder von ihren Verbündeten bloßgestellt wurden, auf deren Wohlwollen sie in nicht geringem Maße angewiesen waren. Es klang erbärmlich, wenn eine wunderhübsche Pariserin, deren herrlich blaue Augen mehr panische Angst als Haß ausdrückten, von dem Nervenkrieg sprach, den die Deutschen gegen die Franzosen führten, wie die Deutschen ihre Landsleute beraubten, Dinge hinter ihrem Rücken täten beziehungsweise nicht einmal hinter ihrem Rücken: »Ce qu'ils doivent rire de nous!« wiederholte sie immer wieder, oder: »Ce sont des sauvages, ce ne sont pas des humains.« Es war wirklich eine Erfahrung, mich von dem französischen Abteil wieder in die deutschen Eisenbahnwagen zu begeben, die hinten angekoppelt waren, und mir anzuhören, was »ces sauvages« im selben Zug zu sagen hatten.

Auf der britischen Seite hörte sich das natürlich ganz anders an. Die Beamten der Control Commission, die für eine Industriebranche oder Handelssparte zuständig sind, machen einen zufriedenen Eindruck, weil ihre Aufgabe seit nunmehr einem halben Jahr nicht mehr darin besteht, Restriktionen zu verhängen, sondern die Wirtschaft anzukurbeln, worin sie, wie sie sagen, auf die bereitwillige Kooperation der deutschen Seite stoßen. Die Leute in meiner alten Abteilung beim Nachrichtendienst wirken jedoch frustriert. Meine Kameraden erzählten mir: »Sie wollen also wieder herkommen? Möchten Sie wirklich dabei zusehen, wie Unrecht geschieht, ohne daß Sie es verhindern können?« Ein ehemaliger Kollege klang vollkommen niedergeschlagen. Auf jeden meiner Vorschläge entgegnete er: »Nichts zu machen, für so etwas (zum Beispiel Schulbücher) ist kein Geld da; was hier unter unserer Aufsicht erscheint, ist ausschließlich Propagandamaterial in dem neuen Krieg, den wir jetzt führen. Für etwas anderes gibt es kein Papier.«

Leute wie dieser Beamte, die nach Deutschland gekommen sind, weil sie glaubten, sie könnten dort nützliche Arbeit verrichten und Besetzten wie Besatzern helfen, haben den Mut verloren. Und weil sie feststellen mußten, daß sie nicht in der Lage sind, richtige Hilfe welcher Art auch immer zu leisten, wünschen sie sich, daß die Besatzung, Steuerung und Überwachung aufhören und daß man – wenn irgend möglich – im Bildungswesen nur einige Berater zurückläßt und keine Kontrolleure. Das ist natürlich mehr als nur eine aus der Not geborene Einsicht. Daß eine Besatzungsmacht, selbst die wohlwollendste, mehr schaden als je nützen kann, war von Anfang an die herrschende Meinung unter den fortschrittlichsten Elementen bei der C.C.G. Wie recht sie haben, kann sogar eine kleine Studie wie der vorliegende Bericht dem Leser nicht verhehlen. Diese Beamten sind ja überhaupt erst nach Deutschland gekommen, weil sie aus einem notwendigen Übel, der Besatzung, das Beste machen wollten. Doch fürchte ich, daß selbst die engagiertesten unter ihnen in ihrem Bemühen gescheitert sind.

Fazit

Es ist nicht nötig, ja nicht einmal möglich, in einem persönlichen Bericht wie diesem ein allgemeines Fazit zu ziehen. Zu welchen Schlüssen ich hinsichtlich meines Ziels gelangte, das mich nach Deutschland führte, wird der Leser sich denken können; ich bin der Meinung, daß Menschen mit einigem guten Willen und selbst begrenztem Wissen dort dringend gebraucht werden. Ich bezweifle, daß ein Ausländer, ob innerhalb oder außerhalb der C.C.G., eine Stelle zu finden vermag, in der er sich nützlich machen könnte. Was immer wir an Hilfe von außen geben können, darf auf keinen Fall vorenthalten werden. Jedoch glaube ich, daß die Leute, die vor Ort die Arbeit machen und in diesen leidenden, zynischen, jämmerlichen Menschen neuen Lebensmut entfachen, aus dem deutschen Volk selbst erwachsen müssen.

London, 7. April 1948, Julius Posener

Anmerkungen

Seite 14

Anno Aetatis Suae – (lat.) in seinem . . . Lebensjahr

Seite 18

anima naturaliter christiana

(lat.) »Die Seele ist von Natur aus christlich«. Die Formel besagt, dass die Fähigkeit zur Erkenntnis Gottes allen Menschen innewohnt, also auch denen, die nicht im christlichen Glauben aufgewachsen sind, und somit Teil der menschlichen Natur ist. Posener meint hier aber »eine von Natur aus christliche Seele« (im Gegensatz zu anderen).

Seite 19

Stoecker-Bewegung

Der Hofprediger Adolf Stoecker löste 1879 mit zwei antisemitischen Reden eine Debatte über die Stellung der Juden in Deutschland aus. Sie markiert den Beginn einer organisierten antisemitischen Bewegung, die auf die Rücknahme der bürgerlichen Rechte der Juden und auf Einwanderungsverbote zielte und über den religiösen hinaus einen geistig-kulturellen Gegensatz von jüdischem und christlichem Wesen behauptete.

Seite 20

»Quoi, vivre dans le pays des barbares? Jamais!«

»Was, ich soll dort leben, im Land der Barbaren? Niemals!«

Seite 22

fluido eléctrico

(span.) elektrischer Strom

Seite 31

Vorklasse

Schüler der besseren Stände besuchten keine Volksschule, wie die meisten anderen, sondern Vorklassen, die auf den Besuch des Gymnasiums vorbereiten sollten. Julius Posener wurde in die Vorklasse des Realgymnasiums Groß-Lichterfelde-West, der heutigen Goethe-Oberschule in der Drakestraße 72–75, aufgenommen.

Seite 38

Credo in filium ex virgine natum

(lat.) Ich glaube an den Sohn, der von einer Jungfrau geboren wurde.

Seite 41

»an diesen Klang von Jugend auf gewöhnt«

Zitat aus Goethes »Faust I« (Nacht)

Wer Wissenschaft und Kunst besitzt

Aphorismus aus Goethes Gedicht »Zahme Xenien«

gegenüber Eckermann

Goethe äußerte sich bei zwei Gelegenheiten in diesem Sinne, am 11. März 1828 und am 6. Dezember 1829.

Seite 53

negenennegentig

(ndl.) neunundneunzig

Seite 59

irgendein John Betjeman

John Betjeman (1906–1984), seit 1930 Mitarbeiter der »Architectural Review«, war leidenschaftlicher Verfechter einer viktorianischen und edwardianischen Architektur, zu einer Zeit, als diese aus der Mode gekommen waren. Sein Buch »Ghastly Good Taste« erschien 1933.

Seite 60

Stegemann

Vermutlich bezieht sich Posener auf das vierbändige Werk von Hermann Stegemann, Geschichte des Krieges 1914–1918, Stuttgart-Berlin 1917–1921.

Seite 61

»Redde legiones!«

(lat.) »(Varus,) gib mir meine Legionen wieder!« Von Sueton überlieferter Ausruf des Kaisers Augustus nach der verlorenen so genannten Schlacht im Teutoburger Wald 9 n. Chr.

in einer neueren Studie

Gemeint ist vermutlich Alan J. P. Taylors »The Struggle for Mastery in Europe 1848–1918«, das 1954 in Oxford erschien.

Seite 79

Itzig

abfällige Verdrehung des jüdischen Namens Jitzchak (Isaak)

Seite 98

nulla dies sine linea

(lat.) »kein Tag ohne einen Strich«, das heißt, jeden Tag muss etwas geschaffen werden. »Linea« bedeutet gezeichnete Linie oder geschriebene Zeile.

Seite 110

von des Gedankens Blässe angekränkelt

Zitat aus dem Hamlet-Monolog in Shakespeares gleichnamigem Stück, 3. Akt, 1. Szene

Seite 114

kein Jude konnte Ordinarius werden

Das galt vor allem für Preußen, als offiziell christlichen Staat. Nur Christen durften Beamte werden.

Seite 129

»job vaschu matj«

(russ.) »Ich ficke eure Mutter«

Seite 132

»passer«

(lat.) Spatz. Anspielung auf das Gedicht Catulls »Passer, deliciae meae puellae« (carmen 2), von dem auch später noch einmal die Rede sein wird (Seite 134)

Seite 133

»mit meiner pubertären Gegenwart kargen«

»Kargt von nun an / Mit Eurer jungfräulichen Gegenwart / Ein wenig mehr«, rät Polonius seiner Tochter Ophelia in Shakespeares »Hamlet«, 1. Akt, 3. Szene.

Seite 138

Oberrealschule Zehlendorf

die heutige Schadow-Oberschule (Gymnasium)

»Today, today …«

aus Shakespeares »Richard II.«, 3. Akt, 3. Szene

Seite 149

Wechßler »Esprit und Geist«

erschien 1927

Seite 155

»in ihres Nichts durchbohrendem Gefühle«

Variation eines Zitats aus Schillers »Don Carlos«, 2. Akt, 1. Szene, und 2. Akt, 5. Szene

«Let us seek ...«

»Komm! Laß uns irgend einen öden Schatten / Aufsuchen, unsern Kummer auszuweinen«. Die zitierten Verse (»Macbeth«, 4. Akt, 3. Szene) stehen nicht am Anfang des Akts.

Seite 175

Auguste Rodin

A. R., Die Kathedralen Frankeichs, Leipzig 1917

Seite 178

»nackter fuss ... übers riff«

aus Stefan Georges Gedichtzyklus »Der siebente Ring« (Gedicht »Die tote Stadt«)

Seite 179

»Sind auch der dinge formen ...«

aus Strophe X des Vorspiels zu »Der Teppich des Lebens« von Stefan George

Seite 180

»Der boden schüttert weiss und weich wie molke..«

aus Stefan George, »Maximin« (»Entrückung«)

Seite 181

»Am streit wie ihr in fühlt . . .

»Dies sind die flammenzeichen . nicht die kunde / Am streit wie ihr ihn fühlt nehm ich nicht teil«, aus Stefan Georges Gedicht »Der Krieg«, wie auch die folgenden zitierten Verse

Seite 182

»erhebt im licht sich frei und nackt«

aus »Der Stern des Bundes«, Erstes Buch

Seite 191

»Ich wartete . . .«

Mozart gab 1778 in Paris der Tochter des Herzogs von Guines Kompositionsunterricht. Über die frustrierenden Erfahrungen mit seiner Schülerin berichtete er seinem Vater in einem Brief am 14. Mai 1778 (»Sie besann sich eine ganze Viertelstunde – und es kam nichts«).

Seite 195

ein gewisser Noack

vermutlich Ferdinand Noack, Die Baukunst des Altertums, Berlin 1910

Seite 201

»Ich würde gern wissen . . .«

Die Äußerung, auf die Posener hier Bezug nimmt und die Napoleon allerdings nicht nach seiner Krönung, sondern in seinem endgültigen Exil auf St. Helena machte, ist durch den Conte Emmanuel de las Cases in seinem »Memorial de Sainte Hélène« bezeugt: »Es wäre interessant zu erfahren, ob Monsieur Bauer lang genug gelebt hat, um sich an seinem Urteil [über mich] zu erfreuen.« Das Urteil des Deutschlehrers an der Pariser Militärschule besagte, dass Mathematik, das einzige starke Fach des jungen Korsen, sich nur für Tiere zieme.

Seite 204

»invictis victi victuri«

(lat.) den Unbesiegten die Besiegten, die wieder siegen werden

Seite 211

»Ich drehte mich ...«

Die Dante-Verse, auf die hier angespielt wird, lauten: »Und wie ein Mensch noch mit gepreßtem Atem, / Der sich vom Meere an den Strand gerettet, / Zurückschaut nach den aufgeregten Wassern, / So tat mein Geist, der, immer noch im Flüchten, / Sich umgewandt, den Durchgang zu betrachten, / Den nie ein Wesen lebend noch verlassen« (Dante Alighieri, Die Göttliche Komödie: Die Hölle, 1. Gesang, Verse 22–27, übersetzt von Hermann Gmelin, Stuttgart 1949).

Seite 222

»Ich kann keine Zeile Latein mehr lesen ...«

In Goethes »Tagebuch der Italienischen Reise 1786« findet sich der folgende Satz, auf den sich die vorliegende Zitation vermutlich bezieht: »Schon einige Jahre habe ich keinen lateinischen Schriftsteller ansehen [...] dürfen, ohne die entsetzlichsten Schmerzen zu leiden« (Eintrag vom 10. Oktober 1786).

Seite 223

Cornelius Lucius ...

Teil der Inschrift des Sarkophags des Lucius Cornelius Scipio Barbatus (Konsul 298 v. Chr.): »Cornelius Lucius Scipio Barbatus, des Vaters Gnaeus Sohn [...] bezwingt Lucanien ganz und führet weg die Geiseln« (nach der Übersetzung von Theodor Mommsen)

Seite 227

»Sechs Bücher vom Bauen«

Friedrich Ostendorfs Werk erschien 1913.

Seite 235

»er glich unter ihnen ...«

Zitat aus Dantes Göttlicher Komödie: Die Hölle, 15. Gesang, Verse 123/24, übersetzt von Hermann Gmelin (»E parve di costoro / quelli che vince, non colui che perde«). Der Vers ist auf Brunetto Latini gemünzt.

Seite 244

»audiatur et altera pars«

(lat.) Auch der andere Teil möge gehört werden.

Seite 256

»Mein Glanz wird trübe ...«

aus Shakespeare, Antonius und Cleopatra, 2. Akt, 3. Szene

Seite 272

Gloria ad alteram venit

(lat.) (Mein) Ruhm wird einem anderen zuteil.

Seite 276

»canards déchaînés«

Anspielung auf die französische Satirezeitschrift »Le canard enchaîné«

Seite 281

Otto

Möglicherweise ist der zur Gartenstadtbewegung zu zählende Architekt Karl Otto (geb. 1904) gemeint. Der Poelzig-Schüler Hamburger konnte nicht ermittelt werden.

Seite 283

»épater le bourgeois«

(frz.) den Bürger vor den Kopf stoßen

»nicht so wie früher in Gelassenheit«

Elizabeth Barret Browning, Sonnets from the Portuguese 6, in der Übersetzung von Rainer Maria Rilke (Portugiesische Sonette, 1908)

Seite 284

Edith Cavell

(1865–1915), britische Krankenschwester, die in Brüssel arbeitete und 1915 von deutschen Soldaten hingerichtet wurde

Seite 287

»die Kunst sei Natur, durch ein Temperament gesehen«

Anlehnung an das Diktum Émile Zolas, die Kunst sei »la nature vue à travers un tempérament«

Seite 311

rapprochement

(frz.) Wiederannäherung. Die etwa 1924 einsetzenden und durch den Vertrag von Locarno im folgenden Jahr konsolidierten Bemühungen Frankreichs und Deutschlands um eine politische Verständigung, die auch auf die kulturellen Beziehungen beider Länder ausstrahlte.

Seite 312

das »herbstliche Gesicht ewiger Jugend«

Selbstzitat Poseners aus einem der zahlreichen Kittie-Gedichte (siehe Seite 133)

Seite 313

Porphyr-Sarkophag

Napoleons Grab im Dôme des Invalides

Seite 319

laudator temporis acti

(lat.) Lobredner der Vergangenheit (Horaz, De arte poetica, Vers 173)

Seite 325

»J'ai ici un jeune nègre boche ...«

»Ich hab' hier einen jungen Neger [d. h. »Zeichenknecht«] aus Deutschland. Le Corbusier hat ihn hierhergeschickt. Er will tausend (Francs). Nimm ihn, Bourgogne!«

Seite 326

»Tiens, c'est vrai? Tu viens du Corbusier?«

»Ach, sieh an, tatsächlich? Du kommst vom Corbusier?«

»T'en fais pas, mon petit: tu resteras!«

»Mach dir nichts draus, Kleiner: du bleibst!«

Seite 327

boulot

(frz.) Arbeit

Szivessy

besser bekannt unter dem Namen André Sive (1899–1958), französischer Architekt ungarischer Abstammung. Er war ein Schüler Auguste Perrets und Kommilitone Ernö Goldfingers und Pierre Auguste Forestiers.

Seite 329

»Mais cela sent bon, n'est-ce pas, mon vieux?«

»Aber es klingt gut, nicht wahr, mein Freund?«

»De quoi parle-t-on là-dedans, Posener? ...«

»Worum geht es da drin, Posener?« – »Um Architektur natürlich.« – »Kennen Sie die (Leute)?« – »Ja, sicher, kenn' ich sie.« – »Dann sollen sie das Theater bringen.« – »Ja, gut.«

Seite 334

»Oui, Monsieur, là vouz serez heureux sans aucun doute«

»Wirklich, Monsieur, da werden Sie glücklich sein, ohne Zweifel.«

Seite 335

»On vous viendra«

»Kommt gleich jemand«

Seite 336

»D'abord, Monsieur Posener ...«

»Zunächst, Monsieur Posener, sagen Sie mir bitte mal: Was machen Sie hier um diese Zeit, im Nachthemd?« – »Zunächst, Monsieur Maurice, sagen Sie mir bitte mal, warum Sie sich so verdammt viel Zeit genommen haben, um hierherzukommen und mich zu erlösen?«

»Mais, Monsieur Jules, vous avez dit ›foutu‹«

»Aber, Monsieur Jules, Sie haben ›verdammt‹ gesagt.«

Seite 338

Essay in der angesehenen »Vossischen Zeitung«

Der Artikel erschien am 6. Oktober 1932.

Seite 339

»J'ai fait la glorieuse campagne de 1938 ...«

»Ich habe an der großartigen (Friedens-)Agitation von 1938 teilgenommen. Dabei wäre ich beinahe vor Ekel gestorben.«

»Sitzkrieg«

die vor allem durch wechselseitige Propaganda-Agitation an der deutsch-französischen Grenze bestimmte Phase zwischen der Kriegserklärung Frankreichs an das Deutsche Reich am 3. September 1939 und dem Beginn des deutschen Angriffs im Westen im Mai 1940

Seite 348

Simon Petljura

Der letzte Premierminister der unabhängigen Ukraine war 1919 für antijüdische Pogrome verantwortlich.

Seite 350

gewisse Petition

Posener bezieht sich auf die Aktivitäten des von Max Naumann gegründeten Verbands nationaldeutscher Juden, der vehement gegen die Einwanderung der Ostjuden nach Deutschland agitierte und unter anderem forderte, die aus Osteuropa flüchtenden Juden an der deutschen Grenze abzuweisen.

Seite 361

in rebus architectonicis

(lat.) in Angelegenheiten der Architektur

Seite 362

Biograph Arnold Whittick

A. W., Eric Mendelsohn, London 1940

Seite 363

Gesinnungsschmalz

Brief Erich Mendelsohns an Julius Posener vom 6. Dezember 1937, in: Julius Posener. Ein Leben in Briefen: Ausgewählte Korrespondenz 1929–1990, hrsg. von Matthias Schirren und Sylvia Claus, Basel u. a. 1999, S. 97

Seite 369

Martin Briggs' »The Architect in History«

erschien 1927

Seite 370

»Et, du cuistre, sort le bourreau«

»Und aus dem Pedanten erwächst der Henker«

Seite 384

»Prophete rechts ...«

aus Goethes Gedicht »Diner zu Coblenz«

Seite 385

»fenêtre en longueur«

(frz.) horizontales (Schiebe-)Fensterband

Seite 388

»quand la cathédrale fut blanche«

»als die Kathedrale (noch) weiß war«

Seite 389

»chiuso e parvente del suo proprio riso«

Dante, La Divina Commedia, Paradiso, 17. Gesang, Vers 36. »Sichtbar verhüllt in seinem eigenen Lächeln« (übersetzt von Hermann Gmelin)

Seite 390

»Zwar ist es leicht, doch ist das Leichte schwer«

Vers des Mephisto in Goethes »Faust II«, 1. Akt, Vers 4927f. (Saal des Throns)

Seite 394

»J'ai chié des deux côtés«

»Ich habe aus beiden Löchern geschissen«

»C'est bon pour les enfants ... Ça leur montre«
»Das ist gut für die Kinder ... das ist ihnen eine Lehre«

Seite 396
»se sont foutus par terre par le journalisme«
»die durch den Journalismus kaputtgegangen sind«

Seite 405
Arnold Whitticks Buch
European Architecture in the 20th Century, Bd. 2.3: The Era of Functionalism 1924–1933, London 1953

Seite 416
»interrompu par les évènements«
»durch die Ereignisse unterbrochen«. Tagebucheintrag König Ludwigs XVI. vom 5. Oktober 1789

Seite 425
C. C. G.
Die Control Commission for Germany war das höchste Organ der britischen Besatzung in Deutschland. Sie besaß zonale, regionale und lokale Unterabteilungen in der Britischen Besatzungszone sowie im britischen Sektor Berlins.

Seite 427
»Così sen vanno ...«
Dante, Divina Commedia, Inferno, 3. Gesang, Vers 118. »Dann ziehn sie weiter auf den dunklen Wogen, / Und eh sie drüben an das Land gestiegen, / Ist hier schon eine neue Schar versammelt« (übersetzt von Hermann Gmelin)

Seite 428
»Denn Dulden ...«
aus Shakespeares »Kaufmann von Venedig«, 1. Akt, 3. Szene

Seite 429

T-Force

militärische Einheiten mit nachrichtendienstlichen Aufgaben, die dem SHAEF (Supreme Headquarters of the Allied Expeditionary Forces), dem höchsten Befehls- und Besatzungsorgan der drei Westalliierten, unterstanden. Die T-Force-Teams waren damit beauftragt, das in Deutschland vorhandene wissenschaftliche und technische Know-how aufzuspüren und für die Besatzungsmächte zu sichern.

Seite 435

Sir Hartley Shawcross

(1902–2003), von 1945 bis 1951 britischer Generalstaatsanwalt und Hauptanklagevertreter im Nürnberger Kriegsverbrecherprozess

Gollancz

Victor Gollancz (1893–1967), Schriftsteller und Verleger aus jüdischer Familie, trat nach dem Krieg für eine Verständigung mit Deutschland ein. Als Vorsitzender der Organisation »Save Europe Now« forderte G. von der britischen Militärregierung immer wieder höhere Lebensmittelzuteilungen an die deutsche Bevölkerung und initiierte Hilfslieferungen von Lebensmitteln, Wolldecken, Medikamenten, aber auch Büchern nach Deutschland.

Seite 438

deren Herausgeber

Adolf Grimme

»Blick in die Welt«

Die vom Central Office of Information herausgegebene Zeitschrift erschien seit 1946, Erich Fried war einer ihrer bekanntesten Mitarbeiter. 1949 veröffentlichte Posener hier einen Artikel über die Architektenausbildung in Großbritannien (»Schule für Architekten«, 4. Jg. (1949), H. 5, S. 14–16).

Seite 444

Hans Böckler

(1875–1951), seit 1894 SPD-Mitglied, seit 1904 Gewerkschaftsfunktionär, 1947 Vorsitzender des Deutschen Gewerkschaftsbunds (DGB) in der britischen Zone, 1949 erster DGB-Vorsitzender der Bundesrepublik

Seite 445

Victor Agartz

(1897–1964), SPD-Politiker, Vorstandsmitglied der Partei in der britischen Zone, Mitverfasser des Wirtschaftsprogramms der SPD im Mai 1946, von 1948 bis 1955 Leiter des Wirtschaftswissenschaftlichen Instituts des DGB.

Seite 451

»Ce qu'ils doivent rire de nous!«

»Was die wohl über uns lachen!«

»Ce sont des sauvages, ce ne sont pas des humains.«

»Das sind Wilde, keine Menschen.«

Nachwort
von Alan Posener

Als mein Vater diese Erinnerungen niederschrieb, war er ziemlich genauso alt wie ich jetzt, also Mitte fünfzig, und ich war ein Junge von sieben, acht Jahren. Ich erinnere mich, wie meine Mutter mich und meine damals vierjährige Schwester immer wieder ermahnte, beim Spielen im Haus nicht so zu lärmen: »Euer Vater schreibt seine Memoiren«, sagte sie, und in ihrer Stimme schwang jene Mischung aus Stolz und Verständnislosigkeit mit, die mir damals schon als kennzeichnend für die Art auffiel, wie sie von ihm sprach, und zuweilen auch von mir: »Er liest ein Buch nach dem anderen. Ich sage immer, geh' raus und spiel Fußball wie die anderen Jungs, aber er will nicht.«

Es war 1957, das Jahr des Sputnik, und wir lebten in Kuala Lumpur, der Hauptstadt der Malaiischen Föderation, die dabei war, sich von Großbritannien zu lösen. In der Schule lernten wir, lauter blonde, blauäugige Kinder der Herrenrasse, die neue Nationalhymne »Negara Ku«, die wir fortan statt »God Save The Queen« bei Feiern zu singen haben würden. Eine Welt ging zu Ende, die Welt des Empire, der westlichen Dominanz östlich von Suez, vielleicht sogar, so schien der sowjetische Satellit zu signalisieren, der westlichen Dominanz überhaupt. Ein Jahr zuvor war mein Vater vom Colonial Office in London hinausgeschickt worden, um eine Schule für Architekten aufzubauen, damit das junge Land auch in dieser Hinsicht auf eigenen Beinen stehen konnte. Das Ziel seiner Arbeit war also, sich selbst so schnell wie möglich überflüssig zu machen. »Malaiisierung« war das Schlagwort für die kommende große Pfründeumverteilung, und mit dem Ende des Kolonialregimes stand mein Vater beruflich wieder einmal vor dem Nichts. Bei der Unabhängigkeitsfeier im dafür neu erbauten Stadion sollten tausend Glühbirnen das strahlende Wort »Merdeka« – Freiheit – buchstabieren, doch einige Birnen fielen aus, so dass, sehr zur Freude des französischen Botschafters, beim Einholen des Union Jack ein elektrisches »Merde« in den Tropenhimmel geschrieben wurde.

Mag sein, dass diese politische und private Endzeitstimmung meinem Vater einen Anstoß gab, sein Leben aufzuschreiben. Es war ja von Untergängen und Neuanfängen geprägt worden: Im Ersten Weltkrieg war die Welt seiner Kindheit, die sichere und optimistische Welt des deutsch-jüdischen Bürgertums, zusammen mit dem Zweiten Reich im Schlamm der Westfront versunken; in den Wirtschaftskrisen der Weimarer Republik war die Familie Schritt für Schritt deklassiert worden; mit der Heraufkunft des Dritten Reichs schließlich hatte sich die weltanschauliche, kulturelle und emotionale Existenzgrundlage der Poseners, der Oppenheims und mit ihnen des ganzen assimilierten Judentums als Lebenslüge erwiesen. Diese Geschichte von Niedergang und Untergang ist ja Inhalt der vorliegenden Autobiografie.

Hinzu gekommen war das unsichere Exil in Frankreich; der gescheiterte Versuch, als Zionist in Palästina zu leben; der Kriegseinsatz in der britischen Armee und der ebenfalls gescheiterte Versuch, in Nachkriegsdeutschland Fuß zu fassen; schließlich, im Jahr der Gründung des Staates Israel, der Treueid des Untertanen und Staatsbürgers auf Seine Majestät George VI., die Heirat mit einem um fünfundzwanzig Jahre jüngeren englischen Mädchen, und noch ein Lebensentwurf, noch ein Versuch, nämlich bis zur Selbstverleugnung zugleich seiner deutschen und jüdischen Identität als Brite in London zu leben – und schließlich, da er als Dozent an einer drittklassigen Fachhochschule in Brixton weder materiell über die Runden noch beruflich weiter kam, mit zweiundfünfzig Jahren der Aufbruch – man könnte auch sagen: die

Flucht – nach Kuala Lumpur. Die Stadt lag damals am Ende der Welt. Wir waren drei Wochen mit dem Dampfer unterwegs. Es war ein holländisches Schiff, MS »Willem Ruys«, und erlangte Jahrzehnte später und nach mehreren Besitzerwechseln als »Achille Lauro« traurige Berühmtheit, als es von palästinensischen Terroristen gekapert wurde.

Wie gründlich mein Vater sein Deutschtum und sein Judentum versteckte, mag eine Anekdote illustrieren. Vor meiner Einschulung – wir lebten damals im Südlondoner Stadtteil Greenwich, das, anders als heute, keineswegs eine angesagte Adresse darstellte – nahm mich meine Mutter beiseite und erklärte mir, mein Vater sei ein deutscher Jude, und ich hätte stolz darauf zu sein. Sie machte sich wohl Sorgen, ich könnte wegen meines unenglischen Nachnamens von den anderen Kindern gehänselt werden. Ich war verblüfft. Zwar wusste ich, dass sich meine Eltern zuweilen lautstark stritten und sich alle möglichen Dinge an den Kopf warfen, aber dies ging denn doch zu weit. Deutsch? Zufällig wusste ich, dass mein Vater im Krieg in der britischen Armee gekämpft hatte – und wir hatten ja die Deutschen, Gott sei Dank!, besiegt. Und Jude? Ein Jude, das war in meinem Freundeskreis jemand, der nichts abgab: »Don't be a Jew!«, sagten wir, wenn einer seine Bonbons nicht teilen wollte. Und zufällig war mein Vater der großzügigste Mann der Welt. Ich beschloss also, die Worte meiner Mutter nicht weiter ernst zu nehmen. Sie würde schon darüber hinwegkommen.

Sie schon. Er nicht. Ich stelle mir vor, wie er in Kuala Lumpur seine Kinder betrachtete, die mit ihren Freunden, Hunden und Katzen durch das stets nach allen Seiten hin offene, große Haus tobten, das dem Kolonialbeamten zustand, privilegierte Kinder, wie er ein privilegiertes Kind gewesen war, aber aus einer ganz anderen Welt: australische Privatschule, Church of England, Pfadfinder und Rudyard-Kipling-Romantik, chinesische Kindermädchen, der an der königlichen Familie orientierte Akzent, mit dem es sich besser befehlen lässt. Und auch das eine Lebenslüge, die bald von der Wirklichkeit eingeholt würde. Die meisten anderen Kinder würden wohl mit ihren Eltern – Beamte und Banker, Propagandisten und Polizisten, Diplomingenieure und Diplomaten – anderswo im weiten britischen Einflussbereich ihr privilegiertes Dasein fortsetzen. Seine Kinder müssten mit einem Vater leben, der beruflich ein Versager war, der nirgends dazugehören würde, nicht in Deutschland, nicht in Israel, nicht in England, nicht im neuen Malaysia. Der eine große Zukunft hinter sich hatte.

Wie war es dazu gekommen? Da war eine Abrechnung fällig, mit sich vor allem. Da war aber auch ein Liebesdienst zu leisten. Während sein Sohn mit den Kindern der so selbstgerechten wie philiströsen Kolonialbeamten »Wir gegen die Hunnen!« spielte und nach Eroberung des von entmenschten deutschen Plastiksoldaten erbittert verteidigten Sofas in patriotisches Triumphgeheul ausbrach, galt es, eine Welt und ihre Würde zu verteidigen, von der seine Kinder nichts ahnten und, wie es schien, nie etwas erfahren würden.

Denn an eine Rückkehr nach Deutschland war damals nicht zu denken. Er hatte sich ja 1948 angeboten. Die Deutschen hatten ihn nicht haben wollen. Diese Erfahrung lag gerade neun Jahre zurück.

So setzte er sich an den Wochenenden und nach der Arbeit eben nicht zu seiner Frau auf die in Ihrer Majestät Gefängnis von kommunistischen Rebellen gefertigten Bambusmöbel, um sich bei Whisky-Soda, Brandy-Ginger-Ale oder Gin-Tonic, wie es sich gehört, den neuesten Klatsch und die üblichen Klagen über die Hitze, das Dienstpersonal und die kleinen Katastrophen des Kinderalltags anzuhören, und ging nicht in den Club zu den Männern, um sich bei einer Flasche »Tiger«-Bier über Cricket und Rennpferde zu unterhalten, sondern zog sich in sein Arbeitszimmer und die Vergangenheit zurück und drosch mit zwei Fingern auf seine Schreibmaschine ein.

Dieses Arbeitszimmer war immer dunkel und verhältnismäßig kühl, weil die hölzernen Läden – wir hatten nirgendwo Glas in den Fenstern und keine Klimaanlage – immer zugezogen waren. Außerdem war es staubig, weil das ansonsten sehr handfeste chinesische Hausmädchen panische Angst vor den in Formaldehyd eingelegten Schlangen hatte, die Fensterbrett und Regale zierten. Sie beherbergten, davon war Ah Wong überzeugt, böse Geister. Ihr Konfuzianismus hatte, wie auch der nachlässige islamische Glaube der Malaien und der Hinduismus der Inder, den älteren Animismus der Ureinwohner integriert. Mein Vater hatte die meisten dieser Schlangen bei Spazierfahrten von der Straße aufgelesen. Einmal fanden wir eine sehr seltene und sehr giftige Schlange – die Malaien nennen sie Krait – und legten das leblose Tier in den Kofferraum. Als wir zu Hause ankamen, war es verschwunden. Wenn mein Vater nicht da war, stöberte ich gern in seinen Bücherregalen, deren Schätze schon damals so ungeordnet waren, dass außer ihm niemand einen bestimmten Titel hätte finden können. Einmal erwischte mich meine Mutter, wie ich ein dickes Buch mit deutschen Lettern und dem Titel »Das Kapital« betrachtete. Sie riss es mir aus den Händen und sagte, das sei ein sehr böses Buch, das ich nie wieder lesen dürfe. Da es ein deutsches Buch war, glaubte ich ihr aufs Wort.

Im Jahre 1960 wurde ich als Zehnjähriger, wie damals in Kolonialkreisen üblich, nach England aufs Internat geschickt. Das Projekt Autobiografie war, da bin ich mir ziemlich sicher, zuvor abgebrochen oder abgeschlossen worden. Es dauerte mehr als dreißig Jahre, bis ich wieder davon hörte. Mein Vater lag schon im Sterben oder jedenfalls sehr krank danieder. Beim Aufräumen seiner Bibliothek, die er dem Archiv der Akademie der Künste in Berlin vermacht hatte, war seine zweite Frau Ikke in einer der Orangenkisten, in denen er wichtige und unwichtige Papiere aufzuheben pflegte, auf das Manuskript gestoßen. Er gab es mir mit einem merkwürdigen, halb stolzen, halb verschämten Blick zu lesen. Beide Emotionen konnte ich nach der Lektüre gut nachvollziehen. Es ist ein starkes Stück, stärker als die im Alter verfasste und von Altersmilde und »Fontanescher Gelassenheit«, wie ein Kritiker schrieb, geprägte Autobiografie »Fast so alt wie das Jahrhundert«. Hier ist nichts milde und nichts gelassen. Es ist aber eben auch ein sehr intimes und ohne jede Koketterie selbstkritisches Buch, das für mich nicht so sehr den kleinen Jungen und den jungen Mann beschwört, der sein Gegenstand ist, sondern den unzufriedenen, zuweilen verzweifelten Mann, der sein Autor war und den ich in prägenden Jahren als Vater kannte.

Dabei ist das Wort »kannte« noch weniger zutreffend als sonst zwischen Eltern und Kindern. Mein Vater lebte ein zweites Leben, von dem ich nichts ahnte, und damit meine ich nicht das übliche Erwachsenenleben, das für Kinder unheimlich genug ist, sondern ein Geheimleben, in dem er noch eine deutsche Vergangenheit besaß, eine kontinuierliche Biografie jenseits der Brüche und Neuanfänge, und das nur noch in – deutsch geschriebenen – langen Briefen an den Bruder und die Schwägerin in Israel oder die Cousine Ulla Philip in England so etwas wie Wirklichkeit gewann. Und, natürlich, in der Arbeit an der Autobiografie. Aber diese Arbeit scheint er wiederum vor seinen Korrespondenten geheim gehalten zu haben, jedenfalls habe ich in den Briefen keine Hinweise darauf gefunden, und er schrieb in der ihm immer noch ein wenig fremden englischen Sprache und mit Erläuterungen für einen britischen Leser. Doch soweit ich weiß, hat er das Manuskript damals niemandem gezeigt. Für uns, seine Kinder, waren diese heimlichen Erinnerungen aber auch nicht bestimmt. Man schreibt anders, wenn man an die eigenen Kinder schreibt.

Hundert Jahre nach seiner Geburt wohne ich in Lichterfelde, etwa dort, wo sich zu seiner Kindheit die Felder erstreckten, durch die er zur Schule in Zehlendorf oder zur Arbeit in der Gärtnerei Ploth radelte; unweit der Schokoladenvilla und des Parkfriedhofs, auf dem die Asche der Großeltern ruht. Die einst hier versammelte Familie ist über die Welt verstreut, und die Bilder von Moritz, der das unaufgeregte bürgerliche Leben in Berlin und die matten Farben der Mark Brandenburg feierte, hängen nicht nur bei mir, sondern auch in Santa Barbara und Berkeley, in Edinburgh, in Ramat Hasharon bei Tel Aviv, Nataf bei Jerusalem und weiß ich, wo noch alles. In der Generation meiner Tochter spricht außer ihr keiner der Nachfahren deutsch.

Ende der Geschichte? Nicht, solange es die Erinnerung gibt.

Dank

Frau Heidemarie Bock von der Stiftung Archiv der Akademie der Künste in Berlin half immer wieder mit Rat und Tat und stellte Manuskripte, Fotos und Zeitschriften zur Verfügung. Herr Studiendirektor Leo Morsch, der das Archiv der Schadow-Oberschule – früher Oberrealschule Zehlendorf – betreut, entdeckte in seinen Beständen das Foto von »Haacke Zwei«; merkwürdigerweise besaß mein Vater kein einziges Bild dieses für ihn so prägenden Lehrers.

Für den Hinweis auf die Existenz des Berichts »In Germany Again« und seine Fundstelle im Mendelsohn-Nachlass danke ich Matthias Schirren von der Stiftung Archiv der Akademie der Künste. Elke Bläuert von der Kunstbibliothek Berlin war bei der Beschaffung einer Kopie des Manuskripts sehr hilfreich. Die Beziehung meines Vaters zur Progressive League erschloss sich mir erst durch die umfangreiche Korrespondenz zwischen meinem Vater und Ulla Philip, die mir deren Tochter Catherine Wright zusammen mit eigenen biografischen Notizen aus Edinburgh zur Vorbereitung dieses Buches zukommen ließ.

Nachbemerkung der Übersetzerin

Die Übersetzung eines Manuskripts mit dem schlichten Titel »Autobiography«, verfasst in englischer Sprache von einem Deutschen in Kuala Lumpur, stellt eine ungewöhnliche Herausforderung dar. Verschiedene Zeitebenen mussten berücksichtigt werden: Das Werk wurde in den fünfziger Jahren geschrieben, berichtet jedoch von den ersten drei Jahrzehnten des zwanzigsten Jahrhunderts und wird nun mit dem Abstand von fast fünfzig Jahren zum hundertsten Geburtstag des Autors veröffentlicht. Die größte Schwierigkeit bestand jedoch darin, einen deutschen Autor ins Deutsche zu übersetzen, der bereits seine eigene deutsche Stimme besaß.

Die Aufgabe wäre leichter gewesen, wenn Julius Posener in einem »deutscheren« Englisch geschrieben hätte. Obwohl in der Satzkonstruktion immer wieder seine Muttersprache durchscheint, pflegte er ein überaus idiomatisches und belesenes Englisch. Daher versuchte ich mich in der deutschen Wiedergabe seines Stils zunächst an seinen zahlreichen deutschsprachigen Veröffentlichungen zu orientieren – um dieses Vorhaben bald wieder zu verwerfen: Poseners »Heimliche Erinnerungen« sind leidenschaftlicher und persönlicher geschrieben als alles, was in späteren Zeiten von ihm erschienen ist. Insofern hielt ich mich enger als ursprünglich beabsichtigt an den Ton des Manuskripts und widerstand der Versuchung, ähnliche Episoden oder Anekdoten, die Posener gelegentlich an anderer Stelle autobiografisch verarbeitet hat, wörtlich zu übernehmen. Gerade darin besteht der Reiz des vorliegenden Werkes, dass es die Welt der Kindheit, Jugend und des frühen Erwachsenenalters mit der größeren Frische zeitlicher Nähe schildert.

Da sich Posener mit seinem Werk an ein englisches Publikum richtete, hat er einiges erklärt, was deutschen Lesern bekannt sein dürfte, zum Beispiel wenn er den »Tiergarten« als »Berliner Hyde Park« beschreibt. Solche Erläuterungen habe ich weitgehend unterschlagen. Im selben Kontext tauchten weitere Probleme auf: Wie übersetzt man den Namen des Schullehrers, von dem im Original lediglich gesagt wird, dieser bedeute so viel wie »smut or stain«? Eine Anfrage in der betreffenden Lichterfelder Schule ergab nur, dass die Akten aus den Jahren des Ersten Weltkriegs, als »Herr Fleck« dort unterrichtete, leider nicht mehr im Schularchiv vorhanden seien. Eine Reihe anderer Dinge musste recherchiert werden, da Posener fast ausschließlich aus dem Gedächtnis zitierte, Shakespeare und Dante auf Englisch und Italienisch, Goethe, Schiller und Stefan George sowie ein eigenes Jugendgedicht aber in englischer Übersetzung, was einiges Suchen erforderlich machte. Seine Pariser Freunde ließ er mitunter Französisch sprechen, und so haben wir es hier übernommen. Was nicht unmittelbar verständlich ist, findet der Leser in den Anmerkungen. Zwangsläufig blieben eine Hand voll Fragen offen.

Nicht zuletzt war mir die Erinnerung an Julius Posener ein wichtiges »Hilfsmittel« bei der Übersetzungsarbeit. Ich lernte ihn als Vater von Alan und Jill kennen, mit denen ich als Kind in Berlin zur Schule ging, und entsinne mich noch heute seiner anregenden und begeisterungsfähigen Art, die sich hier zuweilen in einem seiner atemlosen langen Sätze niederschlägt. Das vorliegende Buch ist für mich zu einer späten und beglückenden Wiederbegegnung mit Julius Posener geworden.

Für die Hilfe in vielen biografischen Fragen und die Auffindung des »Gedichts an Kittie« danke ich den Mitarbeitern der Abteilung Baukunst an der Akademie der Künste, wo sich Poseners Nachlass befindet, ebenso dem Deutschen Übersetzerfonds für die Unterstützung dieser Arbeit sowie Markus Schacht für sein herausragendes Lektorat. Besonders danken möchte ich Erhard Stölting für seine stilsichere und sachkundige Mitarbeit an diesem Buch.

Ruth Keen, im November 2003 in Berlin

Stammtafel der Familie Posener

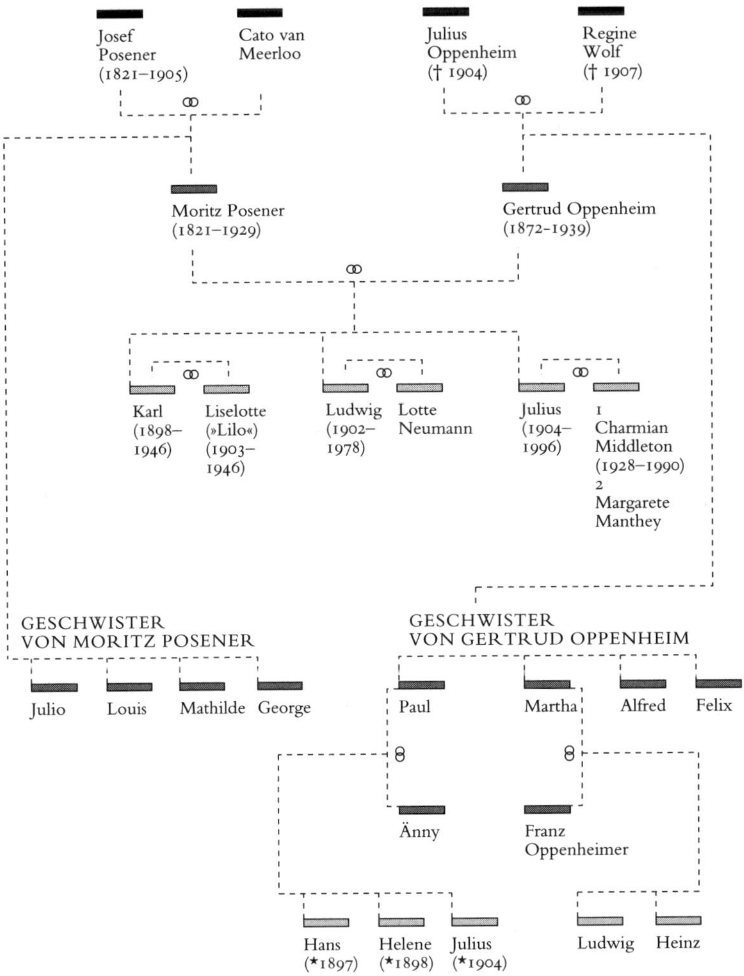

Personenregister

Bildnachweis

Archive und Leihgeber

August Sander Archiv, Kulturstiftung Stadtsparkasse Köln: 269

Plansammlung der Technischen Universität Berlin: 271

Pressestelle der Technischen Universität Berlin: 203

Privatbesitz Alan Posener, Berlin: 15 (Aufnahme Hans-Joachim Bartsch), 17

Schadow-Oberschule, Berlin: 143, 151

Staatliche Museen zu Berlin, Kunstbibliothek: 235

Stiftung Archiv der Akademie der Künste, Berlin: 10, 19, 21, 30, 35, 47, 83, 219, 296, 317, 330, 393, 418

Ullstein Bild, Berlin: 232

Publikationen

Le Corbusier und Pierre Jeanneret, Œuvre complète. Les editions d'architecture, Zürich 1967: 387

Friedrich Ostendorf, Haus und Garten. Erster Supplementband zu den sechs Büchern vom Bauen, Berlin 1914: 229

Der Stahlbau, 4. Jg. (1931), H. 22: 403

Redaktion: Markus Schacht, Hamburg
Schutzumschlag: Rothfos + Gabler, Hamburg
Satz: Ditta Ahmadi, Berlin
Reproduktionen: Mega-Satz-Service, Berlin
Druck und Bindung: GGP Media, Pößneck
Printed in Germany 2004
ISBN 3-88680-764-9
Erste Auflage